Jürgen Roloff

Neues Testament

4., durchgesehene und ergänzte Auflage 1985

Neukirchener Verlag

Neukirchener Verlag des Erziehungsvereins GmbH,
Neukirchen-Vluyn

Umschlagentwurf und schematische Darstellung auf S. 46:
Kurt Wolff, Düsseldorf
Gesamtherstellung: Breklumer Druckerei Manfred Siegel
Printed in Germany - ISBN 3-7887-0516-7

CIP-Kurztitelaufnahme der Deutschen Bibliothek

Roloff, Jürgen:
Neues Testament / Jürgen Roloff. - 4., durchges. u.
erg. Aufl. - Neukirchen-Vluyn: Neukirchener Verlag,
1985.
(Neukirchener Arbeitsbücher)
ISBN 3-7887-0516-7

Inhalt

Abkürzungsverzeichnis

Für häufiger angeführte Werke werden folgende Abkürzungen verwendet:

Aland, Synopsis	Synopsis Quattuor Evangeliorum, ed. K.Aland, Stuttgart ^{9}1976
Barth-Steck, Exegese	H.Barth - O.H.Steck, Exegese des Alten Testaments. Leitfaden der Methodik, Neukirchen ^{6}1976
Bauer, WB	W.Bauer, Griechisch-deutsches Wörterbuch zu den Schriften des Neuen Testaments und der übrigen urchristlichen Literatur, Nachdruck der 5. Aufl., Berlin/New York 1975
Bill.	(H.L.Strack-)P.Billerbeck, Kommentar zum Neuen Testament aus Talmud und Midrasch, I–IV, München 1922–1961
Bornkamm, Ges. Aufs.	G.Bornkamm, Gesammelte Aufsätze, I–IV, München 1952–1971
Bultmann, Exegetica	R.Bultmann, Exegetica. Aufsätze zur Erforschung des Neuen Testaments, hg. v. E.Dinkler, Tübingen 1967
Bultmann, Theologie	R.Bultmann, Theologie des Neuen Testaments, hg. v. O.Merk, Tübingen ^{7}1977
Bultmann, Tradition	R.Bultmann, Die Geschichte der synoptischen Tradition, Göttingen ^{8}1970, Ergänzungsheft ^{4}1971
Conzelmann, Theologie	H.Conzelmann, Grundriß der Theologie des Neuen Testaments, München ^{2}1968 (1976 ergänzte Studienausgabe)
Dibelius, Formgeschichte	M.Dibelius, Die Formgeschichte des Evangeliums, hg. v. G.Bornkamm, Tübingen ^{6}1971
Goppelt, Theologie	L.Goppelt, Theologie des Neuen Testaments, hg. v. J.Roloff, I–II, Göttingen 1975–1976
Hennecke-Schneemelcher	E.Hennecke, Neutestamentliche Apokryphen in deutscher Übersetzung, hg. v. W.Schneemelcher, I–II, Tübingen ^{4}1968–1971
Herder-K	Herders theologischer Kommentar zum Neuen Testament
HNT	Handbuch zum Neuen Testament, hg. v. G.Bornkamm
Jeremias, Abba	J.Jeremias, Abba. Studien zur neutestamentlichen Theologie und Zeitgeschichte, Göttingen 1966
Jeremias, Theologie	J.Jeremias, Neutestamentliche Theologie I, Gütersloh ^{2}1973
Käsemann, EVB	E.Käsemann, Exegetische Versuche und Besinnungen, I–II, Göttingen ^{6}1970

KEK	Kritisch-exegetischer Kommentar über das Neue Testament, begr. v. H.A.W.Meyer
Koch, Formgeschichte	K.Koch, Was ist Formgeschichte? Neue Wege der Bibelexegese, Neukirchen ^{3}1974
Kümmel, Einleitung	W.G.Kümmel, Einleitung in das Neue Testament, Heidelberg ^{18}1976
Kümmel, Theologie	W.G.Kümmel, Die Theologie des Neuen Testaments nach seinen Hauptzeugen. Jesus. Paulus. Johannes, Göttingen ^{3}1976
Nestle-Aland	Novum Testamentum Graece, bearb. v. E.Nestle und K.Aland, Stuttgart ^{25}1963
NTD	Das Neue Testament Deutsch. Neues Göttinger Bibelwerk, hg. v. G.Friedrich
von Rad, Theologie	G. von Rad, Theologie des Alten Testaments, I–II, München ^{6}1970–1975
RGG	Die Religion in Geschichte und Gegenwart, hg. v. K.Galling, I–VI, Tübingen ^{3}1956–1962
ThWNT	Theologisches Wörterbuch zum Neuen Testament, hg. v. G.Kittel u.a., I–IX, Stuttgart 1933–1973
Zimmermann, Methodenlehre.	H.Zimmermann, Neutestamentliche Methodenlehre, Stuttgart ^{5}1976

Die Abkürzungen für rabbinische Literatur finden sich in dem 5. Band »Rabbinischer Index«, hg. v. J.Jeremias, München 1956, des Kommentars zum Neuen Testament aus Talmud und Midrasch von (H.L.Strack-)P.Billerbeck.
Die Abkürzungen für biblische Bücher sowie für Zeitschriften und Sammelwerke folgen im allgemeinen RGG ^{3}I, XVI–XXVII.

Vorwort

Dieses Buch versucht, einem akuten Notstand Rechnung zu tragen, der in den letzten Jahren im theologischen Lehrbetrieb und bei den Examina zunehmend sichtbar geworden ist und an dem wohl nicht nur die allgemeine Verschiebung der theologischen Interessenlage, sondern auch die immer stärkere Differenzierung der exegetischen Arbeit Schuld trägt: Der Studierende droht in den biblischen Fächern die Orientierung zu verlieren, es gelingt ihm vielfach nicht mehr, die verschiedenen Methoden und Betrachtungsebenen selbständig zu handhaben und für die Bewältigung konkreter Aufgaben fruchtbar zu machen.

Ebendiese Selbständigkeit jedoch sollte nach den gegenwärtigen Bestrebungen zur Ausbildungs- und Examensreform das Ziel des theologischen Studiums sein. So formulierte die Gemischte Kommission des Evangelischen Fakultätentages das Leitbild des »problemorientierten, exemplarischen Studierens«, dem ein problemorientiertes, exemplarisches Prüfen zu entsprechen habe (Grundsätze für das Erste Theologische Examen, Februar 1974, 2.2). Angestrebt wird demnach gerade nicht die passive Rezeption und Reproduktion einer diffusen Stoffülle, sondern die Fähigkeit, anhand von exemplarischen Themen die erlernten Kenntnisse und Methoden problembezogen einzusetzen. Der Einübung dieser Fähigkeit soll dieses Buch dienen. Es vermeidet deshalb bewußt den in einigen neutestamentlichen Lehrbüchern der jüngsten Zeit beschrittenen Weg der kompendienhaft verdichteten Darbietung des Stoffes der klassischen Teildisziplinen wie Einleitung, Zeitgeschichte oder Theologie. Statt dessen bietet es anhand von 18 ausgewählten Themen Durchblicke durch die neutestamentliche Forschung. Anhand dieser Themen sollen jeweils Problemstrukturen aufgezeigt, Arbeitsschritte vorgeführt, Lösungsversuche diskutiert und übergreifende Zusammenhänge herausgestellt werden.

Bei der Auswahl der Themen ergaben sich zwei leitende Gesichtspunkte. Einerseits galt es, paradigmatische Themen zu finden, durch die wenigstens die wichtigsten Bereiche neutestamentlicher Arbeit angemessen zu Wort kommen sollten. So werden drei Paragraphen über allgemeine Auslegungsmethodik an den Anfang gestellt, in denen primär die formalen Aspekte des exegetischen Handwerks vorgeführt und diskutiert werden. Grundprobleme der Geschichte des Urchristentums werden anhand zweier Längsschnitte vorgeführt, deren einer (Das Apostelkonzil und die Entstehung des Heidenchristentums) stärker auf die äußere Entwicklung des Urchristentums zielt, während der zweite (Die Entwicklung kirchlicher Ämter) gleichsam die innere Geschichte der frühen Gemeinde in den Blick nimmt. Es folgen dann Themen aus dem Bereich zentraler neutestamentlicher Schriftengruppen (Synoptiker, Paulus, Johannes). Den letzten Teil bilden übergreifende Querschnitte zu zentralen theologischen Themen.

Der zweite Gesichtspunkt bei der Auswahl der Themen war ihr Schwerpunktcharakter.

Es wurde versucht, solche Themen zu finden, denen eine Schlüsselfunktion in der Weise zukommt, daß sich von ihnen her ein größerer Sachbereich erschließen läßt. Solche Schlüsselfunktionen haben z.B. für die synoptische Jesusüberlieferung das Wunder- und das Gleichnisthema, für die paulinische Rechtfertigungslehre das Thema ›Gesetz‹ und für das Johannesevangelium das Thema ›johanneische Eschatologie‹.
Um die Orientierung zu erleichtern, wurde ein möglichst gleichmäßiger Aufbau aller Themen angestrebt. So steht am Anfang jedes Paragraphen eine *Einführung*. Hier werden in einigen wenigen Sätzen jeweils die Relevanz des Themas innerhalb eines größeren Kontextes bestimmt, die ihm zugeordneten Aspekte genannt, die wichtigsten Begriffe definiert und die Richtung des weiteren Vorgehens angezeigt. Es folgt – als umfangreichster Teil – die *Entfaltung*. In ihr wird die eigentliche Sachinformation gegeben. Und zwar liegt dabei besonderes Gewicht auf der Veranschaulichung vom neutestamentlichen Text her sowie auf der Darstellung forschungsgeschichtlicher Zusammenhänge. Der Leser soll hier mit den sachlichen und geschichtlichen Gegebenheiten vertraut gemacht werden, die für die jeweilige Problemstellung maßgeblich geworden sind. Den Abschluß bildet ein Abschnitt mit der Überschrift *Vertiefung*. Er soll dem Leser Wege zu eigenem aktivem Umgang mit dem Thema erschließen, und zwar auf verschiedene Weise: Zunächst werden einige unter besonderen Gesichtspunkten ausgewählte Lektürevorschläge gemacht, dabei wird versucht, der Situation des studentischen Lesers gerecht zu werden, der normalerweise nicht imstande ist, auch nur annähernd alle wichtige Literatur zu einem Thema einzusehen. So werden hier nur wenige, relativ kurze Texte genannt. Es folgen einige Fragen, die teils der Kontrolle des vorher Gelesenen dienen, teils aber auch Anleitung zu selbständiger Erkundung des weiteren Umfangs des jeweiligen Themas geben. Den Abschluß bilden noch einige allgemeine Literaturhinweise, die dem dienen wollen, der sich mit dem Thema eingehender befassen möchte. Auch hier wurde freilich auf Vollständigkeit verzichtet und Beschränkung auf das Wesentliche geübt. Bei einigen Themen – vor allem bei den stärker methodenorientierten – werden zusätzlich noch Exegesen zusammenhängender Texteinheiten gegeben. Sie sind als Modelle für die Praxis (z.B. für Seminararbeiten und Klausuren) gedacht und beschränken sich auf das im jeweiligen thematischen Zusammenhang Wesentliche.
In der unerwartet schnell notwendig gewordenen 4. Auflage soll das Buch noch einmal in unveränderter Form hinausgehen. Eine die wissenschaftliche Diskussion der letzten Jahre berücksichtigende Überarbeitung mußte im Interesse anderer unaufschiebbarer Aufgaben zurückgestellt werden. Ich gedenke, sie in absehbarer Zukunft vorlegen zu können. Als vorläufige Überbrückung soll ein Anhang dienen, der neben Korrekturnachträgen zusätzliche Lesehinweise und Literaturangaben enthält.

Erlangen, im Mai 1985 Jürgen Roloff

I

Allgemeine Auslegungsmethodik

Vorbemerkung

In den folgenden drei Paragraphen geht es um fundamentale methodische Schritte exegetischer Arbeit, wie sie praktisch bei der Auslegung jedes Textes durchlaufen werden müssen. Das gemeinsame Lernziel dieser Paragraphen ist die Vermittlung der Einsicht in Bedeutung, Funktion und Implikationen dieser Methodenschritte und der Fähigkeit, sie möglichst selbständig durchzuführen. In den letzten Jahren ist eine breite Diskussion der exegetischen Methoden in Gang gekommen, die in zahlreichen Veröffentlichungen ihren Niederschlag gefunden hat und deren Ende noch längst nicht abzusehen ist. Diese Diskussion ist in der gegenwärtigen Situation gewiß sinnvoll und notwendig als Akt kritischer Selbstbesinnung. Trotzdem hat sie auch problematische Begleiterscheinungen.

So droht auf der einen Seite die Aufblähung des Methodischen den Zugang zur Sache zu verstellen. Hierzu ist mit allem Nachdruck zu sagen: Eine Methodik, die ein Eigenleben entfaltet und nicht mehr Werkzeug zum besseren Verstehen biblischer Texte sein will, verwirrt mehr, als sie hilft! Aus dieser Überzeugung heraus beschränken sich die folgenden Kapitel auf die Vermittlung des für die Praxis des Studenten im Umgang mit neutestamentlichen Texten erforderlichen Minimums an Methodik.

Auf der anderen Seite wird die heute herrschende terminologische Unsicherheit zusehends immer stärker zum Problem. Trotz aller Bemühungen sind wir gegenwärtig von einer auch nur annähernden Übereinkunft hinsichtlich der Bezeichnung der methodischen Schritte weit entfernt, und es ist zu befürchten, daß sich an diesem mißlichen Zustand so schnell nichts ändern wird. Wenn aber – wie das häufig der Fall ist – der Student im neutestamentlichen Proseminar mit anderen methodischen Nomenklaturen konfrontiert wird als im alttestamentlichen Proseminar, so ist die Folge vielfach eine allgemeine Unsicherheit in der Handhabung des methodischen Instrumentariums.

Wenn dieses Arbeitsbuch nun seinerseits auch wiederum mit einer bestimmten methodologischen Nomenklatur operiert, die sich zwangsläufig hier und dort von der anderer Autoren unterscheidet, so soll dadurch die allgemeine Unsicherheit auf diesem Gebiet nicht noch weiter gesteigert werden. Einer der leitenden Gesichtspunkte für die Wahl der hier verwendeten Begriffe war der der größtmöglichen Kontinuität zu dem herkömmlichen Sprachgebrauch der Bibelwissenschaft, und zwar in ihrem alttestamentlichen wie in ihrem neutestamentlichen Bereich. Wo Abweichungen von diesem notwendig erscheinen, wird das jeweils besonders begründet werden. Im übrigen aber kommt es hier nicht so sehr auf die Reflexion über bestimmte Begriffe und Begriffsinhalte als auf die Einübung bestimmter exegetischer Schritte an, und glücklicherweise besteht unter den Exegeten hinsichtlich dieser Schritte eine weit größere Einmütigkeit, als die Divergenz der für sie verwendeten Bezeichnungen zunächst vermuten lassen würde. Die hier verwendete Terminologie sei darum lediglich als *Vorschlag einer praktikablen Sprachregelung* verstanden. Der Benutzer dieses Buches, der sich bereits eine andere Terminologie zu eigen gemacht hat, wird sich hoffentlich dadurch nicht verwirren lassen, sondern sich zur kritischen Reflexion dieser seiner Terminologie anhand der hier vorgeführten praktischen Beispiele herausgefordert sehen.

§ 1
Literarkritik

1
Einführung

1.1
Definition

Gegenstand der Literarkritik ist ein Text bzw. ein Textabschnitt, d.h. eine vorliegende strukturierte literarische Einheit. Ihre Aufgabe ist es, die literarische Eigenart und Struktur des Textes zu erhellen. Zu diesem Zweck fragt sie nach der *äußeren Abgrenzung eines Textes* (2.1), nach seiner *Stellung im Kontext* (2.2) sowie nach seiner *Einheitlichkeit* (2.3) bzw. nach ihm zugrunde liegenden literarischen *Quellen* (2.4). Zum weiteren Umkreis der Literarkritik könnte man darüber hinaus auch die Frage nach der *Verfasserschaft* sowie nach den *Entstehungsverhältnissen* eines Textes rechnen, d.h. die sogenannten Einleitungsfragen.

1.2
Forschungsgeschichtlicher Hintergrund

1.2.1
Weithin wird in der Forschung Literarkritik ausschließlich auf den letzten der in unseren Definitionen genannten Bereiche, die Quellenkritik, beschränkt.

So definiert *K.Koch*: »Literarkritik heißt: Biblische Bücher analysieren unter Beachtung von fehlender Gedankenverbindung, Doppelungen, Widersprüchen und individuellem Sprachgebrauch mit dem Ziel, den Anteil der einzelnen Verfasser und Redaktoren sowie Ort und Zeit der Entstehung genau abzugrenzen« (Was ist Formgeschichte?, ³1974, 87). Und *W.Richter* formuliert: »Die Methode, mit der man diese Frage (ob ein Text einheitlich oder nicht einheitlich sei) zu lösen versucht, wird ›Literarkritik‹ genannt« (Exegese als Literaturwissenschaft, 1971, 49f). Hingegen kommt unsere Definition weitgehend mit der von *H.Zimmermann* (Neutestamentliche Methodenlehre, ⁵1975, 85) überein.

1.2.2
Diese Beschränkung hat theologiegeschichtliche Gründe. Das 19. Jahrhundert glaubte in der Quellenkritik das entscheidende Werkzeug der Exegese schlechthin gefunden zu haben. Man ging dabei von der Feststellung aus, daß die biblischen Bücher in ihrer vorliegenden Gestalt als historische Quellen sehr problematisch sind: Einerseits sind sie hinsichtlich ihrer Verfasserverhältnisse vielfach unklar, andererseits aber sind sie durch innere Risse und Widersprüche belastet, die eine Rekonstruktion der zugrunde liegenden historischen Ereignisse erschweren. Aber sollten sich nicht in diesen unklaren und widersprüchlichen Schriften die rekonstruierbaren Reste alter, historisch zuverlässiger Quellen finden lassen?

Diese Zuversicht stand hinter der klassischen Literarkritik, deren Hauptexponenten *J.Wellhausen* und *H.J.Holtzmann* waren. Sie ging gleichsam mit dem Seziermesser an die Texte heran, wobei jeder logische Widerspruch, jede fehlende Gedankenverbindung, jeder Unterschied im Sprachgebrauch aufgespürt und zum Indiz für das Vorliegen verschiedener Quellen gemacht wurde. Ziel der Arbeit war nicht das Verständnis des vorliegenden Textes, sondern die Rekonstruktion der Quelle, von der man sich jene exakte historische Information erhoffte, die der Text in seiner vorliegenden Form schuldig blieb. Alle späteren Hinzufügungen, Ergänzungen und Zwischenbemerkungen wurden als *Redaktion* gekennzeichnet und damit als unwesentlich ausgeschieden. So hoffte man etwa durch Quellenkritik der synoptischen Evangelien auf eine Vorlage zu stoßen, die als unmittelbarer Augenzeugenbericht vom Verlauf des Wirkens Jesu bzw. als authentische Fixierung der Lehre Jesu gelten könnte.

Diese Quellenkritik hat einige Ergebnisse gebracht, die zum eisernen Bestand der Forschung geworden sind: so im Neuen Testament die synoptische Zweiquellentheorie und im Alten Testament die Quellenanalyse des Pentateuch. Die meisten der subtilen Quellenscheidungshypothesen, von denen die älteren Kommentare beherrscht sind, sind jedoch von der neueren Forschung mit gutem Grund nicht aufgenommen worden. Freilich: »Wer sich in diese subtilen Einzelanalysen nicht einmal hineinversenkt hat und von ihnen hingerissen wurde, ist nicht wert, ein Exeget zu heißen« (K.Koch, aaO, 87).

1.2.3
Der Rückgang der Quellenkritik in den Jahren nach dem Ersten Weltkrieg hing unmittelbar zusammen mit dem Aufkommen der formgeschichtlichen Methode. Nunmehr wurde deutlich, daß Brüche und Spannungen im Text weithin nicht auf die Verarbeitung literarischer Quellen zurückzuführen sind, sondern auf vorliterarische mündliche Überlieferungsprozesse zurückgehen. Damit hatte die Literarkritik ihre Schlüsselfunktion in der Exegese verloren. Zugleich aber war sie entlastet von der Notwendigkeit, Erklärungen für alle Spannungen und Schwierigkeiten des Textes liefern zu müssen. Sie trat gleichsam zurück ins Glied der übrigen exegetischen Methoden, indem sie zu einem Arbeitsschritt wurde, der andere Arbeitsschritte vorbereiten hilft.

1.2.4
Heute ist die Literarkritik dabei, sich vollends von den sie in der Vergangenheit beherrschenden Voraussetzungen einer historistischen Geschichtsbetrachtung zu lösen, die den vorliegenden Text nur als Basis für die Rekonstruktion historisch angeblich zuverlässiger ›Quellen‹ zu sehen vermochte. Man erkennt: Gegenstand der Literarkritik ist der Text selbst – und nicht etwas, was hinter ihm liegt. Einflüsse der modernen Sprach- und Literaturwissenschaft tun das Ihre, um diese Wiederentdeckung des Textes als Text zu fördern. Die Entwicklung von Fragestellungen, die geeignet sind, biblische Texte hinsichtlich ihrer Satz- und Wortebenen angemessen zu analysieren, ist jedoch noch nicht weit genug fortgeschritten, als daß wir hier auf sie eingehen könnten und müßten.

1.3
Einordnung

1.3.1
Die Literarkritik arbeitet mit dem Text in seiner vom Verfasser hergestellten und verantworteten literarischen Letztfassung. Das heißt, sie ist da, wo diese Letztfassung

nicht eindeutig faßbar ist, auf ihre Rekonstruktion durch die Textkritik angewiesen. Textkritik ist die Feststellung des mutmaßlich ursprünglichen Textes durch kritischen Vergleich der Handschriftenüberlieferung, während Literarkritik sich diesem Text selbst zuwendet.

1.3.2

Die Literarkritik ist ihrerseits *Voraussetzung für die Formgeschichte*. Erst wenn die Struktur eines Textes festgestellt ist, können seine Gattung bestimmt und sein vorliterarischer Hintergrund analysiert werden.

So ergeben sich z.B. aus der Untersuchung des Aufbaus von Phil 2,1–18 erste Anzeichen dafür, daß Paulus in 2,6–11 ein in mündlicher Tradition vorgeprägtes Stück zitiert. Hier wird die Formgeschichte dann einhaken müssen, indem sie den Charakter dieses Stückes als Christushymnus identifiziert und seinen Sitz im Leben aufweist. Bei synoptischen Texten kann die Literarkritik der formgeschichtlichen Betrachtungsweise vorarbeiten, indem sie z.B. die Fassung eines Logions in der Logienquelle Q identifiziert, die dann ihrerseits zum Ausgangspunkt für die Rückfrage nach der vorliterarischen Überlieferung dieses Logions wird.

1.3.3

Am schwierigsten ist das Verhältnis zwischen *Literarkritik und Redaktionsgeschichte* zu bestimmen. Beide haben denselben Gegenstand, nämlich den Text, sie unterscheiden sich jedoch fundamental hinsichtlich ihrer Fragerichtung. Geht die Literarkritik *analytisch* vor, so arbeitet die Redaktionsgeschichte *synthetisch*, d.h., sie betrachtet den Text als Endergebnis eines vorliterarische wie auch literarische Phasen umfassenden Traditionsprozesses. Sie »sucht die von der Literarkritik auf der analytischen Ebene erarbeiteten Ergebnisse in die historische Verlaufsdimension synthetisch einzuzeichnen« (H.Barth - O.H.Steck, Exegese des Alten Testaments, ⁵1974, 48). Redaktionsgeschichte setzt also Literarkritik ebenso voraus wie Formgeschichte und ist im methodischen Vollzug von beiden zu trennen.

2
Entfaltung: Die Methodik der Literarkritik

2.1
Äußere Abgrenzung einer Texteinheit

Die Bestimmung der literarischen Struktur einer Texteinheit wird im allgemeinen mit ihrer äußeren Abgrenzung einsetzen, d.h. mit der Feststellung ihres Anfangs und ihres Endes. Die traditionellen Gliederungssysteme wie Vers- und Kapiteleinteilung sind bekanntlich sekundär und bedürfen der kritischen Hinterfragung.

Mk 9,1 gehört zweifellos nicht zur Verklärungsgeschichte (9,2–13), sondern ist letztes Glied der mit 8,34 einsetzenden Jüngerunterweisung.
Mk 2,13–17 gilt herkömmlich als einheitliche Erzählung. Genauere Beobachtung ergibt jedoch, daß die Berufung des Levi (2,13f) ein in sich geschlossener Erzählungszusammenhang ist, während die Situationsangabe 2,14 einen neuen Erzählungszusammenhang eröffnet, der bis 2,17 reicht.

2.2
Ortsbestimmung eines Textabschnitts im Kontextzusammenhang

Es gilt, nach Möglichkeit das den Verfasser leitende Gliederungsprinzip aufzufinden und von da her die Stellung des zu exegesierenden Abschnitts im Kontext zu ermitteln. Als methodische Regel empfiehlt es sich dabei, bei den größten Gliederungseinheiten einzusetzen und sich auf dem Wege über die jeweils nächstkleineren auf den zu exegesierenden Abschnitt zuzubewegen und so diesen gleichsam ›einzukreisen‹.

Mk 2,13f steht im ersten Hauptteil des Markusevangeliums, der von Jesu öffentlichem Wirken berichtet (1,1–8,26). Der zweite Unterabschnitt dieses Hauptteils (1,9–6,6a) erzählt von der ersten Periode dieses Wirkens in Galiläa. In ihm findet sich der Zyklus von Streitgesprächen (2,1–3,6), innerhalb dessen unser Text seinen Platz hat als Einleitung zum zweiten Streitgespräch (2,15–17). Bereits aus dieser Ortsbestimmung ergibt sich, daß Markus diesem Text lediglich eine untergeordnete Funktion als Einleitung bzw. Überleitung zum Streitgespräch zubilligt.
Röm 1,16f steht am Ende des Eingangsabschnitts des Römerbriefes (1,1–17), der in Präskript (V.1–7) und Danksagung (V.8–17) zerfällt. Die letztere wiederum führt vom eigentlichen Dank (V.8–11) über das äußere Anliegen des Briefes (V.12–13) zu der gefüllten programmatischen theologischen Aussage (V.14–17). Zugleich ergibt der Blick auf V.18ff, daß dort das zentrale Stichwort von V.17 (ἀποκαλύπτεται) wiederkehrt. Demnach hat V.16f die Funktion einer Überleitung vom Briefeingang zum 1. Hauptteil, genauer: Es handelt sich hier um eine thesenartige Vorwegnahme des Briefinhalts.

2.3
Feststellung der Einheitlichkeit eines Textes

Es gilt zu untersuchen, ob der Text in seiner vorliegenden (durch die Textkritik gesicherten) Gestalt der vom Verfasser in der von ihm verantworteten Endgestalt seiner Schrift fixierten Textfassung entspricht. Uneinheitlich ist ein Text dann, wenn er sich als von einer späteren Hand als der des Verfassers gekürzt, ergänzt, glossiert oder umgestellt erweist.

Der Schluß von Römer 7 ist auffällig: Nach der feierlichen Danksagungsformel V.25a geht V.25b nochmals unvermittelt zum vorher verhandelten Thema zurück. Der textkritische Befund ist eindeutig: Weder V.25a noch V.25b fehlen in irgendeinem Zweig der Textüberlieferung. Trotzdem ergeben sich Zweifel an der Einheitlichkeit des Textes. Mehrere Möglichkeiten werden diskutiert: Sollten V.25a und V.25b vertauscht worden sein? Ist V.25a ein späterer Zusatz? Inhaltliche Gründe sprechen jedoch dafür, daß V.25b die Randbemerkung eines Abschreibers ist, die schon früh in den Text hineingerutscht ist; denn die Aufteilung zwischen dem νοῦς (Sinn) des Menschen, der Gott dient, und seiner σάρξ (Fleisch), die »dem Gesetz der Sünde dient«, entspricht einer anthropologischen Konzeption, die im Widerspruch zu der von Röm 7,14ff steht.
Die johanneischen Abschiedsreden (Joh 13,1–16,33) scheinen mit der Bemerkung in 14,31: »Auf! Laßt uns von hier weggehen!« zu einem Abschluß gekommen zu sein. Ganz unvermittelt setzt jedoch 15,1 mit einem neuen Redegang ein. Hier liegt offensichtlich ein Bruch im Text vor. Theoretisch sind mehrere Lösungsmöglichkeiten denkbar: So könnte z.B. V.31c hier fehlplaciert sein. Dann ließe sich durch die Ausscheidung dieses Teilverses bzw. seine Versetzung hinter 17,26 die ursprüngliche Einheitlichkeit des Textes wieder herstellen. Aber eine solche Versetzung eines einzelnen Teilverses über drei Kapitel hinweg ist recht unwahrscheinlich. So spricht mehr für die Annahme, daß die Abschiedsreden ursprünglich tatsächlich mit 14,31c schlossen. Dann aber ist Kap. 15–17 ein späterer Einschub in das Evangelium. Allerdings ist auch dieser Befund nicht ganz eindeutig, denn die große Zahl ähnlicher Risse und Verwerfungen im Johannesevangelium (z.B. 5,1; 6,1; 10,1.7) legt die Frage nahe, ob sie nicht bereits auf einen vorliterarischen Überlieferungs- und

Sammlungsprozeß zurückzuführen sind, in dessen Verlauf verschiedene erzählende Stücke, Reden und Dialogszenen durch den johanneischen Kreis zusammengetragen worden sind.

2.3.1
Gerade das letzte Beispiel zeigt die Grenze der literarkritischen Fragestellung. Es ist nämlich damit zu rechnen, daß Brüche und scheinbare Uneinheitlichkeiten in Texten bereits auf der vorliterarischen Überlieferungsebene entstanden sein können. Mit Fällen dieser Art hat sich die Formgeschichte zu befassen.

2.4 Quellenkritik

Es gilt festzustellen, inwieweit ein Text durch die Benutzung anderer Texte zustande gekommen ist, d.h. inwieweit vorgegebene Quellen in ihn eingegangen sind.
Die Art solcher Quellenbenutzung kann ganz unterschiedlich sein:

2.4.1
Es können z.B. einzelne Sätze einer Vorlage als *gekennzeichnete Zitate* übernommen sein (so werden häufig im Neuen Testament Zitate aus dem Alten Testament mit entsprechenden Einführungsformeln angeführt, z.B. Mt 1,22; 2,5f; Apg 2,34f).
Zahlreich sind jedoch auch die *ungekennzeichneten Zitate* (z.B. in Röm 4; Gal 3; Hebr 6).
Die extensivste Form der Quellenbenutzung ist die Verbindung *wörtlich übernommener zusammenhängender Passagen* einer Vorlage zu einem neuen literarischen Ganzen durch verbindende Zwischenbemerkungen. In diesem Fall bezeichnet man die Tätigkeit des Verfassers des vorliegenden Textes als *Redaktion*.

2.4.2
Quellenkritik ist zwar grundsätzlich auch textorientiert, doch ist ihr Gegenstand der *Text im Text*. Sie geht analytisch vor, indem sie sich um die Rekonstruktion der Quellen, d.h. der im vorliegenden Text verarbeiteten Texte, bemüht. Indizien, an die sie sich dabei hält, sind neben Uneinheitlichkeiten des Textes sprachliche Differenzen zwischen Redaktion und Quelle sowie vielfach auch das Vorhandensein wörtlicher Übereinstimmungen in anderen Texten, die auf die Benutzung derselben Quelle zurückgehen könnten.

Als *Beispiel* für die Notwendigkeit der Quellenkritik und zugleich für ihre Problematik bietet sich der 2.Korintherbrief an. Dieser Brief enthält nämlich eine Reihe augenfälliger Brüche und Unstimmigkeiten. Nachdem Paulus in Kap. 1–7 die mühsam zustande gekommene Versöhnung mit der korinthischen Gemeinde bekräftigt und auf den vergangenen schweren Konflikt zurückgeblickt hat, regelt er in Kap.8 noch die organisatorische Durchführung der Kollekte für Jerusalem. Man erwartet eigentlich nach 8,24 den Abschluß. Statt dessen setzt Kap.9 nochmals mit der Kollektenfrage ein, ohne mit einem Wort auf das Vorherige Bezug zu nehmen. Dazu kommt, daß nach 9,5 die Sammlung bereits im Gang zu sein scheint, während sie in Kap. 8 erst vorbereitet wird. Wieder ein völlig anderes Klima herrscht in den folgenden Kapiteln 10–13: Unvermittelt schlägt Paulus hier heftige Töne gegen die Korinther an. Schroff polemisiert er gegen die Lügenapostel, die ihm die Gemeinde abspenstig gemacht haben. Hier wird nicht mehr auf einen beigelegten Konflikt zurückgeblickt, sondern hier wird in einem Konflikt, der auf dem Höhepunkt ist, Stellung bezogen!

Die Differenz zu Kap. 1–8 geht bis hinein ins Sprachliche. Herrscht dort die theologische Argumentation vor, die überreden und überzeugen will, so ist hier alles auf Verteidigung und Polemik gestimmt. – Aber auch innerhalb von Kap. 1–8 liegt zumindest ein offenkundiger Bruch vor: Die Paränese 6,14–7,1 stört den Kontext, in dem Paulus die Korinther bittet, ihm »Raum zu geben« (6,13; 7,2). Sie enthält überdies unpaulinische Terminologie; ihr schematischer Dualismus von »Licht« und »Finsternis«, »Christus« und »Belial« erinnert an die Qumran-Texte.
Man hat immer wieder versucht, trotz alledem die Einheitlichkeit des Briefes zu verteidigen. So hat zuletzt W.G.Kümmel (Einleitung, 253ff) auf die sich aus »einer verwickelten geschichtlichen Situation« ergebende »Möglichkeit von Unebenheiten« verwiesen. Die Gewundenheit der Kollektenkapitel sei aus der Verlegenheit des Apostels gegenüber der eben erst wiedergewonnenen Gemeinde zu erklären, und der polemische Ausbruch von Kap. 10–13 sei als Ausdruck der Sorge für die Zukunft der Gemeinde zu verstehen. Aber diese Erklärungsversuche sind wenig überzeugend. Es wird vielmehr damit zu rechnen sein, daß der vorliegende Brief sekundär von einem Redaktor durch die Verbindung von mindestens drei Paulusbriefen geschaffen worden ist. Dabei scheint 10–13 der älteste Brief gewesen zu sein; er war vermutlich identisch mit dem in 7,8 erwähnten Brief, mit dem Paulus die Gemeinde »betrübt« hat. Zwischen ihm und dem zweiten Brief (Kap. 1–8) lag ein Besuch des Titus in Korinth, durch den es gelang, die Gemeinde mit Paulus auszusöhnen (2,13ff; 7,6). Als chronologisch letzter Brief ist das Kollektenschreiben Kap. 9 anzusetzen, das der Weiterführung der im zweiten Brief eingeleiteten Kollekte dienen sollte. Eine Reihe von Forschern (R.Bultmann, G.Bornkamm, W.Schmithals) vermuten in 2,14–7,4 ein weiteres Brieffragment und begründen dies damit, daß die Darlegung der Reisepläne des Apostels in 2,13 unvermittelt abbreche, um in 7,5 ebenso unvermittelt wieder aufgenommen zu werden. Doch ist dies Argument keineswegs zwingend; Paulus unterbricht auch sonst Reiseberichte, um theologische Argumentationen einzuschieben (vgl. 1Thess 2,17ff). Hier dürfte es sich eher um eine typisch paulinische Riesenparenthese handeln.

2.4.3

Von diesem Beispiel her läßt sich folgende methodische Regel formulieren: *Quellenkritik sollte im allgemeinen nur in solchen Fällen getrieben werden, wo der Annahme der literarischen Einheitlichkeit eines Textes erhebliche Schwierigkeiten entgegenstehen und eine sinnvolle Interpretation unter der Voraussetzung seiner Einheitlichkeit nicht mehr möglich ist.*

2.5
Synoptische Quellenkritik

Es empfiehlt sich, die synoptische Quellenkritik in einem gesonderten Abschnitt zu behandeln. Obwohl sie in methodischem Ansatz und Fragestellung ganz der allgemeinen Quellenkritik (vgl. 2.4) konform geht, nimmt sie nämlich in mehrfacher Hinsicht eine *Sonderstellung* ein: Sie hat zunächst einmal *die längste Tradition*, denn sie stand seit fast 200 Jahren im Mittelpunkt des Interesses der neutestamentlichen Forschung. Neutestamentliche Literarkritik ist heute noch für viele gleichbedeutend mit synoptischer Quellenkritik! Zweitens aber haben wir es hier mit einem der nicht allzu zahlreichen Gebiete der Forschung zu tun, auf denen sich eine zwar nicht von allen, aber doch von der überwiegenden Mehrheit der Forscher *anerkannte Problemlösung* durchgesetzt hat: die *Zweiquellentheorie*. Das bedeutet: Wer mit synoptischen Texten umgeht, braucht im allgemeinen nicht erst eine bestimmte Quellenhypothese zu suchen und zu begründen, wie das etwa der Ausleger des 2.Korintherbriefes tun muß. Es ist wissenschaftlich vielmehr zulässig, sich auf die Zweiquellentheorie zu stützen. Was man vom Ausleger eines Synoptikertextes erwartet, ist lediglich, daß er dessen literarische Gegebenheiten von den Voraussetzungen der Zweiquellentheorie her richtig einordnet und interpretiert!

2.5.1

Dazu bedarf es freilich der Einsicht in die *Struktur und Geschichte des synoptischen Problems*, dessen zumindest teilweise Lösung die Zweiquellentheorie darstellt. Dieses Problem besteht, grob gesagt, in der weitgehenden Übereinstimmung *und* in der gleichzeitigen tiefgreifenden Verschiedenheit der drei ersten Evangelien. Es galt, eine Erklärung ihres Verhältnisses zueinander zu finden, die beidem gerecht wurde. Die Übereinstimmung geht vielfach bis in den Wortlaut, und zwar auffälligerweise gerade bei nebensächlichen Einzelheiten. Sie kann also nicht nur in den berichteten Ereignissen selbst begründet sein. Und ebenso sind die Abweichungen – z.B. in den Passions- und Ostergeschichten – so tiefgreifend, daß sie nicht mit der selektiven Erinnerung verschiedener Augenzeugen erklärt werden können. Mit anderen Worten: *Das Verhältnis der drei synoptischen Evangelien zueinander muß literarischer Natur sein!*

2.5.2

Die eigentliche *Geschichte* des synoptischen Problems beginnt im 18. Jahrhundert. Vorher hatte man zwar auch die Differenzen der Evangelienberichte gesehen, sie jedoch von einer bestimmten theologischen Sicht her harmonisiert: Ist die Schrift Gottes Wort, so kann Gott sich nicht widersprechen! Erst die Veränderung des Bewußtseins in der Moderne führte zur kritischen Hinterfragung von Differenzen, wobei das Interesse am Ursprünglichen und Echten das leitende Motiv war.

2.5.2.1

Den ersten Schritt bildete die *Urevangeliumshypothese* (*G.E.Lessing*; *J.G.Eichhorn*): Alle drei Synoptiker schöpfen aus derselben Quelle, einem aramäischen Urevangelium. Ihre Differenzen beruhen auf dem unterschiedlichen schriftstellerischen Geschick, mit dem sie diese Quelle benutzen. – Hier war etwas sehr Wichtiges richtig gesehen: Die Evangelien sind keine unmittelbaren Augenzeugenberichte, sondern sind prinzipiell von Quellen und Traditionen abhängig. Jedoch war gerade das Hauptproblem, nämlich die offenkundige literarische *Abhängigkeit der Evangelien untereinander*, damit keineswegs erklärt.

2.5.2.2

Die *Fragmenten- oder Diegesenhypothese* (*F.D.Schleiermacher*) nahm einen differenzierteren Traditionsbildungsprozeß an: Demnach lägen den Evangelien als Quellen Materialsammlungen (Diegesen) zugrunde, die aus jeweils kongruenten Stoffen (z.B. Gleichnissen, Reden, Wundergeschichten) beständen und von Tradenten der zweiten Generation angelegt worden seien. – Hier ist richtig gesehen, daß die Synoptiker redigiertes Sammelgut verschiedener Herkunft enthalten und daß dieses Sammelgut gern in Blöcken auftritt. Doch wird die Differenz zwischen vorliterarischen Traditionen und literarischen Quellen nicht genügend berücksichtigt, und auch der literarischen Abhängigkeit der Evangelien voneinander wird hier letztlich nicht Rechnung getragen.

2.5.2.3

Der erste Einwand schien von der *Traditionshypothese* (*J.G.Herder*; *J.C.L.Gieseler*) überwunden zu sein, nicht jedoch der zweite: Sie rechnete nämlich mit einem vielgestaltigen mündlichen Urevangelium, dessen Elemente in einem Traditionsprozeß allmählich geformt wurden, und nahm damit schon Einsichten der Formgeschichte vorweg, konnte jedoch ebensowenig wie die Vorgängerhypothesen die literarische Abhängigkeit der Evangelien voneinander erklären.

2.5.2.4
Einen brauchbaren Ansatz dafür bot erst die *Benutzungshypothese*, weil sie konsequent das Problem als ein literarisches begriff. Sie ging davon aus, daß eines der Evangelien den anderen als Quelle gedient haben müsse. In ihrem Frühstadium trug sie insofern der Hochschätzung des Mt in der kirchlichen Tradition Rechnung, als sie in ihm die Quelle von Mk und Lk sehen wollte (*J.J.Griesbach*, 1789). Ein Hauptindiz dafür war, daß die meisten Erzählungen bei Mt gegenüber Mk und Lk kürzer sind (was freilich, wie wir heute wissen, nicht an der größeren Ursprünglichkeit des Mt, sondern an seiner schriftstellerischen Eigenart liegt!). Gegen die Mt-Priorität (die noch in diesem Jahrhundert durch *Th.Zahn* und *A.Schlatter* festgehalten wurde) spricht jedoch schon das Fehlen der Osterberichte bei Mk.
Es war ein entscheidender Fortschritt im Rahmen der Benutzungshypothese, als sich im Anschluß an *C.Lachmann* (1831) die Priorität des Mk durchsetzte. Die Basis dafür bildete die Beobachtung, daß Mt und Lk in der Erzählungsreihenfolge solange übereinstimmen, solange sie darin auch mit Mk übereinstimmen. Sie differieren jedoch untereinander sowohl inhaltlich als auch in der Erzählungsfolge, sobald sie Stoffe bieten, die bei Mk fehlen! (Beispiele dafür sind die Vorgeschichten, die Osterberichte, der lukanische Reisebericht Lk 9,51–18,14). Aber genügte die Annahme einer einzigen Quelle? Einer weiteren Beobachtung konnte mit ihr nicht Rechnung getragen werden: Auch Lk und Mt stimmen untereinander vielfach überein, und zwar vorwiegend bei Redenstoff. Dabei verbietet sich zwar die Annahme einer direkten Abhängigkeit des einen vom andern, weil die Reihenfolge, in der dieser Redenstoff geboten wird, zu unterschiedlich ist. Aber inhaltlich sind die Übereinstimmungen so stark, daß die Annahme einer zweiten Quelle unabweisbar wurde.

2.5.2.5
Mit diesem Schritt wurde die Benutzungshypothese folgerichtig weiterentwickelt zur *Zweiquellentheorie (Ch.H.Weiße*, 1838).

2.5.3
Die *Zweiquellentheorie* beruht auf folgenden Einsichten:

2.5.3.1
Den synoptischen Evangelien liegen als *durchlaufende Quellen* zugrunde:
das Markusevangelium,
die Spruchquelle oder Logienquelle (= Q).
Daneben haben Matthäus und Lukas jeweils auch noch Sondergut (SMt, SLk) verwendet.
Es ergibt sich also das folgende Grundschema:

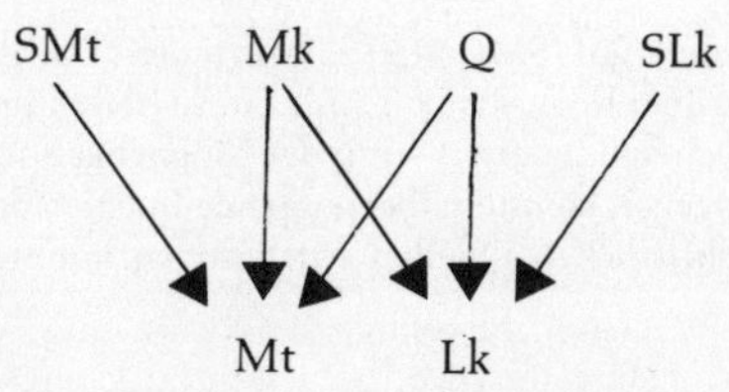

2.5.3.2
Das Mk-Ev ist demnach das älteste Evangelium. Es hat den beiden synoptischen Großevangelien nicht nur einzelne Materialien, sondern darüber hinaus den erzählerischen Rahmen geliefert, d.h., *Mt und Lk sind in literarischer Hinsicht Erweiterungen des Mk-Rahmens*.

2.5.3.3

Die *Logienquelle* (Q) war im Unterschied zu Mk keine Evangelienschrift, sondern eine Sammlung von Jesusüberlieferungen, die zum Zweck der innergemeindlichen Unterweisung zusammengestellt war; sie enthielt neben Jesusworten auch Gleichnisse, Apophthegmata sowie einige wenige Erzählungen (u.a. Versuchungsgeschichte und Erzählung vom Hauptmann von Kapernaum). Eine Geburts- und Vorgeschichte fehlte ebenso wie die Passions- und Ostererzählungen. Die Logienquelle scheint eine thematische Gliederung gehabt zu haben, die sich in ihren Grundzügen aus der Anordnung des Q-Materials bei Mt und Lk rekonstruieren läßt: Am Anfang stand die Predigt des Täufers (Mt 3,7–12; Lk 3,7–17), der sich die Versuchungsgeschichte (Mt 4,2–11; Lk 4,2–13) anschloß. Den Abschluß bildeten eschatologische Worte und Redestücke (Mt 24–25; Lk 17,22–37; 19,12–27). – Im allgemeinen ist die ursprüngliche Reihenfolge des Stoffes in Q wohl bei Lk besser bewahrt als bei Mt, der die Tendenz hat, große Redeblöcke zu gestalten.

2.5.3.4

Eine Reihe von Punkten sind freilich in der Forschung bis heute kontrovers geblieben:

- Haben Mt und Lk das Mk-Ev in seiner uns vorliegenden Form gekannt, oder haben sie einen kürzeren Ur-Mk benutzt? Für das zweite könnte sprechen, daß sowohl Mt als auch Lk Mk 4, 26–29 und 8,22–26 übergehen. Freilich lassen sich beide Auslassungen nach Meinung der Mehrzahl der Forscher auf sachliche Auswahlkriterien zurückführen.
- Haben Mt und Lk für ihren mit Mk parallelen Stoff noch eine weitere Quelle zur Hand gehabt? Darauf könnten die ›kleineren Übereinstimmungen‹ (minor agreements) zwischen ihnen verweisen, die bei der Darbietung von Mk-Stoff auftreten (z.B. Mt 13,11 par Lk 8,10 diff Mk 4,11; Mt 26,68 par Lk 22,64 diff Mk 14,65); doch ist auch dieser Befund keineswegs eindeutig.
- Haben Mt und Lk die gleiche Fassung von Q benutzt? Diese Frage hängt eng zusammen mit der heute sehr kontroversen Frage nach dem Wesen der Logienquelle. Das Meinungsspektrum reicht von der Annahme, daß Q lediglich eine mehr oder weniger variable mündliche Traditionsschicht gewesen sei (J.Jeremias, Zur Hypothese einer schriftlichen Logienquelle Q, in: ders., Abba, 1966,90ff;H.Th.Wrege, Die Überlieferungsgeschichte der Bergpredigt, 1968) bis hin zu der Auffassung, daß sie eine Schrift mit genau umrissenem Inhalt und scharf konturierter redaktioneller Tendenz gewesen sei (S.Schulz, Q. Die Spruchquelle der Evangelisten, 1972; D.Lührmann, Die Redaktion der Logienquelle, 1969). M.E. läßt sich der schriftliche Charakter von Q nicht bestreiten. Hingegen ist sowohl mit der Möglichkeit zu rechnen, daß verschiedene Fassungen von Q im Umlauf waren, als auch damit, daß insbesondere Mt bei seiner Benutzung von Q durch mündliche Tradition mit beeinflußt war.
- Wie ist das sogenannte Sondergut (SMt; SLk) zu beurteilen? Daß es zumindest teilweise aus Q stammt, ist zu vermuten. Darüber hinaus ist z.T. mit Einflüssen mündlicher Tradition, z.T. aber auch – vor allem beim lukanischen Sondergut – mit der Möglichkeit redaktioneller Bildungen des Evangelisten zu rechnen. Hingegen konnten überzeugende Indizien dafür, daß das Sondergut der Großevangelisten eigenen schriftlichen Quellen entstammen könnte, bisher nicht beigebracht werden.

2.5.4

Hinweise zur methodisch richtigen Handhabung der Zweiquellentheorie

2.5.4.1

Bei der Exegese jedes Mt- und Lk-Textes ist die Quellenzugehörigkeit mit Hilfe einer Synopse zu ermitteln.

2.5.4.2
Dabei ist zunächst mit Mk zu vergleichen: Hat ein Mt- bzw. Lk-Text eine Mk-Parallele, so ist seine Herkunft aus der Mk-Quelle geklärt.

2.5.4.3
Fällt der Vergleich mit Mk negativ aus, so ist jeweils mit dem anderen Großevangelium zu vergleichen: Hat ein Mt- bzw. Lk-Text, der keine Mk-Parallele hat, eine Parallele bei Lk bzw. Mt, so ist seine Herkunft aus der Logienquelle geklärt.

2.5.4.4
Texte, für die sich keine synoptischen Parallelen aufweisen lassen, gelten zunächst als Sondergut (SLk; SMt). Doch kann dies nur eine vorläufige Klärung sein. Eine genauere Klärung der Quellenzugehörigkeit muß zumindest versucht werden. Freilich liegen die dafür heranzuziehenden Kriterien z.T. jenseits der Literarkritik, nämlich im Bereich der Form- und Redaktionsgeschichte.

3
Vertiefung

3.1
Lektürevorschläge

3.1.1
Zum theologiegeschichtlichen Hintergrund: W.G.Kümmel, Das Neue Testament. Geschichte der Erforschung seiner Probleme, ²1970, 88–114 (Darstellung der Anfänge der Literarkritik).

3.1.2
Zum Problem der Literarkritik der Paulusbriefe: J.Gnilka, Der Philipperbrief, Herder K X,3, 1968, 5–18 (Befürwortung und Begründung von Quellenscheidung im Philipperbrief); Kümmel, Einleitung, ¹⁸1976, 291ff (Bestreitung jeder Quellenscheidung in Paulusbriefen).

3.1.3
Ausführliche Darstellung der Zweiquellentheorie: Kümmel, Einleitung, 13–53.

3.2
Fragen zur Weiterarbeit

3.2.1
Welche Aufgabenbereiche und Fragestellungen hat die Literarkritik?

3.2.2
Welche Beobachtungen und Sachverhalte liegen der Zweiquellentheorie zugrunde?

3.2.3

Analysieren Sie Phil 3,1–4,23 literarkritisch unter Berücksichtigung aller unter 2.1–4 genannten Gesichtspunkte! Versuchen Sie insbesondere, sich über die Notwendigkeit einer Quellenscheidung ein eigenes Urteil zu bilden (vgl. dazu die oben unter 3.1.2 genannte Literatur)! Was spricht für die einzelnen der bei Gnilka genannten Quellenscheidungstheorien, was dagegen?

3.2.4

Stellen Sie anhand einer Synopse einen genauen synoptischen Vergleich von Mk 2,13–17 mit den synoptischen Parallelen Mt 9,9–13 und Lk 5,27–32 an! Markieren Sie die wörtlichen Übereinstimmungen bzw. die Differenzen zwischen den drei Fassungen der Perikope durch verschiedenfarbige Unterstreichungen! Versuchen Sie, aufgrund der so gewonnenen Beobachtungen literarische Abhängigkeiten nachzuweisen! (Als Anleitung hierfür kann H.Zimmermann, Neutestamentliche Methodenlehre, [5]1975, 92–104, benutzt werden.)

3.3
Weitere Literatur

H.Barth – O.H.Steck, Exegese des Alten Testaments – Leitfaden der Methodik, [5]1974, 27–36; G.Bornkamm, Der Philipperbrief als paulinische Briefsammlung, in: ders., Ges.Aufs. IV, 1971, 195ff; G.Fohrer (u.a.), Exegese des Alten Testaments, 1973, 44–56; K.Koch, Was ist Formgeschichte?, [3]1974, 84–96; W.Richter, Exegese als Literaturwissenschaft, 1971; J.Schniewind, Zur Synoptiker-Exegese, ThR NF 2 (1930) 134ff; Ph.Vielhauer, Geschichte der urchristlichen Literatur, 1975, 268–280; J.Wellhausen, Einleitung in die drei ersten Evangelien, [2]1911; H.Zimmermann, Neutestamentliche Methodenlehre, [5]1975, 85–89.

§ 2
Formgeschichte

1
Einführung

1.1
Definition

Formgeschichte (bzw. Formkritik) ist die übergreifende Bezeichnung für jene Arbeitsmethode, die aus dem gegebenen Zusammenhang zwischen einer geprägten sprachlichen Einheit und einem bestimmten sozio-kulturellen Kontext Folgerungen zieht hinsichtlich der Herkunft, der Entwicklungsgeschichte und des Aussagegehalts von Texten. Die Bedeutung der Formgeschichte für die Bibelwissenschaft liegt primär darin, daß sie einen methodischen Zugang zu vorliterarischen Traditionen eröffnet. Prinzipiell läßt sie sich jedoch nicht auf den Bereich des Vorliterarischen eingrenzen.
Die Formgeschichte hat *verschiedene Aspekte*, die sich jeweils in unterschiedlichen Fragestellungen bzw. Arbeitsschritten niederschlagen:

■ Die *Gattungsbestimmung* ordnet die jeweilige sprachliche Einheit aufgrund ihres formalen Aufbaus und ihrer Struktur einer Gruppe von Überlieferungen mit analogen Merkmalen zu, der sogenannten Gattung (2.1).
■ Die Frage nach der *Gattungsgeschichte* soll den sprachgeschichtlichen Vorgang des Entstehens und Vergehens einer Gattung erhellen und Klarheit darüber schaffen, wo innerhalb dieses Vorgangs die jeweilige konkrete Ausprägung dieser Gattung zu lokalisieren ist (2.2).
■ Die Frage nach dem *Sitz im Leben* dient der Feststellung der sozio-kulturellen Bedingungen und Gegebenheiten, denen die jeweilige Gattung ihre Entstehung verdankt und innerhalb deren sie ihre Funktion hatte (2.3).
■ Die *Überlieferungsgeschichte* soll die Entwicklung des abgeschlossenen Einzelstücks einer Gattung im Fortgang des Überlieferungsprozesses von seiner ersten Entstehung bis hin zu seiner vorliegenden Endgestalt rekonstruieren. Dabei gilt es insbesondere, Veränderungen der Gattung und des Sitzes im Leben zu registrieren (2.4).
■ Am Rande der Formgeschichte liegt die *Traditionsgeschichte*, die sich mit der Entwicklung solcher Vorstellungen und Vorstellungskomplexe befaßt, die nicht ihren Niederschlag in einer Gattung gefunden haben, sondern lediglich in der Zuordnung bestimmter Begriffe und Worte faßbar werden (2.5).

1.2
Zur Terminologie

Der Begriff »Formgeschichte« wurde als fester Terminus in die Forschung eingeführt durch M.Dibelius (Die Formgeschichte des Evangeliums, 1919 [[6]1971]). Sein hier vorgeschlagener Gebrauch als Oberbegriff für einen gesamten Arbeitsbereich ist durch die Tradition (z.B. *M.Dibelius*; *J.Schniewind*; *M.Albertz*) hinreichend legitimiert und wird heute u.a. vertreten von *K.Koch* (Was ist Formgeschichte?, [3]1974) und *H.Zimmermann* (Methodenlehre, 135). Dem steht freilich heute weithin ein Sprachgebrauch gegenüber, der Formgeschichte einerseits mit Gattungsbestimmung bzw. Gattungsgeschichte identifiziert und sie andererseits von der Überlieferungsgeschichte unterscheidet. Doch das führt zu terminologischer Unschärfe, vor allem da, wo man ›Form‹ und ›Gattung‹ bedeutungsgleich verwendet (vgl. z.B. *H.Barth – O.H.Steck*, Exegese 54f), und hat vor allem den Nachteil, daß dann kein Oberbegriff mehr zur Verfügung steht, der den methodischen Zusammenhang der verschiedenen Arbeitsschritte sinnfällig machen könnte. – Aus dem zuletzt genannten Grund erscheint mir der Vorschlag von *L.Markert* (G.Fohrer [u.a.], Exegese des Alten Testaments, 1973, 85) wenig hilfreich, »den Terminus ›Formgeschichte‹ – auch zur Bezeichnung einer Methode – fallenzulassen«.
Wenn wir zwischen ›Überlieferungsgeschichte‹ und ›Traditionsgeschichte‹ unterscheiden, so ist dies zwar nicht vom Wortlaut beider Begriffe, wohl aber von forschungsgeschichtlichen Notwendigkeiten her zu begründen: Eine Differenzierung zwischen der Geschichte geprägter Überlieferungsstücke einerseits und der Geschichte einzelner Begriffsfelder und Vorstellungskomplexe andererseits erwies sich als unumgänglich, zumal der hier und da für das letztere eingeführte Begriff »Motivgeschichte« (z.B. K.Koch, aaO , 70f) zu unbestimmt und mißverständlich ist.

1.3
Forschungsgeschichtlicher Hintergrund

1.3.1
Man könnte die Formgeschichte ein spätgeborenes Kind der Romantik nennen. Denn in

der Romantik ist erstmals in der Neuzeit das Interesse an volkstümlichen Überlieferungen aufgebrochen, an Volkslied, Sage und Märchen, wie sie von Generation zu Generation durch anonyme Sänger und Erzähler weitergegeben wurden. War die Theologie seit der Aufklärung einseitig auf die Frage der historischen Quellen und deren Echtheit fixiert, so hat *J.G.Herder* dieses neue Interesse am Volkstümlichen auch für das Verständnis der Bibel fruchtbar zu machen gesucht; und zwar hat er mit der Urevangeliumshypothese (vgl. § 1, 2.5.2.1), die die Verwurzelung der synoptischen Evangelien in einem mündlichen Urevangelium vertrat, in kühner Weise die heutige Einsicht in die Priorität der mündlichen Überlieferung vorweggenommen:

»Mit Evangelienschreiben fing also das Christentum nicht an, sondern mit Verkündigung vergangener und zukünftiger Dinge (Kerygma, Offenbarung), mit Auslegung, Lehre, Trost, Ermahnung, Predigt . . . ebenso fremd ist es dieser Zeit und Lage, sich in Jerusalem eine apostolische Evangelien-Canzlei zu denken, die mit jedem Lehrer Aufsätze an jede Gemeinde geschickt und ihn durch geschriebene Evangelien beurkundet habe . . . Zu lehren waren die Apostel ausgesandt, nicht evangelische Aufsätze umherzusenden.«

Herder hat sogar im Ansatz die Verschiedenheit der Gattungen erkannt und auf die die Überlieferung steuernden Gesetzmäßigkeiten hingewiesen:

»Das gemeinsame Evangelium bestand aus einzelnen Stücken, Erzählungen, Parabeln, Sprüchen, Perikopen. . . . Es bürgt für die Wahrheit des Evangeliums, daß es aus solchen Teilen besteht: denn Leute, wie die meisten Apostel waren, erinnerten sich leichter eines Spruches, einer Parabel, eines Apophthegma, das ihnen auffallend gewesen war, als zusammenhängender Reden« (Herders sämtliche Werke, hg. v. B.Suphan, 19, 135ff.253ff).

Aber noch fehlte eine Möglichkeit, diese Gesetzmäßigkeiten von ihrer Ursache her zu begründen.

1.3.2
Sie wurde erst durch den Alttestamentler *H. Gunkel* zu Beginn unseres Jahrhunderts geschaffen. Denn er war es, der die bahnbrechende Entdeckung des Zusammenhangs zwischen Gattung und sozio-kultureller Situation machte und für die letztere den Terminus ›Sitz im Leben‹ prägte. Vor allem durch die Beschäftigung mit dem Buch Genesis wurde ihm deutlich, daß grundsätzlich jede geprägte sprachliche Äußerung teil hat an einer überindividuellen Form (der Gattung), die bestimmten Gesetzmäßigkeiten des Gemeinschaftslebens unterliegt. Und zwar ist die prägende Kraft dieser Gesetzmäßigkeiten um so stärker, je volkstümlicher und ›unliterarischer‹ die jeweilige sprachliche Äußerung ist. Wenn aber in dieser Weise eine Wechselbeziehung zwischen sprachlichen Formen und Formen des Gemeinschaftslebens besteht, dann ist es möglich, von diesen auf jene zu schließen – und umgekehrt.
Eine ganz neue Welt eröffnete sich von diesem Ansatz her für die Forschung: Das Alte Testament, das bisher als das Werk individueller Schriftsteller gesehen worden war, gab sich nunmehr zu erkennen als der Niederschlag geschichtlicher Lebensvollzüge und Erfahrungen eines ganzen Volkes wie Kultus, Profetie, Weisheitslehre und Rechtsprechung.

1.3.3

Die *Anwendung* der formgeschichtlichen Methode *auf das Neue Testament* erfolgte erst im zeitlichen Abstand von etwa zwei Jahrzehnten. Unmittelbar nach dem Ersten Weltkrieg erschienen *drei bahnbrechende Werke*, die bis heute klassischen Rang behalten haben:

1.3.3.1

K.L.Schmidt (Der Rahmen der Geschichte Jesu, 1919 [Nachdr. 1964]) kam durch eine genaue Analyse des Mk zu dem Ergebnis, daß dieses keineswegs, wie früher allgemein angenommen, eine geschlossene Erzählungsabfolge biete, aus der sich direkt oder – auf dem Wege der Quellenscheidung – zumindest indirekt der Verlauf des Wirkens Jesu historisch erschließen lasse. Vielmehr sei der erzählerische Aufriß des Mk eine vom Evangelisten geschaffene schematische Konstruktion, die dazu diene, eine Fülle von ursprünglich selbständigen, in sich geschlossenen Einzeleinheiten zu einem neuen Ganzen zusammenzufügen. Markus war nach Schmidt nicht Chronist der Geschichte Jesu, sondern lediglich Sammler und Tradent, der die ihm überlieferten kurzen Jesuserzählungen, Sprüche und Gleichnisse durch knappe Überleitungen – meist geografische und chronologische Angaben – ›gerahmt‹ hat. So fand Schmidt z.B. in Mk 2 folgende Rahmenstücke: V.1.13.18a(?). Die Folgerung, die sich daraus ergab, war zunächst die, daß die Überlieferungsstücke jeweils unabhängig vom Rahmen untersucht und interpretiert werden müssen und daß der Kontext, in dem sie zu sehen sind, der der mündlichen Überlieferung mit den ihr eignenden Gesetzmäßigkeiten zu sein hat. Schmidt leistete in seinem Buch zwar noch keine formgeschichtliche Analyse im engeren Sinn, doch schuf er die Voraussetzungen für sie, indem er das Interesse der Forschung, das bisher an den Evangelien als Geschichtswerken gehaftet hatte, auf den in ihnen verarbeiteten vorliterarischen Traditionsstoff richtete.

1.3.3.2

M.Dibelius (Die Formgeschichte des Evangeliums, 1919 [[6]1971]) machte den ersten Versuch einer Klassifizierung des vorliterarischen Evangelienstoffes nach Gattungen. Und zwar ist für seine Arbeitsweise charakteristisch, daß er einsetzt bei den Funktionen des urchristlichen Gemeinschaftslebens, um von da aus weiterzufragen nach den ihnen jeweils zugehörigen Gattungen, d.h., er geht *konstruktiv* vor. Die grundlegende Funktion des Gemeinschaftslebens ist für ihn die *Predigt*; demgemäß betrachtet er die Stoffe primär unter dem Gesichtspunkt, wie die verschiedenen Bedürfnisse urchristlicher Predigt in ihnen ihren Niederschlag gefunden haben: Die auf Weckung und Stärkung des Glaubens abzielende Predigt ist der Sitz im Leben der *Paradigmen*, d.h. jener erbaulich stilisierten Jesusgeschichten, in denen alles auf ein Wort Jesu von allgemeiner Bedeutung zuläuft. Hingegen sind die Sammlungen von Jesusworten nach Dibelius als Material für die mahnende, das christliche Leben normierende Weisung erstellt worden; er setzt darum die Wortüberlieferung unter die Kategorie der *Paränese*. Jene erzählenden Stücke schließlich, die mit großer Detailfreude von den Wundern Jesu berichten, nennt Dibelius *Novellen* und vermutet, daß sie als Anweisungen für christliche Wundertäter und Exorzisten konzipiert worden seien; hier gehe es also um Leitbilder für die Praxis der Gemeinde.

Dieses Klassifizierungsschema erwies sich auf die Dauer als zu einseitig, weil es die Fülle urgemeindlicher Lebensvollzüge fast ausschließlich auf die Predigt reduzierte. Dies gilt, obwohl sich Dibelius bemühte, den Begriff der Predigt sehr weit zu fassen; denn faktisch entging er der Gefahr nicht, die urchristliche Predigt nach Inhalt und Funktion vom Leitbild der modernen protestantischen Predigt her deuten zu wollen.

1.3.3.3

R.Bultmann (Die Geschichte der synoptischen Tradition, 1921 [[2]1931, [8]1970]) ging den umgekehrten Weg: Er setzte ein mit einer Klassifizierung des gesamten synoptischen Traditionsstoffes unter formalen Gesichtspunkten, um von den so gewonnenen Gattungsmerkmalen her die Formen des Gemeinschaftslebens zu erschließen, die in ihnen ihren Niederschlag gefunden haben, d.h., er arbeitete *analytisch*. Auf diese Weise ergab sich ein ungleich weiteres Spektrum möglicher Sitze

im Leben: Neben die Missions- und Gemeindepredigt traten die innergemeindliche Unterweisung und die Auseinandersetzung mit jüdischen Gegnern. Bultmann hat sich im übrigen in weit stärkerem Maße als Dibelius mit dem diachronen Prozeß der Umgestaltung von Tradition und der Veränderung der Gattungen, wie sie sich aus der Veränderung des Sitzes im Leben ergaben, beschäftigt; er ging der »Geschichte der Einzelstücke der Traditionen« nach von ihrer Entstehung bis zu ihrer schriftlichen Fixierung (aaO, 4); d.h., er arbeitete *überlieferungsgeschichtlich*.
Der Einsatz bei der Form ist für Bultmanns *Klassifizierungsschema* bestimmend. Er unterscheidet zunächst zwischen Wortüberlieferung und Erzählungsüberlieferung. Der ersteren rechnet er die *Apophthegmata* zu, eine Gattung, die sich teilweise mit den Paradigmen bei Dibelius deckt und die er wiederum in Streit- und Schulgespräche und Biographische Apophthegmata untergliedert, sowie die *Herrenworte*, die er ebenfalls – je nach ihrer Form – in verschiedene Gruppen (Logien, profetische und apokalyptische Worte, Gesetzesworte und Gemeinderegeln, Ich-Worte) einteilt. – Dem *Erzählungsstoff* rechnet Bultmann Wundergeschichten und Legenden zu.

1.3.3.4

Es war ein folgenreicher Vorgang, daß sich sowohl bei Dibelius als auch bei Bultmann die formgeschichtliche Methode eng mit einem kerygmatheologischen Ansatz verband, denn dadurch erhielt sie eine antihistorische Stoßrichtung, die sie in der alttestamentlichen Forschung niemals hatte. Es geschah sicherlich zu Recht, wenn die Formgeschichtler den kerygmatischen Charakter der Überlieferung herausstellten: »es hat nie ein ›rein‹ geschichtliches Zeugnis von Jesus gegeben; was von Jesus an Worten und Taten berichtet wurde, war immer schon ein für Predigt und Mahnung bestimmtes Zeugnis des Glaubens, formuliert, um Ungläubige zu gewinnen und Gläubige zu festigen« (Dibelius, Formgeschichte, 295). Aber es war einseitig und sachlich unbegründet, wenn man aus der Tatsache, daß die Gemeinde mit ihrem Glauben und Zeugnis die Überlieferungen geprägt hat, folgerte, daß sie auch weitgehend deren Urheberin sei. Die Entstehung der synoptischen Tradition wird zu einem historischen Rätsel, wenn man sie nur auf die produktive Kraft der Gemeindetheologie zurückzuführen sucht; denn man ist in diesem Fall genötigt, gemeindliche Situationen und Lebensvollzüge zu postulieren, die jeder geschichtlichen Wahrscheinlichkeit widersprechen. Wenn Bultmann z.B. annimmt, daß die Streitgespräche Mk 2,23–28 und 3,1–6 auf eine Kontroverse zurückzuführen seien, in deren Verlauf sich eine Gemeinde dadurch gegen jüdische Angriffe verteidigte, daß sie »die Rechtfertigung ihrer Sabbatpraxis Jesus in den Mund« legte (aaO, 14), so spricht dagegen schon die Tatsache, daß nach allem, was wir sonst wissen, die Sabbatfrage weder bei Auseinandersetzungen innerhalb des Urchristentums noch in seinem Verhältnis zum Judentum eine nennenswerte Rolle gespielt hat (J.Roloff, Das Kerygma und der irdische Jesus, ²1973, 86f).

1.3.4

So wird die Frage nach dem Verhältnis von kerygmatischem, im Leben der Gemeinde verwurzeltem Glaubenszeugnis und vom irdischen Jesus herkommender Überlieferung von der Forschung ernsthafter als bisher aufgenommen werden müssen. Sicher ist dieses Verhältnis höchst komplex: Weder hat das kerygmatische Glaubenszeugnis die geschichtliche Erinnerung an Jesu Worte und Taten einfach verdrängt, noch ist es zu ihr als eine Ergänzung, die jederzeit wieder abhebbar wäre, hinzugetreten; vielmehr wurde die Jesusüberlieferung so aufgenommen und weitergegeben, daß sie in wechselnden Situationen und Lebensbezügen als anredendes Wort und Glaubenszeugnis zur Geltung gebracht werden konnte. Dahinter stand die Überzeugung, daß die Gemeinde nur dann,

wenn sie sich sagen läßt, wer der Irdische war, zu erfahren vermag, wer der Erhöhte, an den sie glaubt, ist.
Um diese Wechselbeziehung zu erfassen, bedarf es überlieferungsgeschichtlicher Untersuchungen, die der Entwicklung der Jesustradition von ihren vorösterlichen Anfängen her nachgehen, mit dem Ziel, Aufschluß über die Tradierungsvorgänge innerhalb des frühen Christentums und die sie steuernden Gesetzmäßigkeiten zu gewinnen.

1.3.4.1

Einen wichtigen Vorstoß in dieser Richtung verdanken wir den Gleichnisforschungen von *J.Jeremias* (Die Gleichnisse Jesu, [8]1970 [vgl. § 7,2]).
Jeremias hat gezeigt, daß die meisten Gleichnisse auf konkrete Situationen im Wirken des vorösterlichen Jesus zurückverweisen, und zugleich von diesem Ansatz her die Entwicklung nachgezeichnet, die die Gleichnisse infolge sich verändernder kerygmatischer Frontstellungen in der nachösterlichen Gemeinde genommen haben.

1.3.4.2

H.Schürmann (Traditionsgeschichtliche Untersuchungen zu den synoptischen Evangelien, 1968, 39–65) führte diesen Ansatz weiter und präzisierte ihn zugleich im Sinne der Formgeschichte, indem er den vorösterlichen Jüngerkreis mit seinen geprägten Lebensfunktionen als Sitz im Leben für die Logientradition in Anspruch nahm und von da aus die programmatische Forderung aufstellte, daß die Art der Überlieferung der Jesusworte mit ihrer von zeitgenössischer jüdischer Traditionsbildung charakteristisch abweichenden Freiheit aus der spezifischen Struktur des Jüngerkreises Jesu erklärt werden müsse: Dieser Jüngerkreis war nicht ein Lehrhaus, in dem man Weisungen eines Gesetzeslehrers wörtlich memorierte, sondern durch den profetisch-eschatologischen Ruf in die Nachfolge geprägt; dies könnte die Nähe vieler Jesuslogien zur profetischen Tradition erklären. »Dieser Jüngerkreis hatte gewiß noch nicht wie die Qumran-Sekte seine ›Sektenregel‹; aber doch vielleicht schon gewisse fundamentale ›*Regelworte*‹, die das ungeheure Wagnis der Nachfolge einerseits rechtfertigten, die es andererseits schützten, die Jünger immer wieder zur Gänzlichkeit aufriefen und auch das Gemeinschaftsleben ordneten« (ebd., 62).

1.3.5

Die Formgeschichte hatte sich in ihren Anfängen fast ausschließlich den Synoptikern zugewandt. Doch schon relativ schnell kam es zur *Einbeziehung weiterer neutestamentlicher Schriften*, wobei man zunächst auf solche zuging, bei denen die Verarbeitung vorliterarischen Überlieferungsmaterials in einem größeren Umfang von vornherein zu erwarten war; so hat sich *M.Dibelius* schon relativ früh mit den Erzählungen der Apostelgeschichte (Stilkritisches zur Apostelgeschichte [1923], in: ders., Aufsätze zur Apostelgeschichte, [5]1968, 9–28) sowie mit den Paränesen des Jakobusbriefes (Der Brief des Jakobus, KEK XV, 1921) unter formgeschichtlichem Aspekt befaßt. Zug um Zug wurden jedoch auch die Paulusbriefe für die neue Betrachtungsweise erschlossen, was zugleich zu einer völlig neuen theologischen Beurteilung führte. Es zeigte sich nämlich nunmehr, daß auch Paulus mit seinen Briefen in der vorgegebenen Gemeindetradition steht und von ihr Gebrauch macht; vieles, was früher als individuelle Äußerung des Apostels galt, erwies sich jetzt als Bezugnahme auf gemeindliche Traditionen und Lebensfunktionen.
So ließen sich bei *Paulus* Zitate von Hymnen, deren Sitz im Leben der Gemeindegottesdienst war, nachweisen (z.B. Phil 2,6–11; Kol 1,15–20); es fanden sich Glaubensformeln, die zentrale Inhalte des christologischen Kerygmas zusammenfaßten (z.B. Röm 1,3b.4; 1Kor 15,3b–5), sowie Gebetsformeln und Akklamationsrufe (z.B. Röm 8,15b;

10,9a; 1Kor 12,3b; 16,22). Und schließlich zeigte sich auch, daß das paränetische Gut, das der Apostel gebraucht, weithin durch mündliche Überlieferungsprozesse vorgeprägt war (z.B. die sog. Haustafeln wie Kol 3,18ff und die Tugend- und Lasterkataloge wie Gal 5,19–23 und Kol 3,5–14).
Lediglich das *Johannesevangelium* hat sich bislang noch weitgehend der formgeschichtlichen Bearbeitung entzogen. Es ist trotz aller Versuche noch nicht gelungen, die in ihm vorliegende besondere Ausprägung der Jesusüberlieferung gattungsmäßig zu analysieren und einem bestimmten gemeindlichen Milieu zuzuordnen. Hier beherrscht – notgedrungen – immer noch die Quellenkritik das Feld. Eine Geschichte der johanneischen Tradition wäre eine der großen Zukunftsaufgaben formgeschichtlicher Forschung.

1.4
Einordnung

1.4.1
Formgeschichte setzt Literarkritik voraus. Sie soll, wie jene, zwar das Verständnis eines Textes erschließen helfen, doch unterscheidet sie sich darin von ihr, daß ihr Gegenstand nicht der Text als Text, sondern als Produkt überindividueller Lebensvorgänge und Entwicklungsprozesse ist. Die Formgeschichte greift also sowohl synchron als auch diachron über die literarische Ebene hinaus, bedarf dabei aber als Ausgangsbasis einer möglichst eindeutigen literarischen Bestimmung des Textes.

1.4.2
Die Rückkoppelung der Ergebnisse der formgeschichtlichen Analyse mit denen der Literarkritik erfolgt in der Redaktionsgeschichte, deren Gegenstand der Text in seiner vorliegenden Endgestalt als Teil einer literarischen Großform ist.

2
Entfaltung: Die Methodik formgeschichtlicher Arbeit

2.1
Gattungsbestimmung

Erster und wichtigster Schritt formgeschichtlicher Arbeit ist die Bestimmung der Gattung eines Überlieferungsstückes. Unter *Gattung* verstehen wir dabei »das überindividuelle (typische) Gepräge selbständiger sprachlicher Einheiten« (Koch, aaO, 6). Und zwar ist dabei an sprachliche Einheiten von der Satzebene an aufwärts gedacht. Solche Einheiten, die unterhalb der Satzebene bleiben und nur aus einer knappen geprägten Wortverbindung bestehen, bezeichnet man als *Formeln*.

Vielfach wird gegenwärtig eine terminologische Unterscheidung zwischen Form und Gattung versucht, und zwar in recht uneinheitlicher Weise. So wird teilweise unter ›Form‹ die kleinere, in sich geschlossene Einheit und unter ›Gattung‹ die übergreifende, mehrere ›Formen‹ in sich vereinigende geprägte Einheit, z.B. die Evangelienschrift, der Brief verstanden (so *G.Bornkamm*, RGG II^3, 750f; *H.Zimmermann*, Methodenlehre, 135f). Diese Unterscheidung ist wenig sinnvoll, weil unpräzise und verwirrend: Wo verläuft z.B. die Grenze zwischen ›kleinerer‹ und ›größerer‹ Ein-

heit? Der Tatsache, daß sich kleinere Gattungen zu größeren geprägten Einheiten zusammenfinden, läßt sich besser dadurch Rechnung tragen, daß man zwischen *Gliedgattungen* und *Rahmengattungen* unterscheidet: so ist z.B. die Streitgesprächesammlung Mk 2,1–3,6 die Rahmengattung für das Streitgespräch Mk 2,23–28, und sie ihrerseits ist wiederum Gliedgattung für die von Markus geschaffene Rahmengattung der Evangelienschrift (vgl. Koch, aaO, 29ff). *W.Richter*, Exegese als Literaturwissenschaft, 1971, 74) versteht demgegenüber unter ›Form‹ die individuelle sprachliche Gestalt des Einzeltextes und unter ›Gattung‹ die überindividuelle Gestalt eines Texttypus. Leitender Gesichtspunkt ist dabei, dem strukturalistischen Ansatz Richters gemäß, die starre Scheidung von ›Form‹ und ›Inhalt‹. Aber diese Scheidung widerspricht letztlich dem Ansatz der formgeschichtlichen Methode, für die die Korrelation von Form und Inhalt gerade konstitutiv ist (vgl. Barth-Steck, Exegese, 99).
Eine Unterscheidung der Begriffe ›Form‹ und ›Gattung‹ erweist sich aufs Ganze gesehen nach wie vor als wenig zweckmäßig.

2.1.1
Die Gattungsbestimmung geschieht in der Weise, daß man auf die typischen formalen Züge des als vorliterarisch identifizierten Überlieferungsstücks achtet, d.h. auf diejenigen Züge, die in anderen inhaltlich vergleichbaren Stücken ebenfalls in Erscheinung treten. Bestätigt sich diese Übereinstimmung an wesentlichen Zügen, so darf angenommen werden, daß die verglichenen Stücke alle der gleichen Gattung angehören.

In Mk 12,18–27 wird ein Konflikt Jesu mit seinen Gegnern erzählt: Am Anfang steht eine kurze Situationsschilderung (V.18), es folgt die Frage der Gegner (V.19–23), und das Ganze schließt mit der Antwort Jesu (V.24–27). Genau das gleiche Schema von Situationsschilderung, gegnerischer Frage und Antwort Jesu findet sich in einer Reihe inhaltlich ähnlicher Stücke (z.B. Mk 2,23–28; 3,1–6; 12,13–17). Daraus folgert man, daß es sich hier um eine gemeinsame Gattung, die der Streitgespräche, handelt.

2.1.2
In der Praxis wird man bei der Gattungsbestimmung im allgemeinen von vorgegebenen Klassifizierungsschemata wenigstens für die wichtigsten Gattungen ausgehen. Gebräuchlich ist heute in erster Linie das *Klassifizierungsschema von R.Bultmann*, allerdings in verschiedenen, durch den Fortgang der Forschung bedingten Modifikationen. Auch das *Schema von M.Dibelius* wird vielfach verwendet, das sich freilich von seinem Ansatz her zu einer eindeutigen Erfassung von Gattungsmerkmalen weniger gut eignet. Wichtig ist dabei vor allem, daß man sich über die Kriterien, von denen her das benutzte Schema entworfen ist, Rechenschaft gibt. So impliziert z.B. die Kategorie des ›Paradigmas‹ die Predigttheorie von M.Dibelius.

2.1.3
Hat man die typischen Züge der jeweiligen Einheit festgestellt und damit ihre Gattungszugehörigkeit erhoben, so sollte man sich auch um die Feststellung jener Züge bemühen, die von der Gattung nicht gedeckt werden bzw. zu ihr im Widerspruch stehen. Formgeschichtliche Betrachtungsweise ist zwar auf das Typische, Überindividuelle gerichtet, darf jedoch deshalb den Blick für das Untypische, Besondere nicht verstellen! Überdies geben solche untypischen Züge oft wichtige Hinweise für die Überlieferungsgeschichte einer Einheit; sie können Spuren eines Gattungswechsels sein bzw. anzeigen, daß das Überlieferungsstück der vorliegenden Gattung nur unvollkommen adaptiert worden ist.

Mk 3,1–6 weist Züge auf, die der Gattung des Streitgesprächs nicht entsprechen; so fehlt die den Konflikt auslösende Frage der Gegner, und Jesu Stellungnahme hat nicht die Form einer abschließenden Lehrentscheidung, sondern einer Frage an seine Gegner (V.4), der die – einem Streitgespräch ebenfalls fremde – Schilderung einer Heilung folgt (V.5). Es liegt also kein reines Streitgespräch vor! Daraus ergeben sich dann Folgen für die Überlieferungsgeschichte (vgl. 1.2.4).
Mk 2,15–17 ist zwar auf den ersten Blick ein stilreines Streitgespräch. Es fällt jedoch als ungewöhnlich auf, daß die abschließende Stellungnahme Jesu aus zwei Logien besteht: dem Bildwort vom Arzt und den Kranken (V.17a) und dem ἦλθον- (=»Ich bin gekommen«) Spruch (V.17b). Das braucht an sich noch kein Anzeichen für einen überlieferungsgeschichtlichen Entwicklungsprozeß zu sein. Beobachtet man jedoch weiter, daß der ἦλθον-Spruch Merkmale einer eigenen Gattung enthält, nämlich der Ich-Worte, mit denen Jesu Sendung und Auftrag zusammenfassend beschrieben wird (Bultmann, Tradition, 164f), so ergibt sich als eindeutige Folgerung, daß das Streitgespräch ursprünglich nur bis V.17a reichte und erst nachträglich das Logion an sich gezogen hat.

2.2 Gattungsgeschichte

Eine Feststellung der Gattungsgeschichte wird im Neuen Testament, anders als im Alten Testament, nur in seltenen Fällen nötig sein. Denn hier ist in der Regel nicht mit langen Entwicklungsprozessen zu rechnen, in deren Verlauf sich die Merkmale der Gattungen entscheidend verändert haben könnten. Eine der wenigen Ausnahmen, wo gattungsgeschichtliche Überlegungen sinnvoll sein können, bilden die christologischen Formeln in den Briefen. Da christologische Aussagen sich in den ersten Jahrzehnten sehr schnell entwickelten, ist es nicht unwichtig zu wissen, welchen Entwicklungsstand der Gattung die jeweilige Formel repräsentiert.

In 1Joh 4,2f und 2Joh 7 wird die gleichlautende Formel zitiert: Wir bekennen, »daß Jesus Christus ins Fleisch gekommen ist«. Hier handelt es sich zweifellos um eine im Gottesdienst der sich hier zu Wort meldenden Gruppe verankerte Bekenntnisformel. In den mehrere Jahrzehnte älteren Paulusbriefen findet sich jedoch durchweg eine urtümlichere Gestalt der Formel: » . . . wenn du mit deinem Munde bekennst, Herr ist Jesus . . .« (Röm 10,9; 1Kor 12,3; Phil 2,11). Aus diesem Vergleich wird deutlich: die Gattung der christologischen Bekenntnisformel (Homologie), die ursprünglich die Unterstellung der Gemeinde unter die gegenwärtige Macht des Kyrios zum Ausdruck brachte, hat in den Johannesbriefen ein neues Entwicklungsstadium erreicht, indem sie inhaltliche Aussagen über das Heilswerk Christi in sich aufgenommen hat!

2.3 Sitz im Leben

Jede Gattung hat ihre Prägung durch einen bestimmten ›Sitz im Leben‹ erhalten, d.h., sie ist durch institutionalisierte Handlungen und Vorgänge innerhalb eines bestimmten gesellschaftlichen Milieus bedingt und dient umgekehrt deren Ermöglichung.
So hat heute die nach bestimmten Gesetzmäßigkeiten gestaltete Pressemeldung einer Nachrichtenagentur als Sitz im Leben das moderne Medien- und Informationswesen. Hinter einem Werbetext, der ein Industrieprodukt anpreist, stehen die Institutionen und Mechanismen der modernen Marktwirtschaft, und ein Gesangbuchvers ist im Lebensraum der den Gottesdienst feiernden Gemeinde verwurzelt. Der ›Sitz im Leben‹ ist eine transpersonale Gegebenheit. Jeder Mensch ist daran gewöhnt, in verschiedenen sozialen Rollen zu existieren; dementsprechend werden auch seine diesen Rollen zuge-

ordneten mündlichen und schriftlichen Äußerungen unwillkürlich ganz unterschiedlich ausfallen; der Werbetexter etwa wird sich unwillkürlich anderer Redegattungen bedienen, wenn er an einem Gesprächskreis seiner Kirchengemeinde teilnimmt! *Nicht der Redende als Individuum, sondern die Rede- und Hörsituation ist Gegenstand der Frage nach dem ›Sitz im Leben‹.* Diese Rede- und Hörsituation ist – und das wird häufig übersehen – nur dann ein wirklicher ›Sitz im Leben‹, wenn sie *institutionalisiert* und darum grundsätzlich *wiederholbar* ist. Und zwar dient die jeweilige Gattung dazu, die Wiederholbarkeit zu ermöglichen: Das Kirchenlied trägt dazu bei, daß der Gottesdienst sein institutionelles Gepräge gewinnt, ebenso wie die Nachrichtenmeldung mit ihrem geprägten Stil dazu hilft, daß die Medieninformation ihren gewohnten täglichen und stündlichen Gleichtakt bewahrt. Eine einmalige Situation, in der etwa Jesus ein Gleichnis gesprochen, eine Heilung vollführt hat, ist darum kein ›Sitz im Leben‹! Wohl aber sind die Unterweisung, in der frühchristliche Lehrer das Gleichnis auf die Situation ihrer Gemeinde anwandten, und die Missionspredigt, in der ein Missionar die Macht Jesu anhand einer Wundergeschichte verkündigte, ›Sitze im Leben‹. Von einem ›Sitz im Leben Jesu‹ zu sprechen, ist zwar grundsätzlich möglich, es sollte aber auf solche Fälle beschränkt bleiben, wo eine Bindung von Traditionen an vorösterliche *institutionalisierte* Handlungen und Vorgänge wahrscheinlich gemacht werden kann, wie z.B. an die vorösterliche Predigt der von Jesus ausgesandten Jünger (Mt 10,7; vgl. H.Schürmann, Traditionsgeschichtliche Untersuchungen zu den synoptischen Evangelien, 1968, 60).
Im allgemeinen gilt die Regel: *Jede Gattung hat nur einen einzigen Sitz im Leben. Umgekehrt können aber einem Sitz im Leben unterschiedliche Gattungen zugeordnet sein.* Der Übergang einer Gattung auf einen anderen Sitz im Leben zieht unweigerlich deren Veränderung nach sich. Grenzfälle sind zwar möglich, wenn Gattungen – um eines bewußten Verfremdungseffektes willen – in einen ihnen nicht zugehörigen ›Sitz im Leben‹ übertragen werden; doch führt auch dies letztlich zu einer Veränderung der Gattung.
Wie aber läßt sich nun der ›Sitz im Leben‹ einer Gattung feststellen? *H.Gunkel* formulierte dazu folgende Leitfragen: »Wer ist es, der redet? Wer sind die Zuhörer? Welche Stimmung beherrscht die Situation? Welche Wirkung wird erstrebt?« (Reden und Aufsätze, 1913, 33). Im übrigen werden wir hier von unserer – zugegebenermaßen recht begrenzten – Kenntnis der institutionalisierten Lebensvorgänge und Funktionen des Urchristentums auszugehen haben: Die Missionsverkündigung, die innergemeindliche Lehre, die Profetie, die Auseinandersetzung mit Gegnern, die Mahlversammlung, der Taufgottesdienst – sie alle kommen als ›Sitze im Leben‹ in Frage.

2.4
Überlieferungsgeschichte

Die überlieferungsgeschichtliche Fragestellung bringt in die formgeschichtliche Arbeit gleichsam die Tiefendimension ein. Sie beschäftigt sich nämlich mit den Vorstadien der jeweiligen Traditionseinheit. Ihre Aufgabe ist es, so weit wie möglich zu deren Anfängen zurückzufragen und von daher den Weg bis zu ihrer Endgestalt nach Möglichkeit zu rekonstruieren.

Sie ist also *diachron* ausgerichtet, nicht anders als die Gattungsgeschichte. Während diese aber die Geschichte der Gattung unter Absehung vom jeweiligen Einzelstück erfragt, ist das Thema der Überlieferungsgeschichte die Geschichte des Einzelstücks und seiner Vorformen, und zwar auch über die Grenzen der gegebenen Gattung hinaus.
Überlieferungsgeschichte ist nur da erforderlich, wo die begründete Annahme besteht, daß eine Einheit einen längeren Werdegang hinter sich hat; die Grußformel eines Paulusbriefes etwa bedarf der überlieferungsgeschichtlichen Untersuchung nicht. Als Faustregel läßt sich ferner formulieren: Überlieferungsgeschichte ist um so nötiger, je größer die Einheit ist« (K.Koch, Formgeschichte, 67) und je komplexer ihre Struktur ist.
Die wichtigsten Möglichkeiten, mit denen die Überlieferungsgeschichte zu rechnen hat, sind folgende:

2.4.1

Ein Überlieferungsstück hat seinen Sitz im Leben und damit zugleich seine Gattung verändert. So können beispielsweise außerchristliche Überlieferungen durch die Urchristenheit rezipiert und ihren eigenen Bedürfnissen angepaßt worden sein. Es können aber auch genuin christliche Überlieferungselemente ihrer ursprünglichen Funktion entkleidet und in den Dienst einer neuen Funktion gestellt worden sein, was zwangsläufig auch eine Veränderung der Gattungsmerkmale nach sich ziehen mußte.

Die Erzählung von der Auferweckung des Jünglings zu Nain (Lk 7,11–17) geht, wie Entsprechungen zu den Profetenwundern 1Kön 17,17–24; 2Kön 4,18–37 deutlich machen, auf einen Typ volkstümlicher Profetenlegenden zurück und dürfte erst sekundär auf Jesus übertragen worden sein. Damit veränderte sich ihr ›Sitz im Leben‹: Sie wurde in den Dienst der frühen missionarischen Verkündigung des palästinischen Judenchristentums gestellt. Aber auch ihre Gattung veränderte sich: Sie wurde zur Jesusgeschichte, die auf die Weckung von Glauben abzielte (V.17!).
Die Geschichte vom verlorenen Schaf erscheint in Mt 18,12–14 als Bestandteil einer Paränese: Die Gemeindeleiter sollen ihm entnehmen, daß es nach Gottes Willen ihre Aufgabe sei, zu sorgen, daß »keines dieser Kleinen verlorengehe«. Ursprünglich handelte es sich jedoch, wie die Parallele Lk 15,1–7 erkennen läßt, nicht um ein paränetisches Beispiel, sondern um ein Gleichnis, dessen Sitz im Leben die Auseinandersetzung mit jüdischen Gegnern der Gemeinde war. Auch hier haben sich Gattung und Sitz im Leben im Laufe des Überlieferungsprozesses verändert.

2.4.2

Ein Überlieferungsstück hat unter Beibehaltung seines bisherigen Sitzes im Leben seine Gattung verändert. So ist immer wieder zu beobachten, daß kleinere Einheiten durch größere aufgesogen wurden. Ein Bereich, in dem dies vorzugsweise geschah, war der Gottesdienst; liturgische Gattungen neigen in besonderer Weise zur Erweiterung durch Amalgamierung ursprünglich selbständiger Einheiten.

In den Christushymnus Phil 2,6–11 ist die Homologie »Herr ist Jesus Christus« (V.11) eingeschmolzen worden. Diese ist sicherlich älter als der Hymnus und ist gattungsmäßig von ihm durchaus verschieden. Der Hymnus ist keine Erweiterung der Homologie; wohl aber nimmt er Funktion und Inhalt der Homologie explizierend auf.

2.4.3
Eine neue Einheit ist durch Sammlung und Komposition verwandten Materials entstanden. Vorzugsweise Überlieferungen, die derselben Gattung angehören, wurden miteinander verbunden, wobei es zu formalen und inhaltlichen Angleichungen sowie zu Verklammerungen kam. Eindrucksvolle Beispiele dafür sind neben den Gleichnis- und Streitgesprächsammlungen etwa die Antithesen der Bergpredigt, die ihre Form z.T. erst einem sekundären Angleichungsprozeß verdanken (vgl. § 8, 3.3.1).

2.5
Traditionsgeschichte

Die Bedeutung der Überlieferungsgeschichte liegt nicht zuletzt darin, daß die von ihr aufgedeckten Überlieferungsprozesse für uns zum Spiegel für die Entwicklung urchristlichen Denkens und Lebens werden. Freilich greift sie dabei oft nicht weit genug; es ist nämlich damit zu rechnen, daß längst nicht alle geprägten Vorstellungskomplexe ihren Niederschlag in festen Gattungen gefunden haben. Vielfach sind es nur einzelne Kombinationen von Worten und Begriffen, die uns durch ihr Auftauchen in ganz verschiedenen Zusammenhängen die Existenz wichtiger Vorstellungskomplexe signalisieren. Hier tritt nun die Traditionsgeschichte in ihr Recht. Ihre Aufgabe ist es, solchen Vorstellungskomplexen durch sorgfältige Analyse der von ihnen hinterlassenen Spuren nachzugehen. Als Methoden kommen dafür vor allem *Wortfeldanalysen* in Frage: Es ist zu achten auf charakteristische *Verbindungen von Worten und Begriffen*, die in gleichen oder ähnlichen thematischen Zusammenhängen begegnen, auf zentrale *Leitbegriffe* sowie auch auf *parallel strukturierte Aussagen*.

Daß das Leiden der Christen Gnade sei, ist eine Aussage, die sich im 1.Petrusbrief in ähnlichen Formulierungen mehrfach wiederholt (2,20; 3,14.17; 4,13f), ohne daß dies durch einen festen Überlieferungszusammenhang bedingt wäre. Der Vergleich mit anderen neutestamentlichen Stellen (z.B. Mt 5,10; Jak 1,2) sowie mit zeitgenössischen jüdischen Aussagen ergibt, daß es sich hier um eine feste Tradition handelt.

2.6
Die Formgeschichte und die Frage nach der Historizität

Die Aufgabe der Formgeschichte liegt gewiß nicht primär in der Beantwortung der Frage nach der Historizität des Inhalts einer Überlieferungseinheit, z.B. eines Evangelienberichtes. Trotzdem ist ihr Beitrag zur Beantwortung dieser Frage keineswegs unwesentlich. »Man mag darüber streiten, ob die Behandlung der Historizität zur formgeschichtlichen Fragestellung unmittelbar dazugehört. In jedem Fall schließt sie sich sachgemäß an die Herausarbeitung der ältesten Überlieferungsstücke und ihres Sitzes im Leben an« (K.Koch, aaO, 69f).
Worin liegt dieser Beitrag? Er wird so gut wie niemals in einem glatten Beweis für oder gegen die Historizität, sondern immer nur in gewissen Wahrscheinlichkeitsurteilen liegen können. Am eindeutigsten positiv ist der Befund da, wo sich für eine Einheit ein ›Sitz im Leben‹ in der vorösterlichen Situation Jesu und seines Jüngerkreises abzeichnet;

dies dürfte z.B. bei einigen profetischen und apokalyptischen Worten, Jüngerregeln, Gleichnissen und Streitgesprächen, also bei Bestandteilen der Wortüberlieferung der Fall sein. Weitgehend negativ wird man hingegen über die Historizität da urteilen müssen, wo eine Gattung sich einem Sitz im Leben zugehörig erweist, der nur in der nachösterlichen Situation vorstellbar ist. Die meisten Fälle sind jedoch zwischen diesen beiden Polen angesiedelt. Hier ist nun jeweils sehr genau zu achten auf Züge, die gegenüber der gemeindlichen Situation gleichsam ›überschießen‹, weil sie von ihr weder gefordert noch gedeckt werden. Solche Züge, die sich vor allem in Erzählungstraditionen finden, werden sich häufig als Elemente genuiner Erinnerung an die vorösterliche Situation erweisen. Denn die nachösterliche Gemeinde hat, auch wenn sie die Jesus-Überlieferung ihren eigenen aktuellen Bedürfnissen und Lebensvollzügen dienstbar machte, die Erinnerung an den Irdischen nicht getilgt, sondern bewußt festgehalten!

3
Übersicht der wichtigsten neutestamentlichen Gattungen

3.1
Apostelgeschichte und Briefe

3.1.1
Liturgisches Material (Sitz im Leben: Gottesdienst)

3.1.1.1
Kultätiologien (zur Begründung und Normierung gottesdienstlicher Handlungen dienende Überlieferungen):

- z.B. die liturgischen Herrenmahlsüberlieferungen 1Kor 10,16f; 11,23f; vielleicht auch Röm 3,25f.

3.1.1.2
Hymnen:

- Gotteshymnen: Röm 11,33–36; Eph 1,3–14; 1Petr 1,3ff.
- Christushymnen: z.B. Phil 2,6–11; Kol 1,15–20; 1Tim 3,16.

3.1.1.3
Formelhafte Gebetsrufe:

- Maranatha: 1Kor 16,23; Apk 22,20.
- Abba-Vater: Röm 8,15.

3.1.1.4
Formelhafte Homologien (Bekenntnisformeln):

- z.B. 1Kor 8,6 (»Wir haben einen Gott und Vater, von dem her alles ist und auf den hin wir sind, und einen Herrn Jesus Christus, durch den alles ist und durch den auch wir sind.«); 1Joh 4,2; Röm 10,9; Phil 2,11 (»Herr ist Jesus Christus«).

3.1.1.5
Formelhafte Doxologien (Lobpreisformeln):
- z.B. Röm 1,25 (»Er [Gott] sei gepriesen in Ewigkeit. Amen«); 9,5; 11,36; 2Kor 1,3; Gal 1,5; Phil 4,20).

3.1.2
Homiletisches Material (Sitz im Leben: innergemeindliche und missionarische Verkündigung)

3.1.2.1
Christologische Glaubensformeln (Pistisformeln; Zusammenfassungen zentraler Inhalte des christologischen Kerygmas):
- z.B. Röm 1,3f (»[Jesus Christus], geboren aus Davids Samen nach dem Fleisch, bestimmt zum Sohn Gottes in Kraft nach dem heiligen Geist aus der Auferstehung der Toten«); 5,8; 8,34; 1Kor 15,3b–5.

3.1.2.2
Kerygmatische Formeln (Zusammenfassungen zentraler Inhalte der missionarischen Verkündigung):
- z.B. 1Thess 1,9f (»ihr [wandtet euch hin] zu Gott, weg von den Götzen, um dem lebendigen und wahren Gott zu dienen und seinen Sohn vom Himmel her zu erwarten, den er erweckt hat von den Toten, Jesus, der euch dem kommenden Zorn entreißen wird«).

3.1.3
Paränetisches Material (Sitz im Leben: innergemeindliche ethische Unterweisung)

3.1.3.1
Haustafeln (Anweisungen für das Verhalten der verschiedenen ›Stände‹ wie Eltern, Kinder, Herren und Sklaven):
- Kol 3,18–4,1; Eph 5,22–6,9; 1Tim 2,8–15; 1Petr 2,13–3,12.

3.1.3.2
Pflichtenkataloge (Anweisungen für das Verhalten einzelner Gruppen innerhalb der Gemeinde):
- z.B. Episkopenordnung: 1Tim 3,1–7 Tit 1,7–9; Witwenordnung: 1Tim 5,3–16.

3.1.3.3
Tugend- und Lasterkataloge:
- Röm 1,29–31; 1Kor 5,10f; Gal 5,19–23; 2Petr 1,5–7.

3.2
Synoptische Evangelien

3.2.1
Wortüberlieferung

3.2.1.1
Gesetzesworte und Gemeinderegeln (Sitz im Leben: innergemeindliche ethische Unterweisung):

- z.B. Mk 11,25 (»Und wenn ihr steht zu beten, so vergebt, wenn ihr etwas gegen jemanden habt, damit euch auch euer Vater in den Himmeln eure Übertretungen vergebe«); Mk 10,11f; Mt 12.11f par Lk 14,5.

3.2.1.2
Weisheitsworte, gnomisch formulierte Grundsätze, Mahnworte usw.:

- z.B. Mt 22,14 (»Viele sind berufen, wenige aber sind auserwählt«); Mk 6,4 (»Ein Profet gilt nichts in seinem Vaterland und bei seiner Verwandtschaft und in seinem Hause«); Mk 2,22 (»Niemand gießt neuen Wein in alte Schläuche. Tut er's doch, so zerreißt der Wein die Schläuche, und der Wein geht mit den Schläuchen zugrunde«).

3.2.1.3
Profetische und apokalyptische Worte (Sitz im Leben: urchristliche Profetie/Gottesdienst):

- z.B. die Makarismen und Weherufe Lk 6,20–26; Mt 11,5; 13,16f; das Wort von der Tempelzerstörung Mk 14,58.

3.2.1.4
Ich-Worte, sentenzartige Zusammenfassungen des Wirkens Jesu in der 1. Person (Sitz im Leben: missionarische Verkündigung):

- z.B. Mt 5,17 (»Glaubt nicht, ich sei gekommen, das Gesetz oder die Profeten aufzulösen! Ich bin nicht gekommen aufzulösen, sondern zu erfüllen!«); 10,34; Mk 2,17b (»Ich bin nicht gekommen, Gerechte zu rufen, sondern Sünder«).

3.2.1.5
Nachfolge-Worte, in der 1. Person gehaltene Formulierungen der Nachfolge-Bedingungen (Sitz im Leben: innergemeindliche Unterweisung):

- z.B. Mk 8,34 (»Will jemand mir nachfolgen, so verleugne er sich und nehme sein Kreuz und folge mir!«); Mt 8,22 (»Folge mir nach und laß die Toten ihre Toten begraben!«).

3.2.1.6
Gleichnisse, mit den Untergruppen: Bildworte, Parabeln, Beispielerzählungen (Sitz im Leben: innergemeindliche Unterweisung/Apologetik gegenüber Außenstehenden).

3.2.2
Apophthegmata, sentenzartige Aussprüche, die in einen knappen erzählerischen Rahmen gefaßt sind, bzw. kurze Szenen, die ihre Pointe in einem Logion haben. Sie stellen ein Zwischenglied zwischen der Wortüberlieferung im strengen Sinn und der Erzählüberlieferung dar und sind in vielen Fällen durch sekundäre erzählerische Rahmung von Logien entstanden.

3.2.2.1
Streit- und Schulgespräche, d.h. Apophthegmata mit polemischer Pointe (Sitz im Leben: innergemeindliche Unterweisung/Apologetik gegenüber Außenstehenden):
▪ z.B. Mk 3,1–6 (Heilung der verdorrten Hand am Sabbat); 12,13–17 (Kaisersteuer-Frage).

3.2.2.2
Biografische Apophthegmata, d.h. Apophthegmata, deren Pointe in der paradigmatischen Charakterisierung eines Zuges der Erscheinung Jesu besteht (Sitz im Leben: innergemeindliche Unterweisung/Predigt):
▪ z.B. Mk 1,16–20 (Jüngerberufungsszene mit Pointe in V.17: »Auf, mir nach, und ich will euch zu Menschenfischern machen!«).

3.2.3
Erzählungsüberlieferung

3.2.3.1
Wundergeschichten (Jesusgeschichten), Erzählungen, die anhand des Berichtes von Taten des irdischen Jesus, besonders von Wundern, zum Glauben aufrufen (Sitz im Leben: missionarische Verkündigung/innergemeindliche Unterweisung):
▪ z.B. Mk 5,21–43; 6,35–44; 9,14–29; 10,46–52.

3.2.3.2
Christusgeschichten, Erzählungen, in deren Mittelpunkt die erzählerische Entfaltung christologischer Motive steht und hinter denen das »Glaubensinteresse der Gemeinde an der Gestalt Christi oder auch am eigenen Kultus sichtbar wird« (G.Bornkamm, RGG II^3, 1002) (Sitz im Leben: innergemeindliche Verkündigung):
▪ z.B. Mk 1,9–13 (Taufe Jesu); 9,2–10 (Verklärung),Mt 4,1–11 (Versuchung), ferner die Geburts- und Kindheitsgeschichten bei Mt und Lk sowie ein Teil der Ostererzählungen (Lk 24,13–35; Joh 20,24–29).

3.2.3.3
Leidensgeschichte. Der Passionsbericht stellte bereits in seiner vormarkinischen Form (etwa Mk 14,1f.10f.43–15,47) als durchlaufend gestaltete erzählerische Großform eine eigene Gattung dar (Sitz im Leben: innergemeindliche Unterweisung/Gottesdienst?).

3.2.3.4
Ostergeschichten, d.h. Berichte von Erscheinungen des Auferstandenen (soweit

sie nicht unter 3.3.2 fallen) (Sitz im Leben: innergemeindliche Verkündigung):
- z.B. Mk 16,1–8; Mt 28,16–20; Joh 20,17–23.

4
Vertiefung

4.1
Lektürevorschläge

4.1.1
Zur Genese der Formgeschichte und ihrer Entwicklungsgeschichte: K.L.Schmidt, Der Rahmen der Geschichte Jesu, 1919, 1–17; W.Klatt, Hermann Gunkel. Zu seiner Theologie der Religionsgeschichte und zur Entstehung der formgeschichtlichen Methode, 1969, 104–260.

4.1.2
Zur Begründung formgeschichtlicher Arbeit (und zu ihrer Problematik): M.Dibelius, Formgeschichte, 1–8, R.Bultmann, Tradition, 1–8.

4.1.3
Zur Integration alttestamentlicher und neutestamentlicher formgeschichtlicher Arbeit und zur allgemeinen Vertiefung: K.Koch, Formgeschichte, §§ 1–5.

4.1.4
Zur Frage nach dem Verhältnis zwischen Formgeschichte und Historie: J.Roloff, Das Kerygma und der irdische Jesus, [2]1973, 9–50.

4.2
Fragen zur Weiterarbeit

4.2.1
Welche Fragestellung verfolgt die Formgeschichte? In welchem Sinn knüpft sie an die Literarkritik an und worin unterscheidet sie sich von ihr?

4.2.2
Bestimmen Sie die Unterschiede zwischen:
- Gattungsgeschichte, Überlieferungsgeschichte und Traditionsgeschichte;
- Wundergeschichten und Apophthegmata!

4.2.3
Analysieren Sie Mk 2,13–17 formgeschichtlich (vgl.§ 1,3.2.4)! Versuchen Sie zunächst, sich ohne Heranziehung weiterer Literatur ein Urteil über Gattung und Sitz im Leben zu bilden! Welche der oben (2.) vorgeschlagenen methodischen Schritte sind an diesem Text durchführbar, welche können unterbleiben? Kontrollieren Sie sodann Ihre Ergebnisse anhand der Analysen von je zwei neueren Kommentaren (z.B. V.Taylor, E.Schweizer)!

4.2.4

Analysieren Sie in analoger Weise Mt 6,1–18 und Röm 1,1–7 (Kommentare zu Mt:
8 W.Grundmann, E.Schweizer; zu Röm: O.Michel, E.Käsemann)!

4.2.5

Vergleichen Sie die Klassifizierungsschemata für die Gattungen bei M.Dibelius und bei R.Bultmann! Wo entsprechen sie sich? Wo liegen Abweichungen vor, und in welchen Vorentscheidungen methodischer und sachlicher Art sind diese begründet? Wichtig und aufschlußreich ist dabei vor allem der Vergleich zwischen den ›Paradigmen‹ bei Dibelius und den ›Apophthegmata‹ bei Bultmann.

4.3 Weitere Literatur

M. Albertz, Die synoptischen Streitgespräche, 1921, G.Bertram, Die Leidensgeschichte Jesu und der Christuskult. Eine formgeschichtliche Untersuchung, 1922, G.Bornkamm, Art. Evangelien, formgeschichtlich, RGG II (^{3}1958), 749–753; ders., Art Formen und Gattungen (II. im NT), RGG II (^{3}1958) 999–1005, E.Fascher, Die formgeschichtliche Methode, 1924; B.Gerhardsson, Memory and Manuscript. Oral Tradition and Written Transmission in Rabbinic Judaism and Early Christianity, ^{2}1964; E.Güttgemanns, Offene Fragen zur Formgeschichte des Evangeliums, 1970; G.Iber, Zur Formgeschichte der Evangelien. ThR NF 24 (1957/58), 283–338; ders., Neuere Literatur zur Formgeschichte, in: M.Dibelius, Die Formgeschichte des Evangeliums, ^{6}1971, 302–312; L.Köhler, Das formgeschichtliche Problem des Neuen Testaments, 1927; H.Riesenfeld, The Gospel Tradition and its Beginnings. A Study in the Limits of Formgeschichte, 1957; E.Schick, Formgeschichte und Synoptikerexegese, 1940; K.L.Schmidt, Die Stellung der Evangelien in der allgemeinen Literaturgeschichte, in: Eucharisterion für H.Gunkel II, 1923, 50–134; R.Schnackenburg, Zur formgeschichtlichen Methode in der Evangelienforschung, ZKTh 85 (1963), 16–32; H.Schürmann, Die vorösterlichen Anfänge der Logientradition, in: ders., Traditionsgeschichtliche Untersuchungen zu den synoptischen Evangelien, 1968, 39–65.

§ 3 Redaktionsgeschichte

1 Einführung

1.1 Definition

Redaktionsgeschichte ist die Geschichte einer sprachlichen Einheit von ihrer ersten Verschriftung bis hin zu ihrer literarischen Endgestalt unter besonderer Berücksichtigung der diese Geschichte bestimmenden äußeren Kräfte und Faktoren. Die redaktionsgeschichtliche Arbeitsweise geht *synthetisch* vor; d.h., sie untersucht die einzelne sprachliche Einheit jeweils in ihrer Bezogenheit auf das übergreifende Ganze eines literarischen Werkes.

Dabei bedient sie sich verschiedener *Fragestellungen*:

1.1.1
Sie sucht zu ermitteln, welche Funktion ein bisher mündlich überliefertes Einzelstück innerhalb des literarischen Zusammenhanges gewonnen hat, in den es durch seine Verschriftung integriert ist.

1.1.2
Sie sucht die durch die Literarkritik aufgewiesenen Veränderungen schriftlicher Texte durch literarische Eingriffe wie Umstellungen, Zusätze und Zusammenfügung zu neuen Einheiten hinsichtlich ihrer geschichtlichen Hintergründe und theologischen Bedingungen zu durchleuchten.

1.1.3
Sie sucht von solchen Einzelurteilen her zu einem Gesamturteil über die Werke von Schriftstellern, Sammlern und Redaktoren vor allem hinsichtlich ihrer Entstehungssituation und Aussageintention zu gelangen.

1.2 Forschungsgeschichtlicher Hintergrund

1.2.1
Äußerlich gesehen könnte das Aufkommen der redaktionsgeschichtlichen Betrachtungsweise der synoptischen Evangelien in den Jahren nach 1950 in mancher Hinsicht als ein Rückschlag des theologiegeschichtlichen Pendels gelten. Denn mit ihr wurde die Frage nach der theologischen Absicht und dem schriftstellerischen Profil der Evangelisten, die mit dem Aufkommen der Formgeschichte fast ganz beiseite geschoben worden war, erneut aufgenommen.
Diese Frage hatte in den Zeiten der klassischen Literarkritik eine Hochkonjunktur erlebt. Damals, in der zweiten Hälfte des 19. Jahrhunderts, hatte man versucht, die ›Lehrbegriffe‹ und theologischen Standpunkte der Evangelisten aus den Besonderheiten ihrer Darstellungsweise zu erheben; so hatte bereits die ›Tendenzkritik‹ *F.Chr.Baurs* den Umgang eines Schriftstellers mit seinen Quellen als Kriterium für dessen schriftstellerische Tendenz ausgewertet.
Die Väter der Formgeschichte hatten jedoch bewußt mit dieser Betrachtungsweise gebrochen; in ihren Augen waren die Evangelisten fast ausschließlich ›Sammler‹ und ›Tradenten‹ ohne nennenswertes eigenes Profil (vgl. § 2, 1.2.3.1). Sie wandten ihr Interesse fast ausschließlich der vorliterarischen Entstehungsgeschichte der Einzeltraditionen zu und vernachlässigten darüber das, was sie etwas geringschätzig den ›redaktionellen Rahmen‹ nannten.

Zwar waren sich sowohl *M.Dibelius* als auch *R.Bultmann* der Tatsache bewußt, daß die Sammlung und Redaktion von Traditionsstücken nicht rein mechanisch erfolgt sein konnte, sondern immer Ergebnis einer bestimmten Deutung des Stoffes war, und Bultmann behandelte »Die Redaktion des Erzählungsstoffes und die Komposition der Evangelien« in einem eigenen Kapitel seiner »Geschichte der synoptischen Tradition« (362–400), in dem er sogar versuchte, auch die Frage nach

dem »theologische(n) Charakter der Evangelien zur Sprache kommen« zu lassen (ebd., 362). Aber es herrschte bei alledem die Überzeugung, daß die Redaktion ganz im Schatten der im Überlieferungsstoff angelegten Gesetzmäßigkeiten gestanden und kaum etwas eigenes eingebracht habe.
Wenn es in den Jahren nach dem Zweiten Weltkrieg in der deutschen neutestamentlichen Forschung zu einer Revision dieser Sicht kam, so ist dies ein Stück weit wiederum der Pionierarbeit der alttestamentlichen Forschung zu danken; so hatte *M.Noth* in seiner »Überlieferungsgeschichte des Pentateuch« (1948) die theologische und literarische Leistung der Verfasser der Pentateuchquellen eindrucksvoll herausgestellt. Auf neutestamentlicher Seite hatte *A.Schlatter* – abseits vom Strom der herrschenden Forschungsrichtung und darum weitgehend unbeachtet – in seinem Kommentar »Der Evangelist Matthäus« (1929) neue Perspektiven eröffnet, indem er das erste Evangelium auf den geschichtlichen Hintergrund seiner Entstehung hin befragte: Es sei das Werk eines Verfassers, der, in der palästinischen Kirche lebend, aus ihren Verhältnissen heraus und für sie schrieb.

Die Frage nach der literarischen Arbeit der Evangelisten war nicht einfach eine Rückkehr zur alten Literarkritik, die Redaktionsgeschichte entwickelte sich vielmehr als neue, differenzierte Fragestellung, wie sie erst *auf dem Hintergrund der Formgeschichte* möglich war. Und zwar in doppelter Hinsicht:

- Erstens war nunmehr aufgrund der Einsicht in die vorliterarische Entstehung und Entwicklung des Überlieferungsstoffes die Scheidung zwischen Tradition und Redaktion auf eine sichere Basis gestellt und damit eine exaktere Eingrenzung des literarischen Beitrags des Evangelisten ermöglicht worden.
- Zweitens mußte sich der Ansatz der Formgeschichte beim sozio-kulturellen Hintergrund auch hier, im literarischen Bereich, auswirken. Es wurde deutlich, daß nicht nur kleinere Formen, sondern auch literarische Werke auf bestimmte gesellschaftliche Lebensvorgänge bezogen sind. Dadurch wurde, wenigstens im Prinzip – die Praxis redaktionsgeschichtlicher Arbeit sieht vielfach anders aus! –, eine individualistische Sicht der Verfassertätigkeit verwehrt.

1.2.2

Zur Terminologie. Der Begriff ›Redaktionsgeschichte‹ wurde von *W.Marxsen* (Der Evangelist Markus. Studien zur Redaktionsgeschichte des Evangeliums, 1956, [²1959]) geprägt. Er ist wenig glücklich, weil in ihm die einseitige Beurteilung der Evangelisten als bloße ›Redaktoren‹ durch die Väter der Formgeschichte (K.L.Schmidt; R.Bultmann) indirekt nachklingt und er das von der Methode tatsächlich Intendierte nur unzureichend erfaßt. Andere Bezeichnungen (wie Kompositionsgeschichte oder Kompositionskritik) konnten sich jedoch nicht einbürgern.

1.2.3

Die Reihe größerer redaktionsgeschichtlicher Untersuchungen eröffnete *H.Conzelmann* 1954 mit seiner Studie über das *lukanische Werk*, »Die Mitte der Zeit«. Daß Lukas am Anfang stand, war kein Zufall. Denn er ist derjenige unter den Evangelisten, bei dem das individuelle schriftstellerische Profil am stärksten hervortritt und der sich darum am allerwenigsten als bloßer Sammler und Redaktor verstehen läßt.

Conzelmann konzentrierte seine Aufmerksamkeit auf die chronologischen, geografischen und topografischen Angaben des lukanischen Erzählungsrahmens. Daneben bezog er, wenn auch in weit geringerem Maße, die Umgestaltung der synoptischen Quellen durch Lukas in seine Beobachtungen ein. Insgesamt verfuhr er jedoch sehr eklektisch; wichtige Züge der lukanischen Darstellung blieben unberücksichtigt. Auch die Scheidung von Tradition und Redaktion erfolgte weithin mehr intuitiv als von exakten Kriterien her. Die Leitthese, zu der Conzelmanns Darstellung führt, daß

Lukas seiner Darstellung ein dreistufiges Geschichtsschema (Zeit Israels – Zeit des Wirkens Jesu als »Mitte der Zeit« – Zeit der Kirche) zugrunde lege, erscheint darum als in mancher Hinsicht revisionsbedürftig.

1.2.4

Mit der Redaktionsgeschichte des *Markusevangeliums* befaßte sich als erster *W.Marxsen* in seinem schon genannten Buch (1.2.2) sowie in mehreren Aufsätzen (vgl. 3.3.2). Er bemühte sich besonders darum, Aspekte der formgeschichtlichen Arbeit für die Erfassung der Großform der Evangelienschrift fruchtbar zu machen. So fragte er nach dem *gemeindlichen Lebenshintergrund*, der den Schriftsteller Markus zur Schaffung dieser neuen Form veranlaßt habe, und er prägte dafür die Bezeichnung »dritter Sitz im Leben« (zum Unterschied vom »ersten Sitz im Leben« des irdischen Jesus und vom »zweiten Sitz im Leben« der vorliterarischen Einzelüberlieferung).
Diese Bezeichnung ist allerdings problematisch, weil die Momente des Institutionellen und der Wiederholbarkeit hier, wo es in starkem Maße um eine schriftstellerische Einzelleistung geht, nicht eindeutig gegeben sind. Man sollte darum besser nur vom *gemeindlichen Hintergrund* sprechen.
Den überlieferungsgeschichtlichen Aspekt griff Marxsen auf, indem er von den Weiterentwicklungen der Großform ›Evangelium‹ bei Matthäus und Lukas Rückschlüsse auf die Bedingungen ihrer ersten Entstehung bei Markus zog.

Im übrigen beschränkte sich Marxsen, nicht anders als Conzelmann, auf die Untersuchung des redaktionellen Rahmens – vor allem des Anfangs und des Schlusses – sowie der geografischen und topografischen Angaben des Buches. Die Aufnahme und Umgestaltung von Einzeltraditionen durch Markus wurde von ihm nur punktuell untersucht (Der Exeget als Theologe, 1968, 13–28). Dieses Defizit spiegelt sich in dem anfechtbaren Gesamtergebnis, das alles auf Mk 14,28 und 16,7 stellt: Markus habe als Exponent der gesteigerten Parusieerwartung der im Jahre 66 nach Galiläa emigrierten Urgemeinde sein Buch geschrieben, um die nahe Wiederkunft Jesu in Galiläa anzukündigen. Aber warum bedurfte es zur Erreichung dieses kerygmatischen Zieles ausgerechnet der Sammlung von Jesustraditionen und ihrer Einordnung in einen eindeutig historisierenden Rahmen? Diese zentrale Frage wurde von Marxsen weder gestellt noch beantwortet.

Während die redaktionsgeschichtliche Arbeit an den Großevangelien Matthäus und Lukas sich ein Stück weit auf die Zweiquellentheorie stützen kann, die ihr die Scheidung zwischen Überlieferung und Redaktion zwar nicht abnimmt, aber doch erleichtert, ist im Falle des Markus die Bestimmung des redaktionellen Beitrags des Evangelisten mit großen Schwierigkeiten verbunden. Man wird hier nur weiterkommen können durch minutiöse formgeschichtliche Analysen, die jeweils anhand einzelner Texte und Themen das Verhältnis von Tradition und Redaktion aufhellen. Solange hierfür klare Kriterien fehlen, wird die Markusforschung ein Feld mehr oder weniger willkürlicher Spekulationen bleiben müssen.

Weiterführende Ansätze lieferten vor allem *E.Schweizer* mit einer Analyse der Nachfolgetexte (Beiträge zur Theologie des Neuen Testaments, 1970, 21–42), *K.Kertelge* mit einer Untersuchung der Wunderberichte (Die Wunder Jesu im Markusevangelium, 1970) sowie *R.Pesch* mit einer Studie über den Passionsbericht (Die Überlieferung der Passion Jesu, in: Rückfrage nach Jesus, hg. v. K.Kertelge, 1974, 174–193).

1.2.5

Erst die redaktionsgeschichtliche Bearbeitung des *Matthäusevangeliums* führte zu einer Vertiefung des Problembewußtseins. Die besondere Struktur dieses Evangeliums ließ sich nämlich mit der bisherigen simplen Unterscheidung zwischen vorgegebener Überlieferung einerseits und kerygmatischer Interpretation durch den Evangelisten andererseits nicht hinlänglich erfassen: So scheint Matthäus in der Zusammenstellung seines Materials stark judenchristlich geprägt – wenn etwa in der Präambel zur Bergpredigt Jesus als der Erfüller des Gesetzes herausgestellt wird (5,17–20) oder wenn die Gemeinderegel (Kap. 18) jüdische Formen des Gemeinschaftslebens voraussetzt, so würde dies zunächst den Schluß auf einen judenchristlichen Hintergrund nahelegen –, andererseits aber werden in ihm an entscheidender Stelle heidenchristlich-universalistische Töne laut – so etwa im abschließenden Missionsbefehl 28,18–20. Gerade auf der Ebene der Interpretation des Überlieferungsstoffes zeichnet sich hier eine Spannung ab!

Dieser Spannung konnten *G.Bornkamm* und seine Schüler *G.Barth* und *H.-J.Held*, die mit einem gemeinsam herausgegebenen Sammelband die redaktionsgeschichtliche Arbeit am Matthäusevangelium eröffneten (Überlieferung und Auslegung im Matthäusevangelium, 1960 [⁴1965]) nicht gerecht werden, weil sie in allem Nicht-Traditionellen bereits die theologische Interpretation des Evangelisten am Werk zu sehen glaubten. So machten sie Matthäus zum gesetzestreuen Judenchristen und übergingen die universalistischen Motive weitgehend.
Neuere Arbeiten (G.Strecker, Der Weg der Gerechtigkeit, 1962; W.Trilling, Das wahre Israel. Studien zur Theologie des Matthäusevangeliums, 1959, [³1964]; R.Walker, Die Heilsgeschichte im ersten Evangelium, 1967) brachten demgegenüber einen Fortschritt, weil sie deutlich machten, daß die Redaktion mindestens zum Teil vom transpersonalen Sitz im Leben des Traditionsgutes mitgeprägt ist: Der Evangelist ist bei der Zusammenstellung und Bearbeitung seines Stoffes weitgehend Exponent der hinter ihm stehenden Gemeinde, ihrer Geschichte und ihrer Lebensvollzüge! Zugleich aber bringt er in diese Arbeit seine eigenen theologischen Intentionen ein. So scheinen die judenchristlichen Elemente bei Matthäus traditionelles Erbe zu sein, während die universalistischen Motive mehr seine eigene Interpretation enthalten dürften. Matthäus wäre demnach Exponent einer im Judenchristentum – vermutlich in Syrien – verwurzelten Gemeinde, die in einer kritischen Phase der Neuorientierung steht: Scheidung vom Judentum einerseits, Öffnung für das Heidenchristentum andererseits.

Aus dieser Einsicht erwächst für die redaktionsgeschichtliche Arbeit die Forderung, nicht schematisch, sondern differenzierend vorzugehen. Sie hat festzustellen, *wo die Redaktion auf der Linie der Gegebenheiten des Überlieferungsstoffes bleibt* und *wo sie diesem Überlieferungsstoff eine neue, individuelle Interpretation aufprägt*.

1.2.6

Lange Zeit schien es, als sei die redaktionsgeschichtliche Betrachtungsweise im Neuen Testament im wesentlichen auf die Synoptiker beschränkt; neuerdings jedoch bahnt sich eine *Einbeziehung der Briefliteratur* in ihr Arbeitsfeld an. Ausgelöst wird diese Entwicklung durch die Teilungshypothesen für verschiedene Paulusbriefe (vor allem 2Kor;Phil; aber auch Röm;1Kor): Wer annimmt, daß Briefe des Apostels, wie sie im Neuen Testament vorliegen, aus ursprünglich selbständigen Briefen zusammengefügt worden sind, muß auch eine Antwort auf die Frage nach den geschichtlichen Hintergründen dieser Redaktionsvorgänge und den sie leitenden Prinzipien zu geben versuchen (vgl. § 1, 2.4.3.1).

Die Diskussion über das Ausmaß solcher Redaktion in der Paulus-Schule steckt freilich noch ganz in den Anfängen. Während eine Reihe von Forschern Teilungs- und Redaktionshypothesen für die Paulusbriefe generell ablehnen (z.B. W.G.Kümmel, Einleitung, 249–255) und wieder andere solche Hypothesen nur für den 2Kor und allenfalls den Phil gelten lassen möchten, melden sich auch Stimmen zu Wort, die generell das Corpus der Paulusbriefe als das Ergebnis redaktioneller Vorgänge in der Paulus-Schule verstehen möchten. So sind z.B. nach Meinung von *H.-M.Schenke* (Das Weiterwirken des Paulus und die Pflege seines Erbes durch die Paulus-Schule, NTS 21 [1975], 505–518) alle kanonischen Paulusbriefe »Lesebücher«, die redaktionell aus der Korrespondenz des Paulus mit der betreffenden Gemeinde zusammengestellt worden sind.

1.3 Einordnung

1.3.1

Die redaktionsgeschichtliche Bearbeitung eines Textes setzt Literarkritik und formgeschichtliche Analyse voraus und baut auf den Ergebnissen beider auf.

1.3.2

Zur *Literarkritik* verhält sich die Redaktionsgeschichte gleichsam »spiegelbildlich«. Geht jene *analytisch* vor, so arbeitet sie *synthetisch*: Sie hat nicht das Einzelstück, sondern das Ganze des jeweiligen Werks im Blick; sie bezieht die literarkritisch aus dem Ganzen ausgesonderte Einheit wieder auf dieses Ganze zurück, indem sie seine Zuordnung zu ihm zu erklären sucht.

1.3.3

Zur *Formgeschichte* verhält sich die Redaktionsgeschichte als Ergänzung und Weiterführung. Die Formgeschichte rekonstruiert geprägte Traditionsstücke, indem sie sie aus ihrem »Rahmen« bzw. ihrer redaktionellen Einbettung herauslöst. Die Redaktionsgeschichte hingegen wendet ihr Interesse gerade diesem »Rahmen« zu. Hierin liegt ihre ergänzende Funktion. Sie führt die Formgeschichte darüber hinaus auch weiter, indem sie sich mit der literarischen Großform und deren Sitz im Leben beschäftigt.

2 Entfaltung: Die Methodik redaktionsgeschichtlicher Arbeit

Es gibt im wesentlichen *vier Kriterien*, deren sich die redaktionsgeschichtliche Arbeit bedient:

2.1 Auswahl

Die Intention eines Schriftstellers, der vorgegebenes Material bearbeitet, läßt sich bereits ein Stück weit aus der von ihm getroffenen Auswahl ablesen: An welchen Materialien hat er besonderes Interesse, welche vernachlässigt bzw. übergeht er? Dieses Kriterium läßt sich auf die synoptischen Großevangelien relativ leicht anwenden, da wir deren Quellen ja kennen bzw. – im Falle von Q – mit relativer Sicherheit erschließen können.

Lukas übergeht eine ganze Reihe von Stücken aus der Markusüberlieferung. Stellt man diese zusammen und fragt man nach ihren gemeinsamen Kennzeichen, so ergeben sich zwei Gruppen: Einerseits handelt es sich um solche Stücke, die in Konkurrenz traten zu thematisch gleichen oder ähnlichen von Lk verarbeiteten Materialien. So läßt Lk die zweite der in Mk enthaltenen Speisungsgeschichten (Mk 8,1–10) ebenso aus wie die Geschichte von der Syrophönikierin (Mk 7,24–30), die er offenbar als Parallele zu Lk 7,1–10 verstand, die Jüngerberufung Mk 1,16–20 (vgl. Lk 5,1–11) und die Salbung in Bethanien Mk 14,3–9 (vgl. Lk 7,36–50). – Andererseits fehlen Stücke, die stark an innerjüdischen Themen orientiert sind, z.B. die Auseinandersetzung mit den pharisäischen Reinheitsvorschriften Mk 7,1–23, die Diskussion über Elia Mk 9,9–13 sowie die Auseinandersetzung mit der jüdischen Ehescheidungspraxis Mk 10,2–12. Daraus lassen sich zwei Merkmale der lukanischen Redaktion ableiten: Lukas sucht Dubletten zu vermeiden, und er ist an den konkreten Bedürfnissen heidenchristlicher Leser orientiert!

2.2 Anordnung

Die Reihenfolge, in der ein Schriftsteller seinen Stoff anordnet, ist ein wesentliches Mittel seiner Interpretation. Denn durch sie werden sachliche Schwerpunkte gesetzt, thematische Akzente eingebracht und Entwicklungslinien markiert. Vor allem die Fälle, in denen ein Verfasser die überlieferte Reihenfolge des Stoffes in einer Quelle verändert, verdienen höchste Aufmerksamkeit, denn hier ist durchweg interpretatorische Absicht im Spiel.

Im lukanischen Abendmahlsbericht (Lk 22,14–23) fällt eine Differenz gegenüber Mk und Mt ins Auge: Während dort die Bezeichnung des Verräters Judas unmittelbar *vor* Beginn des Mahles erfolgt (Mk 14,18–21; Mt 26,21–25), ist hier die Reihenfolge umgekehrt; unmittelbar nach der Mahlhandlung (Lk 22,15–20) sagt Jesus den Verrat voraus (Lk 22,21–23). Hier liegt zweifellos eine bewußte Umstellung vor, die ein paränetisches Motiv einbringt: Das Herrenmahl bewahrt die Gemeindeglieder nicht vor dem Abfall, jeder, der am Tisch des Herrn sitzt, muß sich fragen, ob er nicht vielleicht auch wie Judas Jesus verraten würde (vgl. 1Kor 11,27ff). – Diese Ausrichtung auf die Gemeindesituation wird durch den weiteren Fortgang bestätigt, in dem Lk ebenfalls von Mk und Mt abweicht: In Lk 22,24–30 folgt eine Mahnung Jesu an die Jünger, seiner dienenden Hingabe, die sie empfangen haben, in ihrem eigenen Verhalten zu entsprechen. Dabei wird Material aufgenommen, das bei Mk und Mt ebenfalls an anderer Stelle steht (Mk 10,41–45; Mt 20,24–28).

Während die Tempelreinigung bei allen drei Synoptikern das Todespassa in Jerusalem eröffnet (Mk 11,15ff; Mt 21,12f; Lk 19,45f), steht sie bei Johannes ganz am Anfang des Wirkens Jesu; sie schließt sich unmittelbar an das erste Zeichen auf der Hochzeit von Kana an (Joh 2,13–22). Es kann kein Zweifel daran bestehen, daß die synoptische Anordnung historisch zutreffend ist und dem Konsensus der Überlieferung entspricht. Wenn das aber so ist, muß die johanneische Anordnung Ausdruck einer bestimmten theologischen Interpretationsabsicht sein. Worauf diese Absicht zielt, ergibt sich im übrigen aus der besonderen Darstellung der Tempelreinigung bei Johannes: Der durch Jesu Aktion ausgelöste Konflikt mit den Juden (V.18ff) soll dem Leser die Grundkonstellation vor Augen führen, in der sich das Wirken Jesu abspielt und damit zugleich den irdischen Weg Jesu als Weg zum Kreuz kennzeichnen.

2.3 Rahmung

Wichtige Aufschlüsse über die Intention eines Verfassers erhalten wir auch durch die Analyse des redaktionellen Rahmens, dem er sein Material eingliedert. Dabei ist es zweckmäßig, zwischen dem *Gesamtrahmen* und den verschiedenen *Rahmenstücken* zu unterscheiden.

2.3.1

Unter dem *Gesamtrahmen* ist die übergreifende Konstruktion zu verstehen, die dem Werk sein Gepräge gibt. Sie wird vor allem faßbar in den Anfangs- und Endabschnitten eines Werkes, seinem Prolog und Epilog, sowie in den Übergängen zwischen seinen verschiedenen Teilen.

Der Gesamtrahmen des *Lukasevangeliums* läßt sich schon weitgehend aus dem Prolog Lk 1,1–4 erschließen. Lk möchte die »Ereignisse, die unter uns zur Erfüllung gebracht worden sind« und denen er »vom Beginn her mit Sorgfalt nachgegangen« ist, »in richtiger Reihenfolge (καθεξῆς)« aufschreiben, das heißt: Er will Geschichte chronologisch darstellen! Ebendiese Intention der Datierung und der Herstellung einer sinnvollen Reihenfolge tritt auch sonst in seinem Aufriß in den Vordergrund: etwa in den chronologischen Einleitungen 2,1 und 3,1f, aber auch darin, daß er einen großen Teil seines Buches (9,51–19,48) als ›Reisebericht‹ gestaltet, d.h. als fortlaufende Erzählung von der Reise Jesu zum Todespassa nach Jerusalem.
Bei *Matthäus* läßt sich der schriftstellerische Gesamtrahmen weitgehend aus dem Epilog (28,18–20) deduzieren. Hier befiehlt der Auferstandene den Jüngern, »alles zu lehren, was ich euch aufgetragen habe«. Das Interesse am lehrenden Jesus dominiert hier also. Und es erweist sich, daß dieses Interesse auch sonst bei Mt die Gestaltung des Rahmens beherrscht. In seinem Buch stehen die großen Redekompositionen im Mittelpunkt, die Jesu Lehre nach thematischen Gesichtspunkten gliedern, und ähnlich werden auch die erzählenden Überlieferungen nach Sachgesichtspunkten gebündelt (z.B. im Wunderzyklus Kap.8 und 9). Auf die Herstellung eines chronologisch gegliederten Erzählungszusammenhangs legt der Mt-Rahmen hingegen kein Gewicht.

2.3.2

Rahmenstücke sind dagegen die scharnierartigen Verbindungen, mit denen einzelne Überlieferungsstücke in den Gesamtrahmen eingebunden werden.

Ein gutes Beispiel dafür, wie durch einzelne *Rahmenstücke* Akzente gesetzt werden können, liefert Lk 6,12. Mit der Bemerkung: »Es geschah in jenen Tagen, daß er in das Gebirge ging, um zu beten, und er brachte die Nacht im Gebet zu Gott zu . . .« leitet Lk den Bericht von der Auswahl des Zwölferkreises ein (6,13–16 par Mk 3,13–19). Der ›Berg‹ ist typischer Ort der Offenbarung; das nächtliche Gebet ist – ebenso typisch – Akt der Vorbereitung auf eine göttliche Weisung. Durch diese Rahmenbemerkung will Lk das folgende Geschehen als einen für die Kirche entscheidenden Akt herausstellen und zugleich eine Anspielung auf die Praxis seiner Gemeinde bei der Auswahl ihrer Amtsträger einbringen: »Dieses Verhalten Jesu soll nach Lk normativ bleiben für die Ämterverleihung in der Zeit der Kirche« (H.Schürmann, Herder-K III/1, 1969, 313).

2.4
Abwandlung der Überlieferung

Zuletzt ist auf die Abwandlungen innerhalb des überlieferten Stoffes durch die Hand des Bearbeiters zu achten. Auch sie können Hinweise auf Interpretationsabsichten sein. Allerdings sei hier vor vorschnellen Folgerungen gewarnt! Erst aus dem Zusammentreffen mehrerer gleicher bzw. sich ergänzender Beobachtungen aus mehreren Einzelabschnitten lassen sich wirklich gültige Schlüsse hinsichtlich der Interpretationsabsicht des Redaktors ziehen. Wer sich nur mit einem einzelnen Textabschnitt beschäftigt, wird jedoch nur in Ausnahmefällen die Möglichkeit haben, seine Beobachtungen auf eine hinreichend breite Basis zu stellen. In der Praxis wird man sich deshalb zweckmäßig an gewisse *allgemeinere Einsichten* halten, über die in der Forschung ein weitgehender Konsensus besteht, um sie anhand der eigenen Beobachtungen am Text kritisch zu verifizieren.

2.4.1

So hat man etwa bei *Matthäus* eine durchgehende Neigung zur Kürzung von Erzählungsstoff festgestellt (zwischen 20 und 50 % gegenüber Markus); unter Verzicht auf anschauliche Details hält dieser Evangelist vielfach nur das theologisch Zentrale fest.

In Mt 9,9–13 wird Mk 2,13–17 aufgenommen, zugleich jedoch in mehrfacher Hinsicht abgewandelt (Aland, Synopsis Nr. 44). Die Mt-Fassung ist wesentlich kürzer als der Mk-Text: Es fehlen Mk 2,13.15c.16b. Dabei handelt es sich durchweg um inhaltlich irrelevante Züge. Hier ist also die Kürzungstendenz des Mt am Werk! V.13 enthält hingegen eine Erweiterung: Jesus wird ein Zitat aus Hos 6,6 in den Mund gelegt. Der Sinn dieser Erweiterung läßt sich aus der vorliegenden Perikope allein nicht erkennen, aufgrund der Heranziehung eines breiteren Vergleichsmaterials aus dem gesamten Evangelium wird jedoch wahrscheinlich, daß Mt hier einen für ihn kennzeichnenden christologischen Akzent setzt. Das Zitat Hos 6,6, das auch in 12,7 eingefügt wird, soll Jesus in seiner Zuwendung zu den Sündern als den Vollstrecker der göttlichen Barmherzigkeit ausweisen (vgl.auch 8,17). Analog wird die Abänderung des Namens Levi (Mk 2,14) in Matthäus (Mt 9,9) nur unter Heranziehung von Vergleichsmaterial erklärt werden können: Die Jüngerliste Mk 3,13–19 par Mt 10,1–4 enthält den Namen Levi nicht; er wurde darum durch einen dort aufgeführten Jüngernamen ersetzt.

2.4.2

Durchgängige Merkmale der *Lukas*-Redaktion sind dagegen stilistische Verbesserungen wie Tilgung von Semitismen und Ersetzung umgangssprachlicher durch literarische Wendungen sowie das Bemühen um die Herstellung klarer erzählerischer Abläufe.

Die Abwandlungen der Perikope Mk 2,13–17 bei Lukas (5,27–32) gehen in ganz andere Richtung als bei Matthäus. Sie zielen vorwiegend auf die Verbesserung der sprachlichen Qualität: z.B. in V.27 ἐθεάσατο statt εἶδεν, εἶπεν statt λέγει (Tempus-Angleichung!), in V.31 οἱ ὑγιαίνοντες statt οἱ ἰσχύοντες. Daneben wird der erzählerische Ablauf geglättet, indem der durch die Überlieferungsgeschichte bedingte Bruch zwischen dem biografischen Apophthegma Mk 2,13f und dem Streitgespräch Mk 2,15ff geschlossen wird, der in der unklaren Beziehung des Anfangs von 2,15 (»Und es geschah, als er sich in seinem Hause zu Tisch setzte . . .«) seine Spur hinterlassen hatte: Bei Lk ist es Levi, der aus Dankbarkeit gegen Jesus in seinem Hause ein Gastmahl gibt! Auch das Herantreten der Gegner an die Jünger mit ihrer Frage wird besser begründet (V.30). – Schwieriger ist wiederum die theologisch motivierte Änderung in V.32 zu erklären. Lk erweitert das abschließende Ich-Wort: »Ich bin nicht gekommen, die Gerechten, sondern die Sünder *zur Umkehr* (εἰς μετάνοιαν) zu rufen!«. Erst die Sichtung aller lukanischen Belegstellen über ›Umkehr (μετάνοια)‹ würde ergeben, daß hier ein spezifischer Akzent lukanischer Theologie vorliegt: Lk bindet die Sündenvergebung an die Bekehrung und richtet damit eine Schranke gegen den Libertinismus auf (vgl. 3,3; 10,13; 11,32; 15,7.10 u.ö.).

3
Vertiefung

3.1
Lektürevorschläge

3.1.1

Zu Markus: E.Schweizer, Die theologische Leistung des Markus, in: ders., Beiträge zur Theologie des Neuen Testaments, 1970, 21–42.

3.1.2

Zu Matthäus: G.Strecker, Der Weg der Gerechtigkeit, ³1971, bes. 9–85; W.Trilling, Das wahre Israel, ³1964, bes. 11–51.

3.1.3

Zu Lukas: H.Conzelmann, Die Mitte der Zeit, ³1960; W.G.Kümmel, ›Das Gesetz und die Propheten gehen bis Johannes‹ – Lukas 16,16 im Zusammenhang der heilsgeschichtlichen Theologie der Lukasschriften, in: Verborum Veritas, Festschrift f. G.Stählin, hg. v. O.Böcher und K.Haacker, 1970, 89ff (Kritik der Position Conzelmanns).

3.1.4

Zur Integration alttestamentlicher und neutestamentlicher redaktionsgeschichtlicher Arbeit: K.Koch, Formgeschichte, § 5 (72–83).

3.2 Fragen zur Weiterarbeit

3.2.1

Worin besteht der Unterschied zwischen Quellenkritik und Redaktionsgeschichte?

3.2.2

Untersuchen Sie Mk 2,13–17 sowie die synoptischen Parallelen Mt 9,9–13 und Lk 5,27–32 redaktionsgeschichtlich! (Weiterführung der Aufgabe von § 2,4.2.3)

3.2.3

Untersuchen Sie Mt 22,1–14 redaktionsgeschichtlich! Welche Hinweise auf Motive matthäischer Theologie lassen sich aus Anordnung, Rahmung und Abwandlung des überlieferten Stoffes gewinnen?

3.3 Weitere Literatur

3.3.1

Allgemein zur Methode: J.Rohde, Die redaktionsgeschichtliche Methode. Einführung und Sichtung des Forschungsstandes, 1966 (ausführlicher kritischer Literaturbericht zu den älteren Arbeiten!).

3.3.2

Zu Markus: T.A.Burkill, Mysterious Revelation, 1963; K.Kertelge, Die Wunder Jesu im Markusevangelium, 1970; U.Luz, Das Geheimnismotiv und die markinische Christologie, ZNW 56 (1965) 9ff; W.Marxsen, Der Evangelist Markus, 1956; H.Riesenfeld, Tradition und Redaktion im Markusevangelium, in: Neutestamentliche Studien für R.Bultmann, hg. v. W.Eltester, 1954, 157–164; J.Roloff, Das Markusevangelium als Geschichtsdarstellung, EvTh 27 (1969) 73–93; J.Schreiber, Theologie des Vertrauens. Eine redaktionsgeschichtliche Untersuchung des Markusevangeliums, 1967; E.Schweizer, Anmerkungen zur Theologie des Markus, in: ders., Neotestamentica, 1963, 93–104; G.Strecker, Zur Geheimnistheorie im Markusevangelium, Studia Evangelica 3 (= TU 88), 1964, 87–104; Ph.Vielhauer, Erwägungen zur Christologie des Markusevangeliums, in: ders., Aufsätze zum Neuen Testament, 199–214; Th.J.Weeden, Mark-Traditions in Conflict, 1971.

3.3.3

Zu Matthäus: G.Bornkamm – G.Barth – H.-J.Held, Überlieferung und Auslegung im Matthäus-Evangelium, [7]1975; R.Hummel, Die Auseinandersetzung zwischen Kirche und Judentum im Matthäus-Evangelium, [3]1964; E.Schweizer, Matthäus und seine Gemeinde, 1974; R.Walker, Die Heilsgeschichte im ersten Evangelium, 1967.

3.3.4

Zu Lukas: H.Flender, Heil und Geschichte in der Theologie des Lukas, [2]1968; G.Klein, Lukas 1,1–4 als theologisches Programm, in: ders., Rekonstruktion und Interpretation, 1969, 237–261; G.Lohfink, Die Sammlung Israels, 1975; E.Lohse, Lukas als Theologe der Heilsgeschichte, in: ders., Die Einheit des Neuen Testaments, 1973, 145–164; W.C.Robinson, Der Weg des Herrn. Studien zur Geschichte und Eschatologie im Lukasevangelium, 1964.

Anhang zu §§ 1–3

Arbeit am Text
Methodenorientierte Auslegung von Mt 4,18–22 (Aland, Synopsis Nr. 34)

1
Literarkritik

1.1

Die *äußere Abgrenzung* bietet keine Probleme: V.18 eröffnet mit seiner Orts- und Situationsangabe einen eigenständigen erzählerischen Zusammenhang, der in V.22 seinen Abschluß findet; V.23 setzt dann mit einer neuen Situationsangabe ein.

1.2

Bei der *Ortsbestimmung im Kontext* wird man zunächst von einer großgerasterten Gliederung des Matthäusevangeliums ausgehen: Dabei zeigt sich alsbald, daß unser Abschnitt in unmittelbarer Nähe eines wichtigen Einschnitts liegt; denn nach der wahrscheinlichsten Gliederung (W.G.Kümmel, E.Schweizer) endet der erste Hauptteil, der von Vorgeschichte und Vorbereitung des Wirkens Jesu spricht, mit 4,16, während mit der feierlichen Zusammenfassung der Verkündigung Jesu in 4,17 (»Von da an begann Jesus zu verkündigen und zu sprechen: ›Kehrt um! Nahegekommen ist die Herrschaft der Himmel!‹«) der bis 9,35 reichende zweite Hauptteil einsetzt, dessen Thema das Bild des Wirkens Jesu in Wort (Kap.5–7) und Tat (Kap.8–9) ist (etwas anders W.Grundmann, der den zweiten Hauptteil erst mit dem Summarium 4,23 beginnen läßt – doch

dagegen spricht, daß 4,17 den Charakter einer feierlichen Eröffnung hat). Der erste Hauptteil schließt mit der Versuchung Jesu (4,1–11) sowie einer Notiz über seine Übersiedlung nach Kapernaum, die von einem Reflexionszitat begleitet ist (4,11f). Auf unseren Abschnitt folgt das die Wirksamkeit Jesu in Wort und Tat charakterisierende Summarium 4,23f (= 9,35), das zur Bergpredigt (Kap.5–7) überleitet.
Vergleicht man – was bei synoptischen Texten unerläßlich ist – mit dem Mk-Rahmen, so ergibt sich eine interessante Beobachtung: Mk hat, was die vorhergehenden Stücke anlangt (Mk 1,16–20), im wesentlichen die gleiche Erzählabfolge. Auch hier steht die Jüngerberufung nach der Versuchung (1,13) der Übersiedlung nach Galiläa (1,14) und der Zusammenfassung seiner Botschaft (1,15). Der weitere Fortgang ist jedoch anders: In Mk 1,21–45 folgen Berichte über eine Reihe von Taten in Kapernaum und seiner Umgebung. Die Berufungsgeschichte 1,16–20 ist das erste Glied dieser Taten. Demgegenüber ist bei Mt der Erzählungszusammenhang weit weniger organisch: Die Berufungsgeschichte 4,18–22 ist nicht nur durch die gesamte Bergpredigt (Kap.5–7) von weiteren Berichten von Taten Jesu getrennt, sondern sie scheint auch den theologischen Zusammenhang zwischen 4,17 und 4,23 zu unterbrechen. So stellt sich eine Frage, die freilich erst im Rahmen der Redaktionsgeschichte beantwortbar ist: Hat Mt die Berufungsgeschichte nur deshalb an dieser Stelle berichtet, weil er dem Mk-Aufriß treu bleiben wollte? Oder hatte er auch theologische Gründe dafür?

1.3

Die *Einheitlichkeit des Textes* auf der literarischen Ebene unterliegt keinem Zweifel. Zwar werden genaugenommen zwei verschiedene Episoden erzählt, doch bedeutet die kleine Zäsur zwischen V.20 und V.21 zumindest keine literarische Unebenheit. Im Gegenteil: Die Zusammengehörigkeit beider Erzählungsteile (V.18–20 und V.21f) wird durch die weitgehend parallele sprachliche Gestaltung beider hervorgehoben. Unberührt davon bleibt die noch im Rahmen der Formgeschichte zu untersuchende Frage der überlieferungsgeschichtlichen Einheitlichkeit.

1.4

Das *quellenkritische Problem* findet durch den synoptischen Vergleich eine Klärung: Mt 4,18–22 folgt eng der Mk-Parallele Mk 1,16–20. Auffällige Abweichungen sind in V.18: »zwei Brüder« (Mk: –), »genannt Petrus« (Mk: –), in V.19: »ich will euch zu Menschenfischern machen« (Mk: »ich will machen, daß ihr Menschenfischer werdet [ποιήσω ὑμᾶς γενέσθαι ἁλεεῖς ἀνθρώπων]«); V.21: »zwei weitere Brüder« (Mk: –); »zusammen mit ihrem Vater Zebedäus in einem Boot« (Mk: –; doch vgl. V.22!); V.22: »Auf der Stelle (εὐθέως; Mk: –)«; »ließen sie das Boot und ihren Vater zurück« (Mk: »ließen sie ihren Vater Zebedäus im Boot mit den Lohnarbeitern«); »und folgten ihm nach [ἠκολούθησαν αὐτῷ]« (Mk: »und gingen weg, ihm nach [ἀπῆλθον ὀπίσω αὐτοῦ]«). – Insgesamt handelt es sich nur um geringfügige sprachliche Änderungen; Mt scheint demnach Mk als Quelle benutzt zu haben. Indizien für die Benutzung einer weiteren Quelle liegen nicht vor. Daraus folgt: die formgeschichtliche Analyse hat von Mk 1,16–20 auszugehen!

2
Formgeschichte

2.1

Die *Gattungsbestimmung* ergibt sich aus Beobachtungen hinsichtlich von Erzählweise und Aufbau: Die Erzählung beschränkt sich auf die Mitteilung der absolut notwendigen Einzelheiten; Ort (Seeufer) und Situation (Fischer am Ufer beim Auswerfen der Rundnetze, bzw. im Boot beim Flicken der Schleppnetze) werden nur insoweit beschrieben, als sie zum Verständnis der Pointe notwendig sind. Diese liegt im Menschenfischerwort (V.17) und in der Reaktion, die es hervorruft (V.18.20). Die Perikope ist demnach als Apophthegma anzusprechen, und zwar – da ihr eine polemische Spitze fehlt – als *biographisches Apophthegma*, das einen entscheidenden Zug des Wirkens Jesu, nämlich die Macht seines Nachfolgerufes, herausstellt (vgl. Bultmann, Tradition, 26f). Allerdings bleibt die Szene nicht auf der Ebene des Idealtypischen (gegen Bultmann, aaO, 27); sie schildert nicht den Nachfolgeruf im allgemeinen, sondern nennt die Namen der zwei Brüderpaare Simon-Andreas und Jakobus-Johannes. An ihnen scheint das Interesse der Erzählung ebensosehr zu haften wie am berufenden Handeln Jesu. Dem entspricht, daß der zweite Teil, der von der Berufung des zweiten Brüderpaares berichtet, gegenüber der Grundstruktur des Apophthegma überschießt; im Regelfall nämlich enthält das zentrale Jesuslogion – das hier schon in V.17 steht – die Schlußpointe.

2.2

Als *Sitz im Leben* wird in erster Linie die innergemeindliche Unterweisung in Frage kommen: Die Erzählung mag dazu gedient haben, der Gemeinde am Beispiel dessen, was den großen Gestalten ihrer Anfangszeit widerfuhr, die Macht des Rufes Jesu vor Augen zu stellen.

2.3

Kann die *Überlieferungsgeschichte* frühere Stadien des Werdegangs der Perikope erschließen? Zunächst wird man bei einem Apophthegma generell die Möglichkeit zu erwägen haben, ob es nicht aus einem ursprünglich isolierten Logion sekundär gebildet worden ist. So vermuten manche Ausleger (z.B. Bultmann, Tradition, 27), daß die Szene aus dem Menschenfischerwort herausgesponnen worden ist, das dann ursprünglich ein profetisches Bildwort gewesen wäre. Doch das ist in diesem Fall unwahrscheinlich, weil dieses Wort aus sich selbst heraus kaum verständlich wäre. Das Bild vom ›Menschenfangen‹ bzw. ›Menschenfischen‹ (vgl. Am 4,2; Hab 1,14f; 1QH 3,26; 5,7f) hatte in der allgemeinen Sprache einen negativen Klang. Positiven Sinn konnte es nur gewinnen als Interpretation einer konkreten Situation: Fischer vom See Genezareth erhalten nunmehr – durch Jesu Ruf – einen neuen Beruf; sie werden ›Menschenfischer‹. So ist nicht anzunehmen, daß das Logion jemals ohne Berufungsszene erzählt worden ist. – Einiges – so der Schematismus des zweiten Teils, dem jeder eigenständige Zug fehlt – könnte allerdings dafür sprechen, daß die älteste Form der Erzählung nur von Petrus und Andreas gehandelt hat und daß die Berufung des zweiten Brüderpaares erst sekundär in sie eingebracht worden ist.

3 Redaktionsgeschichte

3.1

Die Kriterien der *Auswahl* und *Anordnung* bleiben hier unergiebig, da Mt zumindest im vorhergehenden Kontext ganz dem Mk-Rahmen folgt (vgl.1.2).

3.2

Hingegen kann der Blick auf die *Rahmung* zu der Beantwortung der noch anstehenden Frage (vgl.1.2) helfen, ob Mt diese Perikope nur mechanisch aus Mk an dieser Stelle übernahm oder ob er ihr eine spezielle Funktion in seinem Werk zubilligt. Auf sie folgen unmittelbar zwei redaktionelle Stücke: das große Summarium des Wirkens Jesu (4,23–25) und die Einleitung zur Bergpredigt (5,1–2). Die letztere nennt neben dem Volk ausdrücklich die Jünger als Hörer und Zeugen: »Als er aber die Menge sah, stieg er auf den Berg. Und als er sich setzte, traten seine Jünger hinzu« (5,1). Mt berichtet also die Jüngerberufung an dieser Stelle nicht nur, weil ihn seine Quelle dazu nötigt, sondern weil er die Jünger als *Zeugen* und *Adressaten* der Bergpredigt versteht! Welches dieser beiden Motive für ihn das primäre ist, läßt sich freilich auf so schmaler Basis kaum entscheiden. Vom Gesamtrahmen des Mt her, wie er in 28,18ff manifest wird, könnte man dem ersteren zuneigen, denn dort wird als Aufgabe der Jünger das »Lehren« aller Worte Jesu genannt. Für letzteres könnte dagegen sprechen, daß die Bergpredigt inhaltlich eine Entfaltung dessen bringt, was der Nachfolgeruf fordert.

3.3

Was ergibt sich aus der *sprachlichen Abwandlung* der Überlieferung für die Interpretationsabsicht des Mt? Zunächst fällt auf, daß Mt seiner sonstigen Tendenz zur Kürzung von Erzählungen hier nicht folgt, es läßt sich im Gegenteil gegenüber Mk eine geringfügige Verlängerung feststellen. Mt führt Simon bereits hier mit dem Namen »Petrus« ein, unter dem er der Gemeinde bekannt ist (V.18). Er erzählt also nicht mehr (wie Mk 3,16), daß Jesus ihm diesen Namen als Funktionsnamen zugesprochen habe (hingegen gibt er in 16,17–19 eine ausgeführte Interpretation dieses Namens aus dem Munde Jesu wieder).

Die übrigen Veränderungen des Mk-Wortlauts sind sämtlich Indizien für die matthäische Neigung zur *Systematisierung* und theologischen *Profilierung*. So werden die beiden Teile der Erzählung sprachlich stark aneinander angeglichen, so daß die sachliche Parallelität beider Berufungen hervortritt: In V.16 und V.21 wird jeweils vorweg betont, daß es sich um Brüderpaare handle, in V.22 wird das εὐθέως (»sogleich«) von V.20 wiederholt, und ebenfalls in V.22 wird (parallel zu V.20) der Terminus ἀκολουθεῖν (»nachfolgen«) eingesetzt. Letzteres dürfte theologische Bedeutung haben: Mt will, indem er diesen gewichtigen Begriff an das Ende stellt, das Motiv der Nachfolge verstärken. Dem entspricht auch die Veränderung von V.22a gegenüber Mk 1,20: Aus der illustrativen Situationsschilderung bei Mk (» . . . und sie ließen ihren Vater Zebedäus im Boot mit den Lohnarbeitern«) wird die Darstellung eines grundsätzlichen Aktes: »Sogleich verließen sie das Boot und ihren Vater.« Das heißt: Hier wird gezeigt, wie der Nachfolgende von Jesus zum Verlassen des bisherigen Lebenskreises (»Boot«) und der Familie (»Vater«) veranlaßt wird (vgl.Mt 8,21f).

4
Gliederung

I. Berufung des ersten Brüderpaares (V.18–20):
a) Ausgangssituation (V.18): Petrus und Andreas beim Fischen.
b) Geschehen (V.19): Jesus spricht das Menschenfischer-Logion.
c) Folge (V.20): Die Reaktion der Berufenen.

II. Berufung des zweiten Brüderpaares (V.21–22):
a) Ausgangssituation (V.21a.b): die Zebedäussöhne im Boot.
b) Geschehen (V.21c): Jesus beruft (ohne Logion!).
c) Folge (V.22): Die Reaktion der Berufenen.

Die Geschichte des Urchristentums

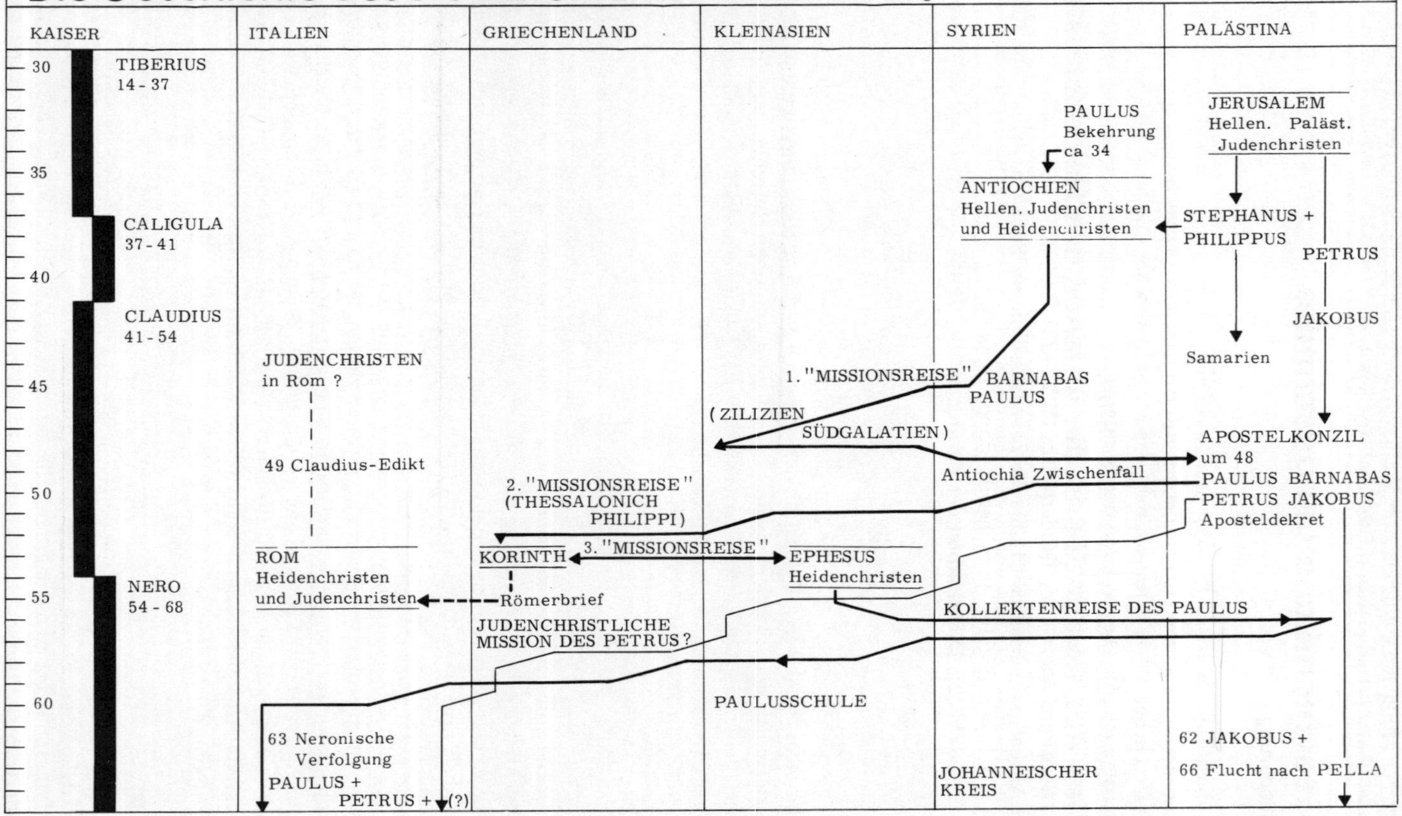

II

Geschichtliche Längsschnitte

§ 4
Das Apostelkonzil und die Anfänge des Heidenchristentums

1
Einführung

1.1
Als Apostelkonzil bezeichnet man die Zusammenkunft zwischen einer von Paulus und Barnabas angeführten Delegation der Gemeinde von Antiochia in Syrien und den Leitern der palästinischen Urgemeinde – vorab Petrus und dem Herrenbruder Jakobus, die, nach der wahrscheinlichsten Datierung, im Jahre 48 in Jerusalem stattfand und von der Apg 15,1–29 und Gal 2,1–10 berichten.

1.2
Was damals zur Entscheidung stand, war die Frage, die sich aufgrund der bisherigen Entwicklung der antiochenischen Gemeinde und der von ihr ausgehenden Missionsbewegung immer stärker zugespitzt hatte: Kann es innerhalb der Kirche Jesu Christi Heidenchristen geben, die grundsätzlich nicht mehr an das jüdische Gesetz gebunden sind? Diese Frage wurde positiv entschieden: Indem die Jerusalemer auf die Beschneidung der neubekehrten Heiden sowie auf andere gesetzliche Auflagen verzichteten, war die gesetzesfreie Heidenmission anerkannt. Paulus hatte nunmehr freie Bahn für seine weiträumigen missionarischen Unternehmungen, die auf die Durchdringung des ganzen bewohnten Erdkreises mit dem Evangelium zielten. Und das Christentum trat nun endgültig als eine neue, eigenständige Größe neben dem Judentum in die Geschichte ein. Das Apostelkonzil war somit ein *geschichtlicher Wendepunkt*: In ihm liefen alle Linien der vorhergegangenen fast 20jährigen Geschichte des jungen Christentums zusammen, und zugleich erfolgte von ihm aus die entscheidende Weichenstellung für den weiteren Fortgang der Ereignisse.

1.3
Deshalb ist es auch das Datum, von dem her sich am leichtesten eine *Orientierung über die Geschichte des Urchristentums* gewinnen läßt.
Man setzt dabei zweckmäßig mit der *chronologischen Orientierung* ein (2.1), die den allgemeinen Rahmen für die Geschichte des Urchristentums liefern soll. Die Rückfrage

nach der *Vorgeschichte* (2.2) soll der Erfassung jener historischen und theologischen Faktoren dienen, die bei den Anfängen der Heidenmission eine Rolle spielten. Erst auf diesem Hintergrund ist eine Rekonstruktion von *Verlauf und Ergebnis des Apostelkonzils* möglich (2.3). Besondere Bedeutung hat schließlich die Frage nach der *Nachgeschichte* (2.4); sie ist bereits in beiden neutestamentlichen Berichten, wenn auch in unterschiedlicher Weise, impliziert: in Apg 15 durch die Verbindung des Apostelkonzils mit dem sog. Aposteldekret (V.19–21) und in Gal 2 durch die Erinnerung des Paulus an den sog. Antiochiazwischenfall, der zum Abbruch der Tischgemeinschaft zwischen Juden- und Heidenchristen führte (Gal 2,11–14). Die sich hier stellende Frage ist: In welchem Sinne ist die Entscheidung des Konzils geschichtlich realisiert worden?

2
Entfaltung

2.1
Die Chronologie des Urchristentums

2.1.1
Das Neue Testament gibt nirgends eine Einordnung von Ereignissen der Geschichte des Urchristentums in die allgemeine Zeitrechnung. Wir müssen daher bei der Erstellung einer Chronologie zunächst da einsetzen, wo sich im Neuen Testament berichtete Vorgänge mit datierbaren Vorgängen der allgemeinen Geschichte berühren (*absolute Chronologie*), und von den so gewonnenen Fixpunkten aus mit Hilfe der im Neuen Testament relativen Zeitangaben nach vorwärts und rückwärts rechnen (*relative Chronologie*).
Dabei ergeben sich naturgemäß Unsicherheiten; so kann z.B. die relative Zeitangabe des Paulus »nach drei Jahren« (Gal 1,18) eine Spanne zwischen zwei und drei Jahren bezeichnen, denn man zählte im Altertum angebrochene Jahre mit!.

2.1.2
Für die *absolute Chronologie* haben wir zwei Fixpunkte:

- die Austreibung der Juden aus Rom unter Claudius im Jahre 49 (Sueton, Vita Claudii 25,4: »Iudaeos impulsore Chresto assidue tumultuantes Roma expulit«), in deren Gefolge das jüdische Ehepaar Aquila und Priscilla nach Korinth kam (Apg 18,2), sowie
- die Statthalterschaft Gallios in Achaja von Frühjahr 51 bis Frühjahr 52. Sie ist durch die sogenannte Gallio-Inschrift bezeugt, die einen Brief des Kaisers Claudius an die Stadt Delphi wiedergibt. Nach Apg 18,12–18 ist Paulus vor dem Statthalter Gallio in Korinth angeklagt worden und mußte daraufhin seine erste Wirksamkeit in Korinth abbrechen (Apg 18,18). Vieles spricht dafür, daß diese Begegnung des Paulus mit dem Statthalter zu Anfang von dessen Prokonsulatsjahr, d.h. im Sommer 51, stattfand.

2.1.3
Von hier aus ergibt sich die *relative Chronologie* nach rückwärts und vorwärts.

2.1.3.1

Relative Chronologie nach *rückwärts*:

- Ankunft des Paulus in Korinth ca. 18 Monate vorher (Apg 18,11), d.h. Herbst 49;
- Missionstätigkeit in Kleinasien und Makedonien (sog. 2. Missionsreise): ca. 18 Monate, d.h. von Frühsommer 48 bis Herbst 49;
- Apostelkonzil Frühjahr 48;
- erster Besuch des Paulus in Jerusalem: 35/36 (Gal 2,1; vgl.Apg 9,26–29). Daran anschließend: Rückkehr nach Tarsus (Apg 9,30), Berufung nach Antiochia (Apg 11,25) und – von dort aus – Missionstätigkeit im südlichen Kleinasien und auf Cypern (Gal 1,21; Apg 13,1–14,28 = sog. 1.Missionsreise);
- Bekehrung des Paulus in Damaskus: 32/34 (Gal 1,18). Daran anschließend: Aufenthalt in Arabien, neuerlicher Aufenthalt in Damaskus (Gal 1,17) und Flucht (2Kor 11,32);
- Tod Jesu ca. Frühjahr 30.

2.1.3.2

Relative Chronologie nach *vorwärts*:

- Rückkehr des Paulus nach (Jerusalem und) Antiochia (Apg 18,19–22); Reise durch »das galatische Land und Phrygien« (Apg 18,23) Sommer 51 bis Frühjahr 52 (Beginn der sog. 3. Missionsreise);
- Wirksamkeit des Paulus in Ephesus: ca. 2 1/2 Jahre (Apg 19,8.10), d.h. Sommer 52 bis Frühjahr 55; während dieser Zeit: 1.Korintherbrief (ca. 53), Zwischenbesuch in Korinth (2Kor 13,1), Tränenbrief (2Kor 10–13, ca. Herbst 54);
- Kollektenreise durch Mazedonien und Griechenland (2Kor 2,12f;9,4;Apg 19,21;20,1f): Frühjahr bis Herbst 55; letzter Aufenthalt in Korinth (Apg 20,3: »drei Monate«) ca. Herbst 55 bis Frühjahr 56; Entstehung des Römerbriefs (Röm 15,25–27);
- Kollektenreise nach Jerusalem und Gefangennahme des Paulus: Frühjahr 56 (Apg 21,15–40);
- zweijährige Gefangenschaft des Paulus in Cäsarea (Apg 24,27) ca. 56–58;
- Überführung des Paulus als Gefangener nach Rom und zweijähriges Wirken dort (Apg 28,30): ca. 58–60.

2.1.4

Zur Diskussion. Diese Chronologie hat sich – mit einigen kleinen Abweichungen – in der gegenwärtigen Forschung weitgehend durchgesetzt (vgl. z.B. D.Georgi, Die Geschichte der Kollekte des Paulus für Jerusalem, 1965, 91–96; W.G.Kümmel, Einleitung, § 13; L.Goppelt, Die apostolische und nachapostolische Zeit, 1962, 152; M.Hengel, in: Neues Testament und Geschichte, FS O.Cullmann, 1972, 43–68).

Eine stark abweichende Gegenposition vertritt freilich *F.Hahn* (Das Verständnis der Mission im Neuen Testament, 1963), der eine Frühdatierung des Apostelkonzils auf 43/44 versucht: Es müsse vor der Christenverfolgung des Herodes Agrippa (44) stattgefunden haben, weil in ihr die beiden Zebedaiden Johannes und Jakobus, mit denen Paulus und Barnabas noch in Jerusalem verhandelt haben (Gal 2,9), den Märtyrertod starben (Mk 10,38; Apg 12,2).

Kritik: Für diesen Frühansatz könnte sprechen, daß er erheblich mehr Zeit ließe für die Entfaltung der paulinischen Wirksamkeit in Kleinasien und Griechenland. Trotzdem hat er alle historische Wahrscheinlichkeit gegen sich: Er ließe kaum Zeit für die Entwicklung der antiochenischen Gemeinde und die sog. 1. Missionsreise; außerdem ist der Jakobus von Gal 2,9 derselbe wie in Gal

1,18, nämlich der Herrenbruder Jakobus, der erst nach dem Tode des Zebedaiden Jakobus (Apg 12,2) in das Leitungsgremium der Jerusalemer Gemeinde eintrat. Und was den Tod des Zebedaiden Johannes betrifft, so wird von Mk 10,38 her schwerlich eine eindeutige Datierung möglich sein.

2.2
Die Vorgeschichte

Der Durchbruch der Heidenmission hat sich in den nahezu zwei Jahrzehnten zwischen Jesu Tod und dem Apostelkonzil relativ langsam und in mehreren Etappen vollzogen. Trotzdem war er ein Vorgang von einer ungeheuren Dramatik, der von erheblichen Spannungen begleitet war.

Diese Dramatik wird durch die *Darstellung der Apostelgeschichte* freilich teilweise verdeckt; durch ihre harmonistische Tendenz will sie den Eindruck erwecken, als sei das Entstehen der Heidenmission ein planvoll von der Jerusalemer Urgemeinde geförderter Prozeß gewesen. Hinweise auf Spannungen und Schwierigkeiten fehlen in der Apg zwar nicht ganz, doch liegen sie gleichsam unter der glatten Oberfläche der Berichte.

2.2.1
Die *Problematik* lag gleichermaßen auf *theologischer* wie auf *soziologischer Ebene*:

- *Theologisch* ging es um die Frage, ob und in welchem Sinn die Kirche, wenn sie Heiden hereinnahm, ihre Kontinuität zu Israel, dem Heilsvolk, noch würde aufrechterhalten können. War diese Kontinuität nicht zumindest an jene Institution gebunden, die Israels Identität in der Geschichte bisher garantiert hatte, nämlich an das Gesetz? Mußte darum nicht der zu Christus bekehrte Heide zugleich auch Jude werden?
- *Soziologisch* gesehen ging es darum, ob die Kirche, um ihre Identität zu wahren, alles daransetzen mußte, auch weiterhin eine Sondergruppe innerhalb des jüdischen Kult- und Synagogenverbandes zu bleiben, oder ob sie die Freiheit hatte, sich durch Entwicklung eigenständiger Lebensformen als eine neue gesellschaftliche Gruppe darzustellen.

2.2.2
Jesus hatte sich mit seiner Botschaft nur an Israel gewandt (Mt 10,5f); auch Berichte wie Mk 7,24–30 par Mt 15,21–28 und Mt 8,5–13 par Lk 7,1–10 bestätigen, falls sie einen historischen Kern haben, diese Regel, denn sie zeichnen Jesu Verhalten gegen Nicht-Israeliten als punktuelle Ausnahmen.

2.2.3
Auch die *Jerusalemer Urgemeinde* der Anfangsjahre sah keine Notwendigkeit, mit ihrer Mission die Grenze des Gottesvolkes zu überschreiten. Im Gegenteil: Wenn die überwiegend aus Galiläa stammenden Jünger Jesu nach Ostern nach Jerusalem übersiedelten (Apg 1,4; 8,1), so war dies ja primär Ausdruck ihrer Bindung an Israel. Jerusalem war nach jüdischer Anschauung der Ort der Erscheinung des Messias, an dem bei Anbruch der Heilszeit das zerstreute Israel und auch die Völker zusammenströmen sollten (4Esr 13,35ff; vgl.Bill. I,151; IV,873). Es war zugleich »das Zentrum jeder missionarischen Bemühung um das Judentum« (M.Hengel, Die Ursprünge der christlichen Mission, NTS 18 [1971/72], 31). So wird die Urgemeinde ihre Aufgabe darin gesehen haben, von Jerusalem aus ganz Israel anzusprechen und als das neue Gottesvolk der End-

zeit dem Messias Jesus zuzuführen. Dem entsprach ihr äußeres Bild als das einer innerjüdischen Sondergruppe, die an Gesetz und Tempel gebunden blieb (Apg 2,46; 5,12).

2.2.4

Ein entscheidender neuer Akzent wurde demgegenüber durch das Auftreten der Gruppe der sog. *Hellenisten* in Jerusalem gesetzt. Es handelte sich bei ihnen um griechischsprechende Judenchristen, die der Jerusalemer Diasporasynagoge angehörten (Apg 2,5ff). Schon bald traten sie auch nach außen hin als eigenständige organisatorische Größe neben der sich um Petrus und die ›Zwölf‹ scharenden aramäischsprechenden Urgemeinde in Erscheinung; die Leitung hatte ein Sieben-Männer-Gremium, dessen Wortführer Stephanus war (Apg 6,5f). Was schließlich zur weitgehenden Trennung beider Gruppen führte, war sicherlich nicht nur, wie Lukas es entschärfend darstellt, ein Konflikt über die Witwenversorgung (Apg 6,1ff), sondern eine grundsätzliche theologische Differenz: Die ›Hellenisten‹ übten offene Kritik an Tempel und Gesetz (Apg 6,14), den beiden zentralen Institutionen des Judentums, die dessen Identität garantierten. Dabei dürften sie die Gesetzes- und Tempelkritik Jesu, die den Anlaß zu seiner Verwerfung durch das Judentum gegeben hatte (Mk 7,8–15; 11,15ff), bewußt aufgenommen und weitergeführt haben. Aus diesem Grund kam es zur Verfolgung und Vertreibung der Hellenisten aus Jerusalem, während – was die Darstellung der Apostelgeschichte ebenfalls nur indirekt erkennen läßt (8,1) – die gesetzestreue aramäischsprechende Gemeinde unbehelligt blieb.
Die Vertreibung der Hellenisten aus Jerusalem markierte nun zugleich den *Beginn einer die Grenzen des Judentums überschreitenden Mission*, die zunächst freilich noch keine programmatische Heidenmission gewesen zu sein scheint, sondern sich an die Randgruppen des Gottesvolkes gewandt haben dürfte: So hat Philippus, einer der hellenistischen ›Sieben‹, bei den heterodoxen Samaritanern missioniert (Apg 8,4–24), die vom Jerusalemer Tempelkult abgefallen waren und ein eigenes Heiligtum auf dem Garizim besaßen (Joh 4,20ff). Er hat darüber hinaus im überwiegend heidnischen Küstengebiet Palästinas Mission getrieben (Apg 8,26.40; vgl.21,8f) und sich dabei anscheinend vorwiegend an den großen Kreis der ›Gottesfürchtigen‹ gewandt, d.h. an ehemalige Heiden, die sich als zur jüdischen Synagogengemeinde gehörig betrachteten, aber nicht beschnitten waren (Apg 8,27–39). Analog verfuhren wohl auch jene Hellenisten, die nach Syrien vorstießen und dort in Damaskus und der hellenistischen Metropole Antiochia am Orontes neue Gemeinden gründeten. In diesen Gemeinden lebten Volljuden und ›Gottesfürchtige‹ gleichberechtigt zusammen als Glieder des neuen Gottesvolkes; die Beschneidung war keine trennende Grenze mehr, und auch die kultisch-rituellen Gesetze wurden bedeutungslos. Mit diesem hellenistischen Christentum scheint Paulus – seiner Herkunft nach selbst ein hellenistischer Jude – sich zunächst als Christenverfolger kritisch auseinandergesetzt zu haben (Apg 8,3; 9,2f); es wurde auch nach seiner Bekehrung in Damaskus seine geistige Heimat.

2.2.5

Eine planmäßige Heidenmission entwickelte sich erstmals in *Antiochia*. Und zwar scheint die Initiative dazu wesentlich von dem Zyprioten Barnabas ausgegangen zu sein (Apg 11,22), der ursprünglich zur Gruppe der ›Hebräer‹ in Jerusalem gehört hatte (Apg

4,36), später jedoch zu den Hellenisten übergewechselt war. Äußerlich konnte diese Heidenmission zwar am Modell der jüdischen Proselytenwerbung anknüpfen; der entscheidende Unterschied bestand jedoch darin, daß man die Hinzugekommenen taufte, ohne die Beschneidung und damit die Unterwerfung unter das Gesetz vorauszusetzen (Apg 15,5). In der Anfangszeit dürften zwar in der antiochenischen Gemeinde die ehemaligen Juden und ›Gottesfürchtigen‹ die überwiegende Mehrheit gebildet und den Lebensstil geprägt haben; doch führte auf längere Sicht das Hinzukommen der Heiden zu einer *qualitativen Veränderung*: Diese Gemeinde galt in den Augen der Umwelt nicht mehr als jüdische Gruppe, sondern als eigenständiges soziologisches Gebilde; die Bezeichnung Χριστιανοί (= »Christus-Anhänger«) wurde für sie geprägt (Apg 11,26).

In Antiochia fand auch Paulus – nach Apg 11,25 aufgrund einer Initiative des Barnabas – einen seinen theologischen Intentionen angemessenen Wirkungskreis. Und zwar drängte er, der in seiner eigenen Biografie die Überwindung des Gesetzes als lebenstragender Heilsmacht durch Christus erfahren hatte, auf eine grundsätzliche Klärung der Stellung der Heidenchristen zum Gesetz; ihm wurde deutlich: Das Gesetz ist als Heilsweg endgültig abgelöst durch Christus; darum können die Annahme des Gesetzes als Lebensordnung und die Beschneidung in keiner Weise als Bedingungen für den Eintritt in das endzeitliche Gottesvolk gelten (vgl. § 11)! Dies bedeutete sicherlich einen Schritt über die bisherige mehr pragmatische Regelung der Gesetzes- und Beschneidungsfrage hinaus.

2.2.6

Wahrscheinlich war die sog. 1. Missionsreise, die Paulus und Barnabas als Gesandte der antiochenischen Gemeinde durchführten (Apg 13,1ff;14,26f), die unmittelbare Folge dieser theologischen Erkenntnis. Denn sie brachte den ersten Vorstoß in rein heidnische Gebiete und führte zu Entstehung von Gemeinden, in denen kein jüdischer Kern mehr vorhanden war (Apg 13,48ff; 14,27).

2.2.6.1

Die 1. Missionsreise ist freilich historisch aufgrund der Tatsache umstritten, daß Paulus in Gal 1,21 nur von einer Wirksamkeit in den »Gebieten Syriens und Kilikiens« spricht, also Pisidien und Lykaonien nicht erwähnt. Manche Forscher (z.B. H.Conzelmann, ThLZ 85 [1960] 247) halten sie für eine von Lukas konstruierte ›Modellreise‹, andere (wie J.Jeremias, Abba, 1966, 254f) möchten sie erst nach dem Apostelkonzil ansetzen, was jedoch aus chronologischen Gründen kaum möglich ist.

Aber Apg 13–14 dürfte zuverlässige antiochenische Traditionen wiedergeben, und Gal 1,21 schließt die 1. Missionsreise keineswegs aus; Paulus erwähnt hier diesen relativ kurzen zeitlichen Abschnitt, der im Kontext seines Wirkens in Syrien und Kilikien steht, wohl nur deshalb nicht gesondert, weil er für seine Apologie gegenüber den Galatern keine Bedeutung hat!

2.2.7

An diesem Punkt der Entwicklung brach nun der Konflikt zwischen *Jerusalem und Antiochia* auf. In Antiochia erschienen Judäer, die lehrten, daß nur der das Heil erlangen könne, der sich nach dem Gesetz des Mose beschneiden ließe (Apg 15,1f). Die Gemeinde beschloß daraufhin, eine von Paulus und Barnabas geführte Delegation zur Klärung der Streitfrage nach Jerusalem zu senden.

2.2.7.1
Was war *der Hintergrund für die Stellungnahme der Judäer?* Sicherlich wurde von ihnen nicht die grundsätzliche Berechtigung zur Heidenmission bestritten (so, unter Berufung auf den angeblich nachösterlichen Sitz im Leben von Mt 10,5f, E.Käsemann, EVB II, 87; F.Hahn, aaO, 43ff). In den ca. 15 Jahren seit der Stephanus-Verfolgung hatte sich auch in Jerusalem eine Öffnung für die Heidenmission angebahnt. Allerdings konnte man sie sich nicht anders vorstellen als in Analogie zur jüdischen Mission, d.h. als gleichzeitige Unterstellung unter das Gesetz, zumindest durch zeichenhafte Übernahme von einigen seiner Forderungen. Die Erzählung von der Bekehrung des Cornelius (Apg 10) – Lukas hat sie fälschlich zur Begründung des gesetzesfreien Heidenchristentums herangezogen – zeigt die Richtung des Jerusalemer Ansatzes: Dem *gesetzestreuen* und *gottesfürchtigen* Heiden darf der Zugang zum Heil nicht verwehrt werden (Apg 10,2f); seine rituelle Unreinheit schließt ihn nicht von der Gemeinde aus. Die Beschneidung ist hier offensichtlich nicht Voraussetzung der Taufe, aber die Frage, ob der Getaufte sich im Zuge seines weiteren Hineinwachsens in die Heilsgemeinde nicht auch notwendig beschneiden lassen wird, ist zumindest offengelassen.

2.3
Die Entscheidung des Apostelkonzils

2.3.1
Zum äußeren Rahmen. Verhandlungspartner waren von antiochenischer Seite Barnabas und Paulus, von Jerusalemer Seite die drei ›Säulen‹ – so die offizielle Bezeichnung des die Urgemeinde nunmehr leitenden Dreiergremiums – Jakobus, Kephas und Johannes (Gal 2,9; vgl. § 5, 2.2.3), also Personen, die nach damaligem Sprachgebrauch als Apostel galten. Dabei läßt die Voranstellung des Jakobus (Gal 2,9) erkennen, daß er in Jerusalem faktisch die Führung besaß. Zugleich war jedoch anscheinend auch die Gemeindeversammlung an der Verhandlung beteiligt (Apg 15,6.22; Gal 2,5).

Natürlich handelte es sich um kein ›Konzil‹ im späteren Sinne; es waren weder Vertreter aller Gemeinden noch alle Apostel anwesend. Es handelte sich jedoch immerhin um eine Zusammenkunft der Vertreter jener beider Gemeinden, die sich als Zentren der damaligen Kirche verstehen konnten, und es wurden alle Beteiligten bindende Beschlüsse gefaßt; insofern kann man doch mit einigem Recht von einem ›Konzil‹ sprechen.

2.3.2
Die Beschlüsse

2.3.2.1
Das von Paulus vertretene heidenchristliche Evangelium wurde von der Jerusalemer Seite anerkannt (Gal 2,2). Dabei ging es sicherlich nicht nur um die wechselseitige Abstimmung der Verkündigungsinhalte, sondern um das Evangelium als endzeitliches Heilsgeschehen und als auf die Errichtung der Heilsgemeinde zielende Heilsbotschaft. Die Frage war, ob Gottes Heil wirklich mit der von Paulus vertretenen gesetzesfreien Botschaft nach den Heiden greifen konnte oder nicht. Ist ein Evangelium, das die Beschneidung nicht fordert und nicht der heiligen Weltordnung der Tora unterstellt, wirkliches Evangelium? Indem die Jerusalemer das bejahten, war die Identität des paulinischen Evangeliums mit dem *einen* Evangelium, das auch sie vertraten, festgestellt und zugleich das Kirche-Sein der gesetzesfreien Heidenchristen prinzipiell zugestanden.

2.3.2.2

Die Forderung auf Beschneidung der Heidenchristen wurde von den Jerusalemern nicht aufrechterhalten. Dem scheinen heftige Auseinandersetzungen mit dem streng gesetzestreuen Flügel vorangegangen zu sein, der die Beschneidung des zur antiochenischen Delegation gehörenden Heidenchristen Titus forderte (Gal 2,3).

2.3.2.3

Der paulinische Apostolat wurde ausdrücklich anerkannt als Apostolat für die Heiden (Gal 2,9). Damit stellten die Jerusalemer »die Berufung des Paulus zur Heidenmission mit der kirchengründenden Berufung des Petrus auf eine Stufe« (H.Kasting, Die Anfänge der urchristlichen Mission, 1969, 77), d.h., sie führten beides auf das unmittelbare Handeln des Auferstandenen zurück.

2.3.2.4

Eine Aufteilung der Aufgaben wurde vereinbart: Petrus sollte zu den Juden, Paulus und Barnabas zu den unbeschnittenen Heiden gehen (Gal 2,9b). Das war weder im Sinne einer geografischen Aufteilung noch auch im Sinne einer exklusiven Beschränkung – als dürfe Paulus nur Heiden, Petrus nur Juden missionieren – gemeint; gedacht war wohl eher an eine Verteilung der Arbeitsschwerpunkte sowie an die gegenseitige Respektierung des jeweiligen missionarischen ›Stils‹.

2.3.2.5

Mit feierlichem Handschlag wurde κοινωνία (Gemeinschaft) vereinbart (Gal 2,9a), d.h. über alle Unterschiede hinweg sollte die Einheit der Kirche aus Juden und Heiden gewahrt werden.

2.3.2.6

Paulus und Barnabas verpflichteten sich, in ihren Missionsgebieten eine Kollekte für die ›Armen‹, d.h. für die Jerusalemer Gemeinde, *zu erheben* (Gal 2,10). Hier ging es schwerlich um eine christliche Analogie zur jüdischen Tempelsteuer, sondern »um einen einmaligen, demonstrativen, nicht rechtlich, sondern eschatologisch zu verstehenden Akt zur Wahrung der ekklesiologischen Einheit«; der Muttergemeinde sollte ihr stellvertretendes Ausharren in der heiligen Stadt erleichtert werden (P.Stuhlmacher, Das paulinische Evangelium I, 1968, 101).

2.3.2.7

Das *Aposteldekret* (Apg 15,28f; 21,25) wird von der Apostelgeschichte irrtümlich als Konzilsergebnis angeführt, denn es widerspricht der betonten Feststellung des Paulus »mir haben die Angesehenen nichts zusätzlich auferlegt« (Gal 2,6). Es ist sicherlich erst einige Zeit nach dem Konzil von der Jerusalemer Gemeindeleitung unter Jakobus erlassen worden, um eine Frage zu lösen, die sich im Gefolge des Konzils beim Vollzug von Kirchengemeinschaft zwischen Juden- und Heidenchristen stellte. In diesem Dekret werden die Heidenchristen verpflichtet, auf Handlungen und Speisen zu verzichten, wie sie auch dem Fremden unter Israel verboten waren (Lev 17,8–14; 18,6–18). Dadurch sollte zumindest ein Minimum an kultischer Reinheit garantiert werden.

2.3.3

Die theologische und historische Bedeutung. Die unmittelbare Auswirkung des Apostelkonzils auf den weiteren Verlauf der Geschichte des frühen Christentums hängt zusammen mit der Anerkennung des gesetzesfreien Evangeliums für die Heiden als einer *legitimen geschichtlichen Ausprägung des einen Evangeliums*. Nun war endgültig geklärt, daß das Heidenchristentum nicht nur eine defizitäre Vorform von Christentum war, dem noch Entscheidendes fehlte, sondern vollgültiges Ergebnis des gegenwärtigen endzeitlichen Handelns Gottes im Evangelium Jesu Christi (Röm 1,5f). Damit war die Basis geschaffen für die großen missionarischen Unternehmungen des Paulus.
Von erheblicher theologischer Bedeutung war aber darüber hinaus das programmatische Festhalten an der Einheit der Kirche aus Juden und Heiden. Beide Parteien waren sich darin einig, daß die Pluralität vorfindlicher Lebens- und Gemeinschaftsformen die Einheit der Kirche nicht tangiere, solange diese Lebens- und Gemeinschaftsformen als Ausprägungen des gegenwärtigen Handelns Gottes im Evangelium erkannt werden können. Die Heidenchristen blieben infolge dieser Entscheidung gebunden an die von Jerusalem herkommende Tradition, an die vergangene Geschichte Gottes mit Israel und an das Alte Testament. Das bedeutete eine wirksame Gegenkraft, die die Christusbotschaft aus dem alle religiösen Erscheinungen in sich hineinziehenden Strudel des hellenistischen Synkretismus heraushielt. Die Judenchristen aber waren – wenigstens zunächst – vor einem Verkümmern als jüdische Sekte bewahrt.

2.4
Nachgeschichte

2.4.1

Schon bald ergaben sich bei der Realisierung der Konzilsbeschlüsse Schwierigkeiten, die neuen Konfliktstoff enthielten. Man hatte zwar grundsätzlich das Nebeneinander von juden- und heidenchristlichen Gemeinden anerkannt, doch offensichtlich keine Regelung für gemischte Gemeinden getroffen. Die Frage, die sich nunmehr in der Praxis stellte, lautete: Dürfen Judenchristen in gemischten Gemeinden das Gesetz aufgeben und mit den Heidenchristen gesetzesfrei leben? Oder müssen sich nicht umgekehrt die Heidenchristen, um mit den Judenchristen Gemeinschaft halten zu können, wenigstens gewissen Minimalforderungen des Gesetzes beugen? Der Konflikt über diese Frage brach in der antiochenischen Gemeinde auf, als – wohl kurz nach dem Apostelkonzil – Petrus dort zu Besuch weilte und auf Veranlassung von Jakobus-Anhängern die Tischgemeinschaft mit den Heidenchristen zusammen mit Barnabas und allen übrigen Judenchristen aufkündigte (Gal 2,11–14). Paulus sah darin einen Bruch der Vereinbarung (Gal 2,15), doch scheint er damit, wie sich indirekt aus dem Fortgang der Ereignisse ergibt, in Antiochia ziemlich allein gestanden zu haben. Die Folge war nämlich die Trennung von Barnabas (Apg 15,37ff) und, darüber hinaus, die Lösung der Kontakte zur antiochenischen Gemeinde. Die große Kleinasien- und Griechenlandmission der 2. und 3. Missionsreise unternahm Paulus in eigener Verantwortung und nicht mehr als Abgesandter von Antiochia. Wir hören nur noch einmal von einem Besuch in der Gemeinde (Apg 18,22f). Und in seinen Briefen scheint jede Erinnerung an Antiochia bewußt getilgt. Das neue Zentrum der paulinischen Mission sollte Ephesus werden.

Wohl aufgrund des Antiochia-Zwischenfalls erging von Jerusalem aus das sog. *Aposteldekret* an die Gemeinden Syriens und Kilikiens (2.3.2.7). Es sollte das Zusammenleben in gemischten Gemeinden regeln. Paulus hat es in seinen Gemeinden nicht eingeführt. Trotzdem erlangte es später in der gesamten Kirche Geltung, wobei sich freilich sein Sinn verschob. So galt nach Apk 2.14.20 die Enthaltung von Unzucht und Götzenopferfleisch als Bekenntnis gegenüber dem Heidentum. Im 2. Jahrhundert schließlich deutete man es auf die drei Todsünden: Götzendienst, Unzucht und Mord (»Blut«). In diesem Sinn läßt die westliche Textüberlieferung in Apg 15,20 καὶ πνικτοῦ (»und Ersticktes«) weg und setzt dafür an den Schluß die Goldene Regel.

2.4.2

Erst vom Apostelkonzil ab gewann die Missionstätigkeit des Paulus ihre weltweite Ausrichtung und ihre rastlose Dynamik. War vorher seine Wirksamkeit fünfzehn Jahre lang auf Syrien und Kilikien beschränkt gewesen, so erstreckte sie sich in den noch verbleibenden sieben Jahren seiner Wirksamkeit auf den gesamten östlichen Mittelmeerraum. Sicher war das Bewußtsein des Paulus, als Apostel Jesu Christi zu den Heiden gesandt zu sein, in der Berufung durch den Auferstandenen vor Damaskus verwurzelt (Gal 1,15f). Trotzdem ist die Annahme begründet, daß es erst aufgrund der Vorgänge auf dem Apostelkonzil in vollem Maße Ziel und Richtung erhielt. Er wußte sich nunmehr dazu gesandt, alle Weltvölker vor Anbruch der Parusie als ›Opfer‹ für Gott zu gewinnen (Röm 15,16). Dabei verlor er das Ziel der einen Kirche aus Juden und Heiden nicht aus den Augen, sondern rückte es in eine kühne eschatologische Perspektive. Die anfängliche Hoffnung der Jerusalemer Urgemeinde, daß erst der Anbruch der Heilszeit die Hinwendung der Völker zum Gott Israels bringen werde, hat sich ihm umgekehrt: Erst wenn die Heiden zum Heil gefunden haben, dann wird – beim Anbruch der Heilszeit – auch Israel zum Glauben finden (Röm 11,13–16.25–32)!

2.4.3

Wie aber hat sich das Verhältnis zwischen Paulus und den Jerusalemern weiterentwikkelt?

2.4.3.1

Blickt man auf *Paulus*, so ergibt sich ein *scheinbar widersprüchliches Bild*. Paulus hat die Verpflichtung zur kirchlichen Einheit ernst genommen. Er hat mit Nachdruck und Energie die Einsammlung der Kollekte für Jerusalem in seinen Missionsgebieten betrieben (2Kor 8–9), und er hat die besondere Bedeutung der Urgemeinde stets anerkannt (1Kor 14,36; Röm 15,27). Andererseits stand er in seinen Gemeinden in einem ständigen Kampf gegen eine judenchristliche Agitation, die zumindest indirekt auf jerusalemische Einflüsse zurückging. So beriefen sich offenbar die galatischen Gegner auf Jerusalemer Autoritäten, wenn sie die Gültigkeit des paulinischen Apostolats anzweifelten (Gal 1,1f.11) und die Unvollständigkeit seines gesetztesfreien Evangeliums behaupteten. Und auch sonst begleitete ihn der Kampf gegen die »falschen Brüder« (2Kor 11,26; Phil 3,2ff) durch die ganze letzte Periode seiner Wirksamkeit. Vieles spricht schließlich dafür, daß hinter den in Apg 19 nur unzulänglich angedeuteten Schwierigkeiten, die ihn zum Verlassen des Missionszentrums Ephesus nötigten (Apg 19,40) nicht nur jüdische, sondern auch judenchristliche Agitation gestanden hat. Nur so wird nämlich das Gewicht erklärlich, das er seiner Kollektenreise nach Jerusalem beimaß: Davon, ob die Jerusalemer die Kollekte annehmen und ob er die Auseinandersetzung mit den »Ungehorsamen in Judäa« zu bestehen vermag, hing für ihn nach Röm 15,30–32 weitgehend die Zukunft seiner Arbeit ab!

2.4.3.2

Die Widersprüche lösen sich jedoch weitgehend auf, wenn man die *spannungsreiche Lage der Jerusalemer Gemeinde* mit bedenkt. Sie mußte, wenn sie an den Entscheidungen des Apostelkonzils festhalten wollte, eine gefährliche Gratwanderung zwischen Heidenchristentum und Judentum vollführen. Sie konnte es von ihrem Standpunkt aus nicht billigen, wenn in den paulinischen Gemeinden das judenchristliche Element faktisch ganz in den Hintergrund trat, und womöglich sah sie darin, daß Paulus – wie etwa in Ephesus – jüdische und schon vorhandene judenchristliche Gruppen ansprach und in seine Gemeinde einbezog (Apg 19,1–10), einen Bruch der Vereinbarung zur Aufteilung der Missionsgebiete (Gal 2,9). Andererseits wurde das Verhältnis der Jerusalemer Gemeinde zum Judentum, das für ihr Selbstverständnis konstitutiv war, durch die Verbindung mit den Heidenchristen immer stärker belastet. Die in den Jahren zwischen 40 und 70 kontinuierlich wachsende jüdisch-nationalistische Welle richtete sich immer wieder gegen die Judenchristen, denen man die Verbindung mit dem Volkskörper fremden Elementen vorwarf.
Jakobus dürfte nach allem, was wir wissen, ein Mann der Mitte und des Ausgleichs gewesen sein, der sich um die Bewahrung der Kircheneinheit bemühte. Wenn die Tendenzkritik des 19. Jahrhunderts ihn zum Exponenten des Judaismus und zum extremen Gegenspieler des Paulus machte, so war dies falsch. Nichts deutet nämlich darauf hin, daß er die judaistische Agitation in den paulinischen Gemeinden direkt unterstützt hätte. Aber seine Position wurde zusehends schwieriger, als im Zuge des wachsenden jüdischen Nationalismus der radikal-jüdische Gemeindeflügel, der diese Agitation förderte und jede Gemeinschaft mit Heidenchristen ablehnte, erstarkte.

2.4.3.3

Als Paulus – wohl im Jahre 56 – zur Überbringung der Kollekte in Jerusalem eintraf, sah er sich den massiven Anfeindungen dieses Flügels gegenübergestellt, der ihm vorwarf: »Du lehrst alle unter den Heiden lebenden Juden den Abfall von Mose, indem du sie aufforderst, ihre Kinder nicht zu beschneiden und nicht nach den Satzungen zu wandeln!« (Apg 21,21). Unter Hinweis auf die Zurückdrängung des jüdischen Elements in den gemischten Gemeinden wurde damit faktisch der gesamten paulinischen Mission der Vorwurf gemacht, sie habe die Konzilsvereinbarung nicht eingehalten. Dem nicht in allen Punkten eindeutigen Bericht von den Vorgängen in Apg 21,15–26 wird man immerhin dies entnehmen können, daß Jakobus sich bis zuletzt um einen Ausgleich bemühte, der ihm eine Annahme der Kollekte und damit die Wahrung der Kircheneinheit ermöglicht hätte. Er überredete Paulus zu einer sichtbaren Demonstration seiner Treue zum Judentum und zum Gesetz im Tempel, und Paulus scheint sogar bereit gewesen zu sein, dieses Opfer auf sich zu nehmen (Apg 21,23ff). Doch das Vorhaben scheiterte. Kleinasiatische Juden, seine erbitterten Gegner, bezichtigten ihn der Tempelschändung und veranlaßten seine Verhaftung durch die Römer (Apg 21,27–40)
Aus dieser Gefangenschaft ist Paulus vermutlich nicht mehr freigekommen. Die Apo-

stelgeschichte berichtet zwar sein Ende nicht, sondern schließt mit einer Bemerkung über sein – trotz Gefangenschaft – weit ausstrahlendes Wirken in Rom (Apg 28,30f). Doch deutet sie in 20,23f und 21,11 an, daß Paulus in der römischen Gefangenschaft den Tod gefunden hat. Die Möglichkeit, daß eine extrem judenchristliche Gruppe in der römischen Gemeinde die negative Wendung seiner Gefangenschaft beeinflußt hat, wird man aufgrund von Phil 1,14–17 und 1Clem 5 ernstlich in Betracht ziehen müssen. Jakobus erlitt im Jahre 62 – also etwa gleichzeitig mit Paulus – das Martyrium. Der Hohepriester Hannas der Jüngere beschuldigte ihn infolge seines Christusbekenntnisses der unjüdischen Propaganda und ließ ihn steinigen (Euseb HE II, 23, 10–16; Jos Ant 20,9,1). Damit war ein deutliches Zeichen dafür gesetzt, daß auch das Judenchristentum nicht als Sonderrichtung innerhalb des Judentums bleiben konnte. Insgesamt läßt sich wohl sagen, daß die Wege des Paulus wie des Jakobus, der beiden herausragenden Gestalten der apostolischen Zeit, bis zu ihrem Ende direkt und indirekt weitgehend von den Folgen des Apostelkonzils bestimmt worden sind.

3
Arbeit am Text: Vergleich von Apg 15,1–33 und Gal 2,1–10

3.1
Apg 15,1–33

3.1.1
Die Erzählung ist im Rahmen der Apg durch ihre *Stellung* hervorgehoben: Sie befindet sich fast genau in der Mitte des Buches und markiert in seinem Aufbau einen Wendepunkt; von 15,36 bis zum Ende steht allein Paulus im Zentrum der Darstellung, während in der ersten Hälfte der Apg Jerusalem und die von ihm ausgehenden Aktivitäten das Bild beherrschen. – Im *Aufbau* wie in der (vorsätzlichen!) Umständlichkeit der Erzählung erinnert 15,1–33 an 10,1–11,18, den Bericht von der Bekehrung des Cornelius in Cäsarea. Beide Berichte stehen nach Meinung des Lukas in engem sachlichem Zusammenhang: Wie der Rückverweis in 15,7b zeigt, versteht er die Corneliusgeschichte als sachliche Vorbereitung. – Gestaltung und Stil sind ganz lukanisch; eine Verwendung literarischer Quellen ist nicht nachweisbar.

3.1.2
Die *Gliederung* ist streng symmetrisch:

(a) *Vorgeschichte* in *Antiochia*:
Der Streitfall und die Entsendung der Delegation (1–2)

(b) Der *Konflikt* beim Auftritt
von Paulus und Barnabas vor der
Gemeindeversammlung (3–5)

(c) Die *Beratung* der *Apostel und*
Ältesten (6–21)
(c¹) Rede des *Petrus* (7–12)
(c²) Rede des *Jakobus* (13–21)

(d) Die *Konfliktlösung* in der

Gemeindeversammlung: Erlaß des
Dekrets (22–29)
(e) *Nachgeschichte* in *Antiochia*:
Freude über die erreichte Lösung (30–33)

3.1.3

Zum Inhalt: Paulus und Barnabas werden von der antiochenischen Gemeinde als Delegation nach Jerusalem gesandt, um bei den dortigen Autoritäten eine Klärung des durch »Leute aus Judäa« (V.1; wer diese sind, wird nicht gesagt!) ausgelösten Streites zu erwirken. – Sie berichten in Jerusalem vor der *Gemeindeversammlung*, in der die ›Apostel und Ältesten‹ anwesend sind. Umfang und Zusammensetzung beider Gruppen bleiben ungeklärt; ›Apostel‹ sind für Lk grundsätzlich die ›Zwölf‹, die hier aber auch seiner Vorstellung nach nicht mehr vollständig sein können (vgl. 12,2). Für die Existenz von Ältesten in Jerusalem ist dies der erste Beleg (vgl. § 5, 2.2.4). Der Konflikt bricht durch den Protest pharisäischer Judenchristen auf (V.5).
Die Beratung, die das große Mittelstück der Erzählung bildet, erfolgt im engen Kreis der Apostel und Ältesten. Weder die Gemeindeversammlung noch Paulus und Barnabas sind als anwesend gedacht! – Petrus zieht in seiner Rede (c^1) aus seiner Erfahrung in Cäsarea die Folgerung: Wenn die Heiden durch Gottes Tat zum Glauben kommen, darf man ihnen nicht als zusätzliche Last das Gesetz auferlegen, zumal sich das Gesetz sowohl für die Judenchristen wie auch für die ›Väter‹ als absolut unerfüllbar erwiesen hat (V.10). – *Jakobus* liefert in seiner Rede (c^2) mit Am 9,11f (LXX) dazu den Schriftbeweis und dekretiert zugleich die Lösung des Konflikts: Den Heiden sollen vier Bedingungen auferlegt werden, die auf den Bestimmungen für die in Israel lebenden Fremden (Lev 17f) beruhen. Verboten sind demnach 1. heidnisch-rituell geschlachtetes Fleisch, 2. Ehen innerhalb bestimmter Verwandtschaftsgrade, 3. Blutgenuß, 4. Verzehr von Fleisch nicht rituell geschlachteter Tiere (Ersticktes!). Westliche Handschriften (s. Apparat!) deuten diese Bestimmungen moralisch um. – Ausgefertigt wird das Dekret durch die ›Apostel und Ältesten‹ (V.23); hinter ihm steht jedoch der ›Geist‹ als letzte Autorität (V.28!). Die Gemeindeversammlung verabschiedet es jedoch (V.22), indem sie zwei Gesandte aus dem Kreis ihrer ›Leitenden‹ als Überbringer – zusammen mit Paulus und Barnabas – bestimmt. Auffällig ist, daß die letzteren im ganzen Bericht nur als Legaten, Berichterstatter und Weisungsempfänger, nicht jedoch als Verhandlungspartner fungieren.

3.2
Gal 2,1–10

3.2.1

Gal 2,1–10 steht in einem polemisch-apologetischen *Zusammenhang*: Paulus wendet sich gegen die Meinung seiner judaistischen Gegner unter den galatischen Christen, daß sein gesetzesfreies Evangelium nur ein fragmentarisches, verkürztes Evangelium aus zweiter Hand gewesen sei (1,11), indem er anhand seiner eigenen Geschichte nachweist, daß dieses Evangelium und damit sein Apostolat ohne menschliche Vermittlung direkt auf Christus zurückgeht (1,12–17) und daß beide von den Jerusalemer Autoritäten ausdrücklich als vollgültig anerkannt worden seien, und zwar auf dem Apostelkonzil (2,1–10).

3.2.2

Die polemische Ausrichtung bestimmt auch den Aufbau und Inhalt des Abschnitts: Offenbar will Paulus der Reihe nach die Falschmeldungen, die hinsichtlich des Apostelkonzils in Galatien kursieren, widerlegen: Gegenüber der Meinung, er sei unfreiwillig von den Autoritäten nach Jerusalem zitiert worden, betont er, daß er allein einer Weisung Gottes gefolgt sei (V.2: »ich ging aber gemäß einer Offenbarung hinauf«); gegenüber der Unterstellung, er habe in der Beschneidungsfrage nachgegeben, stellt er richtig, daß die Jerusalemer eine Beschneidung des heidenchristlichen Delegationsmitglieds Titus nicht verlangten (V.3); gegenüber dem Gerücht, er habe eine Reihe von Gesetzesforderungen für die Heidenchristen akzeptiert, beharrt er auf dem Gegenteil (V.6b). In V.7–10 zitiert er – möglicherweise wörtlich – aus den Vereinbarungen.

3.3
Gegenüberstellung

Auffällige Differenzen bestehen hinsichtlich

- der Begründung der Jerusalem-Reise (Apg: Beauftragung durch Antiochia; Gal: Offenbarung);
- der Zusammensetzung der Delegation (Titus wird in Apg nicht genannt);
- der Jerusalemer Verhandlungspartner (Apg: Gemeindeversammlung, Älteste, Petrus und Jakobus; Gal: die drei ›Säulen‹ Jakobus, Kefas und Johannes [beachte die Reihenfolge!]);
- der Rolle des Paulus und Barnabas (Apg: nur Entscheidungsempfänger; Gal: Verhandlungspartner);
- des Verhandlungsgegenstandes (nur Gal nennt das ›Evangelium‹ des Paulus);
- des Ergebnisses (Apg nennt nur das ›Dekret‹; Paulus dagegen bestreitet energisch, daß ihm derartige Forderungen auferlegt worden seien).

3.4
Beurteilung

Natürlich verdient Gal gegenüber Apg den Vorzug. Doch das schließt nicht aus, daß auch hinter Apg zuverlässige sachliche Informationen stehen. Beide Berichte verkürzen nämlich: Paulus wird durch die polemische Situation des Galaterbriefes veranlaßt, seine Unabhängigkeit und Gleichberechtigung mit den Jerusalemer Autoritäten stärker zu betonen (deshalb wohl Nichterwähnung der Sendung durch Antiochia und der Beteiligung der Jerusalemer Gemeindeversammlung); Lukas verkürzt aus der verharmlosenden Sicht der zweiten heidenchristlichen Generation, für die das Problem des gesetzesfreien Christentums längst gelöst ist; er sieht das Ereignis nur noch im Licht seiner Nachgeschichte, d.h. des Aposteldekrets.

4
Vertiefung

4.1
Lektürevorschläge

4.1.1
Zur Chronologie: D.Georgi, Die Geschichte der Kollekte des Paulus für Jerusalem, 1965, 91–96.

4.1.2
Zur Vor- und Nachgeschichte des Apostelkonzils: L.Goppelt, Die apostolische und nachapostolische Zeit (Die Kirche in ihrer Geschichte, Hg. K.-D.Schmidt – E.Wolf, 1A), ²1965, 46–55.

4.1.3
Zum theologischen Hintergrund der urchristlichen Heidenmission: M.Hengel, Die Ursprünge der christlichen Mission, NTS 18 (1971/72), 15–38.

4.2
Fragen zur Weiterarbeit

4.2.1
Welche Fixpunkte gibt es für die Chronologie des Urchristentums?

4.2.2
Welche Züge des lukanischen Berichts vom Apostelkonzil in Apg 15 werden durch Gal 2 gedeckt? Welche der durch Paulus nicht gedeckten Züge lassen sich als geschichtlich beurteilen? Welche sind eindeutig ungeschichtlich?

4.2.3
Welche Aspekte des tatsächlichen Geschehens akzentuiert Paulus in Gal 2 besonders? Welche Aspekte verschweigt er, und warum?

4.2.4
Welche Funktion hat der Bericht vom Apostelkonzil Gal 2 im Gesamtzusammenhang des Galaterbriefes?

4.2.5
Rekonstruieren Sie anhand des Nestle-Apparats die verschiedenen Textfassungen des Aposteldekrets Apg 15,23–29! Welche theologischen Tendenzen waren für die Veränderungen maßgeblich?

4.2.6
In welchem Sinne könnten die Entscheidungen des Apostelkonzils für die heutige ökumenische Situation Bedeutung gewinnen?

4.3
Weitere Literatur

H.Conzelmann, Geschichte des Urchristentums, 1969; M.Dibelius Das Apostelkonzil, in: Aufsätze zur Apostelgeschichte, [5]1968, 84–90; K.Haacker, Die Gallio-Episode und die paulinische Chronologie, BZ NF 16 (1972), 252–255; F.Hahn, Das Verständnis der Mission im Neuen Testament, 1963; T.Holtz, Die Bedeutung des Apostelkonzils für Paulus, NovTest 16 (1974), 110–148; H.Kasting, Die Anfänge der urchristlichen Mission, 1969; G.Klein, Gal 2,6–9 und die Geschichte der Jerusalemer Urgemeinde, in: ders., Rekonstruktion und Interpretation, 1969, 99–128; W.G.Kümmel, Die älteste Form des Aposteldekrets, in: ders., Heilsgeschehen und Geschichte, 1965, 278–288; A.Suhl, Paulus und seine Briefe. Ein Beitrag zur paulinischen Chronologie, 1975.

§ 5
Die Entwicklung kirchlicher Ämter

1
Einführung

1.1
Der historische Aspekt

In dem Maße, in dem die werdende Kirche sich als eigenständige gesellschaftliche Größe begreifen lernte und eigene Lebensformen ausbildete, wuchs die Notwendigkeit der Schaffung institutioneller Faktoren: Bestimmte Verfassungsstrukturen bildeten sich aus, verschiedene Dienste und Funktionen wurden an bestimmte Personen in der Gemeinde fest gebunden. So erschließt sich vom Thema der Entwicklung kirchlicher Ämter her ein repräsentativer Aspekt der *Frühgeschichte des Christentums*.
Diese Entwicklung verlief relativ langsam und zögernd. Ausgelöst wurde sie zunächst durch die Trennung der Kirche vom Judentum, die diese der institutionellen Basis beraubte; entschieden vorangetrieben wurde sie jedoch erst am Ende der zweiten Generation durch den Schwund der Naherwartung und das Abtreten der prägenden und integrierenden Gestalten der ersten Generation. Dem entspricht, daß das Thema der Gemeindeverfassung erst in den Schriften der nachpaulinischen Zeit deutlich in den Vordergrund tritt (so in den Pastoralbriefen und dem 1.Clemensbrief). Erst hier finden sich Ansätze einer theologischen Theoriebildung über die kirchlichen Ämter und ihre Bedeutung. Angaben über die Verhältnisse in der Frühzeit sind hingegen ungleich spärlicher und vielfach nur indirekt erschließbar; trotzdem ist die Rekonstruktion der Anfänge wichtig, weil sie uns an die theologischen Wurzeln heranführt.

1.2
Der theologische Aspekt

1.2.1
Für uns stellt sich einerseits die *Frage der Normativität* des frühkirchlichen Ämterverständnisses. In den Reformationskirchen fehlte es nicht an Versuchen, die neutestamentliche Gemeindeordnung als normativ zu begreifen und auf die jeweilige Gegenwart zu übertragen. Das hat sich spätestens dann als Irrweg erwiesen, als die historisch-kritische Forschung die Vielfalt urchristlicher Ämterstrukturen und Verfassungsformen aufwies. Trotzdem lebte die Fragestellung in einem veränderten Kontext weiter, vor allem, als es zum ökumenischen Dialog zwischen verschiedenen Kirchen kam, die je mit ihrer Ämterstruktur das Neue Testament auf ihrer Seite zu haben beanspruchten: Sollte dieser Pluralismus nicht bereits seine Wurzeln im Urchristentum haben? Müssen wir damit rechnen, »daß bereits in der Urchristenheit eine Fülle verschiedener Konfessionen nebeneinander vorhanden war, aufeinander folgte, sich miteinander verband und gegeneinander abgrenzte« (E.Käsemann, EVB I, 1960, 221)? Oder ist es doch möglich, hinter die pluralistischen Erscheinungsformen der frühen Kirche zurückzufragen auf einen zentralen ekklesiologischen Ansatz, der auch für die heutige Kirche normative Bedeutung haben könnte bei der Suche nach angemessenen äußeren Strukturen?

1.2.2
Andererseits stellt sich hier die *Frage der theologischen Bedeutung der Institution*. In welchem Verhältnis stehen institutionalisierte Formen und Ordnungen zum Kerygma, in dem Gottes eschatologisches Handeln ergeht? Ende des 19. Jahrhunderts war darüber eine klassische Kontroverse zwischen *R.Sohm* und *A.Harnack* entbrannt. Sohm hatte behauptet, daß Evangelium und Kirchenrecht in einem radikalen Gegensatz zueinander ständen. Das hatte Harnack zwar aufs Ganze gesehen überzeugend widerlegt, indem er nachwies, daß die Kirche als gesellschaftliche Größe von Anfang an nicht ohne ein Minimum an institutionellen Formen und Ordnungen zu existieren vermochte. Unbestreitbar blieb jedoch, daß innerhalb der frühen Kirchengeschichte ein folgenschwerer Einschnitt liegt, und zwar da, wo man begann, das Heil an die Legitimität von Institutionen zu binden, statt es vom freien eschatologischen Handeln Gottes zu erwarten. Hier liegt der Übergang zum *Frühkatholizismus*. Aber wann und wo ist er anzusetzen? Ist er bereits innerhalb des Neuen Testaments vollzogen worden, nämlich da, wo sich bestimmte Ämter- und Verfassungskonzeptionen herausbildeten (z.B. bei Lukas und in den Pastoralbriefen)? Oder liegt er erst in nach-neutestamentlicher Zeit?

2
Entfaltung

2.0
Zur Terminologie

Nach heutigem Sprachgebrauch bezeichnet der Begriff *Amt* eine rechtlich eindeutig festgelegte und gesellschaftlich anerkannte Führungsstelle, die im Namen einer bestimmten Institution Ho-

heitsrechte ausübt und der dazu bestimmte Machtmittel zugeordnet sind. Die äquivalenten griechischen Begriffe sind ἀρχή (= Amt), τιμή (= Stellung), τέλος (= Spitze) und λειτουργία (= dienstliche Verrichtung). Auffallenderweise werden sie im Neuen Testament zur Bezeichnung innergemeindlicher Ordnungs- und Leitungsfunktionen ebensowenig herangezogen wie die kultischen Begriffe ἱεράτευμα (= Priesterschaft) und ἱερεύς (= Priester).
Der einzige generelle Begriff für unseren Sachbereich, den das Urchristentum kennt, διακονία (= Dienst), hat einen völlig anderen Bedeutungsradius als unser Wort »Amt«. Auch die meisten der übrigen im NT gebräuchlichen Bezeichnungen kirchlicher Funktionsträger, wie ἀπόστολος (= Apostel), ἐπίσκοπος (= Aufseher) und διάκονος (= Diener) sind nicht der zeitgenössischen administrativen oder kultischen Sprache entnommen, sondern aus terminologisch weitgehend offenen Wortstämmen entwickelt worden.
Es wäre darum sachgemäßer, von ›Diensten‹ zu sprechen. Man wird aber auf den Begriff ›Amt‹ nicht verzichten können, weil er sich als theologischer *Fachterminus für die verschiedenen personengebundenen Dienste und Funktionen zur Sammlung und Erhaltung der Gemeinde* eingebürgert hat.

2.1
Jesus und der vorösterliche Jüngerkreis

Jesus hat zwar weder die Kirche gegründet noch Amtsträger eingesetzt, wohl aber hat er durch seinen Nachfolgeruf, durch die Begründung der Jüngergemeinschaft und durch die Forderung des Dienens *Impulse* gegeben, *ohne die die nachösterliche Entwicklung der Kirche nicht erklärbar wäre*.

2.1.1
Waren die Forderung der Umkehr angesichts der nahen Gottesherrschaft und das Angebot eines neuen Gottesverhältnisses (Mk 1,15) grundsätzlich an alle Hörer Jesu gerichtet, so galt der *Ruf in die Nachfolge* nur ausgewählten einzelnen. Ihnen wurde die Aufgabe des bisherigen Berufes (Mk 1,18; 2,14), die Lösung von Familie (Mt 8,19–22) und Besitz (Mk 10,17–22) und die Teilnahme am unsteten Wanderleben Jesu (Mt 8,20) abverlangt. Die Nachfolger waren mit Jesus in einer *eschatologischen Dienst- und Schicksalsgemeinschaft* verbunden. Sie sollten an seiner Aufgabe teilnehmen und angesichts der unmittelbar im Anbruch stehenden Gottesherrschaft Israel zur Umkehr rufen und ihm in Wort und Tat das Heil anbieten (Mk 6,12).

2.1.1.1
Vielfach wird in der Forschung diese Nachfolgegemeinschaft in Analogie zu dem Lehrer-Schüler-Verhältnis der jüdischen Schriftgelehrten gedeutet (so A.Schulz, Nachfolgen und Nachahmen, 1962). Denn Jesus galt seinen Zeitgenossen als »Lehrer«, der mit Autorität die Tora auslegte (z.B. Mk 7,6f; 12,18–27).
Dieses Modell ist jedoch unangemessen. Denn weder hatte Jesus ein ›Lehrhaus‹, in dem er seine Toraauslegung weitergab, noch gab es für seine Jünger, wie für die Rabbinenschüler, das Ziel, selbst Lehrer zu werden (Mt 23,8). Die Jesusjüngerschaft dürfte eher den profetisch-charismatischen Bewegungen entsprechen, die bereits im Alten Testament eine beachtliche Rolle gespielt hatten (1Kön 19,19–21) und zur Zeit Jesu eine neue Blüte erlebten (vgl.M.Hengel, Nachfolge und Charisma, 1968).

2.1.2
Unter den Jesusjüngern scheint es besonders hervortretende Gruppen gegeben zu haben. So nennt die Tradition mehrfach die *Dreiergruppe* Simon Petrus und die Zebedäus-

söhne Jakobus und Johannes als enge Vertraute Jesu (z.B. Mk 5,37; 9,2; 10,35). Häufiger tritt der *Zwölferkreis* in Erscheinung. Seine Einsetzung hatte vermutlich zeichenhaften Charakter: Die Zwölfzahl galt als Symbol für das Gottesvolk in seiner ursprünglichen, zur Zeit Jesu längst verlorengegangenen Ganzheit der zwölf Stämme, deren Wiederherstellung man für die Endzeit erhoffte (Apk 21,12–14). Die Zwölf repräsentierten den Anspruch Jesu auf ganz Israel und waren zugleich zeichenhafter Hinweis auf die sich in seinem Wirken vollziehende endzeitliche Restitution des Gottesvolkes (Mt 19,28).

2.1.2.1
Von einer Reihe von Forschern wird die Existenz des Zwölferkreises in vorösterlicher Zeit bestritten (so Ph. Vielhauer, Aufsätze zum Neuen Testament, 1965, 68f). Sollte es sich um eine Rückprojektion des ersten Leitungsgremiums der Jerusalemer Gemeinde in die vorösterliche Zeit handeln? In der Tat sind die meisten Belegstellen für die ›Zwölf‹ bei Markus redaktionell, und in Q sind sie nur in Mt 19,28 erwähnt. Für die Geschichtlichkeit spricht jedoch, daß der Verräter Judas in der ältesten Schicht des Passionsberichts als »einer der Zwölf« erscheint (Mk 14,10.20.43).

2.1.2.2
Unwahrscheinlich ist dagegen, daß Simon Petrus bereits in vorösterlicher Zeit eine Sonderstellung gehabt hätte. Denn die klassische ›Primatsstelle‹ Mt 16,17–19 dürfte eine sekundäre Verbindung von Mk 8,27–33 mit der Petrusnamen-Tradition Mk 3,16b sein. Die letztere war jedoch vermutlich nachösterlich – sie ist selbst in alten Ostertraditionen wie Lk 24,34; Joh 21,15ff noch nicht fest verwurzelt. Der Funktionsname *Kefa*- Πέτρος (= Fels) dürfte sich auf die Tatsache beziehen, daß Simon der erste Zeuge des Auferstandenen war, und deren Folge deuten: Als Gesandter Jesu, der Gottes Heilshandeln bezeugt, wird Simon zum Grundstein und Fundament des endzeitlichen Gottesvolkes!

2.1.3
Das Neue am Kreis der Jesusjünger war nicht seine Organisationsform, sondern das seiner Sendung zugrundliegende *neue Selbstverständnis*: Jesus unterstellte ihn dem Grundprinzip des Dienens. Jesus hat sein eigenes Wirken als dienendes Dasein für andere gekennzeichnet (Mk 10,45a; Lk 22,27): Dies ist das einzige der Gottesherrschaft angemessene Verhalten! Indem er die Gemeinschaft der Jünger ebenfalls auf dieses Verhalten verpflichtete (Mk 10,42ff), trat sie in einen fundamentalen Gegensatz zu allen Macht- und Ordnungsstrukturen der menschlichen Gesellschaft, die vom Willen zur Macht beherrscht sind und durch das Pochen auf Recht aufrechterhalten werden.

2.2
Die Jerusalemer Urgemeinde

2.2.1
Die Zwölf. Das älteste Leitungsgremium der Jerusalemer Gemeinde war *der Zwölferkreis* unter der Führung des Petrus. Das läßt sich aus Apg 1–6 deutlich erkennen, auch wenn sonst der lukanische Bericht von den Anfängen der Kirche als Geschichtsquelle nur bedingt brauchbar ist. Nach 1Kor 15,5 waren die ersten Erscheinungen des Auferstandenen »zunächst Kefas, dann den Zwölfen« zuteil geworden – und zwar vermutlich in Galiläa (Mt 28,16–20; Joh 21). Sie hatten daraus den Auftrag abgeleitet, in Jerusalem das endgültige Kommen der Endzeitereignisse zu erwarten. Da in dieser Anfangsphase

die Gemeinde sich als Kristallisationskern des neuen, endzeitlichen Israel verstand, wird der Zwölferkreis zunächst noch, wie vor Ostern, als kerygmatisches Symbol des Anspruchs des wiederkommenden Jesus auf ganz Israel gegolten haben (Mt 19,28). Der Bericht von der Nachwahl des Matthias (Apg 1,15–26) entspricht ganz diesem Selbstverständnis und dürfte darum im Kern historisch sein.

2.2.2

Die Apostel. In dem Maße freilich, wie die Gemeinde sich von Tempel und Synagoge absonderte und eigene Lebensformen entwickelte, bedurfte sie einer konkreteren organisatorischen Struktur. So fand Paulus bereits bei seinem ersten Jerusalembesuch (ca 35/36) die Zwölf als Leitungsgremium nicht mehr vor. Der maßgebliche Mann, mit dem er verhandelte, war Kefas, den er – zusammen mit dem Herrenbruder Jakobus – als ›Apostel‹ apostrophiert (Gal 1,19). Diese *Gruppe der Apostel* gründete sich auf eine der nachösterlichen Situation angemessenere Legitimation, nämlich auf die Berufung und Sendung durch den auferstandenen Herrn (1Kor 9,1; 15,7). Wer zu diesem ältesten Jerusalemer Apostelkreis gehörte, läßt sich nicht mehr eindeutig ausmachen. Neben Petrus und den Zwölfen kommen dafür in Frage Barnabas (1Kor 9,6; Gal 2,9), Jakobus (1Kor 15,7; Gal 1,19), Andronikus und Junias (Röm 16,7). Wahrscheinlich handelte es sich um eine gegenüber dem Zwölferkreis numerisch nicht allzu stark erweiterte, grundsätzlich mit dem Ende der Ostererscheinungen abgeschlossene Gruppe (1Kor 15,8).

2.2.3

Die Säulen. Als Paulus zum Apostelkonzil nach Jerusalem kam (ca 48; vgl. § 4), hatte er es dort mit einem Dreiergremium zu tun, das die Leitung übernommen hatte: dem Herrenbruder *Jakobus* (an erster Stelle genannt!), *Kefas* (= Petrus) und dem Zebedaiden *Johannes* (Gal 2,9). Die beiden von Paulus verwendeten Bezeichnungen οἱ δοκοῦντες (= die Angesehenen; Gal 2,6) und οἱ στῦλοι (= die Säulen; Gal 2,9) scheinen offiziellen Charakter zu haben; Anklänge an die Terminologie der Qumran-Sekte sind deutlich. So erinnert der Terminus ›die Angesehenen‹ an die ›angesehenen Männer‹ der Sekte (1QSa II, 2.8.11.13), und hinter der Wendung ›die Säulen‹ steht das Selbstverständnis der Gemeinde als eines von Gott geschaffenen endzeitlichen Tempels, das auch in Qumran aufweisbar ist (1QH VI, 25–29; vgl. auch 1Kor 3,10). – Freilich hatte dieses Dreiergremium nur kurzen Bestand. Kurz nach dem Apostelkonzil finden wir den Herrenbruder Jakobus allein an der Spitze der Urgemeinde (Gal 2,12; vgl. Apg 12,17).

2.2.4

Die Ältesten. Auch die *Anfänge des Ältestenamtes* sind wohl in Jerusalem zu suchen. Dabei stand ein bewährtes Verfassungsmodell der Umwelt Pate.

2.2.4.1

Das zeitgenössische Judentum kannte die Institution des Ältestenrates (πρεσβυτέριον) in mannigfacher Ausprägung, und zwar sowohl in der Kommunalverfassung als auch in der Synagogenverfassung (vgl. G. Bornkamm, ThWNT VI, 660f). Der ›Älteste‹ war hier der Repräsentant der Tradition, der seine Erfahrung mit dem Gesetz weitergibt und so die Kontinuität der gemeinschaftlichen Lebensform garantiert.

2.2.4.2

In Analogie dazu wählte man bewährte Christen, die die Konstanz der sich entwickelnden Formen christlichen Gemeinschaftslebens durch Vorbild und Erfahrung gewährleisten konnten, zu Ältesten. Ihnen fiel auch die Vertretung der Gemeinde nach außen sowie die Sorge um die wirtschaftlichen Angelegenheiten zu.

2.2.4.3

Bereits das Sieben-Männer-Gremium der Jerusalemer Hellenisten (Apg 6,1–6) dürfte ein Ältestenkollegium gewesen sein, das analog dem Ortsvorstand der jüdischen Gemeinden von der Vollversammlung der Hellenisten gewählt wurde. Wenn Lukas die ›Sieben‹ durch die Zwölf eingesetzt sein läßt und ihre Funktionen ausschließlich auf das Karitative beschränkt, so hängt das sowohl mit seiner Absicht, den Konflikt zu entschärfen (vgl. § 4,2.2.4), wie auch mit seinem Wunsch zusammen, dem Leser ein Urbild des späteren Diakonats zu suggerieren (Apg 6,2!).
Die aramäisch sprechende Urgemeinde führte das Ältestenamt erst wesentlich später ein. Ob es zur Zeit des Apostelkonzils schon bestanden hat, ist nicht ganz sicher auszumachen, denn seine Erwähnung in Apg 15,4.6.22; 16,4 steht im Widerspruch zu Gal 2. Aber möglicherweise hat Paulus die Ältesten bewußt unerwähnt gelassen, weil er allein den ›Säulen‹ gesamtkirchliche Autorität zubilligte und im Jerusalemer Presbyterium lediglich eine lokale Leitungsinstanz sah (§ 4,3).

2.2.5

Die Profeten. Ein wichtiger Faktor in der palästinischen Gemeinde war von Anfang an die *Profetie*. Man sah in der Auferweckung Jesu den Anbruch des Eschatons und damit die Erfüllung der Verheißung der Wiederkehr der in Israel erloschenen Profetie in der Endzeit (Joel 3,1–5; vgl. Apg 2,17). Der urchristliche Profet verkündigte nicht nur die kommenden eschatologischen Ereignisse, sondern auch den Willen des Erhöhten für das gegenwärtige Leben der Gemeinde (Apk 19,10; vgl. 1Kor 12,3). Profetenspruch schuf neues Recht im Namen des Erhöhten, deckte Ungehorsam auf, enthüllte und überführte (1Kor 14,25). Das wenige, das wir vom Wirken jerusalemischer Profeten wissen (Apg 11,27; 21,10), ist gut genug bezeugt, um die in der älteren Forschung oft vertretene These vom ausschließlich institutionell-juridischen Charakter der Jerusalemer Gemeinde in Frage zu stellen.

2.3
Antiochia und der syrisch-palästinische Raum

2.3.1

In der Gemeinde von Antiochia und den in ihrem Ausstrahlungsbereich liegenden Gebieten bildete sich eine *profetisch-charismatische* Ordnung aus, die zeitweise auch weit nach Kleinasien und Griechenland ausstrahlte. Zwar liegen die Einzelheiten im Dunkeln, aber hinsichtlich des Gesamtbildes stimmen die antiochenischen Traditionen der Apostelgeschichte, das Matthäusevangelium und die Didache durchaus überein. So nennt Apg 13,1–3 als Leiter der Gemeinde von Antiochia eine Gruppe von Profeten und Lehrern, und wenn in Apg 14,4.14 Paulus und Barnabas in ihrer Eigenschaft als vom Geist bevollmächtigte wandernde Missionare ›Apostel‹ genannt werden, so spiegelt dies den dort geläufigen Sprachgebrauch.

2.3.2

Erst später hat Paulus dann diesen charismatischen Wanderapostolat im Sinne des jerusalemischen Christusapostolats neu interpretiert (Gal 2,8) und damit die für die Zukunft maßgebliche theologische Begründung des Apostolats geschaffen! Aber der paulinische Apostolat blieb auch dann in einer ganzen Reihe von Zügen von seinen Ursprüngen in der charismatischen Wandermission bestimmt: so in der programmatischen Wahrung der Freizügigkeit unter Ablehnung einer mehr als nur vorübergehenden Bindung an eine Ortsgemeinde (1Kor 1,17; 3,10), so auch in der Beibehaltung der von den Jerusalemer Aposteln nicht geteilten Praxis des Unterhaltsverzichts (1Kor 9,3f).

2.3.3

Diese charismatische Ordnung hat sich bis ins 2. Jahrhundert hinein erhalten, zumal in ländlichen Gebieten. So zeichnet die in Syrien entstandene *Didache* ein anschauliches Bild von den wandernden Aposteln, Profeten und Lehrern, deren Amtsbezeichnungen sich ebensowenig voneinander abgrenzen lassen wie ihre Funktionen:

»Was aber die Apostel und Profeten betrifft, so verfahrt nach der Satzung des Evangeliums: Jeder Apostel, der zu euch kommt, soll aufgenommen werden wie der Herr. Er soll aber nicht länger bleiben als einen Tag; ist es indes nötig, dann auch noch den zweiten; bleibt er aber drei Tage, dann ist er ein Lügenprofet. Zieht der Apostel weiter, dann soll er nichts mitnehmen außer Brot, bis er übernachtet; bittet er um Geld, dann ist er ein falscher Profet« (Did 11,3–6).

Auch das ebenfalls in Syrien entstandene *Matthäusevangelium* spiegelt diese profetisch-charismatische Ordnung wider. Es kennt weder Älteste noch Episkopen, und die Apostel werden nur beiläufig erwähnt (10,2). Wichtig sind ihm jedoch die Lehrer, die zugleich Züge des Profeten tragen (5,48; 7,24). Lehrer wird man nach Matthäus nicht durch Ausbildung und Ordination, sondern durch die von Gott ausgehende Sendung (23,34) und die sie begleitende Gegenwart des Auferstandenen selbst (28,20).

2.4 Der theologische Beitrag des Paulus

Paulus war als Schöpfer gemeindlicher Ordnungen nach allem, was wir wissen, keineswegs besonders kreativ; in den von ihm gegründeten Gemeinden scheint er in dieser Hinsicht recht pragmatisch vorgegangen zu sein und manches der Improvisation überlassen zu haben (2.5)! *Sein Beitrag liegt primär im Theologisch-Grundsätzlichen*. Er hat im Rahmen seiner Ekklesiologie folgende *Gesichtspunkte* entwickelt, die bis heute für die Diskussion um das Amt bestimmend geblieben sind:

2.4.1

Die christologische Verankerung im Verhalten Jesu. Paulus bezeichnet seinen Apostolat, aber auch andere gemeindliche Funktionen als διακονίαι (Dienste; z.B. Röm 11,13; 2Kor 3,7ff; 4,1). Dahinter steht eine christologische Reflexion: Weil Christus selbst Diener war, der sich für andere dahingab, darum kann der von ihm Beauftragte sich auch nur von seinem Dienst an anderen her verstehen und muß auf Macht und Recht verzichten (2Kor 4,5)! Damit ist die Tradition von Mk 10,45; Lk 22,27 neu zur Geltung gebracht worden.

2.4.2

Die heilsgeschichtliche Bindung an Gottes Handeln im Evangelium. Paulus deutete seinen Apostolat aufgrund seines Berufungswiderfahrnisses konsequent als Sendung durch den Auferstandenen und verstand ihn damit als dem Evangelium zugeordnet (Röm 1,1; Gal 1,16; 2,7f). Und zwar war *Evangelium* für ihn *das sich worthaft ereignende Heilshandeln Gottes, das die vergangene Geschichte des Menschen Jesus von Nazareth als Gegenwart und Zukunft der Welt bestimmend in Kraft setzt*. Im Dienst des Apostels vollzieht sich das Evangelium, und es bildet zugleich das Kriterium, von dem her dieser Dienst zu beurteilen ist.

2.4.3

Die ekklesiologische Beziehung auf die Erbauung des Leibes Christi. Diesen Aspekt seines Amtsverständnisses hat Paulus vermutlich in der Auseinandersetzung mit den enthusiastischen Strömungen in seinen Gemeinden entwickelt.

2.4.3.1

So haben die korinthischen ›Überapostel‹ – vermutlich wandernde Pneumatiker des syrisch-palästinischen Typs – die Frage nach der gemeindebezogenen Funktion ihres Pneumatikertums nicht gestellt; sie haben vielmehr, indem sie sich ihrer geistlichen Potenz rühmten (2Kor 10,8; 12,1), die korinthischen Christen zu einem Haufen von miteinander im Wettstreit um den Geistbesitz stehenden Individualisten gemacht.

2.4.3.2

In dieser Frontstellung entwarf Paulus das *Bild vom Leib Christi*, dessen Glieder einander je nach Vermögen dienen und der auf diese Weise seine Funktionsfähigkeit gewinnt (1Kor 12,12–27; Röm 12,4f). ›Leib Christi‹ ist die Gemeinde bereits durch Jesu heilwirkende Tat (1Kor 10,17); aber gerade weil sie das ist, müssen die vielfältigen gemeinschaftlichen Lebensvollzüge in ihr durch unterschiedliche Dienste so gestaltet werden, daß Gottes Wirken in ihr konkrete Gestalt gewinnt. Es gibt kein die Kirche tragendes oder konstituierendes Amt; wohl aber braucht die Kirche Dienste, in denen sich ihr Leben in geordneten Formen manifestiert. »Gott ist nicht ein Gott der Unordnung, sondern des Friedens« (1Kor 14,33), d.h., nur in der sinnvollen Zuordnung verschiedener Dienste wird die Kirche ihrer von Gott gesetzten Sendung entsprechen können. – Dieser Ansatz gibt ein großes Maß an Flexibilität, denn er macht die konkrete geschichtliche Situation mit ihren jeweiligen besonderen Anforderungen zum Ausgangspunkt der Gestalt gemeindlicher Dienste.

2.4.4

Die funktionale Zuordnung zum Bereich des Pneumatischen. Im Geist manifestiert sich der Auferstandene mit seiner Macht und schafft im Vorgriff auf die neue Schöpfung die Kirche als einen neuen, von Gottes Willen geprägten und bestimmten Lebenszusammenhang (vgl. E.Käsemann, RGG II³, 1274). Als Getaufter hat der Christ Anteil an der χάρις (Gnade); sie ist das Lebensprinzip, in dem sich der Geist konkretisiert. Das χάρισμα (Gnadengabe) wiederum ist nach Paulus die Individuation der χάρις. Und zwar erkennt man die Charismen nicht an ihrem besonderen übernatürlichen Inhalt, sondern daran, daß sie der Auferbauung der Gemeinde als pneumatischer Realität dienen! So kann jede von Natur dem Menschen eignende Fähigkeit, indem sie vom Geist in Dienst genommen wird, zum Charisma werden. In diesem Sinn deutet Paulus gleichermaßen seinen Apostolat wie die bescheidenen Dienste der Kassenführung und Verwaltung in der Ortsgemeinde als Charismen (1Kor 12,28).

2.5 Die paulinischen Gemeinden

2.5.1

Die *Charismenliste 1Kor 12,28–31* stellt als besondere Gruppe drei personengebundene Dienste voran: *Apostel*, *Profeten* und *Lehrer*. Ihr folgt eine unpersönlich gehaltene Aufzählung von Funktionen (» . . . dann Wunder, dann Heilungsgaben, Hilfeleistungen, Leitungen, Arten von Zungenreden«).

2.5.1.1

Man folgerte daraus vielfach eine prinzipielle Unterscheidung zwischen übergemeindlich-charismatischen Ämtern (Apostel, Profeten, Lehrer) und lokal-administrativen Diensten (so A.Harnack, Entstehung und Entwickelung der Kirchenverfassung und des Kirchenrechts in den zwei ersten Jahrhunderten, 1910, 38–45). Das läßt sich nicht aufrechterhalten. Gewiß hat der Apostel eine übergemeindliche Sonderstellung; die Nennung der Profeten und Lehrer reflektiert jedoch nur das traditionelle Gewicht der Wandercharismatiker, nicht aber die konkrete Situation der paulinischen Gemeinden. Nach Paulus soll sich vielmehr das Charisma der Profetie vom einzelnen Profeten lösen, um auf die Gesamtheit der Gemeindeglieder überzugehen (1Kor 14,31), und Entsprechendes gilt vom Lehren (Röm 12,7).

2.5.2

Die Dienste der Gemeindeleitung und -verwaltung haben sich in den paulinischen Gemeinden zunächst aus aktuellen Bedürfnissen entwickelt. So stellte sich in Korinth Stephanas, der Erstling Achajas, mit seinem Hauswesen »zum Dienst an den Heiligen« zur Verfügung (1Kor 16,15f), und Paulus mahnt die Gemeinde ausdrücklich, sich »diesen Leuten und allen, die mit ihnen arbeiten und sich einsetzen«, unterzuordnen. Die Schlichtung innergemeindlicher Streitigkeiten (1Kor 6,1) und das Eingreifen bei elementaren Verstößen gegen christliche Lebensregeln (1Kor 5) scheint zu den Obliegenheiten dieser προϊστάμενοι (= Vorsteher) gehört zu haben (1Thess 5,12ff). Um ein festes Amt handelt es sich hier jedoch noch nicht.

2.5.3

Auf die Dauer mußten die Gemeinden darauf achten, daß ein bestimmter Kanon grundlegender Aufgaben regelmäßig und konstant wahrgenommen wurde. Sie konnten nicht nur darauf warten, daß in ihrer Mitte Charismen aufbrachen, indem einzelne sich aus freier Initiative zu verschiedenen Diensten zur Verfügung stellten. Diese Entwicklungsphase spiegelt sich im Philipperbrief, dessen Präskript »*Episkopen* und *Diakonen*« nennt (Phil 1,1).

2.5.3.1

ἐπίσκοπος bezeichnet in der Profangräzität den Aufseher, den Kommunal- und Gemeindebeamten. Es war ein Wort aus der Verwaltungssprache. Mit ihm war eine feste Amtsbezeichnung für die

Träger der ἀντιλήμψεις (= Hilfeleistungen), κυβερνήσεις (= Leitungsdienste) bzw. für die προϊστάμενοι (= Vorsteher) gewonnen. Zu den Aufgaben der Episkopen – die zunächst als Kollegium in Erscheinung treten – dürfte darum neben der Administration auch die Leitung der Mahlversammlung und die Wahrung der gemeindlichen Ordnung gehört haben.

2.5.3.2

Das Diakonenamt hat sich wohl, wie die Vorgeschichte der Bezeichnung nahelegt (2.1.3), aus einer Funktion beim Gemeindemahl entwickelt. Nach Röm 16,1 oblagen ihm insbesondere karitative Aufgaben.

2.6 Die nachpaulinische Entwicklung

2.6.1

Älteste und Episkopen. Der wichtigste Entwicklungsschritt der nachpaulinischen Zeit war die *Verschmelzung der paulinischen Episkopenverfassung mit der palästinischen Ältestenverfassung*. Sie hat sich auf breiter Front vollzogen und wird sowohl in den Pastoralbriefen als auch in der Apostelgeschichte und im 1.Petrusbrief bezeugt. Möglich war sie nur, weil sich beide Ordnungen in ihrem faktischen Erscheinungsbild bereits in den 80er Jahren weitgehend aneinander angeglichen hatten: hier wie dort ein Leitungskollegium, dessen Glieder die Gemeinde nach außen vertraten und für die Ordnung im Innern sorgten, wobei bei den Ältesten lediglich das Moment der patriarchalischen Repräsentation, bei den Episkopen dagegen das der charismatischen Berufung zum Dienst stärker bestimmend war.

2.6.1.1

Der *1. Petrusbrief* (5,1–5) und die Apostelgeschichte (14,23; 20,17) kommen vom Ältestenamt her. Der erstere interpretiert es inhaltlich und von seiner Funktion her als Aufsichtsamt, das nach der Weise des »Hirten und ἐπίσκοπος unserer Seelen«, Christus, zu führen ist (1Petr 2,25; 5,4). Die letztere legt die Gleichsetzung Paulus selbst in den Mund, indem sie ihn die Ältesten von Ephesus als »vom heiligen Geist eingesetzte Episkopen« (Apg 20,28) anreden läßt.

2.6.1.2

Noch zielbewußter will der Verfasser der *Pastoralbriefe* in Gemeinden, in denen die Ältestenverfassung vorgegeben war, das Episkopenamt durchsetzen, indem er das Ältestenamt in den Rahmen einer Episkopenordnung (1Tim 3,1–7; Tit 1,5–9) einfügt. So versucht er, die dem Ältestenamt eigene patriarchalische Komponente auszuschalten: Nur solche Bewerber sollen in das Episkopenamt berufen werden, die für die geforderten Tätigkeiten hinreichend qualifiziert sind und die Fähigkeit zum Vorstehen und Verwalten haben (1Tim 3,4f; Tit 1,6). Er rechnet jedoch damit, daß noch Älteste vorhanden sind, die keine aktiven Vorsteherfunktionen wahrnehmen, d.h. die nur aufgrund ihres Lebensalters und Ansehens in ihre Position gelangt sind (1Tim 5,1.17.19). Zum Episkopenamt gehören aber auch geistliche Funktionen: Der Episkope ist »Haushalter Gottes« (Tit 1,7), der die vom Apostel überkommene »gesunde Lehre« (2Tim 1,13) zu bewahren und in Verkündigung und Lehre zur Geltung zu bringen hat (1Tim 3,2; Tit 1,9). Die Funktion der Profeten und Lehrer ist hier endgültig und ohne Rest in die Gemeindeleitung integriert. Allerdings sind die Episkopen der Pastoralbriefe noch als Kollegium gedacht (1Tim 3,2; Tit 1,7 sind generisch zu verstehen!). Das Stadium der Vereinigung aller Leitungsfunktionen in einer Hand, d.h. der monarchische Episkopat, ist in den Pastoralbriefen noch nicht erreicht – aber der Weg bis dorthin ist nicht mehr weit.

2.6.1.3
Eigenartig ist das Bild, das der *Epheserbrief* bietet. Er spricht weder von Ältesten noch von Episkopen, sondern erwähnt eine Trias von Diensten, deren Aufgabe es ist, den Tempel der Gemeinde auf dem von den Aposteln und Profeten gelegten Fundament des Evangeliums weiterzubauen: Evangelisten, Hirten und Lehrer (4,11). Es ist zumindest fraglich, ob damit drei verschiedene Amtsträger gemeint sind. Zumindest mit ›Evangelisten‹ könnte ein bestimmter Aspekt des Hirtendienstes bezeichnet sein (vgl. 2Tim 4,5, wo der Gemeindeleiter als Evangelist bezeichnet ist). Sachlich scheint das Hirtenamt des Epheserbriefes dem Episkopenamt zu entsprechen (vgl. Apg 20,28).

2.6.2
Ordination. Erstmals in den Pastoralbriefen tritt nun auch eine Form der äußeren Legitimation des Amtes auf, nämlich der öffentliche Einführungsakt der *Ordination* (1Tim 4,14; 2Tim 1,6).

2.6.2.1
Das *religionsgeschichtliche Modell* dafür lieferte die Ordination der jüdischen Schriftgelehrten (*s^e^mikhah* = ἐπίϑεσις τῶν χειρῶν = Handauflegung), in der dem Schüler durch die Handauflegung der Lehrer die legitimierende Autorisation zur Toraauslegung erteilt und die Gabe der Weisheit übereignet wurde.

2.6.2.2
Die *Ordinationshandlung* bestand aus drei Stücken:

- Dem Ordinanden wurde eine Zusammenfassung der Paratheke, d.h. der grundlegenden apostolischen Lehrtradition übergeben – wohl in Gestalt einer Glaubensformel (2Tim 2,2);
- er legte »das gute Bekenntnis vor vielen Zeugen« ab (1Tim 6,12), d.h., er bekannte sich öffentlich vor der versammelten Gemeinde zu dieser Tradition – vermutlich indem er die übergebene Formel rezitierte;
- ihm wurde durch Handauflegung der Episkopen das Amtscharisma (2Tim 1,6) und damit zugleich der Amtsauftrag verliehen, der ihn »bis zur Erscheinung unseres Herrn Jesus Christus«. d.h. mindestens auf Lebenszeit band (1Tim 6,14).

2.6.2.3
Der *Sinn der Ordination* bestand weder – wie in der jüdischen Ordination – in der Weitergabe der überkommenen Weisheit in einer lückenlosen Traditionskette vom Lehrer auf den Schüler noch in der Weitergabe einer Amtsvollmacht innerhalb einer von Christus ausgehenden Sukzessionskette, sondern in der öffentlichen Übertragung des zum Dienst an der Gemeinde befähigenden und verpflichtenden Amtsauftrags! Das heißt: Der Auftrag war streng gemeindeorientiert. Diesen öffentlichen Charakter der Ordination läßt die Ordinationsparänese 1Tim 6,11–16 hervortreten (vgl. E.Käsemann, EVB I, 101–108): Sie bindet den Ordinanden an den Auftrag, den er mit dem Charisma erhalten hat, indem sie ihn auf das Bekenntnis, das er öffentlich »vor vielen Zeugen« abgelegt hat, in Pflicht nimmt. Der Ordinierte kann in Zukunft jederzeit auf diesen Auftrag hin behaftet werden. Die Amtsgnade wirkt nicht durch ihr bloßes Vorhandensein aus sich selbst, sondern nur, indem sie als Auftrag bejaht wird! Sie verlangt somit ständigen Eifer und Einsatz im vielfältigen Dienst an der Gemeinde (1Tim 4,1ff), andernfalls verkümmert sie. Es bedarf der ständigen Erinnerung an die Ordination, um sie jeweils

»neu zu entfachen« (2Tim 1,6). Im übrigen untersteht der Ordinierte strikt der Norm der rechten Lehre, der gegenüber er sich ständig ausweisen und bewähren muß (1Tim 4,6f; 2Tim 3,14–17), nicht umgekehrt! Die Konstanz und Unveränderlichkeit der Lehre fordert die Kontinuität zuverlässiger Zeugen und Wächter, und diese Kontinuität wiederum wird der Gemeinde durch die öffentliche Ordination tröstend und vergewissernd vor Augen gestellt.

2.7
Die Amtskonzeptionen der ausgehenden apostolischen Zeit: ihre historische Bedeutung und theologische Problematik

Drei repräsentative Amtskonzeptionen treten an der Wende vom 1. zum 2. Jahrhundert hervor, *von denen jede eine weitreichende Wirkungsgeschichte* gehabt hat. Ein theologisches Urteil über sie hängt an der Frage: Wieweit entsprechen sie dem bei Jesus und Paulus gegebenen theologischen Kriterien?

2.7.1
Die Pastoralbriefe. Das leitende Interesse bei der Konzeption der Pastoralbriefe ist die Bewahrung der eindeutigen Gestalt des die Kirche tragenden apostolischen Evangeliums. Die eschatologische Dynamik dieses Evangeliums tritt allerdings stark in den Hintergrund. Es ist fast identisch geworden mit Lehre und Bekenntnis. Der Begriff Evangelium ist weitgehend zum Synonym für παραθήκη geworden, d.h. für ein unveränderliches, menschlichem Zugriff entzogenes Depositum (1Tim 6,20; 2Tim 1,12.14). Alles kommt darauf an, daß in der Kirche in allen Generationen Männer vorhanden sind, die, durch öffentlichen Amtsauftrag legitimiert, als verantwortliche Wahrer des ihnen übergebenen Erbes wirken (1Tim 6,20). Das Amt hat zwar keine Gewalt über das Evangelium, wohl aber ist es sichtbarer Ausdruck für die Kontinuität des Evangeliums: Durch seine geordnete Struktur und kontrollierbare Weitergabe wird die Gemeinde der Konstanz der Überlieferung gewiß. Die Sukzession des rechten Lehrens und Bekennens wird zum öffentlich einsichtigen Vorgang, der den geschichtlichen Weg der Kirche begleitet, und damit zum geistgewirkten Unterpfand der Treue Gottes. Das unverfälschte Evangelium findet der Christ nicht bei den willkürlich nach Neuem strebenden Irrlehrern (1Tim 1,4; Tit 1,10), sondern bei den »treuen Menschen« (2Tim 2,2), die, allen sichtbar, zum Bewahren berufen sind.

2.7.1.1
Eine beachtliche *Nachwirkung* hatte diese Konzeption in den lutherischen Reformationskirchen, die bei der Neubegründung des kirchlichen Amtes ebenfalls die Momente der rechten Lehre und Verkündigung sowie der öffentlichen Berufung (CA V) in das Zentrum setzten, um von ihnen her die Funktionen der Gemeindeleitung zu bestimmen.

In der starken Betonung von Tradition und Lehre liegt sicherlich eine Verengung und Vereinseitigung vor; das Moment des personhaften dienenden Eintretens kommt zu kurz. Aber da die Freiheit des Evangeliums gegenüber dem Amt noch gewahrt ist, scheint hier die Schwelle zum Frühkatholizismus noch nicht überschritten.

2.7.2

Der 1. Clemensbrief. In den berühmten Kapiteln 42–44 seines um 96 aus Anlaß einer Kontroverse in Korinth, die zur Absetzung der bisherigen Episkopen und Diakonen führte, entstandenen Schreibens, verficht Clemens das Prinzip der Unabsetzbarkeit der Amtsträger: Episkopen und Diakonen sind Repräsentanten der von Gott gestifteten Ordnung. Ihre Einsetzung geht zumindest auf Gott und Christus zurück: Christus, der Gesandte Gottes, sandte die Apostel aus; sie wiederum »setzten ihre Erstlinge nach vorhergegangener Prüfung im Geiste zu Bischöfen und Diakonen für die künftigen Gläubigen ein« (42,1–4). Darüber hinaus gaben die Apostel »Anweisung, es sollten, wenn sie (d.h. die ›Erstlinge‹ im Amt) stürben, andere erprobte Männer deren Dienst übernehmen« (44,2). Die Legitimität der Amtsträger gründet einzig in ihrer ordnungsgemäßen Einsetzung.

Der 1. Clemensbrief ist Zeugnis eines folgenschweren *terminologischen Umbruchs*. Erstmals werden kultische Termini zur Beschreibung der Funktion der Amtsträger gebraucht (44,4; 40,4f; 43,1–6). Erstmalig taucht auch der Begriff λειτουργία (›Amt‹) auf (z.B. 40,2.5; 41,1; 44,2). Vor allem aber ist die Unterscheidung zwischen Amtsträgern und »Laien« (40,5) neu und folgenschwer. Die Gemeinde ist für Clemens der »Haufe« (54,2), das Kirchenvolk, das zwar in bestimmten Fällen durch Mehrheitsbeschluß Entscheidungen trifft und der Einsetzung eines Episkopen zustimmt (44,3; 54,2), für das jedoch der Amtsträger grundsätzlich unantastbar bleibt.

2.7.2.1

Diese Konzeption, deren praktische Reichweite zu ihrer Entstehungszeit man nicht überschätzen sollte, stellt die gemeindlichen Dienste nicht mehr unter die von Jesus und Paulus gesetzten Normen. Das Amt wird hier zu einseitig als rechtliche Ordnung gesehen und nicht mehr von seiner Funktion her begründet; es wird nicht mehr der Gemeinde zugeordnet, sondern als eine von Gott gestiftete, nicht mehr hinterfragbare heilige Ordnung ihr übergeordnet. Auch seine dienende Abhängigkeit vom Evangelium ist nicht mehr erkennbar. Hier ist in der Tat der erste Schritt zu einer frühkatholischen Ekklesiologie getan. Überall da, wo man die Kirche primär als rechtliche Größe sieht, beruft man sich auch heute noch gern auf Clemens.

2.7.3

Die Ignatiusbriefe. Die um 110 entstandenen sieben Briefe des antiochenischen Märtyrerbischofs sind die ersten eindeutigen Zeugnisse des monarchischen Episkopats. Ignatius selbst war alleiniger Episkope in Antiochia (IgnRom 9,1), und ebenso lag in den von ihm angeschriebenen Gemeinden die Gemeindeleitung in der Hand eines einzelnen (z.B. IgnEph 1,3; Magn 2; Trall 1,1). Und zwar stand der Episkope an der Spitze eines dreistufigen Ämtersystems, bestehend aus Presbytern und Diakonen. Das Presbyterium leitete zusammen mit dem Episkopen die Gemeinde, während die Diakone mit Lehre und Verkündigung befaßt waren (Trall 2,3; Sm 8,1) und die Verbindung zwischen den Gemeinden pflegten (Eph 2,1; Phld 10,2; Sm 10,1).
Hier bahnt sich also wieder ein Auseinandertreten von Episkopen- und Ältestenamt an, nachdem beide in der vorhergehenden Generation erst mühsam miteinander verschmolzen worden waren! Bei Ignatius verbindet sich ein von Paulus herkommender pneumatischer Ansatz mit einer platonisierenden Ontologie. Der Bischof steht an dem

Punkt, wo die himmlische Realität der Kirche gleichsam irdisch manifest wird. Die irdische Hierarchie ›Bischof-Presbyterium-Diakonen‹ ist Abbild der himmlischen Hierarchie. Es gilt darum der Grundsatz: »Wo der Bischof erscheint, dort soll die Gemeinde sein, wie da, wo Christus Jesus ist, die katholische Kirche ist« (Sm 8,2). Der Bischof bildet gleichsam auch den Kristallisationspunkt der durch den Geist gewirkten Gaben und Kräfte, die die Gemeinde zum Leib Christi machen.

2.7.3.1
Diese Auffassung läßt zwar dem Wirken des Geistes Raum, sie löst jedoch das Amt von der Norm des in der Geschichte wirksamen Evangeliums. In typischer Weise nimmt sie Motive vorweg, die später für die Ostkirche bestimmend werden sollten.

3
Vertiefung

3.1
Lektürevorschläge

3.1.1
Zur Entstehung des Zwölferkreises: W.G.Kümmel, Jesus und die Anfänge der Kirche, in: ders., Heilsgeschehen und Geschichte, 1965, 289–309.

3.1.2
Zum Apostolat: J.Roloff, Apostolat-Verkündigung-Kirche, 1965, 9–37 (Forschungsbericht).

3.1.3
Zum paulinischen Amtsverständnis: H.Greeven, Propheten, Lehrer, Vorsteher bei Paulus, ZNW 44 (1951/52), 1–43.

3.1.4
Zur Geschichte des Ältestenamtes: H.von Campenhausen, Kirchliches Amt und geistliche Vollmacht, 1953, 82–134.

3.1.5
Zur Debatte um den ›Frühkatholizismus‹: E.Käsemann, Amt und Gemeinde im Neuen Testament, in: EVB I, [6]1975, 109–134.

3.1.6
Zur gegenwärtigen ökumenischen Diskussion: Reform und Anerkennung kirchlicher Ämter. Ein Memorandum der Arbeitsgemeinschaft ökumenischer Universitätsinstitute, 1973.

3.2
Fragen zur Weiterarbeit

3.2.1
Wie verhalten sich der vorösterliche Zwölferkreis und der nachösterliche Apostelkreis zueinander hinsichtlich ihrer Entstehung, ihrer Funktion und ihrer Mitgliedschaft?

3.2.2
Überprüfen Sie anhand einer Synopse und einer Konkordanz das Vorkommen des Wortes ἀπόστολος (= Apostel) im Lukas-Evangelium! Inwiefern und warum hat Lukas hier gegenüber seinen Quellen verändert?

3.2.3
Womit begründet Paulus seinen Anspruch, ›Apostel Jesu Christi‹ zu sein?

3.2.4
Worin bestehen die Funktionen der Episkopen und der Diakonen nach 1Tim 3,1–13 und Tit 1,7ff?

3.2.5
Welche neutestamentlichen Schriften kennen die Ältestenordnung, welche die Episkopenordnung? Wo setzt die Verschmelzung beider ein?

3.3
Weitere Literatur

O.Cullmann, Petrus, Jünger-Apostel-Märtyrer, ²1960; J. Hainz, Ekklesia. Strukturen paulinischer Gemeinde-Theologie und Gemeindeordnung, 1972; K.Kertelge, Gemeinde und Amt im Neuen Testament, 1972; O.Linton, Das Problem der Urkirche in der neueren Forschung, 1932; E.Schweizer, Gemeinde und Gemeindeordnung im Neuen Testament, ²1962.

III

Zur Synoptiker-Exegese

§ 6
Wundergeschichten

1
Einführung

1.1

Die erzählende Jesusüberlieferung besteht zu einem gewichtigen Teil aus Wundergeschichten. Gerade sie stellen den Ausleger vor erhebliche Probleme. An kaum einem anderen Punkt ist das Verstehen des Neuen Testaments für Menschen, die in ihrem Denken dem modernen Weltbild verpflichtet sind, so schwierig wie an diesem. Unser Begriff des Wunders ist nämlich an unsere Einsicht in die Gesetzmäßigkeit allen Geschehens gebunden. Wunder sind für uns Vorgänge, durch die die Naturgesetze durchbrochen werden – und sie sind darum für uns letztlich undenkbar. Für die Antike war das anders; ihre Wirklichkeitserfahrung war nicht durch den Kanon der Naturgesetze eingegrenzt. Als Wunder betrachtete sie darum alle Ereignisse, »in denen man das Wirken außergewöhnlicher Kräfte zu spüren meint, sei es im Handeln von Menschen, sei es im Tun überirdischer Mächte« (G.Delling, Studien zum Neuen Testament und zum hellenistischen Judentum, 1970, 55). Nicht die Frage nach der Möglichkeit oder Unmöglichkeit eines Vorgangs stand für den zeitgenössischen Hörer oder Leser einer antiken Wundergeschichte im Vordergrund, sondern die Frage nach dem Wesen der sich in dem wunderhaften Vorgang manifestierenden Kräfte und Mächte. *Das Wunder hatte für ihn Hinweischarakter*.

1.1.1

Das bedeutet einerseits, daß der antike Mensch in einer für uns nicht mehr nachvollziehbaren Weise bereit war, Vorgänge und Ereignisse als Hinweise auf Überirdisches, und d.h. als Wunder zu erfahren. Man sollte nicht leichthin abstreiten, daß dieser Erfahrungsbereitschaft auch faktisch eine Realität des in dieser Dimension Erfahrenen korrespondierte.

1.1.2

Das bedeutet aber auch andererseits, daß auf der erzählerischen Ebene das Wunderhafte relativ freizügig als Mittel des Hinweises auf das Außergewöhnliche und Überirdische, und d.h. als bloßes Darstellungsmittel eingesetzt werden konnte. Die neutestamentlichen Wundererzählungen wollen zweifellos weithin Berichte von tatsächlichen Ereignissen sein, die für Zeugen und Tradenten solchen Hinweischarakter hatten. Daneben erscheint aber auch im Neuen Testament das Wunderhafte als literarisches Stilisierungsmittel und erzählerisches Requisit. Ja, in vielen Fällen läßt sich beides schwer voneinander trennen.

1.2

Der *heutige Ausleger* hat eine dreifache Aufgabe:

- Er muß die Wundererzählungen des Neuen Testaments von ihren *zeitgenössischen Voraussetzungen* her erschließen; denn nur so kann er der Erfahrungswelt der Erzähler und Tradenten nahekommen (2.1–2).
- Er muß ihre *gattungsmäßigen und stilistischen Züge* analysieren; denn nur so kann er durch die Schicht der erzählerischen Konvention durchstoßen und des wirklich für Jesu Taten Typischen ansichtig werden.
- Er muß sie *theologisch* bei ihrem Hinweis-Charakter behaften und sie befragen, in welchem Sinne sie von den neutestamentlichen Erzählern als Hinweise auf Gottes Handeln in Jesus verstanden worden sind. Eine wichtige Hilfe dazu gibt vor allem die Redaktionsgeschichte.

Keinesfalls darf jedoch der heutige Ausleger die Berichte in das Schema seiner modernen Welt- und Wirklichkeitserfahrung pressen, etwa indem er bei seinem Urteil zu schnell dem Kriterium der naturgesetzlichen Möglichkeit bzw. Unmöglichkeit folgt. Rationalistische Wunderkritik ist ebenso unangemessen wie rationalistische Wunderapologetik. Beiden gegenüber bleiben die Texte stumm.

2
Entfaltung

2.0
Zur Terminologie

Einen einheitlichen Begriff für das, was wir ›Wunder‹ nennen, kennt das Neue Testament nicht. Das diesem deutschen Wort am nächsten kommende Wort θαῦμα (= das, was Verwunderung erregt) ist in der Profangräzität zwar häufig, wird vom Neuen Testament jedoch vermieden (das Adj. θαυμάσιος = »erstaunlich« steht nur Mt 21,15). Die Synoptiker bevorzugen für Jesu Wunder das Wort δυνάμεις (= Machtentfaltungen, Krafterweise) und betonen damit bereits terminologisch den Hinweischarakter: Jesu Taten sind Äußerungen der Kraft Gottes! – Vielfach wird auch σημεῖον (= Zeichen) gebraucht, vor allem da, wo die Umwelt von Jesus Wunder als ›Zeichen‹ der Legitimation verlangt (Mk 8,11–13; Mt 12,38f). Hat hier dieses Wort einen leicht negativen Klang, so ist es bei Johannes durchweg Bezeichnung für Jesu Wunder im positiven Sinn (Joh 2,11; 12,37; 20,30). – In der Apostelgeschichte und bei Paulus erscheint vielfach die Verbindung σημεῖα καὶ τέρατα (= Zeichen und ungeheuerliche Erscheinungen), die alttestamentlichem Sprachgebrauch entstammt.

2.1
Der religionsgeschichtliche Hintergrund

2.1.1

Ein für den heutigen Betrachter merkwürdiges Ineinander von Wunderglauben und Medizin wurde an den in hellenistischer Zeit ungemein einflußreichen *Asklepiosheiligtümern* (Epidauros, Kos, Pergamon) praktiziert. Die Kranken wurden dort im Inkubationsraum in Schlaf versenkt; im Traum nahm der Heilgott Asklepios Manipulationen vor, legte die heilende Hand auf oder gab Anweisungen für die Ausführung der heilenden Kur. Die Votivstelen von Epidauros geben z.T. phantastische Berichte von erfolgreichen Heilungen, die von geschickter priesterlicher Propaganda inspiriert erscheinen. Andererseits war der berühmte Arzt Galen, Zeitgenosse des Kaisers Marc Aurel, am Asklepieion in Pergamon tätig.

2.1.2

Einflußreich waren in neutestamentlicher Zeit *wandernde Mantiker und religiöse Propagandisten*, die Anteil an den Kräften der göttlichen Welt zu haben beanspruchten und diese durch Wunderheilungen unter Beweis stellten. Im einzelnen war die Skala dieser θεῖοι ἄνδρες (= göttliche Menschen) recht breit: auf der einen Seite kynisch-stoische Popularphilosophen, die sich durch ihre überlegene Weisheit als Gottesgesandte auswiesen, auf der anderen Seite Scharlatane und Gaukler, die durch Kunststücke und Tricks die Sensationsgier der Öffentlichkeit befriedigten. Hierher gehört der neupythagoreische Wanderphilosoph Apollonius von Tyana, der seine philosophischen Lehrvorträge mit Bekundungen ungewöhnlicher Kräfte verband (und der von seinem Biografen Philostrat [Vita Apollonii] gegen den Vorwurf der Scharlatanerie in Schutz genommen wurde), aber auch der Magier Simon, von dessen spektakulären Erfolgen in Samaria in Apg 8 berichtet wird.

2.1.3

Häufig wurden *Fürsten und Kaisern* Wundertaten zugeschrieben. So erzählte man von Vespasian, daß er in Alexandrien einen Blinden durch seinen Speichel und einen Mann mit einem verkrüppelten Bein durch Berührung geheilt habe (Sueton, Vespas. 7,2f). Hinter solchen Erzählungen stand die Überzeugung, daß der Herrscher Träger besonderer Kräfte sei; sie wurden darüber hinaus als Veranschaulichungen dafür, daß der Herrscher in der Gunst der Götter stand, verstanden.

2.1.4

Breiten Raum nahmen in der antiken Literatur die sog. *Aretalogien* ein (von ἀρεταί = »Tüchtigkeitserweise«, Wunder der Götter). Sie hatten ihren Ursprung in den propagandistischen Berichten der Priester der Asklepios- und Serapis-Heiligtümer. Schon bald jedoch dienten sie dem allgemeinen Unterhaltungsbedürfnis. Abenteuerlich-phantastische Vorgänge, die angeblich durch Gottheiten gewirkt waren, wurden von populären Erzählern ersonnen, und zumindest die gebildeten Schichten nahmen dies nicht für bare Münze: Das Wort *aretalogus* (= Wundererzähler) war im Lateinischen gleichbedeutend mit »Aufschneider«, »Lügner«. Doch das hinderte die Aristokratie nicht, bei ihren Gastmählern zur Unterhaltung der Gäste neben Schauspielern auch Aretalogen heranzuziehen.

2.1.4.1

Von diesen volkstümlichen Aretalogien zu den synoptischen Wunderberichten führt keine Brücke. Sehr wohl jedoch besteht ein enger Zusammenhang zwischen ihnen und den apokryphen Apostelakten. Diese entstanden nämlich im 2. Jahrhundert zu erheblichen Teilen aus volkstümlichen Aretalogien (vgl. W.Schneemelcher – K.Schäferdiek, in: Hennecke-Schneemelcher II, 110–125).

2.1.5

Auch im *zeitgenössischen Judentum* fehlten Wundererzählungen keineswegs. Allerdings bestand in quantitativer und qualitativer Hinsicht ein erheblicher Unterschied zur hellenistischen Welt. Das hing damit zusammen, daß das Judentum von seinem Schöpferglauben her den Gedanken des direkten Eingreifens überirdischer Mächte in das Weltgeschehen ablehnte: Man wußte hier die Geschichte der Welt und des einzelnen in ihr durch Gottes schöpferisches Wort und die von ihm getragene Bundeszusage gestaltet. Deshalb wird in jüdischen Wundergeschichten vorwiegend von Gebetserhörungen berichtet: Große Lehrer und Gottesmänner vermitteln durch ihr Gebet Gottes Hilfe, sie sind jedoch selbst nicht die Träger göttlicher Kraft. So wirkt Rabbi Choni durch sein Gebet ein Regenwunder (Ta'anit 3,8), nach Rabbi Tanchuma bringt ein Knabe durch sein Gebet einen

Sturm zum Schweigen (jBerakhot 13b), und Rabbi Chanina ben Dosa bewirkt durch sein Gebet die Heilung des kranken Sohnes des Rabban Gamliel aus der Ferne (jBerakhot 34b).

2.1.5.1
Zwischen diesen Glaubenslegenden und den Apostelwundern der Apostelgeschichte (z.B. Apg 3,1–8; 9,36–41; 28,1–6.7–10) besteht eine enge Entsprechung; denn auch bei ihnen stehen Glaube und Gebet im Mittelpunkt. Die Berichte von den Taten Jesu in den Evangelien heben sich jedoch entscheidend von ihnen ab, denn sie schreiben Jesus selbst die Vollmacht des Heilens und Helfens zu!

2.2
Allgemeine überlieferungsgeschichtliche Kriterien

Der Ausleger muß zu ermitteln suchen, wie fest eine Wundergeschichte in der Jesusüberlieferung verankert ist und wie ihr ältester Kern beschaffen war. Dabei helfen ihm literarkritische, formgeschichtliche und religionsgeschichtliche *Einsichten in die Gesetzmäßigkeit der Überlieferungsvorgänge*.

2.2.1
Das Wachstum von Wunderüberlieferung. Vielfach läßt sich die Tendenz des sekundären Eindringens wunderhafter Züge in Überlieferungen bzw. der sekundären Steigerung schon vorhandener wunderhafter Züge beobachten.

2.2.1.1
So zeigt bereits der synoptische Vergleich vielfach *Steigerungen*: Aus dem einen Blinden von Mk 10,46 werden in Mt 20,30 zwei; aus den viertausend von Jesus in der Wüste Gespeisten (nach Mk 8,9) werden in der Traditionsvariante Mk 6,44 fünftausend; die Matthäus-Parallele steigert weiter: »fünftausend ohne Frauen und Kinder« (Mt 14,21; vgl. 15,38).

2.2.1.2
Aus Überlieferungsvarianten entstehen *Dubletten*: Sowohl Mt 9,27–31 als auch Mt 20,29–34 gehen auf Mk 10,46–52 zurück; Mk 8,1–10 ist eine Dublette zu Mk 6,30–44.

2.2.1.3
Volkstümliche Überlieferung neigt zur erzählerischen Konkretion. So wurden *Bildworte Jesu in Erzählung umgesetzt* und dabei durch wunderhafte Vorgänge veranschaulicht. Die Erzählung von der Verfluchung des Feigenbaums (Mk 11,12–14.20) ist so vermutlich aus dem Gleichnis Lk 13,6–9 hervorgegangen, und ebenso scheint die Fischzugserzählung Lk 5,1–11 das Menschenfischer-Wort Mk 1,17 allegorisierend zu entfalten. – Vielfach handelt es sich auch nur um naive erzählerische Ausschmückung, so wenn Lukas (22,51) in der Verhaftungsszene die überlieferte Nachricht, daß bei der Verhaftung Jesu einem der Söldner ein Ohr abgehauen wurde (Mk 14,47) zum Anlaß nimmt, seine Heilung durch Jesus zu berichten.

2.2.1.4

In der Umwelt verbreitete Wundermotive sind vielfach auf Jesus übertragen worden. So ist der Tempelsteuer-Diskussion Mt 17,24–27 sicherlich erst sekundär das Märchenmotiv vom Wertgegenstand im Fischmaul (Ring des Polykrates!) zugewachsen. Die Erzählung von der Totenerweckung in Nain (Lk 7,11–17), die bis in Einzelheiten hinein einem Wunder des Apollonius von Tyana entspricht (Philostrat, Vita Apollonii 4,45), dürfte der volktümlichen hellenistischen Aretalogie entlehnt sein. Möglicherweise geht auch die Erzählung vom Weinwunder von Kana (Joh 2,1–11) auf hellenistische Motive – und zwar aus dem Dionysos-Mythos – zurück.

2.2.1.5

Einzelne wunderhafte Motive sind von den Erzählern zur *Veranschaulichung* theologischer Bezüge eingebracht worden. So ist da, wo sich Jesus-Wunder eng mit alttestamentlichen Profeten-Wundern berühren, zu fragen, ob hier nicht das Theologumenon vom Wiederaufleben des profetischen Geistes in der Endzeit seinen Niederschlag gefunden hat: Das gilt besonders für das Speisungswunder Mk 6,30–44/8,1–10, das Anspielungen auf Elia (1Kön 17,8–16) und Elisa (2Kön 4,1–7.42–44) zu enthalten scheint. – Die wunderbaren Auffindungen des Esels für den Einzug in Jerusalem (Mk 11,2–7) und des Abendmahlsraumes (Mk 14,12–16) sollen dem Leser die von Gott gesetzte Bedeutung der auf solche Weise vorbereiteten Ereignisse vor Augen führen: Gott selbst stellt Jesus alles zur Verfügung, was er jetzt braucht!

2.2.2

Die Topik. Vorwiegend in hellenistischen Aretalogien tauchen mit einer gewissen Regelmäßigkeit stereotype Elemente auf, die man als Topik bezeichnet (vgl. R.Bultmann, Tradition, 236–241):

- Die *Exposition* schildert die Krankheitsgeschichte und Schwere der Krankheit (z.B. durch Hinweis auf vergebliche Versuche der Ärzte); vgl. Mk 5,2–5; 5,25f; 9,21f.
- Zur *Darstellung des Heilungsvorgangs* gehören: Die wirkkräftige Manipulation des Wundertäters (vgl. Mk 7,33: Berührung der Ohren und Benetzen der Zunge mit Speichel; Mk 8,23: Benetzen der Augen mit Speichel und Handauflegung), das – oft geheimnisvoll klingende – wunderwirkende Wort (z.B. Mk 5,41: ταλιθὰ κοῦμ; Mk 7,34: ἐφφαθά); die Bedrohung des die Krankheit verursachenden Dämons (vgl. Mk 1,25ff; Lk 4,41).
- Im *Erzählungsabschluß* kommt es meistens zu einer öffentlichen Demonstration des Erfolges (vgl. Mk 2,12: Der geheilte Gelähmte trägt seine Bahre weg; 5,43: Jesus läßt dem vom Tod erweckten Mädchen zu essen geben). Dem folgt die Schilderung des Eindrucks auf das Publikum, meist in Form eines ›Chorschlusses‹ (vgl. Mk 1,27; 2,12: »Sie sprachen: ›Solches haben wir noch nie gesehen!‹«).

2.2.2.1

Es ist freilich nun keineswegs so, als wäre diese Topik in den synoptischen Wundergeschichten ebenso fest verankert wie in den zeitgenössischen hellenistischen Aretalogien. Genauere Analyse ergibt vielmehr das Gegenteil. Erzählungen der älteren Traditionsschichten enthalten zwar vielfach Einzelzüge der Topik, sind jedoch niemals von ihr her gestaltet oder gar bestimmt. Im weiteren Fortgang der Überlieferungsgeschichte verstärkt sich jedoch der Einfluß topischer Elemente.

2.2.2.2
Von da her läßt sich die *Faustregel* aufstellen: Je stärker sich in einer Wundergeschichte topische Elemente häufen, desto größer ist die Wahrscheinlichkeit, daß sie eine späte Bildung ist; und umgekehrt gilt: »Das Fehlen der Topik ist Kennzeichen des Alters« (J.Jeremias, Theologie I, 93).

2.3
Gattungsmäßige Klassifizierung

Die meisten Wundergeschichten sind ›Jesusgeschichten‹, d.h., sie sind Erzählungen, die anhand von Taten des irdischen Jesus zum Glauben aufrufen; ihr Sitz im Leben ist die missionarische Verkündigung (vgl. § 2,3.3.1). Eine weitere Untergliederung dieser Gattung muß *aufgrund des besonderen thematischen Bezugs der einzelnen Erzählungen innerhalb der missionarischen Verkündigung* erfolgen.

2.3.1
R.Bultmann (Tradition 223–233) schlug folgende Untergliederung vor: 1. Heilungswunder; 2. Naturwunder (Mk 4,37–41 par; Mk 6,45–52 par; Mk 6,34–44 par; Mk 8,1–9; Lk 5,1–11; Mk 11,12–14.20; Mt 17,24–27). – Dies ist insofern unbefriedigend, als damit die (moderne) Frage nach Art und Umfang des Wunders zum leitenden Gesichtspunkt gemacht wird. Hierauf lag aber zweifellos nicht das Gewicht in der urgemeindlichen Verkündigung!

2.3.2
M.Dibelius (Formgeschichte 34ff.36ff) unterschied aufgrund der äußeren Erzählstruktur zwischen knapp erzählenden, nur auf das Wort Jesu zielenden *Paradigmen* und den am Detail interessierten *Novellen*. Aber diese Unterscheidung beruht auf nicht eindeutigen formalen Kriterien und läßt die Thematik ganz außer acht.

2.3.3
Geht man bei der thematischen Bestimmung von Wundergeschichten einerseits von der Situation der auftretenden Personen, andererseits von der Struktur des Handelns Jesu aus, so legt sich folgende Klassifizierung nahe:

2.3.3.1
Exorzismen: z.B. Mk 1,23–27; 5,1–20; 9,14–29. Sie haben Kampfcharakter; das eigentliche Gegenüber Jesu ist hier nicht der Mensch, sondern der Dämon, der ihn besetzt hält, indem er gleichsam das menschliche Subjekt verdrängt hat. Indem Jesus den Dämon austreibt, erweist er sich als Sieger in einer kosmischen Auseinandersetzung: Darin, daß der Dämon die Herrschaft des Stärkeren anerkennen muß, liegt die Pointe (Mk 1,24; 5,7).

2.3.3.2
Heilungen: z.B. Mk 1,29–31.40–45; 7,31–37; 8,22–26; Mt 8,1–13. Zwar sind auch hier vielfach Dämonen als Krankheitsursachen gesehen (vgl. Lk 13,16: Krankheit als

»Fessel des Satans«!), *doch ist das Gegenüber Jesu der leidende Mensch in seiner Not*. Das Handeln Jesu hat helfenden, heilenden Charakter. Statt der Kampfmotive stehen die heilenden Worte und Gesten im Zentrum des Interesses. Vor allem aber gipfeln die Heilungsberichte meist in einem Vorgang, der Jesu persönliche Zuwendung zum Kranken bzw. zum Bittsteller signalisiert, wobei das Glaubensmotiv eine wichtige Rolle spielt (Mk 5,34.36; 10,51f; Mt 8,10). – Auch die Wiederbelebungen eben Verstorbener (Mk 5,21–43; Lk 7,11–17) wird man hierher rechnen müssen, da die Erzählungsmotive die gleichen sind.

2.3.3.3

Rettungswunder: z.B. Mk 4,36–41; 6,31–44; 6,45–52; 8,1–9. Hier geht es um die Rettung von Menschen aus akuten Notlagen und vor feindlichen Naturgewalten. Das Wunder vollzieht sich an sachlichen Gegenständen wie Wind, Wellen, Schiffen und Nahrungsmitteln. Auch hier ist der Einschlag des Exorzistischen z.T. vorhanden, z.B. im Verstummungsbefehl an das aufgewühlte Meer (Mk 4,39), ohne jedoch beherrschend zu sein. Epiphaniehafte Züge begleiten die Rettung (Mk 6,48ff).

2.3.4

Das Schwergewicht in der älteren Jesusüberlieferung liegt ohne Zweifel auf den Heilungen. Auffällig ist auch, daß zwei Gruppen von Wundern hier fehlen, die in der Umwelt weit verbreitet waren, nämlich *Geschenkwunder* und *Strafwunder*.

2.3.4.1

Geschenkwunder sind überraschend-spontane, durch keine menschliche Bitte unmittelbar ausgelöste Handlungen des Wundertäters, durch die materielle Güter in außergewöhnlichem Maße bereitgestellt werden und die demonstrativen Charakter haben. Eine gewisse Nähe dazu zeigt sich lediglich in späten Bildungen wie dem Speisungswunder und dem Weinwunder von Kana (Joh 2,1–11); doch auch hier wird das Geschehen durch menschliche Notlage ausgelöst (Mk 6,35ff; 8,3; Joh 2,3f), auch wenn diese nicht den Charakter einer wirklichen Gefährdung hat. Vor allem aber fehlt der demonstrative Charakter völlig.

2.3.4.2

Strafwunder sind Handlungen, durch die geltende Normen durchgesetzt werden sollen, indem die Übertreter mit übernatürlich ausgelösten Sanktionen belegt werden. Lediglich die Verfluchung des Feigenbaums (Mk 11,12–14.20) kommt in die Nähe eines Strafwunders, sie dürfte jedoch sekundär aus einem Bildwort entstanden sein (2.2.1.3).

2.4
Die Bedeutung der Taten Jesu im Rahmen seines Wirkens

Auch wenn die kritische Analyse einen nicht geringen Teil der neutestamentlichen Wunderberichte als sekundäre Bildungen erkennt, die auf Gemeindetheologie und Motivübertragungen aus der Umwelt zurückgehen, so bleibt ein fester Kern. Daß im Mittelpunkt des Wirkens Jesu Taten der Hilfe und Heilung standen, die von den Zeitgenossen als Wunder begriffen wurden, ist historisch unbestreitbar. Zugleich ist hier aber auch die Grenze erreicht, die der Historiker, der in einem anderen Erfahrungshorizont steht, nicht überschreiten kann. Was aber war der Sinn dieser Taten?

2.4.1

Im Vordergrund steht ihr *eschatologischer Charakter*. Sie waren »aufrüttelnde Hinweise darauf, daß Gott entscheidend zu handeln begonnen hat in Jesus; sie tun verheißend das machtvolle Wirken Gottes kund, das in ihm anhebt« (G. Delling, Studien zum Neuen Testament und zum hellenistischen Judentum, 1970, 150f). Sie stehen in unmittelbarer Korrelation zu der Verkündigung der anbrechenden Gottesherrschaft.

2.4.1.1

Dies gilt insbesondere für die *Exorzismen*. Wenn Gottes Macht sich durchsetzt, dann müssen die widergöttlichen Gewalten überwunden werden, dann ist die Zeit ihrer Machtentfaltung über Mensch und Schöpfung zu Ende: »Wenn ich mit dem Geist Gottes die Dämonen austreibe, so ist Gottes Herrschaft zu euch gelangt!« (Mt 12,28 par Lk 11,20[Q]; vgl. Mk 6,7.13; Lk 10,18).

2.4.1.2

Signalisieren die Exorzismen die Entmachtung des Bösen, so sind die *Heilungen* Hinweise auf die Selbstdurchsetzung Gottes in der Endzeit und auf das Heilwerden der ganzen Schöpfung.

Auch wenn Jesu Antwort auf die Anfrage des Täufers (Mt 11,4–6[Q] par Lk 7,22f) in der vorliegenden Gestalt wohl kaum authentisch ist, so gibt sie seinen eschatologisch-profetischen Anspruch sachgemäß wieder: »Die Blinden sehen und die Lahmen gehen und die Toten werden auferweckt und den Armen wird Heil angesagt« (πτωχοὶ εὐαγγελίζονται; 11,5). Die Motive profetischer Endzeiterwartung, die hier in Anlehnung an Jes 35,5f; 61,1f zusammengestellt sind, erhalten ihre Klimax in der Ausrufung der Heilsbotschaft. Nicht die Heilungen und Wunder sind schon in sich selbst das Heilsgeschehen – denn dieses kommt im Wort der Heilsbotschaft –, wohl aber sind sie Teil dieses Heilsgeschehens, insofern in ihnen die Leiblichkeit dieses Heilsgeschehens, ihr Bezogensein auf Gottes Schöpfung, manifest wird.

2.4.2

Diese *Unterordnung der Tat unter das Wortgeschehen* ist für die synoptischen Wundergeschichten typisch. An diesem Punkt unterscheiden sie sich elementar von allen zeitgenössischen Aretalogien, die mit derben propagandistischen Effekten arbeiten.

2.4.2.1

So fällt die *sparsame Benutzung der Topik* bei der Schilderung der Heilungsvollzüge (2.3.2) auf. Nur selten werden Gesten und Praktiken Jesu ausführlich beschrieben (so Mk 7,33; 8,23). Was jedoch zumeist erwähnt wird, ist ein Wort Jesu, das die Heilung auslöst bzw. den Exorzismus bewirkt. Und zwar handelt es sich dabei vielfach um einen Zuspruch von Glauben (Mk 4,40; 5,34; 10,52; Mt 8,10). Der älteren Überlieferung liegt also nicht daran, Jesus als Wundermann herauszustellen, um ihn so gegenüber der Konkurrenz der hellenistischen ›göttlichen Menschen‹ aufzuwerten, sondern ihn als den zu zeichnen, der Gottes endzeitliches Handeln im Wort darbietet.

2.4.2.2

Für sich selbst genommen und vom Wort isoliert, bleibt das Wunder darum zweideutig. Es hat *Hinweischarakter* – aber der Hinweis muß verifiziert werden durch die Begegnung mit Jesu Wort. Bleibt diese Verifikation aus, so kann es auch als Hinweis auf dämonische Mächte mißverstanden werden. Weil sich die Gegner ihr entziehen, darum kommen sie zu dem Urteil: »Er hat Beelzebul, und mit dem Obersten der Dämonen treibt er die Dämonen aus!« (Mk 3,22). Dem entspricht auch, daß Jesus das Schauwunder (Mk 6,5 par Mt 13,58) ebenso abgelehnt hat wie die Zeichenforderung (Mk 8,11ff; Mt 12,38f). Seine Taten bleiben für den zweideutig, der sich nicht ihm selbst im Glauben öffnet.

2.4.3

Darum tritt in den Berichten von Jesu Wundern immer wieder der *Bezug auf den Glauben* als konstitutiver Faktor hervor: Mk 5,34.36b; 4,40; 9,23f; 10,52; Mt 8,10 par Lk 7,9(Q); Lk 17,19 (SLk). In dieser Hinsicht ist vor allem die Formel »Dein Glaube hat dich gerettet« (Mk 5,34; 10,52; Lk 17,19) charakteristisch.

2.4.3.1

Zwei in der Forschung verbreitete Ansichten dürften fehl gehen: Der *Glaube ist hier keine psychische Disposition*, die die Heilung erleichtert. Er ist nicht einfach das Zutrauen zu der Macht des Wundertäters (so z.B. R.Bultmann, ThWNT VI, 206). Denn in den meisten der genannten Belegstellen wird der Glaube des Heilung Erbittenden gerade nicht als Vorbedingung gefordert, sondern abschließend mit dem Vollzug der Heilung konstatiert (Mk 5,34; Mt 8,10 par Lk 7,9; Mk 10,52). Die Worte vom Glauben können auch *nicht einfach als Rückprojektion des Inhalts des nachösterlichen Missionskerygmas* verstanden werden. Denn es fehlt die für jenes konstitutive inhaltliche Füllung; von einem Glauben ›an Jesus‹ bzw. ›Christus‹ ist gerade nicht die Rede.

2.4.3.2

Glaube ist hier vielmehr ein Vorgang, der sich in der aktuellen Einzelbegegnung mit Jesu Person vollzieht und der über die konkrete Heilung hinausgreift. Hoffnung und Vertrauen seitens des Menschen sind zwar nötige Voraussetzungen; entscheidend aber ist, daß sie nicht ins Leere gehen, sondern in der Person Jesu ihr Ziel finden. Genau dies aber wird in den Worten Jesu vom Glauben festgestellt. Weil Jesu Taten Hinweise sind auf das eschatologische Heilwerden der Schöpfung, das er bringt, darum können diese Taten nicht abgelöst von ihrem Geber angenommen werden. Erst dann wird der Mensch ganz heil, wenn er Jesus selbst im Glauben begegnet als dem, durch den Gott seine Hilfe zuwendet. Glaube ist in den Wundergeschichten das Zutrauen, das – über die im Augenblick geforderte konkrete Hilfe hinaus – in Jesus Gottes heilvolle Zuwendung zur Welt findet. Der Glaube bleibt nicht am äußeren Tun Jesu in seiner Zweideutigkeit hängen, sondern findet hinter ihm die Gottesherrschaft!

2.5
Die Deutung der Wundergeschichten in den synoptischen Evangelien

2.5.1

Das *Markusevangelium* ist von einer kontrapunktischen Spannung beherrscht: Einerseits hebt es die Wunder Jesu in den redaktionellen Sammelberichten 1,32ff; 3,7–12 und 6,53–56 als *entscheidende Faktoren* im Wirken Jesu hervor; auf der anderen Seite unterstellt es sie der Geheimnistheorie, indem es zeigt: Obwohl Jesu Wunder allgemein sichtbar waren und an die Öffentlichkeit drängten (7,24f), war ihr Ergebnis beim Volk nicht Glaube, sondern Unglaube und Entfremdung.

2.5.1.1

Man darf diese Spannung nicht einseitig auflösen, indem man einen Konflikt zwischen Mk und seiner Tradition konstruiert und behauptet, der Evangelist habe gegen die Wunderfreudigkeit seiner Tradition polemisiert, indem er den Zugang zu Jesus an die paradoxe Offenbarung im Kreuz und die Nachfolgeforderung gebunden habe (so z.B. E.Schweizer, vgl. 3.1.5). Dagegen spricht schon, daß auch der Passionsbericht voll von Wunderhaftem ist!

2.5.1.2

Für *Markus* sind die wunderbaren Taten Jesu entscheidende Bestandteile seines vergangenen Erdenwirkens. Ihm liegt daran zu zeigen, daß Jesus in seinen Exorzismen zeichenhaft die Herrschaft des Satans überwunden hat (1,39; 3,22–27) und daß in seinen Heilungen Gottes Macht den Menschen heilvoll begegnet ist. Freilich: Diese Taten führten trotz ihrer Öffentlichkeit nicht zur Erkenntnis Jesu, weil sie nicht als Hinweise auf ihn selbst und seine Botschaft angenommen wurden. Glaubende Erkenntnis Jesu ist erst aufgrund von Kreuz und Auferstehung möglich (9,9; 15,39). In ihrem Licht den Sinn des vorösterlichen Geschehens zu erschließen, ist die Absicht des Evangelisten. Dem Leser soll deutlich werden, daß die Wunder Jesu vorlaufende verborgene Offenbarungen des Auferstandenen waren; und er soll aus ihrer Darstellung ersehen, daß auch die nachösterliche Gemeinde – wenn auch in anderer Weise – mit der wunderbaren Hilfe des Erhöhten rechnen darf.

2.5.2

Bei *Matthäus* scheinen die Wunder im Vergleich zu Markus in mehrfacher Hinsicht zurückgedrängt: Die markinischen Summarien über Jesu Wundertätigkeit werden bis auf Rudimente gestrichen (Mt 12,15f; 14,34–36), die konkreten Züge der Wundererzählungen fallen der matthäischen Kürzungstendenz zum Opfer, und – vor allem – der das Evangelium beschließende Auftrag des Auferstandenen (Mt 28,18–20) erwähnt die Wunder nicht: Allein Jesu Lehre soll Inhalt der Verkündigung der Jünger sein! Wichtig sind die Wunder für Mt als Erfüllung der alttestamentlichen Verheißung; durch sie erweist sich Jesus als der barmherzige Gottesknecht, der die Krankheit beseitigt (8,17; 12,17–21). Indem Mt der Darstellung der Lehre Jesu von der Gottesherrschaft in der Bergpredigt (Kap. 5–7) den Zyklus von 10 Wundergeschichten (Kap. 8–9) folgen läßt, läßt er erkennen, daß er Jesu Taten als Hinweise auf seine eschatologische Lehrvollmacht versteht (vgl. 4,23; 9,35!). Darüber hinaus macht er in seiner Darstellung die Wunderberichte stärker als Mk transparent für die gegenwärtige Situation der Gemeinde.

2.5.2.1

So steht sicherlich der Gedanke an die Nachfolge im Hintergrund, wenn Mt die Seesturmgeschichte (8,23–27 par Mk 4,36–41) mit den Worten einleitet: »Und als er in das Boot stieg, folgten ihm seine Jünger« (8,23), denn unmittelbar vorher stehen Nachfolgesprüche. Der Nachfolgende soll wissen, daß er, wie die Jünger der Erdentage, durch Jesus vor Bedrohungen, gleich welcher Art, geschützt wird (vgl. G.Bornkamm, in: Überlieferung und Auslegung im Matthäusevangelium [7]1975, 48–53). Wie weit dabei Mt allegorisiert, d.h. das vergangene Geschehen der Jesusgeschichte uneigentlich übertragen versteht, ist allerdings strittig.

2.5.3

Für *Lukas* gehören die Wunder Jesu zu jenen Erscheinungen, die die Jesus-Zeit zur Heilszeit machen: »Gott hat sein Volk heimgesucht« (Lk 7,16; vgl. 5,26; 4,21). Und zwar geschieht durch sie Gottes Zuwendung zu den Armen (4,18; Apg 10,38). Gott tut Wunder durch ihn (Apg 2,22), indem er ihn mit seinem Geist erfüllt (Lk 4,1.18).

2.6
Typen des Wunderverständnisses in der neueren Theologie

2.6.1

Die rationalistische Erklärung. Der theologische Rationalismus des ausgehenden 18. Jahrhunderts bemühte sich um eine Zurückführung der Wunderberichte auf natürliche, rational erklärbare Vorgänge: Ihre Historizität wurde nicht angezweifelt, lediglich ihr wunderbarer Charakter. Das Kriterium dafür setzt die rationale Welterfahrung der Gegenwart: Was für sie nicht möglich ist, kann auch historisch nicht geschehen sein!

So erklärte im 18. Jahrhundert der Heidelberger Theologe *H.E.G.Paulus* die Sturmstillungsgeschichte als eine subjektive Täuschung der Jünger. Jesus habe zu ihnen im Boot von Sturm und Wetter geredet. Plötzlich drehten sie sich um den Berg, der ihnen den Talwind abschnitt. Daraufhin machten sie sich miteinander Gedanken darüber, daß auch Wind und Meer Jesus gehorsam seien. – Hinter der Speisungsgeschichte stehe die Anweisung Jesu an seine Jünger, den Reichen in der Menge dadurch ein gutes Beispiel zu geben, daß sie ihre Proviantvorräte an die zunächst Gelagerten austeilen sollten. Dieses Beispiel habe eine Kettenreaktion ausgelöst, und es sei der Eindruck entstanden, daß Speise in Fülle vorhanden sei (A.Schweitzer, Die Geschichte der Leben-Jesu-Forschung, [6]1951, 53).

Kritik: Dieser Ansatz lebt bis in die Gegenwart weiter, so bei E.Hirsch, Frühgeschichte des Evangeliums I, 1941. Sein primärer Fehler liegt darin, daß er die moderne Welterfahrung zum Kriterium des Wirklichen und Möglichen macht. Im übrigen werden hier die Texte zu pauschal als historische Urkunden verstanden.

2.6.2

Die mythologische Erklärung. D.F.Strauß (Das Leben Jesu, I/II, 1835/36) gab dieser rationalistischen Erklärung den Abschied. Er erkannte als erster die Bedeutung der mythischen Elemente im urchristlichen Denken und das Gewicht des Wunders als Mittel des erzählerischen Hinweises: Die neutestamentlichen Erzähler hätten auf Jesus Wundermotive der Umwelt – vor allem des Alten Testaments – übertragen, um damit seine Bedeutung zum Ausdruck zu bringen. Dieser Ansatz hat Geschichte gemacht, vor allem als er sich in der Schule *Bultmanns* mit der Kerygma-Theologie verband. Seine Faszination liegt darin, daß er den Ausleger von der leidigen Frage nach der Historie dispensiert und ihm erlaubt, nach der kerygmatischen Bedeutung zu fragen.
Kritik: Dieser Ansatz dürfte dem neutestamentlichen Sachverhalt nur teilweise gerecht werden. Ein großer Teil der synoptischen Wundererzählungen ist frei von mythologischen Tendenzen. Die Erzähler sind der subjektiven Überzeugung, reale Vorgänge der Vergangenheit wiederzugeben.

2.6.3

Die anthropologische Erklärung. Sie geht aus von *L.Feuerbachs* und *S.Freuds* Religionskritik: Wundergeschichten sind demnach Projektionen unerfüllbarer Wünsche, Grenzüberschreitungen, in denen die konkreten Gegebenheiten des Daseins negiert werden. Kamen die älteren Vertreter dieses Ansatzes zu einer negativen Bewertung von Wundererzählungen im Sinne einer infantilen Regression und eines Ausbruchs aus der Wirklichkeit, so bahnt sich neuerdings bei neomarxistischen Denkern eine positive Bewertung an; das Wunder gilt hier als Transzendierung der gegebenen Verhältnisse in Richtung auf die noch nicht verwirklichten Möglichkeiten des Menschseins.

So meint *V.Gardavsky* (Gott ist nicht ganz tot, 1969, 59f), die Wunderberichte seien Modelle, in denen zum Ausdruck komme, wie menschliche Tat »den langweilig starren Lauf der aus Gegenständen bestehenden Welt« verändern könne. »Was hier geschieht, ist etwas Einzigartiges und bedeutet restlose Selbstverwirklichung. Und so erfahren wir aus den Wundern Jesu mehr über das *Wesen* der geschichtswirksamen Tat als aus den langweiligen Schilderungen dessen, was die Heroen der Antike geleistet haben.« Jesus habe den Zeitgenossen gezeigt, »daß radikale Eingriffe in den ›natürlichen Ablauf der Dinge‹ wirklich geschehen und Wunder in der Kraft des Menschen stehen können«.

Kritik: Sind diese neuen Möglichkeiten des Menschseins wirklich das gleiche, was die Wunderberichte meinen, wenn sie von Gottes endzeitlichem Heilshandeln sprechen, das, alle menschlichen Möglichkeiten transzendierend, in Jesus kommt? Wird hier nicht das Wunder aus einem Hinweis auf das Evangelium zu einem Hinweis auf das Gesetz?

2.6.4

Sozialpsychologische Erklärung. Die gleiche Frage wäre sinngemäß auch an *G.Theißen* (Urchristliche Wundergeschichten, 1974, 229–256) zu richten, der hier noch weiter geht, indem er den sozialpsychologischen Hintergrund für die Erklärung mit einbezieht. Für ihn sind urchristliche Wundergeschichten ›symbolische Handlungen‹, in denen durch Berufung auf eine Offenbarung des Heiligen die ›konkrete Negativität‹ der Welterfahrung einer bestimmten sozialen Schicht überwunden wird. Sie sind Ansätze zu einer Grenzüberschreitung und damit zu einer Überwindung der bestehenden Verhältnisse.

2.6.5

Innerneutestamentliche Relativierung. In der neueren Exegese fehlt es nicht an Versuchen, das Gewicht der Wunder durch den Nachweis ihrer Relativierung bereits innerhalb des Urchristentums herabzumindern.
So verweist man auf wunderkritische Traditionen im Neuen Testament (z.B. G.Klein, Ärgernisse, 1970, 28), vor allem bei Paulus, der zwar einige Jesusworte erwähnt, aber niemals auf Wundertraditionen anspielt und den Legitimationsnachweis durch Wunder ablehnt (2Kor 12,12). Es fehlt nicht an Versuchen, entweder Kritik der markinischen Wunderfreudigkeit bei den übrigen Synoptikern nachzuweisen oder gar bereits einen wunderkritischen Ansatz bei Markus selbst gegenüber der von ihm verarbeiteten Tradition herauszustellen (vgl. 2.5.1.2).
Kritik: Es trifft sicher zu, daß es im Neuen Testament gegenläufige Kräfte gegen einen Mirakelglauben gibt und daß das Wunder keinesfalls einen zentralen Platz im urchristli-

chen Kerygma einnimmt. Andererseits aber ist nicht zu leugnen, daß das Urchristentum mit großer Selbstverständlichkeit ›Zeichen‹ und ›Krafterweise‹ zu den die Gegenwart des Geistes begleitenden Phänomen rechnet (z.B. Röm 15,19; Hebr 2,4).

3
Vertiefung

3.1
Lektürevorschläge

3.1.1
Zur Wunderkritik des 19. Jahrhunderts: A.Schweitzer, Die Geschichte der Leben-Jesu-Forschung, [6]1951, bes. Kap. V (Paulus) und VII (D.F.Strauß).

3.1.2
Zum Wunder in der Antike: G.Delling, Zur Beurteilung des Wunders durch die Antike, in: ders., Studien zum Neuen Testament und zur hellenistischen Umwelt, 1970, 53–71.

3.1.3
Zum Zusammenhang zwischen Wunder und Glaube: G.Ebeling, Jesus und Glaube, in: ders., Wort und Glaube I, [3]1967, 203–254.

3.1.4
Zur formgeschichtlichen Analyse: R.Bultmann, Tradition, 223–259; M.Dibelius, Formgeschichte, 34–100.

3.1.5
Zum Wunderverständnis des Markus: E.Schweizer, Zur Frage des Messiasgeheimnisses bei Markus, in: ders., Beiträge zur Theologie des Neuen Testaments, 1970, 11–20.

3.2
Fragen zur Weiterarbeit

3.2.1
Welche Züge der allgemeinen Wundertopik finden sich in Mk 1,29–31; 1,40–45; 7,31–37; welche der genannten Wundergeschichten ist am stärksten, welche am wenigsten von dieser Topik geprägt?

3.2.2
Versuchen Sie, die Wunderberichte des Markus auf die Untergruppen *Exorzismen*, *Heilungen*, *Rettungswunder* zu verteilen! Wo ergeben sich dabei Überschneidungen?

3.2.3
Was ergibt sich aus Mt 8,14–17 für das Wunderverständnis des Matthäus?

3.3
Weitere Literatur

O.Bauernfeind, Die Worte der Dämonen im Markusevangelium, 1927; O.Böcher, Dämonenfurcht und Dämonenabwehr. Ein Beitrag zur Vorgeschichte der christlichen Taufe, 1970; G.Delling, Antike Wundertexte, 1960; G.Delling, Das Verständnis des Wunders im Neuen Testament, in: ders., Studien zum Neuen Testament und zur hellenistischen Umwelt, 146–159; E.Fascher, Kritik am Wunder, 1960; R.H.Fuller, Die Wunder Jesu in Exegese und Verkündigung, 1967; L.Goppelt, Theologie I, 189–206; H.J.Held, Matthäus als Interpret der Wundergeschichten, in: G.Bornkamm-G.Barth-H.J.Held, Überlieferung und Auslegung im Matthäusevangelium, ^{5}1975; R.Herzog, Die Wunderheilungen von Epidauros, 1931; J.Jeremias, Theologie I, 89–98; K.Kertelge, Die Wunder Jesu im Markusevangelium, 1970; G.Klein, Wunderglaube und Neues Testament, in: ders., Ärgernisse, 1970, 13–57; R.Pesch, Jesu ureigene Taten?, 1970; J.Roloff, Das Kerygma und der irdische Jesus, ^{2}1973, 153–172; W.Schmithals, Wunder und Glaube, 1970; E.Schweizer, Anmerkungen zur Theologie des Markus, in: ders., Neotestamentica, 1963, 93–104; G.Theißen, Urchristliche Wundergeschichten, 1974.

§ 7
Gleichnisse

1
Einführung

Gleichnisse sind in sich geschlossene sprachliche Gebilde, in denen die abbildende Funktion von Sprache in besonders qualifizierter Weise argumentativ eingesetzt wird. Die synoptische Wortüberlieferung besteht zu einem auffallend großen Teil aus Gleichnissen. Daraus ist zu schließen, daß wir es hier mit einer für Jesu Verkündigung typischen Gattung zu tun haben.
Die Auslegung der Gleichnisse Jesu ist mit einer Reihe von Schwierigkeiten verbunden:

1.1
Bei den meisten Gleichnissen ist uns der Argumentationszusammenhang, in dem sie ursprünglich durch Jesus eingesetzt worden waren, nicht mehr erhalten; wir erfahren weder, wer die ursprünglichen Hörer waren, noch mit welchen Fragen, Erwartungen und Vorurteilen sie Jesus gegenübertraten. Wie die Gleichnisse ›funktioniert‹ haben, muß also auf indirektem Wege aus ihren uns erhalten gebliebenen ›Bildhälften‹ erschlossen werden. Es kommt darauf an, die Gattungen genau zu bestimmen (2.1) und in den Gleichnissen enthaltene thematische Hinweise aufzunehmen (2.2). Dabei muß auch auf mögliche Analogien zu anderen Bereichen der Verkündigung Jesu geachtet werden.

1.2
Es ist damit zu rechnen, daß die Gleichnisse von der nachösterlichen Gemeinde in neue

Argumentationszusammenhänge eingesetzt und dabei vielfach verändert worden sind. Infolgedessen kommt es bei der Gleichnisauslegung besonders darauf an, daß durch exakte überlieferungsgeschichtliche Analysen die verschiedenen Interpretationsebenen voneinander geschieden werden (2.3).

1.3
Die Gleichnisse sind wegen ihrer Bildhaftigkeit der Teil der Jesusüberlieferung mit der intensivsten Wirkungsgeschichte. Ihre Bildelemente sind – teilweise unter Loslösung von ihrer ursprünglichen Funktion – in die kirchliche Sprache eingegangen und dort zum Allgemeingut geworden. Der Ausleger muß also zunächst versuchen, die ihm geläufigsten klischeehaften Bilddeutungen (z.B. Senfkorn = Wort Gottes; Talent = Begabung; Weinberg = Kirche) zu vergessen, um den ursprünglichen, ihm vielleicht sehr fremden Sinn der Gleichnisse begreifen zu können. Exegese biblischer Texte hat verfremdende Wirkung; sie veranlaßt dazu, das scheinbar Vertraute aus der Distanz zu sehen und es auf diese Weise neu zu erkennen. Diese verfremdende Wirkung ist in der Gleichnisexegese besonders wichtig. Wer meint, schon im vorhinein die Botschaft eines Gleichnisses genau zu kennen, wird hier leicht in die Irre gehen!

2
Entfaltung

2.1
Die Gattung der Gleichnisse und ihre Untergruppen

2.1.1
Die einfachen Formen (Vergleich und Metapher)

2.1.1.1
Das Vergleichen und Abbilden gehört zu den elementaren Funktionen von Sprache. Ständig greifen wir auf Bekanntes zurück, um Unbekanntes zu veranschaulichen, auf Konkretes, um Abstraktes zu beschreiben. Das geschieht meist unbewußt, indem wir Worte uneigentlich und im übertragenen Sinne gebrauchen, wobei wir uns an längst in Wörterbüchern aufgeführte sprachliche Konventionen halten: So sprechen wir vom ›Fuß‹ des Berges, vom ›Kopfbahnhof‹, vom ›Fettauge auf der Suppe‹ und von der ›grünen Lunge‹, ohne uns dessen bewußt zu werden, daß wir damit bestimmte Erscheinungen mit Funktion bzw. Aussehen von Teilen unseres Körpers vergleichen. Erst da, wo solches Vergleichen und Abbilden bewußt und mehr oder weniger individuell erfolgt, entstehen *Vergleiche* und *Metaphern* als eigenständige sprachliche Formen.

2.1.1.2
Der Vergleich setzt das Bild mittels einer Vergleichspartikel *neben die Sache*. Auf diese Weise wird angezeigt, in welcher Hinsicht verglichen werden soll.

»Siehe, ich sende euch wie Schafe unter die Wölfe. Seid nun klug wie die Schlangen und ohne Falsch wie die Tauben!« (Mt 10,16).

2.1.1.3

Die Metapher setzt das Bild an die Stelle der Sache. Sie gibt keinen Hinweis, in welcher Hinsicht verglichen werden soll, sondern verläßt sich auf die Kraft vorgegebener Konvention.

»Geht hin (zu Herodes) und sagt diesem Fuchs . . .« (Lk 13,32). »Ihr seid das Salz der Erde« (Mt 5,13).

Hier wird jeweils die Eindeutigkeit der Vergleichsgröße vorausgesetzt: Der Fuchs gilt eben allgemein als Prototyp der Verschlagenheit – niemand käme auf den Gedanken, daß hier etwa auf die Eleganz seiner Bewegungen oder auf die Farbe seines Fells abgehoben wird. Ähnlich hat die sprachliche Konvention den Löwen zum Prototyp der Stärke, die Nachtigall zum Prototyp der begabten Sängerin gemacht.

2.1.1.4

Von da her ergibt sich auch eine gewisse *funktionale Differenz zwischen Vergleich und Metapher*: Die Metapher will einen bereits vorausgesetzten *Konsensus* zwischen Gesprächspartnern artikulieren; sie hat Verweischarakter. Der Vergleich dagegen will einen Konsensus im Verständnis eines bestimmten Sachverhalts erst herbeiführen, indem er den Partner einlädt, sein Urteil über einen ihm bekannten und verständlichen Sachverhalt auf einen anderen, ihm weniger vertrauten Sachverhalt zu übertragen. Der Vergleich hat somit argumentativen Charakter.

2.1.1.5

Die biblischen Gleichnisse sind durchweg aus diesen einfachen Formen des Vergleichs und der Metapher entwickelt. Sowohl das hebr. Wort *mašal* (= Spruch, der etwas bedeutet, Weisheitsspruch, Vergleich, Rätsel) wie auch das griech. Wort παραβολή (= das Nebeneinanderstellen, die Vergleichung) bezeichnen pauschal *bildliche Rede im weitesten Sinn*, vom einfachen Vergleich über das Sprichwort und Weisheitswort bis hin zur ausgeführten Gleichniserzählung, Beispielerzählung und Allegorie (enger in seinem Bedeutungsradius ist der johanneische Begriff παροιμία [= Rätselspruch]). Aufgrund formgeschichtlicher und stilkritischer Beobachtungen ist uns jedoch innerhalb dieses Gesamtkomplexes biblischer Gleichnisse eine Differenzierung möglich.

2.1.2

Das Gleichnis. Unter Gleichnis im *engeren Sinn* versteht man einen ausgeführten Vergleich, der sich nicht nur auf einen einzelnen Begriff beschränkt, sondern einen vergleichsfähigen Gegenstand oder Sachverhalt in einem oder mehreren Sätzen beschreibt. Mit *A.Jülicher* (Gleichnisreden Jesu, I, ^{2}1910 [Neudr. 1963], 80) definieren wir das Gleichnis im engeren Sinn »als diejenige Redefigur, in welcher die Wirkung eines Satzes (Gedankens) gesichert werden soll durch Nebenstellung eines ähnlichen, einem anderen Gebiet angehörigen, seiner Wirkung gewissen Satzes«.

2.1.2.1

Die einfachste Form des Gleichnisses ist das *Bildwort*:

»Ihr seid das Licht der Welt. Eine Stadt, die hoch auf dem Berge liegt, kann nicht verborgen bleiben« (Mt 5,14) – »Jeder gute Baum trägt gute Früchte, doch jeder morsche Baum trägt schlechte Früchte. Unmöglich kann ein guter Baum schlechte Früchte und ein morscher Baum gute Früchte tragen« (Mt 7,17f). Im ersten Fall wird die Tatsache, daß die Jünger Jesu in ihrer Umwelt nicht verborgen bleiben können und unweigerlich bei ihrem Jüngersein behaftet werden, durch die Unmöglichkeit, eine hochgelegene Stadt zu verbergen, beleuchtet. Im zweiten Fall wird der Zusammenhang zwischen Sein und Verhalten in der Jüngergemeinschaft durch den naturhaften Vorgang des Fruchtbringens des gesunden Baumes und der Ertragslosigkeit des kranken veranschaulicht.

2.1.2.2

Das Gleichnis kann aber auch die Form einer *ausgeführten Erzählung* haben, die einen alltäglichen, allgemein einsichtigen und selbstverständlichen Vorgang beschreibt. »Das Bild im Gleichnis ist der jedermann zugänglichen Wirklichkeit entnommen, weist hin auf Dinge, die jeden Tag geschehen, auf Verhältnisse, deren Dasein der schlechteste Wille anerkennen muß« (Jülicher, aaO 93).

Beispiele solcher Gleichnisse, die von alltäglichen und allgemein einsichtigen Vorgängen berichten, sind Lk 15,4–10 (die Freude über das Wiederfinden von Verlorenem); Mt 13,33 (die unausweichliche Wirkung des Sauerteigs); Mk 4,30ff (das unaufhaltsame Wachstum des Senfkorns).

Die Selbstverständlichkeit der von ihm in den Gleichnissen erzählten Vorgänge unterstreicht Jesus vielfach, indem er das zustimmende Urteil der Hörer mit der Frage herausfordert: »Wer unter euch . . .?« (Lk 15,4; 17,7 u.ö.).

2.1.3

Die Parabel. Anders als das Gleichnis erzählt die Parabel einen einmaligen, durch seine Umstände und die Handlungsweise der beteiligten Personen aus dem Rahmen fallenden Vorfall. »Nicht, was jeder tut, was gar nicht anders sein kann, wird uns vorgehalten, sondern was einmal jemand getan hat, ohne zu fragen, ob andere Leute es auch so machen würden« (Jülicher, aaO, 93). Ziel des Parabelerzählers ist es gerade nicht, den Gesprächspartner von etwas Selbstverständlichem, unmittelbar Einsichtigem zu überführen, sondern vielmehr, ihn zum Verstehen der ungewöhnlichen Vorgänge und Verhaltensweisen innerhalb des Erzählten zu bringen und ihn daraufhin zur Übertragung des so gewonnenen Verständnisses auf die gemeinte Sache zu überreden. Genaugenommen wird die Parabel einen *zweistufigen Verstehensprozeß* auslösen: Auf der ersten Stufe soll der Hörer zu einer Stellungnahme zum Erzählungsinhalt veranlaßt werden, auf der zweiten Stufe soll er dann zu Folgerungen, die meist seine eigene Situation betreffen, gelangen. Diese Funktionsweise der Parabel läßt sich eindrucksvoll an der Natanserzählung (2Sam 12,1–14) ablesen: David wird durch die Erzählung von dem extremen Unrecht, das dem armen Mann durch die Wegnahme seines einzigen Schafes widerfuhr, zu einer entrüsteten Stellungnahme herausgefordert. Durch Natans »Du bist der Mann!« wird ihm aber alsbald deutlich, daß er durch diese Entrüstung sich selbst das Urteil gesprochen hat, denn er hat ja analoges Unrecht dem Uria zugefügt.

Klassische Parabeln Jesu sind Mt 20,1–16 (vom gütigen Weinbergsbesitzer); Mt 21,28–31 (von den zwei Söhnen); Lk 15,11–32 (von der Rückkehr des verlorenen Sohnes) und Lk 16,1–8 (vom ungerechten Haushalter).

2.1.4

Die Beispielerzählung. Sie ist der Parabel formal darin verwandt, daß auch sie einen besonderen, nicht alltäglichen Vorgang berichtet und den Hörer zur Identifikation und zum Verstehen einlädt. Der Unterschied besteht jedoch darin, daß sie keine Übertragung vom Bild auf die Sache erfordert. Bild und Sache fallen ineinander. Genauer gesagt: Das Bild führt die gemeinte Sache an einem konkreten praktischen Fall vor. Die Beispielerzählung intendiert also nur einen *einstufigen Verstehensprozeß*. So führt Lk 10,29–37 unmittelbar vor Augen, was Jesus unter Liebe versteht, und mündet in die direkte Weisung: »So geh auch du hin und tue genauso!«

Die Jesusüberlieferung enthält vier Beispielerzählungen, die sämtlich dem lukanischen Sondergut angehören: Lk 10,29–37 (vom barmherzigen Samariter), 12,16–21 (vom törichten Reichen), 16,19–31 (vom reichen Mann und armen Lazarus), 18,9–14 (vom Pharisäer und Zöllner).

2.1.5

Die Allegorie. Sind Gleichnis, Parabel und Beispielerzählungen aus dem Vergleich entwickelt, so *ist der Ausgangspunkt der Allegorie die Metapher*. Formal stellt sie sich dar als Erzählung, in der eine Reihe von Zügen durch Metaphern ersetzt worden sind, so daß sie bei wörtlichem Verständnis keinen klaren Sinn zu geben vermag. Verständlich wird eine Allegorie erst, wenn man anstelle der Metaphern das von ihnen eigentlich Gemeinte einsetzt. Das heißt aber zugleich: Verstehen kann die Allegorie nur, wer das von ihr Gemeinte bereits im vorhinein kennt. Ihr Ziel ist es, durch die metaphorische Verfremdung die Tiefendimension des Erzählten aufzudecken. Weil dies nur bei den Eingeweihten und Wissenden erreicht werden kann, während diejenigen, die das Gemeinte nicht vorab kennen, nicht angesprochen werden, *wirkt die Allegorie nicht kommunikativ, sondern exklusiv*.

Eine klassische Allegorie aus dem Alten Testament ist die Fabel von der Zeder und den beiden Adlern (Ez 17,1–10). Für sich selbst gelesen, ist sie sinnlos; erst der beigegebene Deuteschlüssel (Ez 17,12–24 enthüllt die Bedeutung, indem er ihre Einzelheiten Zug um Zug als Metaphern erschließt (der Adler = der König Nebukadnezar; die Libanonzeder = das Davidshaus; die Wegnahme des Zedernwipfels = die Entführung des Königs Jojachin; das Krämerland = Babel usw.).

Die ursprüngliche Jesusüberlieferung enthält nach übereinstimmendem Urteil der heutigen Forschung keine ausgeführten Allegorien, sondern lediglich einzelne metaphorische Züge im Rahmen von Gleichnissen und Parabeln (vgl. 2.2.5). Hingegen hat die nachösterliche Gemeinde Allegorien gebildet (Mk 4,13–20 par; Mt 13,37–43) bzw. Gleichnisse Jesu sekundär zu Allegorien umgestaltet (Mk 12,1–12).

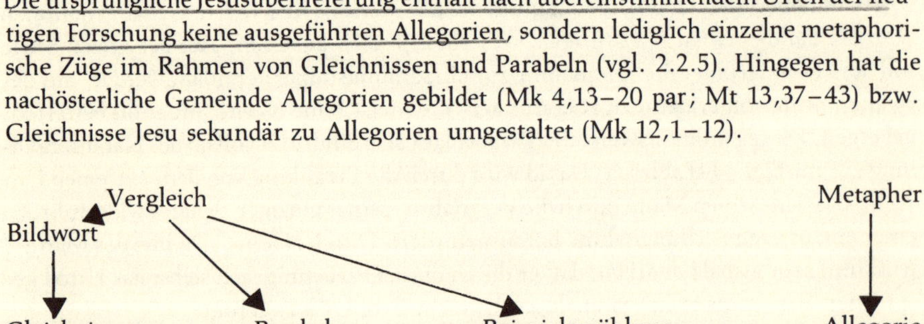

2.2
Die Gleichnisse im Kontext der Verkündigung Jesu

2.2.1
Die Gottesherrschaft. Die ältere Forschung sah in Jesu Gleichnissen vorwiegend Zeugnisse seines didaktischen Bemühens, von Jenseitig-Abstraktem anschaulich und volkstümlich zu reden. Aber der große Raum, den die Gleichnisse in der Jesusüberlieferung einnehmen, wie auch ihr auffallend einheitliches Gepräge nötigen zu einer anderen Erklärung. Jesus scheint diese ihm eigene Form des Redens in Gleichnissen, für die es im zeitgenössischen Judentum kaum wirkliche Analogien gibt, deshalb entwickelt zu haben, weil sie dem Inhalt seiner Botschaft gemäß war. Die Gleichnisse gehören nach Form und Inhalt in den Zusammenhang seiner Verkündigung von der Gottesherrschaft. »Die Basileia (= Gottesherrschaft) kommt *im* Gleichnis *als* Gleichnis zur Sprache. Die Gleichnisse Jesu bringen die Gottesherrschaft *als* Gleichnis zur Sprache« (E.Jüngel, Paulus und Jesus, [4]1972, 135).
Dies bestätigt sich, wenn man Aussagen Jesu über die Gottesherrschaft außerhalb der Gleichnisse heranzieht und sie mit *zeitgenössischen jüdischen Stellungnahmen* vergleicht.

2.2.1.1
Die Vorstellung von der Königsherrschaft Gottes hat ihre Wurzeln in alttestamentlichen kultischen Traditionen (Ps 47; 93; 96–99) und – vor allem – in der nachexilischen Profetie. Gemeint ist damit ein eschatologisches Geschehen: In der Endzeit wird Gott sich selbst gegenüber seiner Schöpfung durchsetzen; er wird Israel um den erneuerten Ort seiner Heilsgegenwart, den Zion, sammeln, endgültig heil werden lassen, und er wird die Weltvölker zur Anerkennung seiner Herrschaft überwinden. Klassischer Ausdruck solcher Erwartung ist Jes 52,7–10.
Zur Zeit Jesu war diese Vorstellung in zwei Ausprägungen – die sich freilich in der Praxis vielfach nicht voneinander scheiden ließen – lebendig:

- Das pharisäische Judentum erwartete die Gottesherrschaft als endgültige Durchsetzung des göttlichen Willens im *Gesetz*. Sie galt zwar als eine zukünftige Größe, insofern sie öffentlich manifest werden wird in der kommenden Herrschaft des Davidssohn-Messias. Zugleich konnte man jedoch von einer *verborgenen Gegenwart der Gottesherrschaft* sprechen, und zwar da, wo jetzt schon das Gesetz erfüllt wurde! Der Gott dienende, das Gesetz beobachtende Jude nimmt »das Joch der Himmelsherrschaft auf sich«, d.h., er bekennt sich zum Monotheismus und zur Tora. Ja, durch seinen Gesetzesgehorsam trägt er zu einer baldigen sichtbaren Durchsetzung der Gottesherrschaft bei. Im Schlußgebet des Synagogengottesdienstes, dem Qaddisch, heißt es: »Verherrlicht und geheiligt werde sein großer Name in der Welt, die er nach seinem Willen schuf. Er lasse herrschen seine Königsherrschaft zu euren Lebzeiten . . . und zu Lebzeiten des ganzen Hauses Israel in Eile und Bälde. Gepriesen sei sein großer Name von Ewigkeit zu Ewigkeit. Und darauf saget: Amen« (Jeremias, Theologie I, 192).
- Die *Apokalyptik* erwartete die Gottesherrschaft von Gottes unmittelbarem Eingreifen in der Endzeit: Nach Zeiten der sich steigernden Drangsal für die Frommen und hybrider Machtentfaltung der Weltmächte wird Gott den bisherigen Weltbestand in einer kosmischen Katastrophe vernichten und eine heilvolle neue Schöpfung heraufführen, an der die durch das Gericht hindurchgegangenen Frommen Anteil bekommen sollen. »Und dann wird seine Königsherrschaft über alle seine Kreatur erscheinen, dann wird der Teufel ein Ende haben . . .; denn der höchste Gott wird sich erheben . . . und wird offen hervortreten, um die Heiden zu strafen. Dann wirst du glücklich sein, Israel!« (Ass Mos 10,1ff). Die Gottesherrschaft ist hier rein zukünftig, aber die Frommen erhalten schon in der Gegenwart durch die geheimen Gesichte apokalyptischer Seher Kunde von Gottes Geschichtsplan und können so die Weltstunde errechnen. Sie lernen die Zeichen der Zeit deuten als Vorzeichen der nahen Wende (vgl. R.Schnackenburg, Gottes Herrschaft und Reich, [4]1965, 23–47).

2.2.1.2

Jesus teilt mit der *Apokalyptik* die Erwartung eines zeitlich nahen, unmittelbaren Eingreifens Gottes. Auch er lehrt die ›Zeichen der Zeit‹ erkennen (z.B. Mk 13,28f.; Mt 10,23; Lk 21,25ff). Aber er gibt keinen Geschichtsplan auf das Ende hin, sondern lehnt das der Apokalyptik eigentümliche Rechnen mit Fristen ab (Lk 17,20).
Jesus teilt mit dem *Pharisäismus* den Gedanken, daß die Gottesherrschaft bereits in der Gegenwart wirksam sei. Aber er verbindet ihn gerade nicht mit dem Gesetz! Ihr gegenwärtiges Wirksamwerden hängt nicht am Handeln des Menschen, sondern an einem dem Menschen unverfügbaren Geschehen. »Wenn ich aber durch den Finger Gottes die Dämonen austreibe, ist Gottes Herrschaft schon zu euch gelangt« (Lk 11,20 par Mt 12,28). »Die Gottesherrschaft kommt nicht so, daß man sie beobachten kann; man wird auch nicht sagen: Hier oder dort! Denn die Gottesherrschaft ist unter euch!« (Lk 17,20f).

2.2.1.3

Man wird aufgrund dieser Zeugnisse sagen können: Die Gottesherrschaft ist für Jesus die endzeitliche Selbstdurchsetzung Gottes, deren sichtbare Verwirklichung zwar erst in naher Zukunft erfolgen wird, die aber bereits in der Gegenwart durch Jesu Tun und Reden nach den Menschen greift. Sie ist keine dem Menschen verfügbare Größe – man kann sich ihrer weder durch nachrechnendes Beobachten des Weltgeschehens noch durch Gesetzeserfüllung bemächtigen –, sondern ein Geschehen, in dem der Mensch es unmittelbar mit Gottes Nahesein zu tun bekommt. Wenn Jesus seinen Hörern Gleichnisse erzählt, dann bekommen sie es mit ebendiesem Geschehen zu tun!

2.2.2

Der Kommunikationsprozeß. Die Gleichnisse sind Vollzugsmedien eines Kommunikationsprozesses. Jünger und Gegner, Gerechte und Sünder werden durch sie mit der Gottesherrschaft so konfrontiert, daß sie um eine Stellungnahme nicht herumkommen: Werden sie dem von Jesus vertretenen endzeitlichen Handeln Gottes recht zustimmen, ihm unter Preisgabe aller Vorverständnisse recht geben, oder nicht? Jesus liefert in seinen Gleichnissen weder objektivierbare Informationen über Gott und seine Herrschaft noch deduziert er allgemein einsichtige Wahrheiten. Er fordert vielmehr zu einer persönlichen Stellungnahme heraus.
Diese Stellungnahme kann positiv oder negativ ausfallen: positiv, wenn der Hörer sich bereit findet, von dem im Gleichnis angebotenen Bild her die gemeinte Sache zu verstehen; negativ, wenn er das im Gleichnis gebotene Bild als seinem eigenen Vorverständnis der Sache unangemessen verwirft. So wird der Hörer des Gleichnisses vom verlorenen Sohn vor die Alternative gestellt: Darf man Gottes Handeln am Sünder (wie es Jesus in seinem Verhalten vertritt) in Analogie zu dem Handeln des liebenden Vaters verstehen, der in der Freude über die Rückkehr des Sohnes – alle Maßstäbe von Würde und Gerechtigkeit vergessend – diesem entgegeneilt, um ihn bedingungslos aufzunehmen (Lk 15,20)? Oder ist dieses Bild unangemessen und blasphemisch, weil es die Würde und Gerechtigkeit Gottes verletzt?
Weil Jesu Gleichnisse vom Hörer diese Stellungnahme verlangen, darum wirken sie – wie sein ganzes Handeln – *zugleich kommunikativ und scheidend*. Ihnen zuzustimmen

bedeutet, sich auf die Gottesherrschaft, wie Jesus sie vertritt, einzulassen und ihr Raum zu geben. Sie abzulehnen heißt, sich der Gottesherrschaft zu versagen.

2.2.2.1
Insofern trifft die markinische Verstockungstheorie (Mk 4,11f) etwas Richtiges. Sie verkennt freilich, daß die Scheidung gerade nicht durch den geheimnisvoll-esoterischen Sinn der Gleichnisse, sondern – ganz im Gegenteil – durch deren Eindeutigkeit und Verständlichkeit hervorgerufen wird.

2.2.3
Die christologische Bedeutung. Von da her wird deutlich, daß eine enge Korrespondenz zwischen Jesu Gleichnissen und seinem Verhalten besteht. Was Jesus in seinen Taten wirkt, kommt in den Gleichnissen in für die Hörer unausweichlicher Weise zur Sprache. Wenn er den Sündern Gottes Gemeinschaft zuspricht (Mk 2,17; Lk 7,48 u.ö.), wenn er dem Gesetz der Väter sein »Ich aber sage euch . . .« entgegensetzt (Mt 5,21–48; vgl. § 9,2.2.1), so nimmt er damit Gottes Autorität in einer bis dahin unerhörten Weise in Anspruch. Die Gleichnisse artikulieren dies, indem sie dazu auffordern, sich auf Gottes Handeln, auf das sich Jesus mit seinem Verhalten beruft, einzulassen. Sie stellen Gottes Herrschaft und damit zugleich Jesus selbst zur Diskussion.

2.2.4
Hörergruppen und Situationen. Weil Jesu Gleichnisse Vollzugsmedien von Kommunikationsprozessen sind, darum gehört zu ihrer Auslegung auch der Versuch der Rekonstruktion der weiteren für diese Kommunikationsprozesse konstitutiven Faktoren. So ist zu fragen: Wer waren die Adressaten? Worin bestand ihr Urteil bzw. Vorurteil gegenüber Jesus und der Gottesherrschaft? Welche Redesituation ist vorausgesetzt? Auch wenn uns die meisten Gleichnisse abgelöst von ihrer Ursprungssituation überliefert sind, sind doch Rückschlüsse vom Inhalt her möglich. Und zwar ergeben sich von da her folgende Gruppen von Gleichnissen:

2.2.4.1
Als Antworten Jesu an seine jüdischen Gegner und Kritiker lassen sich die Gleichnisse verstehen, die um das Thema *Sünder und Gerechte* kreisen und Gottes Freude über die Umkehr des Verlorenen herausstellen: Mt 20,1–15 (Gütiger Arbeitsherr); 21,28–31 (Ungleiche Söhne); Lk 7,41f (Zwei Schuldner); 15,1–32 (Drei Gleichnisse vom Verlorenen); 18,9–14 (Pharisäer und Zöllner).

2.2.4.2
An Israel, vor allem seine Führer, die sich und andere in falscher Sicherheit wiegen, wenden sich jene Gleichnisse, die *vom Ernst der Stunde* handeln und dazu aufrufen, mit der *Nähe des Gerichts* zu rechnen (Krisisgleichnisse): Lk 12,16–20 (Reicher Kornbauer); 12,42–46 (Treuer Knecht); 13,24–30 (Verschlossene Tür); 14,16–24 (Großes Gastmahl); Mt 25,1–12 (Zehn Jungfrauen).

2.2.4.3
Vermutlich *die Jünger* sind angeredet in den *Wachstumsgleichnissen*. Hier geht es um

den Zuspruch von Trost und Hoffnung angesichts der sich trotz ihrer gegenwärtigen Verborgenheit unaufhaltsam durchsetzenden Gottesherrschaft: Mk 4,2–9 (Säemann); Mk 4,30–32 (Senfkorn); Mt 13,24–30 (Unkraut unter dem Weizen); Mt 13,33.44.45f (Sauerteig, Schatz, Perle).

2.2.4.4

Ebenfalls an die *Jünger* wenden sich jene Gleichnisse, die zu einem *neuen Verhalten*, das der Gottesherrschaft gemäß ist, aufrufen: Mt 18,23–35 (Schalksknecht); Lk 10,30–37 (Barmherziger Samariter); 14,28–32 (Vom Turmbau und Kriegführen); 16,19–31 (Reicher Mann und armer Lazarus); ferner zahlreiche Bildworte (z.B. Mt 5,13–16; 7,18ff.24–27).

2.2.5

Zur Frage allegorischer Elemente bei Jesus. Weil Jesu Botschaft von der Gottesherrschaft auf Verstehen und Kommunikation angelegt ist, konnte die ihrem Wesen nach esoterische Allegorie für sie kein geeignetes Instrument sein. Jesus wollte nicht verhüllen, sondern verständlich machen! Trotzdem sollte man (gegen A. Jülicher und J. Jeremias) zugestehen, daß Jesu Gleichnisse eine Reihe von allegorischen Elementen enthalten. Genauer gesagt: Es handelt sich um eine Reihe *metaphorischer Züge*, die durchweg der religiösen Sprache Israels entstammen und deshalb für den in dieser Sprache eingeübten Hörerkreis nicht verhüllend wirkten, sondern – im Gegenteil – für ihn deutliche Hinweise auf die jeweilige Gleichnisspitze waren.

Vater und *Hirte* sind stehende Metaphern für Gott; der *Ölbaum* steht für Israel (Jer 11,6; äthHen 10,16; Jud 1,16), die *Ernte* für das Weltgericht; der *Weinberg* weist hin auf Israel (Jes 5,1–7), der ihn pflanzende und betreuende Besitzer legt den Gedanken an Gott nahe (Lk 13,6–9; Mk 12,1–12).

Hinsichtlich ihrer Funktion könnte man diese metaphorischen Züge *Motivbilder* nennen. Indem Jesus sie gebraucht, verankert er seine Verkündigung in dem größeren Bezugsrahmen des bisherigen von Israel erfahrenen Heils- und Gerichtshandelns Gottes.

2.3
Die Überlieferungsgeschichte der Gleichnisse

Der Wechsel der Situation vom vorösterlichen Wirken Jesu zur nachösterlichen Gemeinde hat in der Überlieferung der Gleichnisse besonders tiefe Spuren hinterlassen. Die Urkirche bewahrte die Gleichnisse zwar treu und machte sie zum *Grundstock ihrer Unterweisung*, weil sie sie als Worte des Herrn ehrte. Sie mußte jedoch bei ihrem Umgang mit ihnen zwei Tatsachen Rechnung tragen:

- Die ursprüngliche *Situation* im Erdenwirken Jesu, der die Gleichnisse mit ihrer Funktion eingepaßt waren, war nicht mehr vorhanden, ja, war weithin unverständlich geworden. So war z.B. die Begründung und Verteidigung des Handelns Jesu gegenüber jüdischen Gegnern und Kritikern, zumal für Heidenchristen, kein aktuelles Thema mehr. Die Gleichnisse mußten also auf eine neue Situation ausgerichtet werden.

- Der *Zuhörerkreis* hatte sich gewandelt. Die Gleichnisse dienten nunmehr der innergemeindlichen Unterweisung. An die Stelle der Konfrontation mit der Sache der Gottesherrschaft trat demgemäß vielfach die Einübung und Befestigung im Glauben. Demgemäß entwickelte sich die Gleichnisüberlieferung in zwei Richtungen, die sich freilich im einzelnen vielfach überlagerten. Es kam zur *Allegorisierung* und *Paränetisierung*.

2.3.1

Die *Allegorisierung* geht konsequent davon aus, daß die Gleichnisse esoterische Lehren seien, die, den Außenstehenden völlig unverständlich, nur von den Eingeweihten entschlüsselt werden können. Die bereits Wissenden sollen aus ihnen Vertiefung und Bestätigung ihres Wissens gewinnen. Die sog. ›Parabeltheorie‹ des Markus (Mk 4,11f.33) ist die prägnanteste Formulierung dieses Ansatzes: Demnach hätte Jesus selbst in unverständlichen Gleichnissen zum Volk gesprochen, um es zu verstocken, während er den Jüngern anschließend die Auflösung gab.

Wir haben zwei in diesem Sinn von der Gemeinde angehängte allegorische Deutungen beim Säemannsgleichnis (Mk 4,13–20 par) und beim Gleichnis vom Unkraut unter dem Weizen (Mt 13,37–43), die durch metaphorische Auflösung von Einzelheiten (Mt 13,37ff): »der Säemann = der Menschensohn«, »der Acker = die Welt«, »der gute Same = die Söhne des Reiches«, »das Unkraut = die Bösen« den Gleichnissen eine Tiefenschau der gegenwärtigen Gemeindesituation abgewinnen. Andere Gleichnisse sind durch Erweiterungen des Textes allegorisiert worden; so wurde z.B. aus dem Krisisgleichnis vom großen Gastmahl, Lk 14,16–24, in Mt 22,2–10 auf diese Weise ein Panorama der gesamten Heilsgeschichte.

2.3.2

Die *Paränetisierung* will dem Gleichnis Normen für das christliche Verhalten abgewinnen. So sind eine Reihe von Gleichnissen durch redaktionelle Zusätze zu Beispielerzählungen umfunktioniert worden.

Matthäus rahmt das Gleichnis vom gütigen Arbeitsherrn (Mt 20,1–15) durch das Logion: »So werden die Letzten zu Ersten und die Ersten zu Letzten« (Mt 20,16 = 19,30) und macht es damit zur Mahnung zu christlicher Demut: Am Jüngsten Tag wird die Rangordnung hier in der Welt umgekehrt! Das Gleichnis von der Freude über das verlorene Schaf (Lk 15,4–7) wird in Mt 18,12–14 durch die Hinzufügung von V. 14 (»So ist es auch nicht eures himmlischen Vaters Wille, daß eines von diesen kleinen [scil. Gemeindegliedern] verlorengehe«) zu einer Verhaltensregel für Gemeindeleiter.

2.4
Stationen der Geschichte der Gleichnisauslegung

2.4.1

Von der Alten Kirche bis zum Ende des 19. Jahrhunderts herrschte die *allegorische Auslegungsmethode*. Ihr *Vorverständnis*: Die Gleichnisse sind geheime Belehrungen für die Kirche, in denen die Gesetzmäßigkeiten der Heilsaneignung des einzelnen Christen und – vor allem – der Gang der Heilsgeschichte zum Ausdruck kommen. – Ihr *Ziel*: möglichst viele Einzelzüge durch Übertragung zu entschlüsseln.

Nach *Tertullian* ist in Lk 15,11–32 das vom verlorenen Sohn verpraßte Vermögen des Vaters die natürliche Gotteserkenntnis; der Bürger, an den er sich hängt, der ›Fürst dieser Welt‹; die Schweine, die er hütet, sind die Dämonen; das Kleid, das der Vater ihm bringen läßt, ist der Zustand der Gottesebenbildlichkeit, den Adam durch seine Übertretung verloren hatte; und das geschlachtete Mastkalb ist Hinweis auf den im Herrenmahl genossenen Leib Christi! (Weitere Beispiele bei Jülicher, aaO, I, 203–322.)

2.4.2

A.Jülicher (Die Gleichnisreden Jesu, I/II., [2]1910) brach radikal mit der allegorischen Auslegung: Die Gleichnisse sind verständlich, sie wollen nicht verhüllen, sondern verdeutlichen: »Illustrare ist die Tendenz des Gleichnisses, nur das Illustre, was wirklich in luce steht, kann durch den Verstand den widerstrebenden Verstand bezwingen« (aaO, I, 73). Ausgehend von der Rhetorik und Logik des *Aristoteles*, bestimmt er das Gleichnis als durch die Ähnlichkeit zweier als logische Urteile verstandener Sätze konstituiert; es ist für ihn ein Beweismittel, das den Hörer durch Rekurs auf einen ihm einsichtigen Satz zum Verständnis eines anderen, damit verwandten Satzes führen soll. Er definiert das Gleichnis als die »Redefigur, in welcher die Wirkung eines Satzes (Gedankens) gesichert werden soll durch Nebenstellung einer auf anderem Gebiet ablaufenden, in ihrer Wirkung gewissen erdichteten Geschichte, deren Gedankengerippe dem jenes Satzes ähnlich ist« (ebd., I, 80). Die Gleichnisse sind demnach Träger einfacher, mehr oder weniger allgemeingültiger religiös-sittlicher Gedanken. Ihr Bezug auf Person und Sendung Jesu spielt fast keine Rolle.

2.4.3

Dagegen wendet *P.Fiebig* (Die Gleichnisreden Jesu im Lichte der rabbinischen Gleichnisse des neutestamentlichen Zeitalters, 1912) ein: »Jesus war kein Philosoph« (126), sondern ein Jude seiner Zeit. Seine Gleichnisse lassen sich nicht auf eine einzige Pointe, einen einzigen Vergleichspunkt festlegen. Sie sind reicher und beweglicher.

2.4.4

R.Bultmann (Tradition, 192ff) unterzog die Form der Gleichnisse einer Analyse und wies stereotype Erzähltechniken und Stilelemente auf: *Knappheit der Erzählung*, *szenische Zweiheit*, reiche Verwendung der *direkten Rede* und des *Selbstgesprächs*, *Achtergewicht*, *Gegenüberstellung von Typen* usw. – Er erkannte auch die »eschatologische Stimmung« der meisten Gleichnisse, freilich ohne für die Auslegung daraus Folgerungen abzuleiten (ebd., 222).

2.4.5

C.H.Dodd (The Parables of the Kingdom, 1935) folgte dieser Einsicht und führte zugleich über Jülichers Rationalisierung und Moralisierung hinaus, indem er zeigte: Die Gleichnisse haben mit der Gottesherrschaft zu tun, die wiederum mit Jesu Wort und Wirken verbunden ist. Daß die Gottesherrschaft einerseits gegenwärtiges Faktum, andererseits jedoch erst Gegenstand der Hoffnung ist, ist die grundlegende Spannung des Wirkens Jesu; sie konstituiert auch den ›Sitz im Leben‹, von dem her die Gleichnisse gedeutet werden müssen. Sie wollen bei den Zeitgenossen um Verständnis für die Nähe der Gottesherrschaft werben und ihnen einschärfen, daß an ihrem Verhalten in der Gegenwart die unwiderrufliche Entscheidung fällt.

2.4.6

J.Jeremias (Die Gleichnisse Jesu, [8]1970) kommt in der Weiterverfolgung dieses Ansatzes zu der methodischen Forderung, die Gleichnisse seien »aus dem Sitz im Leben und Denken der Urkirche« wieder herauszunehmen, und es sei »der ursprüngliche Ort im Leben Jesu wiederzugewinnen«, denn nur so könne der »Urklang der Gleichnisse« gefunden und der Hörer – auch heute – zur Stellungnahme zu Jesu Person und Sendung herausgefordert werden (ebd., 19.227). Die Gleichnisse seien Veranschaulichung, Demonstration, Verteidigung dessen, was im Wirken Jesu geschah. Sie haben, abgelöst von dem, was sie illustrieren sollen, keinen Sinn.

2.4.7

Im Horizont einer der existentialen Interpretation verpflichteten Hermeneutik steht die Gleichnisauslegung bei *E.Fuchs* (Zur Frage nach dem historischen Jesus. Ges. Aufsätze II, 1960; Marburger Hermeneutik, 1968, bes. 230ff), *E.Linnemann* (Gleichnisse Jesu. Einführung und Auslegung, [5]1969) und *E.Jüngel* (Paulus und Jesus, 1962). Ihnen ist gemeinsam, daß sie Jesu Gleichnisse nicht nur als Illustrationen der Botschaft von der Gottesherrschaft, sondern als *Sprachereignisse, in denen diese Botschaft zum Menschen kommt*, nicht nur als Werkzeuge, sondern als die Sache selbst begreifen möchten: Form und Inhalt lassen sich nicht trennen.

2.4.7.1

So betont *Fuchs*, daß die Sprache der Verkündigung Jesu dem Wesen des zu Verkündigenden, d.h. der Gottesherrschaft, entspreche: Die Gleichnisse Jesu bringen die Gottesherrschaft *als* Gleichnis zur Sprache. Das geschieht, indem in dem Sprech- und Argumentationsprozeß Jesu ein Geschehen in Gang kommt, das den Hörer einbezieht und ihn, indem es ihm Verstehen ermöglicht, mit Jesus in der Gottesherrschaft zusammenschließt. *Fuchs* sieht – nicht anders als *Jeremias* – im Verhalten Jesu den Rahmen der Gleichnisse; der Unterschied besteht jedoch darin, daß er dieses Verhalten nicht historisierend auf konkrete Situationen (Auseinandersetzung mit Gegnern; Verteidigung seines Wirkens usw.) hin deutet, sondern in ihm ein eschatologisches Phänomen sieht: Jesus ist existentiell auf die Zukunft als Gottes Tat ausgerichtet – er fordert im Gleichnis den Hörer auf, sich wie er auf diese Zukunft einzulassen!

2.4.7.2

Linnemann geht der Funktion der Gleichnisse als Argumentationsprozesse nach und legt besonderes Gewicht auf ihren kommunikativen Charakter, indem sie etwa zeigt, daß auch »das Urteil der Hörer über die Situation . . . in der Parabel seinen Niederschlag« findet (aaO, 35).

2.4.7.3

Während Fuchs und Linnemann grundsätzlich an Jülichers Unterscheidung von Bild- und Sachhälfte festhalten, radikalisiert *Jüngel* die existentiale Interpretation, indem er diese Unterscheidung ablehnt. Er sieht in den Gleichnissen »von einem ›primum comparationis‹ her entworfene Sprachformen«. Das Gleichnis sammelt einzelne Erzählungszüge auf einen Punkt hin und sammelt damit zugleich den Menschen, den es anspricht. Es »führt so den Gesammelten auf die ihn ansprechende Pointe zu, die zur jeweiligen Pointe seiner Existenz werden soll« (aaO, 136). Es illustriert nicht Jesu Verhalten, so daß dieses als Vorbedingung des Verstehens rekonstruiert werden müßte – vielmehr ist umgekehrt das Verhalten Jesu ein »Kommentar seiner Gleichnisse« (aaO, 139).

Hier mag ein wichtiger theologischer Aspekt getroffen sein – aber darf man die Gleichnisse in dieser Weise aus ihrem historischen und soziologischen Kontext lösen?

2.4.8
Völlig neue Wege versucht, existentiale Interpretation und moderne literaturwissenschaftliche Technik verbindend, *D.O.Via* (Die Gleichnisse Jesu. Ihre literarische und existentiale Dimension, 1970) zu gehen. Er betrachtet die Gleichnisse als autonome literarische Kunstwerke, als »reale ästhetische Objekte«, und fordert für ihre Auslegung »ein Abrücken von einer Methodik, die die Gleichnisse in strenger Verbindung mit Jesu historischer Situation interpretiert« (ebd., 9). Wir brauchen nicht zu wissen, »was das Vorverständnis der ursprünglichen Hörer war«. Denn in einem autonom literarischen Werk »befähigt die Sprache selbst den Autor, mehr zu sagen als er weiß«. Die theologische Bedeutung der Gleichnisse liegt nicht in ihrem Verweis auf vergangene Geschichte, sondern darin, daß die »Qualität der Existenz, die durch Jesu Wirken in die Geschichte kam« in ihre Sprache eingegangen ist (ebd., 198f) und durch sie weiterwirkt. Die Auslegung der Gleichnisse hat darum die Aufgabe, durch Freilegung der sprachlichen Struktur dieses Weiterwirken zu ermöglichen. Der heutige Hörer soll befähigt werden, an den tragischen und komischen Zügen der Gleichnisse zu partizipieren; er soll seine Existenz durch ihre Strukturen »informieren« lassen (ebd., 182). Das heißt z.B. im Falle des »Verlorenen Sohnes«, er soll »wissen, daß sein eigenes Leiden und seine Verzweiflung wie die des verlorenen Sohnes die Folge mutwilliger Unverantwortlichkeit und Selbstsucht sind« (ebd., 182).
Hier ergibt sich, trotz der totalen methodischen Differenz, eine überraschende Affinität zu Jülicher: War für diesen das Gleichnis Träger allgemeiner religiöser und moralischer Wahrheiten, so ist es für Via Träger allgemeiner menschlicher Existenzerfahrungen. Aber lassen sich Jesu Gleichnisse verstehen und deuten, ohne daß man der Tatsache Rechnung trägt, daß sie eben *Jesu* Gleichnisse sind und daß in ihnen *seine* Geschichte zur Diskussion gestellt wird?

2.5
Zur Methodik der Gleichnisauslegung

2.5.1
Rekonstruktion der ursprünglichen Gestalt des Gleichnisses. Dieser erste Schritt erfolgt im allgemeinen

- durch die *Ausscheidung sekundärer Zusätze*, die sich erfahrungsgemäß am Schluß der Gleichnisse finden (z.T. sind dort sogar mehrere einander ausschließende Deutungen aneinandergereiht!), sowie
- durch das Aufspüren sekundärer, meist allegorisierender, Veränderungen von Einzelzügen. Hilfreich kann dabei die Berücksichtigung synoptischer Parallelen sein.

In der Mt-Fassung des Gleichnisses vom Großen Abendmahl ist von einem König die Rede (Mt 22,2) – ein metaphorischer Zug, der auf Gott hinweisen soll –, dagegen spricht Lk 14,16 nur von einem »Menschen«, was sicherlich ursprünglicher ist.

2.5.2
Bestimmung der Gattung: Handelt es sich um ein Gleichnis, eine Parabel oder eine Beispielerzählung?

2.5.3

Bestimmung der Bildhälfte: Was wird erzählt? Wie ist der Ablauf der Ereignisse?

2.5.4

Ermittlung der Zielrichtung. Diese ergibt sich aus der Erhebung auffallender Züge: Worauf liegt besonderer Nachdruck? Was ist provozierend und ungewöhnlich? Die Zielrichtung gibt an, *woraufhin das Gleichnis die gemeinte Sache erschließen will*. Die klassische Gleichnisforschung von A. Jülicher bis J. Jeremias sprach stattdessen vom *tertium comparationis*, dem Vergleichspunkt. Dieser Ausdruck ist jedoch insofern mißverständlich, als es sich ja nicht eigentlich um die Erklärung und Vergleichung statischer Größen, sondern um den dynamischen Vorgang der Annäherung des Hörers an die Sache handelt.

2.5.5

Aufweis der Sachhälfte. Dies ist der schwierigste Schritt. Es ist zu fragen: Wovon will das Gleichnis reden? Und in welcher Hinsicht? Welche Fragen der ursprünglichen Hörer sollen beantwortet, welche Vorurteile korrigiert werden?

In einigen Fällen gibt die *Einleitung* der Gleichnisse einen Hinweis, indem sie Thema (z.B. Mt 13,24.31.33: Die Gottesherrschaft) oder Situation (z.B. Lk 18,9) nennt.

■ Wo jedoch, wie meistens, solche Angaben fehlen, geben z.T. die im Gleichnis enthaltenen *Motivbilder* Anhaltspunkte; so ergibt die Analyse des Feigenbaumgleichnisses Lk 13,6–9 aufgrund der Anklänge an Jes 5 und des stehenden Bildes vom Baum und seinen Früchten, daß Jesus hier Gottes Gericht über sein Volk ansagt.

■ Schließlich hilft auch der *Vergleich mit anderen Elementen der Verkündigung Jesu* weiter, in denen sich Analogien zu den Gleichnissen finden.

So berechtigt die nahe Entsprechung zwischen dem polemischen Bildwort vom Arzt, der an die Kranken, nicht aber an die Gesunden gewiesen ist (Mk 2,17), und den Gleichnissen vom verlorenen Schaf, Groschen und Sohn (Lk 15) zu dem Schluß, daß die letzteren ebenso wie das erstere Jesu Hinwendung zu den Sündern rechtfertigen und begründen sollen. Und ähnlich ergibt der Vergleich des Gleichnisses vom Schalksknecht (Mt 18,23–35) mit der 6. Vaterunserbitte (Mt 6,12, vgl. 6,14f), daß in ihm der unauflösbare Zusammenhang zwischen Gottes vergebender Güte und der in der Jesusjüngerschaft praktizierten Vergebungsbereitschaft aufgewiesen werden soll.

2.5.6

Verständnis des Gleichnisses in der nachösterlichen Gemeinde. Hier sind die anfangs (2.5.1) abgehobenen Zusätze und die redaktionelle Einordnung des Evangelisten zu interpretieren. Dabei ist insbesondere zu fragen: Welche Züge der Bildhälfte werden durch nachträgliche Allegorisierung hervorgehoben? Welche neuen Akzente werden durch den Kontext (Rahmenbemerkungen, Verbindung mit anderen Gleichnissen usw.) gesetzt? Worin besteht die theologische Kontinuität zur vorösterlichen Botschaft des Gleichnisses? In welcher Hinsicht werden durch die Deutung Erfahrungen und Probleme der nachösterlichen Gemeinde eingebracht?

3
Arbeit am Text: Das Gleichnis vom betrügerischen Verwalter (Lk 16,1–13)

3.1
Die *Rekonstruktion der ursprünglichen Gestalt des Gleichnisses* ist nicht ohne Schwierigkeiten. Eindeutig ist zwar, daß V. 1a lukanische Einleitung ist (vgl. analog 15,3; 16,15; 17,1), sowie, daß V.8b–13 Zusätze sind. Aber wie steht es mit V. 8a (»Und es lobte der Herr den ungerechten Verwalter, daß er klug gehandelt hatte«)? Entweder bildet dieser Satz den Abschluß des Gleichnisses; der »Herr« wäre in diesem Fall der reiche Landbesitzer von V. 1 (der in V. 3 κύριος genannt wird). Oder er steht bereits außerhalb der Erzählung und artikuliert das abschließende Urteil Jesu, der dann mit dem »Herrn« gemeint wäre. Die Entscheidung dieser Frage ist zugleich eine Entscheidung über die Pointe des Gleichnisses.

So tritt *Via* (aaO, 147) für die erste Möglichkeit ein, weil nur so das Gleichnis den von ihm unterstellten komischen Charakter erhielte. Es würde demnach mit dem Gelächter des geprellten Grundbesitzes (= »Herrn«) über das gelungene Schelmenstück des Verwalters schließen. Trotzdem überwiegen die Argumente für die zweite Möglichkeit, die denn auch von den meisten Auslegern vertreten wird. Auch sonst bietet nämlich das lukanische Sondergut im Anschluß an Gleichnisse Urteile Jesu, in denen er als ›der Herr‹ erscheint (z.B. Lk 18,6). Überdies müßte, wenn in V. 8a von der Reaktion des Grundbesitzers die Rede wäre, zunächst die Entlarvung des Gauners berichtet worden sein.

3.2
Die *Gattungsbestimmung* ist einfach: Es handelt sich hier um einen Geschehensablauf mit mehreren handelnden Personen und mit dramatischem Charakter. Die Möglichkeit einer Beispielerzählung scheidet aus, weil Züge, die auf eine Anwendung drängen, nicht feststellbar sind. Es handelt sich somit um eine *Parabel*.

3.3
Die *Bildhälfte* zerfällt in drei Szenen:

I: Die Entlarvung des betrügerischen Verwalters (V. 1–2). Der reiche Grundbesitzer hat von den Machenschaften des Verwalters, der sich in die eigene Tasche wirtschaftete, erfahren, stellt ihn zur Rede, verlangt Abrechnung und droht die Entlassung an.

II: Das Selbstgespräch des bedrängten Betrügers (V. 3–4), das wiederum zwei Teile hat: Der Verwalter bedenkt seine ausweglose Situation (τὶ ποιήσω [= »was soll ich tun?«]); alle Möglichkeiten, sich Lebensunterhalt zu gewinnen, scheinen verbaut zu sein (IIa). – Da fällt ihm ein Ausweg ein (ἔγνων τὶ ποιήσω [= »Ich weiß, was ich tun werde«]): Er will sich Menschen verpflichten, so daß sie ihn in ihre Häuser aufnehmen und ihm Unterhalt gewähren (IIb). Worin dieser Ausweg besteht, wird noch nicht gesagt, um die Spannung des Hörers aufrechtzuerhalten.

III: Die rettende Aktion (V. 5–7). Zwei parallel aufgebaute Dialogszenen (IIIa: V. 5f; IIIb: V. 7) zeigen, was dem Betrüger zu seiner Rettung eingefallen ist: Er legt den Pächtern seines Herrn die von ihm verwahrten Schuldscheine vor, auf denen sie seinerzeit die Höhe ihrer Schulden an den Grundbesitzer eigenhändig vermerkt hatten, und läßt sie niedrigere Zahlen einsetzen. So verpflichtet er sich die Pächter durch einen weiteren Betrug und sichert sich damit seine Zukunft.

3.4

Die *Zielrichtung* liegt sicherlich nicht im Bereich des Sozialen und Ethischen. Das wird durch die provozierende Amoralität des Vorgangs ausgeschlossen. Daß hier ein kriminelles Verhalten ohne jede Wertung erzählt wird, ist sicher der auffallendste Zug des Gleichnisses. Der Schwerpunkt liegt ohne Zweifel bei II: Indem die Erwägungen des Verwalters angesichts seiner akuten Bedrohung so breit geschildert werden, wird der Hörer eingeladen, sich auf dieser Stufe mit der Hauptperson des Gleichnisses zu identifizieren. Auch er wird sich darüber klarwerden, daß sich in einer akuten Krisensituation Zukunft nur gewinnen läßt durch entschlossenes Handeln, das alles auf eine Karte setzt!

3.5

Von hier aus erschließt sich nun die *Sachhälfte*: Jesus will seine Hörer dazu bringen, sich ihre Lage angesichts der andringenden Gottesherrschaft klarzumachen und zugleich ihre Chance zu ergreifen. »Dieser Mann . . . hat die Dinge nicht laufen lassen, er hat gehandelt in letzter Minute . . ., sich eine neue Existenz gebaut. Klug sein, das ist die Forderung der Stunde auch für Euch! Alles steht auf dem Spiele!« (Jeremias, aaO, 181). Das Gleichnis gehört damit in die Reihe der Krisisgleichnisse, die sämtlich den Ernst der Stunde einschärfen (Lk 13,6–9; 14,16–24; Mt 5,25f; 25,1–12). Allerdings liegt in ihm der Akzent nicht auf der Warnung und Drohung, sondern auf der Eröffnung einer Möglichkeit, sich jetzt die Zukunft zu gewinnen. Es scheint, als sei die Amoralität der Bildhälfte ein didaktisches Mittel, um dies herauszustellen: Der Hörer, der sich über die Selbstverständlichkeit und Zielstrebigkeit entrüstet, mit der sich der Gauner in seiner zwielichtigen Welt bewegt, soll sich fragen, ob solche Selbstverständlichkeit und Zielstrebigkeit nicht gegenüber der von Jesus vertretenen Sache viel mehr am Platze wäre.

3.6

Das *Verständnis in der nachösterlichen Gemeinde*: An das ursprüngliche Gleichnis schließen sich in V. 8–13 nicht weniger als drei verschiedene Auslegungen an, die je auf ihre Weise die Verlegenheit der Urkirche angesichts dieser amoralischen Geschichte spiegeln:

- Die älteste Auslegung (V. 8) ist dem ursprünglichen Sinn noch nahe, indem sie die Klugheit des Verwalters betont, aber zugleich einschränkt: Die vom »Herrn« gelobte Klugheit bezieht sich ausschließlich auf das Verhalten der Weltkinder untereinander (Jeremias, 43).
- Die zweite, ebenfalls vorlukanische Auslegung (V. 9) mißversteht die Parabel als Beispielgeschichte und transponiert sie damit zugleich in den sozialen Bereich, was aber nur möglich ist, indem sie die Amoralität ignoriert und einen Zug allegorisiert: der das Verhalten des Verwalters bestimmende Wunsch nach Aufnahme »in ihre Häuser« wird auf die »himmlischen Hütten« gedeutet (V. 9b). Und so wird der Verwalter Vorbild für den einzig sinnvollen Umgang mit vergänglichem Geld: Er erweist andern Gutes und erwirbt sich so ein Recht auf die himmlische Heimat.
- Die Interpretation des Lukas schließlich haben wir in den Logien V. 10–13 vor uns. Er macht das Gleichnis seinem Lieblingsthema, der Warnung vor dem Reichtum und

seinen Folgen, dienstbar, indem er es als *negative Beispielgeschichte* liest. Wie in der Geschichte vom reichen Kornbauern (12,16–21) sieht er in ihr die korrumpierende Wirkung des Geldes veranschaulicht und er folgert: Wer sich in »kleinen« (d.h. irdisch-materiellen) Dingen so verhält, der kann auch in »großen Dingen« (d.h. da, wo es um Gottes Sache geht), nicht treu sein. Denn er ist einem Herrn verfallen, der ihn so in Anspruch nimmt, daß er seinem eigentlichen Herrn – Gott – nicht mehr zu dienen vermag (V. 13)!

4
Vertiefung

4.1
Lektürevorschläge

4.1.1
Zur Auslegungsgeschichte: J.Jeremias, Die Gleichnisse Jesu, [8]1970, 7–18.

4.1.2
Zur Problemgeschichte unter hermeneutischem Aspekt: E.Jüngel, Paulus und Jesus, [4]1972, 87–139.

4.1.3
Zur Frage nach der ursprünglichen Funktion der Gleichnisse: W. Harnisch, Die Ironie als Stilmittel in Gleichnissen Jesu, EvTh 32 (1972), 421–436.

4.1.4
Zu neuen Interpretationstheorien und ihrer Problematik: W.G.Kümmel, Noch einmal: Das Gleichnis von der selbstwachsenden Saat. Bemerkungen zur neuesten Diskussion um die Auslegung der Gleichnisse Jesu, in: Orientierung an Jesus, FS Josef Schmid, hg. v.P.Hoffmann, 1973, 220–237.

4.2
Fragen zur Weiterarbeit

4.2.1
Worin besteht der Unterschied
zwischen Vergleich und Metapher?/zwischen Bildwort und Gleichnis?/zwischen Parabel und Beispielgeschichte?/zwischen Parabel und Allegorie?

4.2.2
Worin bestand das entscheidende Mißverständnis bei der Gleichnisinterpretation von der Alten Kirche bis in die Neuzeit?

4.2.3
In welcher Hinsicht ist Jesu Reden in Gleichnissen seiner Botschaft von der Gottesherrschaft gemäß?

4.2.4
Welche Gleichnisse enthält das lukanische Sondergut, und worin besteht ihre Eigentümlichkeit?

4.2.5
Welche Gleichnissammlungen finden sich in den synoptischen Evangelien? Nach welchen redaktionellen Gesichtspunkten sind sie zusammengestellt?

4.2.6
Vergleichen Sie die johanneische ›Rätselrede‹ Joh 10, 1–16 hinsichtlich ihres Inhalts und ihrer Struktur mit Lk 15,3–7! Worin besteht ihre Besonderheit gegenüber dem synoptischen Gleichnis, und was ergibt sich daraus hinsichtlich ihres Sitzes im Leben?

4.2.7
Interpretieren Sie folgende Gleichnisse nach dem hier (3.) vorgeführten Modell: Mt 13,24–30.36–43; 20,1–16; Lk 18,1–8.

4.3 Weitere Literatur

C.H.Dodd, The Parables of the Kingdom, 1935; G.Eichholz, Gleichnisse der Evangelien, 1971; P.Fiebig, Die Gleichnisreden Jesu im Lichte der rabbinischen Gleichnisse des neutestamentlichen Zeitalters, 1912; E.Fuchs, Bemerkungen zur Gleichnisauslegung, in: ders., Zur Frage nach dem historischen Jesus, Ges. Aufsätze II, 1960, 136–142; A.Jülicher, Die Gleichnisreden Jesu. I/II. ²1910 [Neudr. 1963]; E.Linnemann, Gleichnisse Jesu, ⁶1975; P.Ricoeur - E.Jüngel, Metapher. Zur Hermeneutik religiöser Sprache, 1974; R.Schnackenburg, Gottes Herrschaft und Reich, ⁴1965. D.O.Via, Die Gleichnisse Jesu, 1970.

§ 8 Die Bergpredigt

1 Einführung

Wenn man von der Bergpredigt spricht, so denkt man meist in erster Linie an die radikalen sittlichen Forderungen Jesu in der *Antithesenreihe* Mt 5,21–48 mit ihrer Gegenüberstellung des alttestamentlichen Gotteswillens und dem »Ich aber sage euch . . .!« Jesu. So soll auch dieser Paragraph sein Ziel haben in der Darstellung der Ethik Jesu, wie sie sich aus den radikalen Forderungen der Antithesen der Bergpredigt ergibt.

1.1
Zu diesem Ziel führt freilich ein mühsamer Anmarschweg. Zunächst ist nämlich der

Tatsache Rechnung zu tragen, daß die Bergpredigt in ihrer vorliegenden Gestalt eine *Komposition des Evangelisten Matthäus* ist (2.1). Sie gibt darum in erster Linie Auskunft über dessen Gesetzesverständnis, das sich keinesfalls in allen Stücken mit dem Jesu zur Deckung bringen läßt. Wie weit wir in Mt 5 Jesu eigene Stimme hören, muß in jedem Fall erst kritisch eruiert werden. Trotzdem wird man sagen können, daß wir hier aufs Ganze gesehen die eigene Stimme Jesu mit Hilfe der uns verfügbaren exegetischen Methoden in ihrer Eigenart relativ deutlich von anderen sie überlagernden Stimmen abheben können.

1.2

Die sittliche Forderung Jesu muß auf dem *Hintergrund des zeitgenössischen Judentums* gesehen werden (2.2). Was das Besondere an ihr ist, läßt sich erst feststellen, wenn man sich zuvor über die Gemeinsamkeiten, die sie mit der Gesetzesinterpretation der wichtigsten Gruppen des damaligen Judentums teilt, Gedanken gemacht hat: Es ist nicht schon die Tatsache, daß Jesus den Gotteswillen *radikalisiert* und ihn für den einzelnen Menschen *unausweichlich* macht, sondern daß er ihn in einen *eschatologischen Horizont* stellt.

1.3

So wird der Zusammenhang von Ethik und Eschatologie bei Jesus, wie er sich von seiner Verkündigung der Gottesherrschaft her ergibt, mit bedacht werden müssen (2.3). In engem Zusammenhang damit steht aber die systematische Frage nach *Geltungsbereich und Realisierbarkeit* der ethischen Forderung Jesu (2.4).

2
Entfaltung

2.1
Die Bergpredigt als Komposition des Matthäus

2.1.1

Formal ist die Bergpredigt (Mt 5–7) ein Komplex von Jesuslogien, der durch stark hervortretende thematische Gliederungsprinzipien die Gestalt einer Rede gewonnen hat. Der Grundstock des Überlieferungsmaterials entstammt der Logienquelle Q; es ist jedoch ganz wesentlich durch Material aus dem matthäischen Sondergut (SMt) ergänzt worden. – Matthäus hat wohl bereits in Q eine Redekomposition vorgefunden, wie aus der lukanischen Parallele in Lk 6,20–49, der sog. *Feldrede*, hervorgeht. Sie umfaßte vier *Seligpreisungen* (Lk 6,20b–23 par Mt 5,3–12 [von Matthäus zu acht Seligpreisungen ergänzt!]), das Gebot der *Feindesliebe* (Lk 6,27f.32–36 par Mt 5,43–48 [von Mt in Antithesenform gebracht!]), die *Warnung vor dem Richten* (Lk 6,37–42 par Mt 7,1–5) und die abschließenden *Mahnungen zum Fruchtbringen und tätigen Gehorsam* (Lk 6,43–49 par Mt 7,15–27).

Es zeigt sich also auf den ersten Blick, daß der Rahmen durch Q geliefert worden ist, während seine Füllung durch sinnfällig gegliederte Einzelabschnitte Werk des Matthäus ist.

2.1.1.1
Ein gesondertes Problem, das hier nur angedeutet werden kann, liegt darin, ob Mt dieselbe Fassung von Q benutzt hat wie Lk. Dies wurde mit beachtlichen Argumenten bestritten durch *H.-Th.Wrege* (Die Überlieferungsgeschichte der Bergpredigt, 1968); demnach hätte Mt bereits eine Vorlage gehabt, die seiner Bergpredigt viel näher gewesen wäre als Lk 6,20–49 und die bereits die Gestalt eines frühchristlichen Katechismus gehabt hätte.

2.1.2
Für Matthäus ist die *Bergpredigt die Offenbarung des endzeitlichen Gotteswillens als konkrete Verhaltensnorm für die Jünger*. Das geht schon aus der *Wahl des Ortes* hervor: Der *Berg* ist für Matthäus Ort besonderer Offenbarung (vgl. 15,29; 28,16), schwerlich jedoch typologischer Hinweis auf den Sinai, den Berg der alttestamentlichen Gottesoffenbarung (so J.Jeremias, ThWNT IV, 875); eine Jesus-Moses-Typologie ist bei Matthäus nicht aufweisbar. Daß die Jünger angeredet sind und daß es dabei um ihr konkretes Verhalten geht, verdeutlichen einerseits die unmittelbar am Eingang stehenden Jüngersprüche (5,13–16), andererseits die von Matthäus gegenüber der Vorlage verschärften Schlußmahnungen, die den Gegensatz zwischen dem bloßen ›Herr-Herr-Sagen‹ und dem Tun des Gotteswillens herausstellen (7,21ff).

2.1.2.1
Dem scheinen nun freilich zwei häufig angeführte Tatsachen zu widersprechen: Einmal wird in der Einleitung (5,1) wie auch in der Abschlußbemerkung (7,28f) das Volk als Hörerkreis ausdrücklich neben den Jüngern genannt; zum anderen sieht es so aus, als würde die Rahmenbemerkung 4,23 (= 9,35), die in gewisser Weise die Disposition der Kapitel 5–9 enthält, die Bergpredigt generell als Modell der Evangeliumsverkündigung Jesu begreifen (»Er lehrte in ihren Synagogen und verkündigte das Evangelium der Königsherrschaft [= Kap. 5–7] und heilte alle Krankheit und alles Übel im Volke [= Kap. 8–9]«).
Die Widersprüche lösen sich auf, wenn man erkennt: *Jünger* sind für Matthäus keinesfalls nur die ›Zwölf‹ oder ein anderer enger Kreis, sondern die, die in Jesu Wort unterwiesen sind und es halten (28,18f!). In diesem Sinn steht das Volk hier für den Kreis derer, die durch Unterweisung in Jesu Wort für die Jüngerschaft gewonnen werden sollen. Und sicherlich enthalten Mt 5–7 nach Meinung des Matthäus zwar nicht einen Querschnitt durch die gesamte Verkündigung Jesu, aber doch immerhin das, was für sie im Sinne von 28,20 zentral und charakteristisch ist. Jesu Botschaft ist für Matthäus eben primär eine Weisung, die es zu ›halten‹ und im Gehorsam zu praktizieren gilt!

2.1.3
So legt sich folgende *Gliederung* nahe: Die *Einleitung* (5,3–16) spricht die Jünger an mit einer grundlegenden Heilszusage (= Seligpreisungen 5,3–12) und mit einer ebenso grundlegenden Zusammenfassung ihres Auftrags in der Welt (= Jüngersprüche 5,13–16). Der *erste Hauptteil* (5,17–48) entfaltet *die neue Gesetzesauslegung Jesu* in einer Grundsatzerklärung (5,17–20) und den sechs Antithesen (5,21–48). Der *zweite Hauptteil* (6,1–7,12) bringt *Durchführungsbestimmungen* (Regeln über Almosen, Beten und Fasten 6,1–18; Warnung vor Schätzesammeln und Sorgen 6,19–34; verschiedene Mahnungen 7,1–11) und gipfelt in der *Goldenen Regel*, die das Fazit zieht (7,12). Der Schlußteil (7,13–27) enthält *Warnungen vor verschiedenen Formen des Ungehorsams*.

2.1.4
Besondere Interpretationsprobleme wirft die *Grundsatzerklärung* (5,17–20) auf. Denn

von ihr hängt das Verständnis der anschließenden Antithesenreihe ab. Nun ist zwar deutlich, daß sie nicht direkt auf Jesus zurückgeht. Lediglich in V. 18 (par Lk 16,17) könnte sich ein Stück Jesustradition erhalten haben; viele Forscher meinen jedoch, dieser Vers entstamme einer Polemik des palästinischen Judenchristentums gegen das gesetzesfreie Heidenchristentum: »Kein Häkchen . . . vom Gesetz soll dahinfallen!« Aber in welchem Sinne deutet Matthäus mittels dieser Grundsatzerklärung die folgenden Antithesen?

2.1.4.1

Mit V. 19 (»Wer eines dieser geringsten Gebote auflöst und so die Menschen lehrt . . .«) wendet er sich gegen die Auffassung, als habe Jesus das Gesetz aufgelöst bzw. in seiner Geltung eingeschränkt: Jesus hat vielmehr das Gesetz in seiner Geltung umfassend bestätigt, ja, er hat sogar eine »bessere Gerechtigkeit« als die der »Schriftgelehrten und Pharisäer« von seinen Jüngern gefordert (V. 20). Nach alledem ist für Matthäus die Antithesenreihe weder die Auflösung der Tora noch ihre Ersetzung durch eine neue Tora, sondern »eben die *Erfüllung* der *einen* Tora: die Erfüllung der Tora, die das Toraverständnis der Schriftgelehrten und Pharisäer überbietet und überholt« (G. Eichholz, Auslegung der Bergpredigt, ³1975, 66).

2.1.4.2

Daß diese Erfüllung freilich nicht im Sinne eines Super-Pharisäismus oder eines qumranischen Radikalismus gemeint sein kann, etwa so, als sollten Jesu Gebote additiv zur bisherigen jüdischen Gesetzesauslegung hinzutreten, ergibt sich aus *zwei Beobachtungen*:

- Für Matthäus ist die bessere Gerechtigkeit nichts anderes als die Erfüllung des Liebesgebotes: So gipfelt die Antithesenreihe im Gebot der Feindesliebe (5,43–48), und ebenso endet der zweite Hauptteil der Bergpredigt in der Goldenen Regel (7,12). Demnach geht es nicht um eine quantitative Erweiterung, sondern um eine qualitative Veränderung des geforderten Gehorsams, die dadurch möglich wird, daß Jesus die eigentliche Intention des Gesetzes freilegt (anders freilich G. Strecker, Der Weg der Gerechtigkeit, ²1966, 151, der bei Matthäus eine Radikalisierung der ethischen Forderung in quantitativem Sinne zu finden meint).
- Der Hinweis auf die Erfüllung (»Ich bin nicht gekommen, aufzulösen, sondern zu erfüllen [πληρῶσαι]«, V. 17b) setzt einen *eschatologischen Akzent*: Wie die Verheißung der Schrift im Kommen Jesu erfüllt wird, so auch der Wille Gottes im Gesetz! Gottes Forderung, mit der er von Anfang an der Schöpfung begegnet ist, wird nunmehr erfüllt, und zwar im Verhalten Jesu und seiner Jünger. Die bessere Gerechtigkeit, die nunmehr in der Gemeinde realisiert werden kann, ist ein Stück der endzeitlichen Selbstdurchsetzung Gottes gegenüber seiner Schöpfung (ähnlich E. Schweizer, Neotestamentica, 1963, 399ff; Eichholz, aaO, 65; anders Strecker, aaO, 155f).

2.1.4.3

Es ist deutlich, daß wir es hier mit einer Konzeption zu tun haben, die von der des Paulus erheblich abweicht. Matthäus könnte nicht sagen, daß Christus das »Ende des Gesetzes« sei (Röm 10,4), und Paulus könnte nicht das Verhalten der Christen als »bessere Gerechtigkeit« bezeichnen, durch die sich das Gesetz erfüllt (Mt 5,17.20; vgl. 5,48). Man darf weder beide Positionen miteinander harmonisieren noch eine gegen die andere ausspielen, sondern muß zunächst versuchen, jede an ihrem historischen Ort zu verstehen. Die Aussagen des Paulus über das Gesetz sind erwachsen aus einer in der Biografie des Apostels wie in der konkreten Situation des Heidenchristentums begründeten antijudaistischen Frontstellung (vgl. § 10); sie haben ihr theologisches Korrelat in einer be-

stimmten christologischen Konzeption. Die Alternative: entweder Christus oder das Gesetz, vor der Paulus stand, liegt außerhalb des Horizonts des Matthäus!
Das theologische Urteil über das Gesetzesverständnis der Bergpredigt fällt an der Frage: Steht hier der Indikativ vor oder nach dem Imperativ? Ist die Gesetzeserfüllung Folge des Heils oder dessen Vorbedingung? Sie ist ohne Zweifel im ersten Sinne zu beantworten! Der ganze und ungeteilte Gotteswille, wie Jesus ihn mit seiner abschließenden Gesetzesinterpretation offenbart, ist Gabe der Endzeit. Nicht durch seine Realisierung muß erst das Kommen der Gottesherrschaft ermöglicht werden, sondern – umgekehrt –, daß jetzt durch die Jünger seine Realisierung möglich ist, ist Zeichen der Gottesherrschaft (5,16.17b). Deshalb stehen in der Bergpredigt die Seligpreisungen mit ihrer bedingungslosen Zusage des Heils am Anfang. Weil die Gottesherrschaft jetzt den Armen geschenkt wurde, weil Gottes Liebe im erbarmenden Handeln Jesu jetzt sichtbar geworden ist (9,9; 12,13 = Hos 6,6), darum kann jetzt auch sein Wille »vollkommen« erfüllt werden (5,48). Letztlich geht es also darum, daß die Jünger die durch Jesus ermöglichte Erneuerung der Existenz in unmittelbarer Bindung an ihn durch ein neues Verhalten realisieren – und um nichts anderes geht es letztlich auch Paulus (Röm 6!).
Diese Erneuerung verweigern heißt, sich von der Gottesherrschaft ausschließen (Mt 5,20). Nirgends bei Matthäus ist jedoch der Eingang in die Gottesherrschaft als Lohn für eine vorher erbrachte Leistung der Gesetzeserfüllung verstanden.
Es wird sich im folgenden zeigen, daß Matthäus in seiner Rezeption der ethischen Verkündigung Jesu zwar einige neue Akzente gesetzt hat, aber aufs Ganze gesehen zumindest ihre Grundlinie bewahrt hat.

2.2
Jesu Gesetzesauslegung im Rahmen des zeitgenössischen Judentums

2.2.1

Die Ablehnung der pharisäischen Halacha. Für die pharisäischen Schriftgelehrten war die Tora eine durchaus praktizierbare Summe von Geboten und Verboten, wobei man keinen Unterschied zwischen sittlichen und kultischen Geboten und Verboten machte. Die Praktizierbarkeit war sichergestellt durch Anwendungsbestimmungen kasuistischer Natur, wie sie durch mündliche Auslegungstraditionen der Schriftgelehrten weitergegeben und jeweils auf die konkrete Zeitsituation hin entfaltet wurden, d.h. durch die *Halacha* (von hebr. *halakh* = wandeln), die später, nach 200, in der Mischna kodifiziert wurde. Und zwar galt die Halacha als ebenso autoritativ wie die Tora selbst; man führte die sie tragende mündliche Tradition auf Mose selbst zurück:

»Mose empfing die Tora auf Sinai, überlieferte sie Jehošua, Jehošua den Ältesten, die Ältesten den Propheten, und die Propheten überlieferten sie den Männern der Großsynode. Diese sprachen drei Dinge aus: Seid bedächtig beim Rechtsprechen, bildet viele Schüler aus und errichtet einen Zaun um die Tora (d.h. erlaßt halachische Ausführungsbestimmungen!)« (Mischna Aboth 1,1).

Zur halachischen Traditionsbildung gehörte die Diskussion strittiger Fälle zwischen Schriftgelehrten, die sich dabei auf die Tora-Interpretationen älterer Autoritäten beriefen. Vielfach hat man die Antithesen auf diesem Hintergrund sehen wollen. Die Wen-

dung »ich habe gehört« kann in schriftgelehrten Diskussionen besagen: »ich habe als Tradition empfangen« (Bill. I, 253); und ebenso ist die Wendung »ich aber sage . . .« möglich, wenn eine der herkömmlichen entgegengesetzte Auffassung bei der Gesetzesauslegung eingeführt werden soll (E.Lohse, in: Der Ruf Jesu und die Antwort der Gemeinde, 1970, 189–203). Aber solcher technischer Sprachgebrauch liegt hier nicht vor. Würde Jesus bloß eine neue, von der gängigen Lehrmeinung abweichende Interpretation einführen, so müßte er sie entweder durch eine logische Beweisführung oder durch einen anderen Text aus der Schrift oder durch eine Lehrautorität begründen. Jesus widerspricht jedoch nicht der Meinung einzelner Autoritäten, sondern verwirft hier die gesamte exegetische Tradition der Halacha, um ihr seine Interpretation des Gotteswillens proklamativ gegenüberzustellen (V.Howard, Das Ego Jesu in den synoptischen Evangelien, 1975, 191).
Dem entspricht, daß Jesus auch sonst die Halacha verwirft. Nach Mk 7,9–13 steht sie im Widerstreit zu Gottes ursprünglichem Gebot: Der Sohn, der sich der Unterhaltspflicht gegen seine Eltern entzieht, indem er ein Gelübde ablegt, das den den Eltern zukommenden Teil des Vermögens zur Gabe an den Tempel weiht, hat zwar die Halacha hinter sich, nicht jedoch den Willen Gottes selbst im vierten Gebot (vgl. ferner Mk 7,1–8; Lk 13,15; 14,5).

2.2.2

Die Radikalisierung. Die Qumran-Sekte war die Gruppe des zeitgenössischen Judentums mit der rigorosesten Tora-Interpretation. Sie warf der pharisäischen Halacha Laxheit vor und setzte ihr ein Gesetzesverständnis entgegen, das bewußt den Weg einer kompromißlos radikalen Erfüllung wählte: der ›Zaun um die Tora‹ sollte so aller Lücken und Schlupflöcher beraubt werden.

Während die pharisäische Auslegung des Sabbat-Gebots ausdrücklich eine Verdrängung des Sabbats durch Lebensgefahr bei Mensch und Vieh erlaubte und sogar die bewaffnete Verteidigung bei einem Überfall durch Heiden zugestand (TErubim 4,5ff; vgl. Bill. I, 952f), bezogen die Essener einen radikaleren Standpunkt: »Niemand soll Vieh beim Werfen helfen am Sabbattag. Und wenn es in einen Brunnen fällt oder in eine Grube, so soll er es nicht am Sabbat wieder herausholen . . . Einen lebendigen Menschen, der in ein Wasserloch fällt oder sonst in einen Ort, soll niemand heraufholen mit einer Leiter oder einem Strick oder einem (anderen) Gegenstand« (Dam 11,13f.16f; vgl. dazu Jesu Stellungnahme Mt 12,11f!).

Auch Jesus scheint die Tora teilweise zu radikalisieren: so wenn er das Schwören völlig verbietet (Mt 5,33–37) oder wenn er die Gebote über die äußere Tat hinaus auch auf die Haltung des Herzens ausdehnt (Mt 6,1–6.16ff; Mk 7,15). Daneben stehen nun freilich Äußerungen, die nicht auf eine Verschärfung des bestehenden Gebots, sondern auf dessen *Aufhebung* hinauslaufen (so Mt 5,31 hinsichtlich des Scheidungsrechts; Mt 8,22 hinsichtlich der gesetzlich festgelegten Pietätspflicht der Bestattung und Mk 3,1–6 hinsichtlich des Sabbatgesetzes). Wie läßt sich dies erklären?

2.2.2.1

H.Braun (Spätjüdisch-häretischer und frühchristlicher Radikalismus II, 1957, 7ff) spricht von der »Ungrundsätzlichkeit« der Tora-Radikalisierung Jesu. Jesus wäre sich demnach weder der Tatsache bewußt gewesen, daß er punktuell das Gesetz radikalisierte, noch daß er – ebenso punktuell – gegen die Tora verstieß; er hätte in allem lediglich seine unbedingte Treue zur Tora zum Ausdruck bringen wollen. Demgegenüber läßt sich sagen: ›Ungrundsätzlich‹ ist Jesu Verhältnis zur Tora lediglich darin, daß er keinen erkennbaren methodischen Auslegungsprinzipien folgt und daß er sich niemals theoretisch-grundsätzlich zur Gesetzesproblematik äußert: Das Wort νόμος (= Gesetz) erscheint in der Jesusüberlieferung fast nur an sekundären Stellen (Braun, aaO, 8).

2.2.2.2

Sowohl die Radikalisierungen wie auch die Übertretungen bzw. Aufhebungen von Gesetzesbestimmungen durch Jesus lassen sich jedoch sehr wohl auf eine gemeinsame theologische Vorentscheidung sehr grundsätzlicher Art zurückführen: Für Jesus ist die Tora – und zwar sowohl das alttestamentliche Gebot wie auch seine Auslegung in der Halacha – nicht schon als solche eine formal unangreifbare Autorität. Sie ist Autorität nur insofern, als sie zurückverweist auf den hinter ihr stehenden Willen Gottes, des Schöpfers. Jesus sucht sich aus dem Alten Testament und der an es anschließenden Tradition nicht willkürlich aus, was ihm entgegenkommt, sondern er interpretiert beide nach dem Maß des Willens Gottes, auf den sie verweisen wollen (H.Hübner, Das Gesetz in der synoptischen Tradition, 1973, 78ff).

2.2.3

Der Wille Gottes. So weist die punktuelle Radikalisierung in die gleiche Richtung wie die Ablehnung der Halacha. Essener und Pharisäer sind sich trotz ihrer unterschiedlichen Interpretationen des Gesetzes im Ansatz ihres Gesetzesverständnisses einig: Sie nehmen beide die Tora als formale Autorität und wollen durch möglichst lückenlose Auslegung ihre Reichweite so exakt wie möglich bestimmen. So soll der Fromme Sicherheit darüber finden, daß er nicht hinter Gottes Forderung zurückbleibt, und in die Lage versetzt werden, sich durch deren Befolgung Verdienste und Lohn zu sammeln. Ist so die Reichweite des Gesetzes bestimmt, so ist damit auch seine Grenze festgelegt: Jenseits auch der radikalsten Forderung bleibt ein Bereich, wo der Mensch, frei vom Zugriff des Gesetzes, seinen eigenen Willen durchzusetzen vermag! Jesus hingegen geht aus vom absoluten Willen Gottes, und zwar ohne Rücksicht darauf, ob sich dieser mit dem überlieferten Gesetz und seiner Auslegung deckt oder nicht. Es geht ihm auch nicht darum, die Reichweite des Gesetzes genau zu bestimmen; er will vielmehr die grundsätzliche und unbeschränkte Geltung des Gotteswillens veranschaulichen. Seine Frage ist nicht: »Wie weit reicht das Gesetz?«, sondern: »Was ist in der gegebenen Situation Gottes Wille?«

2.2.3.1

So bleibt Jesus, wenn er seinen Bruch des Sabbatgesetzes rechtfertigt (Mk 3,1–6), jenseits der Diskussion um die mögliche Reichweite bzw. Grenze dieses Gesetzes. Wenn er die Frage stellt: »Ist es am Sabbat erlaubt, Gutes zu tun oder Böses zu tun, Leben zu retten oder zu töten?«, so greift er damit zurück auf den Leben schaffenden und erhaltenden Willen des Schöpfers selbst, dessen – pervertierter! – Ausdruck dieses Gesetz ist. Nicht, ob man den Sabbat halten soll oder nicht, ist für ihn die Frage, sondern ob am Sabbat Gottes Wille geschieht, indem nach Gottes Art Leben gerettet wird.

2.2.3.2

Während auch die rigoroseste Gesetzesauslegung auf einen Kompromiß mit den Gegebenheiten der Welt und des Bösen hinausläuft, schließt der Radikalismus Jesu einen solchen Kompromiß aus. Sich an Gottes Willen orientieren heißt, sich gegenüber dem Unrecht und dem Bösen in uns selbst und in der Welt in einem bislang nicht dagewesenen Maße sensibilisieren lassen: So ist nicht nur die an eindeutigen äußeren Merkmalen erkennbare böse Tat gegen das Leben des Mitmenschen Ungehorsam gegen Gott, sondern bereits der böse Gedanke, der – weder sichtbar noch in seinen Folgen faßbar – dem anderen das Lebensrecht abspricht (Mt 5,21f). Auch die geheimsten Regungen des Menschen werden so für Gott in Pflicht genommen. Der von Jesus geforderte Gehorsam ist grenzenlos – nicht anders als der Heilswille Gottes für seine Schöpfung.

2.3
Eschatologie und Ethik

2.3.1
Das Liebesgebot. Diese radikale Absolutsetzung des Gotteswillens ist eschatologisch motiviert. Sie hängt unmittelbar zusammen mit der Botschaft von der Gottesherrschaft (§7,2.2.1), mit Jesu Umkehrruf und dem Angebot eines neuen Gottesverhältnisses. Wo Gott endzeitlich zur Herrschaft kommt, um alles zu erneuern, da wird auch sein Wille, wie er von Anfang an in der Schöpfung am Werk war, wieder ohne Abstrich und Kompromiß erkennbar und realisierbar. Diese Restitution des Gotteswillens in seiner Ganzheit tritt am klarsten im *Liebesgebot* in Erscheinung (Mt 5,43–48; Mk 12,28–34 par Mt 22,34–40; Lk 10,25–28).

2.3.1.1
Auch das Judentum kannte das Gebot der Nächstenliebe (Lev 19,18) und seine Verbindung mit dem der Gottesliebe. Jeder fromme Jude mußte täglich das *Sch^{e}ma*, das Grundgebet der Synagoge (Dtn 6,4), rezitieren: »Höre, Israel . . . Du sollst lieben Gott, deinen Herrn . . .« Und auch die goldene Regel (Mt 7,12) war den Rabbinen bekannt und galt ihnen als Zusammenfassung des Gesetzes. Aber die letzte Antithese (Mt 5,43–48) läßt einen wesentlichen Unterschied erkennen: Jesus zitiert hier nämlich das Liebesgebot zusammen mit der Einschränkung, der es faktisch in jüdischem Verständnis unterlag: »Ihr habt gehört, daß gesagt ist: ›Du sollst deinen Nächsten lieben und deinen Feind hassen!‹« Für den Juden hat auch dieses Gebot seine Grenze an den Gegebenheiten der geschichtlichen Verhältnisse. Liebe ist hier verstanden als eine Verhaltensnorm, durch deren Einhaltung man einem bereits bestehenden Gemeinschaftsverhältnis mit wechselseitigen Verpflichtungen Rechnung trägt. Jesus hingegen durchbricht diese Grenze: Liebe ist auch dem Nicht-Volksgenossen, ja dem Feind zu erweisen! Die einzige Norm ist hier Gottes endzeitliches Handeln: Weil Gott ohne Einschränkung Liebe erweist, darum kann Jesu Jünger auch Menschen, denen er weder verbunden noch verpflichtet ist, Liebe erweisen – sogar seinen Feinden. Wer Gott liebt, stimmt ihm darin zu, daß er die Welt heilmachen will, und kann es nicht ertragen, daß dieser heilmachende Wille anderen Menschen vorenthalten werden soll – d.h., er übt auch Nächstenliebe (Mk 12,28–34).

2.3.1.2
Modellhaft zeigt sich Jesu Verständnis solcher eschatologisch motivierter Nächstenliebe in der Beispielgeschichte vom barmherzigen Samariter (Lk 10,30–37): Der Samariter, der einem Glied des seinem Volk tödlich verfeindeten jüdischen Volkes hilft, handelt ohne Rücksicht auf die Schranken, die dem Tun des Guten unter Menschen durch die bestehenden geschichtlichen Strukturen gesetzt sind; er praktiziert damit Nächstenliebe, wie sie dem Nahegekommensein Gottes entspricht.

Die Frage des Schriftgelehrten: »Wer ist denn mein Nächster?« (Lk 10,29) entstammt zwar lukanischer Redaktion, berührt jedoch den entscheidenden Punkt: Der Schriftgelehrte fragt nach einer kasuistischen Definition, die die Grenze der Liebe festlegt. Jesus zeigt demgegenüber, daß die Liebe grenzenlos ist und da ihr Feld findet, wo ein Mensch in einer geschichtlichen Situation durch einen anderen gefordert wird (Lk 10,36).

2.3.2

Die endzeitliche Erneuerung des Herzens. Jesu Weisungen lassen sich nur begreifen als Vorgriffe auf die endzeitliche Erneuerung des Gottesverhältnisses. Nach profetischer Verheißung (Jer 31,33; 32,40) ist die Endzeit dadurch gekennzeichnet, daß Gottes Gesetz den Menschen ins Herz geschrieben sein und sein Geist sie leiten wird (Ez 36,26f). Freiwillige und vollständige Zustimmung zu Gottes Willen wird die Folge der wiederhergestellten Gemeinschaft mit ihm sein. Das geschriebene Gesetz mit seinem Kompromißcharakter und seinen Halbheiten wird dann überflüssig sein, denn es wird dann nicht mehr notwendig sein, dem widerstrebenden Menschen durch Verbote und Drohungen das für das Leben in der Gemeinschaft notwendige Minimum an gemeinschaftsgemäßem Verhalten abzutrotzen. Jesus spricht seine Jünger auf diese Erneuerungen hin an. Ihr Verhalten soll ein Zeichen der Gottesherrschaft inmitten der dem Ende zulaufenden alten Welt sein.

2.4
Das Problem der Bergpredigt-Interpretation

Jesus selbst hat seine ethischen Forderungen befolgt, und er hat ohne Zweifel auch bei seinen Jüngern solche Realisierung vorausgesetzt. Aber wie läßt sich die Bergpredigt als *Manifest des endzeitlichen Gottesrechtes* durch Christen rezipieren, die, nach dem Ausbleiben der Parusie, mit einem Weitergehen der Geschichte rechnen und sich mit den Gegebenheiten dieser Welt arrangieren müssen? Die Gebote der Gewaltlosigkeit (Mt 5,39), der Feindesliebe (5,44) und der unbedingten Wahrhaftigkeit (5,37) lassen sich offenkundig nicht als Grundlagen gesellschaftlichen Lebens realisieren. Denn weder aus dem Leben der einzelnen noch auch aus dem Miteinander der Staaten und Völker sind die Durchsetzung von Recht mit gewaltsamen Mitteln und der Widerstand gegen Unrecht und Bedrohung wegzudenken. Ja, selbst eine unscheidbare Ehe, wie Jesus sie fordert (Mt 5,32), scheint unter den gegenwärtigen Bedingungen gesellschaftlichen Lebens eine Utopie zu sein.
Dieser Problematik suchten verschiedene Interpretationen der Bergpredigt gerecht zu werden. Man kann dabei je nach der Gesamtausrichtung *vier Typen* unterscheiden:

2.4.1

Relativierende Deutungen

2.4.1.1

Einschränkung des Geltungsbereiches, so vor allem in der klassischen katholischen Auslegung (seit Origenes): Es handle sich nicht um für alle Christen unterschiedslos geltende Gebote, sondern um *evangelische Räte (consilia evangelica)*, die nur für jene gelten, die sich zu besonderem Gehorsam verpflichtet haben, d.h. für Asketen und

Mönche. Ihre Adressaten sind die Jünger (was zutrifft, vgl. 2.1.2), die als Typen jener religiösen Perfektionisten angesprochen seien (was sicher nicht zutrifft!). – Die Folge ist eine christliche Zweistufenethik, wobei das Ethos der höheren Stufe den Charakter der verdienstlichen Sonderleistung bekommt.

2.4.1.2

Eschatologische Begrenzung. Nach *A.Schweitzer* (Das Messianitäts- und Leidensgeheimnis, [3]1956, 10) sind Jesu Gebote in der Bergpredigt Ausfluß seiner Naherwartung; sie konstituieren eine »Interimsethik«, die nur unter dem Vorzeichen des unmittelbar nahen Weltendes sinnvoll und praktizierbar gewesen sei. Nach dem Parusieverzug könne Jesu Ethik nur noch hinsichtlich des sie tragenden Formalprinzips am Leben erhalten werden: Es bleibt der heroische Moralismus Jesu, der heute einzelne dazu ermutigt, den aussichtslos erscheinenden Kampf gegen die übermächtige moderne Kultur aufzunehmen.

2.4.1.3

Reduktion auf ein Prinzip. Vor allem der theologische Liberalismus der Zeit um die Jahrhundertwende versuchte, hinter den als zeit- und situationsbedingt beurteilten konkreten Weisungen das sie tragende sittliche Prinzip herauszustellen und kam so zu einer *Gesinnungsethik*. Nicht der Buchstabe entscheidet, sondern die hinter ihm stehende »lebendige Gesinnung Jesu«, die »seine Welt bezwang, wie wir die unsere bezwingen sollen«. Jesus erschließt so dem Menschen »ein persönliches Leben in Zucht und Freiheit« und wird sein Führer auf dem Weg der Pflicht (W.Herrmann, Die sittlichen Weisungen Jesu, in: ders., Schriften zur Grundlegung der Theologie, 1966, 217). Das, was jeweils konkrete Pflicht ist, muß jede Zeit von ihren gesellschaftlichen und politischen Verhältnissen her bestimmen: Jesus forderte den Verzicht auf Macht und Besitz; für uns ist jedoch das Streben nach Macht und Besitz, die uns durch das Recht geschützt werden, sittlich geboten (ebd., 234).

2.4.2

Radikalisierende Deutungen

2.4.2.1

Verneinung von Kultur und gesellschaftlicher Ordnung. In diesem Sinne interpretierte *L.Tolstoi*: Während die staatlichen und gesellschaftlichen Institutionen das Böse stabilisieren, indem sie seiner Herrschaft zu widerstehen scheinen, kann man vom Gebot Jesu her das Böse sich totlaufen lassen. Im Mittelpunkt dieser Deutung steht einseitig das Wort vom Nicht-Widerstehen gegenüber dem Bösen (Mt 5,39).

2.4.2.2

Einbeziehung der Forderung Jesu in ein Programm der gesellschaftlichen Revolution. Marxistische Interpreten sehen in Jesu Ethik eine Entlarvung der Unzulänglichkeit der herrschenden korrupten Gesellschaftsordnung, die nur die Herrschaft der Herrschenden stützt. Die Bergpredigt sei somit die Kehrseite des Eintretens Jesu für die Unterprivilegierten und Entrechteten. So ist nach *E.Bloch* das ›Eschatologische‹ der Bergpredigtgebote ihre Antizipation einer neuen Gesellschaft. Ein »subversives Element« schlage hier hoch, »dazu daß es mit dem Bisherigen und seinem Druck ein Ende haben muß« (Atheismus im Christentum, 1968, 171, vgl. 183–190).

2.4.3
Privatisierung

Nach *M. Luthers* Zwei-Regimenten-Lehre gelten die radikalen Forderungen Jesu nicht für die Bereiche des öffentlichen und politischen Lebens; denn in ihnen muß nach Gottes Willen dem Bösen gewehrt werden. Wohl aber gelten sie für den einzelnen Christen: Er muß, wenn es um seine eigenen Interessen geht, d.h. als ›Christus-Person‹, um Jesu willen auf Widerstand verzichten und unbedingt Liebe üben. Als ›Amtsperson‹ dagegen, d.h., wenn er in gesellschaftlicher Verantwortung für andere handelt – etwa als Staatsmann, Richter, Lehrer oder auch Hausvater –, muß er Macht gebrauchen und Recht durchsetzen. So gilt es, »zugleich Gottes Reich und der Welt Reich genug« zu tun (WA 11, 255). Die Folge dieser Interpretation ist faktisch eine Privatisierung der Gebote Jesu. Ihre Ausstrahlung auf den gesellschaftlichen Bereich wird unterbunden.

2.4.4
Christologische Interpretation

Daneben findet sich bei Luther eine Interpretationslinie, die bis in die Gegenwart hinein immer wieder vertreten wurde. Sie liest die Bergpredigt ganz im Licht der paulinischen Lehre vom Gesetz: Jesus fordere Unmögliches, um den Menschen von seiner Unfähigkeit zum Guten zu überführen und ihn zur Buße zu treiben. Die radikalen Weisungen seien unerfüllbares Gesetz, das den Christen den Spiegel ihrer Sünde vorhalte und sie dadurch gerade dem zuführe, der allein und stellvertretend für uns die von Gott gebotene Gerechtigkeit erfüllt hat, Christus. Demnach bestünde der eschatologische Charakter der Bergpredigt in ihrem christologischen Bezug: Das unerfüllbare Gesetz ist Verheißung des neuen Menschen, den wir in Christus vor uns haben und der wir durch den Glauben an die von ihm geschenkte Gerechtigkeit sein werden (E. Thurneysen).

3
Arbeit am Text: Die erste Antithese (Mt 5,21–26; Aland, Synopsis, Nr. 55)

3.1
Dieser Abschnitt, der unmittelbar auf die Präambel (5,17–20) folgt, eröffnet die Reihe der 6 Antithesen (5,21–48; vgl. 2.1.1). Wichtig ist zunächst die Frage nach *Herkunft und Sinn des Antithesenschemas*, denn von ihm wird die eigentliche Pointe bestimmt. Sie ist in einem Ineinander von literar- und redaktionsgeschichtlichen Überlegungen zu klären.

3.1.1
Für matthäischen Ursprung des Schemas könnte die durchgängige Neigung des Matthäus sprechen, seinen Stoff in feste Schemata zu fassen (vgl. z.B. die acht Seligpreisun-

gen in 5,3–10, die zehn Himmelreichsgleichnisse in 13 usw.), sowie der Umstand, daß eine synoptische Parallele für die Antithesenform, nicht jedoch für Inhalte einiger Antithesen (Mt 5,39–42 = Lk 6,29f; Mt 5,43–48 = Lk 6,27f.32–36), fehlt.

3.1.2
Gewichtiger sind jedoch die Argumente, die gegen eine Herkunft des Schemas von Matthäus sprechen:

- Die Antithesen sind nicht einheitlich komponiert: Die 1., 2. und 4. (V. 21.27.33) fordern eine *Überbietung des mosaischen Gesetzes*, während die 3., 5. und 6. auf eine Aufhebung des Gesetzes hinauslaufen, indem sie Bestimmungen der Tora außer Kraft setzen. Nur für die zweite Gruppe finden sich inhaltliche Parallelen bei Lukas (16,18; 6,29f; 6,27f), die freilich die Antithesenform nicht haben; d.h., ihr Material hat Mt aus Q entnommen! Die erste Gruppe (Vom Töten, Von der Ehescheidung, Vom Schwören) hingegen ist ohne synoptische Parallelen. Dies läßt vermuten: Diese erste Gruppe bildete ein älteres nicht aus Q stammendes Überlieferungsstück, an dem die Antithesenform bereits fest haftete; die zweite Gruppe ist sekundär (von Mt selbst oder schon in einem von ihm benutzten Katechismus?) aus Q-Material gestaltet und in die vorgegebene Antithesenform gebracht worden.
- Die 1. Antithese ist redaktionell durch thematisch verwandtes paränetisches Material erweitert (V. 23–26) und dabei in ihrem Sinn verändert worden. Dabei handelt es sich zum Teil ebenfalls um Q-Material (24–26 = Lk 12,57–59). Ist, was anzunehmen ist, Matthäus der Urheber dieser Erweiterung, dann stammt die Antithese selbst nicht von ihm.

3.1.3
Damit ist die Herkunft von Jesus selbst freilich noch nicht erwiesen. Vielfach wird ein positives Indiz dafür in der Antithesenform selbst gesehen. So meint E. Käsemann (EVB I, 206), mit dem »Ich aber sage euch« werde »eine Autorität beansprucht . . ., welche neben und gegen diejenige des Moses tritt . . . Dazu gibt es keine Parallelen auf jüdischem Boden und kann es sie nicht geben. Denn der Jude, der tut, was hier geschieht, hat sich aus dem Verband des Judentums gelöst oder – er bringt die messianische Thora und ist der Messias.« Doch das ist keineswegs eindeutig (vgl. E. Lohse, aaO, 189–203, sowie das Material bei Bill. I, 253). H. Braun (aaO, 5) meint sogar, die Antithese bringe weder formal noch inhaltlich »eine vom Spätjudentum sich abhebende Verschärfung . . ., so daß die Ableitung . . . vom irdischen Jesus fraglich bleiben muß«. In der Tat gab es z.B. in der Qumran-Sekte drastische Verbote des Zorns gegen den Bruder (1QS 5,25f; 6,26f; 8,8.15f). Die Entscheidung fällt vom Inhaltlichen her; denn hier wird nicht ein Diskussionsbeitrag innerhalb des Systems institutionalisierter Toraauslegung vorgebracht – der hier Redende beruft sich nicht auf Tradition und Autoritäten –, sondern was er sagt, läuft auf eine totale Sprengung des gesamten Systems hinaus. Vergleichbares hat kein Jude gewagt (P. Stuhlmacher, Gerechtigkeit Gottes bei Paulus, 1965, 249f). So spricht alles für die Herkunft des Schemas von Jesus.

3.2
Die eigentliche Antithese umfaßt nur V. 21f. Ihr *Aufbau* ist folgendermaßen:

(Ia) Ihr habt gehört, daß zu den Alten gesagt ist:
(Ib¹) ›Du sollst nicht morden‹,
(Ib²) ›wer aber mordet, soll des Gerichts schuldig sein‹.
(IIa) Ich aber sage euch:
(IIb¹) Jeder, der seinem Bruder zürnt, soll des Gerichts schuldig sein.
(IIb²) Wer aber zu seinem Bruder sagt: ›*raka*‹ (= Dummkopf)!, soll des Synedriums schuldig sein.
(IIb³) Wer aber sagt: ›Narr!‹, soll der Feuerhölle schuldig sein.

In I folgt also der Einführungsformel (Ia) ein apodiktisch formulierter Rechtssatz – das 5. Gebot des Dekalogs – (Ib¹), an den sich ein kasuistisch formulierter Rechtssatz (Ib²) anschließt. In II folgen unmittelbar auf die Einführungsformel (IIa) drei kasuistisch formulierte Rechtssätze (IIb¹; IIb²; IIb³). Die Ursprünglichkeit von IIb² und IIb³ wird vielfach bestritten, weil die Steigerung von IIb¹ zu IIb³ nicht eindeutig ist: Man sieht nicht ein, warum ein Schimpfwort härter bestraft werden soll als der Zorn (Bultmann, Tradition, 142), und überdies ist ›Narr‹ keine schwerere Beleidigung als *raka*. Aber handelt es sich hier wirklich um eine Steigerung? Vieles spricht für sekundären Charakter von IIb², während IIb³ echt sein dürfte: IIb¹ und IIb³ stehen zueinander im synthetischen Parallelismus: Der Zorn macht gleichermaßen schuldig wie das Schimpfwort, und beide unterstellen sowohl dem menschlichen (IIb¹) wie dem göttlichen (IIb³) Gericht!

3.3

Zum Inhalt. Jesus geht in I aus von der im Alten Testament verwurzelten Theorie und Praxis jüdischer Gesetzesauslegung; am Beispiel des Dekaloggebotes (Ib¹) zeigt er, wie das Gesetz seit Mose gehandhabt worden ist: als vollstreckbares Recht, das unter den gegebenen Bedingungen menschlichen Lebens in bestimmten, kasuistisch feststellbaren Fällen eingesetzt wird, um klar definierbaren Verstößen gegen das Gemeinschaftsleben entgegenzutreten und die Gemeinschaft notdürftig zu schützen. In der Tat vermag dieses Gebot so einen gewissen notdürftigen Schutz des Lebens zu gewähren – mehr aber nicht. – Jesu eigene Auslegung, die ebenfalls beim Dekaloggebot einsetzt, geht aber in dessen kasuistischer Entfaltung (IIb¹, IIb³) weit darüber hinaus: Nicht erst die allgemein konstatierbare böse Tat gegen das Leben des Mitmenschen unterstellt dem Gericht, sondern bereits Zorn und Schimpfwort! Und zwar ist die kasuistische Formulierung von IIb¹ und IIb³ bewußt absurd gehalten – in ihr liegt die eigentliche Pointe! Natürlich können Unmut gegen den Mitmenschen und banale Schimpfworte unter den Bedingungen der gegenwärtigen Welt weder erfaßt noch gar gerichtlich geahndet werden; aber Gottes Wille endet nicht bei dem unter den Bedingungen dieser gegenwärtigen Welt vollstreckbaren Recht, sondern geht unendlich weit darüber hinaus! Gott unterstellt das Leben seinem unbedingten Schutz, und zwar nicht nur da, wo physische Existenz durch äußere Gewalttat beschädigt wird, sondern bereits da, wo Worte und Stimmungen das Leben des Mitmenschen gefährden und beschädigen. Es gibt demnach kein Niemandsland, keine neutrale Zone jenseits der rechtlich faßbaren Verstöße gegen den Mitmenschen, in der der Mensch sich selbst überlassen wäre. Der Verzicht auf Zorn und böse Worte ist nicht, wie in inhaltlich verwandten rabbinischen Weisungen, eine Maximalforderung, durch deren Einhaltung der Mensch eine verdienstliche Überschußleistung vollbringt, sondern absolutes Gebot.

Jesus löst mit dieser Interpretation das Dekaloggebot nicht auf, er stößt vielmehr durch auf den hinter ihm stehenden Gotteswillen, der seit Mose verengt worden ist: Aus dem Verbot des vorsätzlich-gewaltsamen Tötens (d.h. des Mordes) wird das Gebot zum umfassenden Schutz menschlichen Lebens. Die Realisierung dieses Gotteswillens kann nicht durch rechtliche Instanzen garantiert werden, sie ist nur möglich, wo im Horizont der Gottesherrschaft der neue Gehorsam geübt wird, der aus einem neuen Herzen kommt.

3.4

Die *matthäische Interpretation* (V. 23–26) geht davon aus, daß die Gemeinde der konkrete Lebensbereich ist, in dem die radikale Weisung Jesu schon hier und jetzt in Geltung steht und praktizierbar ist.

3.4.1

Wie solche Praxis aussieht, zeigen zwei Beispiele zum Thema ›Versöhnung‹ (5,23–26). Das neue Verhältnis zwischen Brüdern, in dem jeder für das Leben des anderen unbedingte Verantwortung trägt, beginnt mit der Bereitschaft, der Versöhnung allen anderen Anforderungen gegenüber Priorität einzuräumen. V. 23f: Sie hat Vorrang sogar vor dem kultischen Opfer – gegenüber dem Judentum ein radikal neuer Gedanke, denn für den Juden hebt die kultische Handlung andere Verpflichtungen weitgehend auf (vgl. Mk 7,11ff). Für die Gemeinde jedoch ist das Gebot der Gottesliebe nicht von dem der Nächstenliebe ablösbar (vgl. Mt 22,40). Der Weg zu Gott ist zugleich ein Weg zum Nächsten, oder er ist ein Irrweg! Das kleine Gleichnis V. 25f (vgl. Lk 12,57ff; in Q wohl ursprünglich ein Krisisgleichnis!) gibt ein Beispiel, wie man sich verhalten soll, wenn das Zerwürfnis bereits fortgeschritten ist und der Rechtsstreit mit dem Bruder droht: Nicht unversöhnlich auf das vermeintliche Recht pochen! Jetzt den ersten Schritt tun! Und zwar gleich, ehe es zu spät ist! Denn sonst wird Gott dich zur Verantwortung ziehen (V. 25b).

3.4.2

Beide Beispiele vollziehen freilich mit der Anwendung des radikalen Gebotes Jesu eine unvermeidliche pragmatische Verkürzung: Hatte Jesus böse Gedanken und Worte verboten, so beschränkt sich die Auslegung darauf zu zeigen, wie *ihre Folgen* in der Gemeinde zu beseitigen sind. Auch die Gemeinde lebt noch unter den Bedingungen der gegenwärtigen Weltzeit und kann Gottes Willen nicht unverkürzt realisieren; wohl aber ist ihr die Richtung gezeigt, in der sie ihren Gehorsam konkret zu praktizieren hat.

4
Vertiefung

4.1
Lektürevorschläge

4.1.1

Zur matthäischen Redaktion: Chr.Burchard, Versuch, das Thema der Bergpredigt zu finden, in: Jesus Christus in Historie und Theologie, FS H.Conzelmann, hg. v. G.Strecker, 1975, 409–432.

4.1.2

Zur theologischen Gesamtdeutung: L.Goppelt, Das Problem der Bergpredigt. Jesu Gebot und die Wirklichkeit dieser Welt, in: ders., Christologie und Ethik, 1968, 28–34.

4.1.3

Zu den Antithesen: E.Jüngel, Paulus und Jesus, ²1964, 203–210 (interessanter Versuch einer exegetisch-systematischen Einordnung!).

4.1.4

Zur weiteren Wirkungsgeschichte: L.N.Tolstoi, Die Kreutzersonate.

4.2
Fragen zur Weiterarbeit

4.2.1

Worin unterscheidet sich Jesu Interpretation des Gesetzes von der des zeitgenössischen Judentums?

4.2.2

Worin stimmt das matthäische Gesetzesverständnis mit dem Jesu überein, und worin weicht es von diesem ab?

4.2.3

Wie ist die Bergpredigt aufgebaut?

4.2.4

Welche zwei Gruppen von Antithesen gibt es, und wie sind sie überlieferungsgeschichtlich zu beurteilen?

4.2.5

Stellen Sie die Worte Jesu über Ehe und Ehescheidung nach Mk und Q zusammen!

4.2.6

Analysieren Sie die Antithesen Mt 5,27–30 und 5,33–36 in Analogie zu dem hier vorgeführten Modell!

4.3
Weitere Literatur

H.Braun, Spätjüdisch-häretischer und frühchristlicher Radikalismus, I/II, 1957; G.Eichholz, Auslegung der Bergpredigt, ³1975; L.Goppelt, Theologie I, 138–170; V.Howard, Das Ego Jesu in den synoptischen Evangelien, 1975; H.Hübner, Das Gesetz in der synoptischen Tradition, 1973; J.Jeremias, Die Bergpredigt, in: ders., Abba, 1966, 171–189; E.Lohse, »Ich aber sage euch«, in: Der

Ruf Jesu und die Antwort der Gemeinde, FS J.Jeremias, hg. v. E.Lohse u.a., 1970, 189–203; A.Nissen, Gott und der Nächste im antiken Judentum, 1974; J.Roloff, Jesu sittliche Forderung, in: Christentum und Gesellschaft, hg. v. W.Lohff – B.Lohse, 1969, 98–116; E.Schweizer, Mt 5,17–20, in: ders., Neotestamentica, 1963, 399–406; ders., Matthäus und seine Gemeinde, 1974, 78–85; G.Strecker, Der Weg der Gerechtigkeit, ³1971; W.Trilling, Das wahre Israel, ³1964; H.-Th.Wrege, Die Überlieferungsgeschichte der Bergpredigt, 1968.

§ 9
Menschensohn-Worte

1
Einführung

Von der Alten Kirche (ältester Beleg: Ign Eph 20,2) bis in die Neuzeit galt die Bezeichnung ὁ υἱὸς τοῦ ἀνθρώπου (= »Menschensohn«; Luther: »der Sohn des Menschen«) als Hinweis auf die wahre menschliche Natur Jesu Christi und damit als Niedrigkeitsaussage. Heute wissen wir, daß das Gegenteil zutrifft: *Menschensohn ist ein Hoheitsprädikat, das die besondere Stellung Jesu als des endzeitlichen Heilsmittlers und sein Verhältnis zu Gott herausstellt.*

1.1
Diesem Titel kommt *einzigartige Bedeutung* zu. Denn er ist unter den in der synoptischen Tradition erscheinenden christologischen Hoheitstiteln der einzige, bei dem die historische Möglichkeit, daß ihn Jesus selbst auf sich angewandt hat, ernstlich besteht.

1.1.1
Alle *übrigen christologischen Titel* erweisen sich eindeutig als nachösterliche theologische Interpretamente. Sie erscheinen überwiegend in erzählerischem Kontext; die wenigen Jesuslogien, in denen sie auftauchen, sind sekundär gestaltet.

1.1.1.1
Der Titel *Messias* (ὁ Χριστός = der Gesalbte), der im Judentum im Anschluß an die alte Königsmessianologie (2Sam 7,14; Ps 2,2) der in pharisäischen und zelotischen Kreisen lebendigen Erwartung eines endzeitlichen Heilskönigs aus dem Hause Davids Ausdruck verlieh, spielte im Wirken Jesu keine Rolle. Auch wenn Mk 8,27–30 einen historischen Kern haben sollte, was umstritten ist, so handelt es sich hier nicht um ein ›Messiasbekenntnis‹, sondern um die Abweisung der von Petrus geäußerten Messiaserwartung durch Jesus (vgl. F.Hahn, Christologische Hoheitstitel, 1963, 226–230). Erst Matthäus (16,17) macht aus der Ablehnung des Titels durch Jesus eine Bejahung und gestaltet die Szene zum ›Messiasbekenntnis‹ um! – Mk 14,61, die Antwort Jesu auf die Frage des Hohenpriesters, ist sachlich nicht eindeutig und überdies – wie die gesamte Prozeßszene – historisch fragwürdig. – In den Logien Mk 9,41 und Mt 23,10 schließlich ist der Messias-Titel deutlich sekundäres Interpretament (vgl. J.Jeremias, Theologie I, 246f). Fest steht lediglich, daß Jesus unter der (falschen) Anschuldigung, sich zum politischen Messias-König aufgeworfen zu haben, hingerichtet worden ist (Mk 15,26).

1.1.1.2
Der Titel *Gottessohn* (ὁ υἱὸς τοῦ θεοῦ), der im Judentum ebenfalls nahe mit der Königsmessianologie zusammenhängt (Ps 2,7; 2Sam 7,14; Ps 89,27ff; vgl. F.Hahn, aaO, 284ff), erscheint vorwiegend in Christusgeschichten (vgl. § 2,3.3.2), die bereits vom Bekenntnis der Gemeinde geprägt sind, – so bei der Taufe Jesu (Mk 1,11 par); bei der Verklärung (Mk 9,7 par) und bei der Versuchung (Mt 4,3.6), ferner in Worten von Dämonen, in Exorzismen (Mk 3,11; 5,7; vgl. 1,24), die ebenfalls bereits Reflexe einer gemeindlichen christologischen Konzeption sind (Hahn, aaO, 301ff). – In Jesuslogien erscheint lediglich das absolute ›der Sohn‹ (Mk 13,32 par Mt 24,36; Mt 11,27 par Lk 10,22), das aber hinsichtlich seiner Echtheit ebenfalls umstritten ist (Hahn, aaO, 322ff). Es sagt die besondere Nähe Jesu zum Vater aus, ist aber in der jüdischen Umwelt nicht als Bezeichnung für den Heilsmittler belegt.

1.1.1.3
Zum Titel *Davidssohn* (ὁ υἱὸς Δαυίδ) schließlich hält der synoptische Jesus eine deutliche Distanz. Nach Mk 10,47f wird er zwar an ihn – ähnlich wie der Messiastitel – herangetragen, und das mag durchaus ein historischer Zug sein, da die Zugehörigkeit Jesu zu Davids Geschlecht gut bezeugt ist (Hahn, aaO 244; anders Chr.Burger, Jesus als Davidssohn, 1970). Aber das Streitgespräch Mk 12,35ff läßt erkennen, daß Jesus den Titel, offensichtlich wegen der damit verbundenen politischen Belastung, gemieden hat. Erst die judenchristliche Glaubensformel Röm 1,3f gibt der Davidssohnschaft eine positive christologische Bewertung, die allerdings deutlich eingegrenzt ist auf die vorösterliche Situation.

Dagegen enthalten die Synoptiker nicht weniger als 38 Stellen (die Parallelen nicht mitgerechnet), an denen die Bezeichnung ›Menschensohn‹ erscheint. Diese Belege verteilen sich relativ gleichmäßig auf die verschiedenen Quellen, und es handelt sich bei ihnen – was besonders auffällig ist – ausschließlich um direkte Rede Jesu.

1.2
Man möchte auf den ersten Blick meinen, daß dieser eindeutige Befund uns einen problemlosen Schlüssel zum Selbstverständnis Jesu in die Hand gäbe. Daß dem nicht so ist, zeigt die seit Jahrzehnten andauernde Diskussion um das Menschensohnproblem, die inzwischen nur noch mit Mühe überschaubar ist. Es sind in der Hauptsache *zwei Problemkreise*, die den Gang der Forschung bestimmt haben:

1.2.1
Der traditionsgeschichtliche Hintergrund. Die Menschensohn-Worte knüpfen an eine Tradition an, die schon am Rande des Alten Testaments auftaucht und im apokalyptischen Schrifttum vielfach belegt ist. Doch wie war diese Tradition beschaffen? War in ihr bereits eine fertige Vorstellung von der Menschensohn-Gestalt und ihrer Bedeutung enthalten, die von den synoptischen Menschensohn-Worten lediglich auf Jesus übertragen worden wäre, oder gab es eine solche fertige Vorstellung nicht (2.2)?

1.2.2
Der Zusammenhang mit Botschaft und Wirken Jesu. Das Urteil über die Authentizität der Menschensohn-Worte hängt entscheidend davon ab, ob es gelingt, ihre sachliche Übereinstimmung mit den übrigen Elementen der Verkündigung Jesu und mit dem, was wir über sein Wirken wissen, zu erweisen (2,5). Es ist nun auffällig, daß Forscher, die im übrigen mit den gleichen literarkritischen, form- und redaktionsgeschichtlichen

Methoden arbeiten, an diesem Punkt zu ganz entgegengesetzten Urteilen gekommen sind. Der Grund dafür liegt in der Verschiedenheit der Konzeption von Botschaft und Verkündigung Jesu, mit denen sie operieren, und damit letztlich auch an der Pluralität der hinter diesen Konzeptionen stehenden theologischen Standpunkte.

1.2.3

Man wird deshalb die teilweise sehr lebhafte Debatte um den Menschensohn-Titel in den letzten Jahren nur verstehen, wenn man sich klarmacht, daß sie ein zentraler *Schauplatz der theologischen Auseinandersetzung um den sogenannten historischen Jesus* war und ist. Über den exegetisch-historischen Argumenten der Kontrahenten sollte man darum deren theologisches Anliegen nicht übersehen. Das bedeute keineswegs eine Abwertung der ersteren, sondern nur das Ernstnehmen des hermeneutischen Zirkels, in dem sich alle Exegese notwendig bewegt. Zur Debatte steht hier etwa die Frage der Kontinuität bzw. Diskontinuität zwischen dem vorösterlichen Jesus und dem nachösterlichen Christuszeugnis: Gründet das letztere allein auf dem Osterkerygma, oder expliziert es im Licht von Ostern das, was bereits vor Ostern durch Jesu Erscheinung in die Welt gekommen war? Zur Debatte steht ferner das Verhältnis zwischen Jesu Botschaft und seiner Person: Trat der irdische Jesus völlig hinter seine Botschaft zurück als der bloße Verkündiger, aus dem erst nach Ostern der Verkündigte wurde, oder war seine Person bereits Inhalt seiner Botschaft? Dieser theologische Hintergrund kann in unserem Überblick nur am Rand angedeutet werden (2.5).

2
Entfaltung

2.1
Zum Philologischen

Die Wendung ὁ υἱὸς τοῦ ἀνθρώπου (wörtl.: »der Sohn des Menschen«) ist wörtliche – und darum mißverständliche – Übersetzung des aramäischen *bar änaša*, einer determinierten Status-constructus-Verbindung. *bar* bezeichnet dabei (entsprechend dem hebr. *ben*) das Individuum, das einem Kollektivbegriff zugehört. Sinngemäß wäre *bar änaša* also zu übersetzen mit »der Mensch«, »ein Mensch«, »jemand«. Als Umschreibung für »ich« kommt die Wendung allerdings nicht in Frage (C.Colpe, ThWNT VIII, 405f). Ihr Sinn ist nämlich nicht individualisierend, sondern generalisierend.

2.2
Der traditionsgeschichtliche Hintergrund

Man hätte die Wendung nicht wörtlich ins Griechische übernommen, wenn sie nicht als Terminus verstanden worden wäre. Diese Prägung hatte sie in einem apokalyptischen Traditionsstrom erfahren, in dem ›Menschensohn‹ die Bezeichnung einer endzeitlichen Heilsmittlergestalt ist. Dieser Traditionsstrom ist im wesentlichen durch *drei Texte* belegt: Dan 7, äth Hen 37–71 (= die sog. Bilderreden) sowie 4Esra 13. Diese differieren jedoch nicht nur in ihrem Verständnis der Menschensohn-Gestalt untereinander, sondern weisen z.T. auch – wie neuere literarkritische und traditionsgeschichtliche Untersuchungen gezeigt haben – in sich Spannungen und Brüche auf. *Man wird deshalb nicht von einer einheitlichen Menschensohn-Tradition sprechen können*, sondern nur von einem ganz inhomogenen Traditionsstrom, in dem sich ein bestimmtes religionsgeschichtliches Motiv mit den verschiedensten Vorstellungen verbinden konnte, wobei lediglich das apokalyptische Denken eine gewisse Konstante lieferte.

2.2.1

Das zugrunde liegende *religionsgeschichtliche Motiv* sah die ältere Forschung in dem des Urmenschen bzw. des erstgeschaffenen Menschen. Man verwies dabei einerseits auf den ›Urmenschen‹ Gayomart in der iranischen Religion, andererseits auf den angeblichen gnostischen Urmenschmythos, der in einer Reihe von vorderorientalischen Religionen aufweisbar sei (so z.B. W.Bousset – H.Greßmann, Die Religion des Judentums im späthellenistischen Zeitalter, ^{4}1966, 354f). Aber für den Menschensohn ist weder seine Menschengestalt noch seine himmliche Herkunft konstitutiv, und erst recht kann kein Zusammenhang mit bestimmten kosmogonischen Vorstellungen nachgewiesen werden. Heute wird deshalb die Herkunft des Motivs aus der kanaanäischen Mythologie ernstlich erwogen: Der alte Gott (El) dankt zugunsten eines jungen Gottes (Baal) ab und designiert ihn zum Nachfolger. Ganz analog übergibt in der Grundvision von Dan 7 der »Hochbetagte« dem vor ihn tretenden »Menschen« die Macht (Colpe, aaO, 418f).

2.2.2

Die *Vier-Weltreiche-Vision Dan 7* ist in ihrer heutigen Form erst durch die Überarbeitung und Ausgestaltung einer Grundvision zustande gekommen.

2.2.2.1

Die Grundvision ist das wohl älteste greifbare Dokument für die Menschensohn-Vorstellung. Sie dürfte nur Dan 7,9.10.13 umfaßt haben und schilderte die Vorbereitung des endzeitlichen Strafgerichts: Um den Thron Gottes, des »Hochbetagten«, ist der himmliche Hofstaat versammelt, die anklagenden »Bücher« sind aufgeschlagen – da kommt »auf den Wolken des Himmels einer wie der Sohn eines Menschen, und zu dem Hochbetagten kam er, und vor ihn brachte man ihn« (V. 13). Anscheinend handelt es sich hier um eine besonders hervorgehobene Engelgestalt, die bevollmächtigt wird, Gottes endzeitliches Strafgericht zu verkündigen und zu vermitteln (K.Müller, in: Jesus und der Menschensohn, 1975, 50).

2.2.2.2

Diese Szene wird nun in der ausgeführten Vier-Weltreiche-Vision zum Ansatzpunkt einer großen geschichtstheologischen Konzeption: Vier Raubtiere, die der Reihe nach, *von unten*, aus dem Meer aufsteigen, werden abgelöst durch den »Menschensohn«, der *von oben*, »mit den Wolken des Himmels«, kommt und vom »Hochbetagten« unvergängliche Macht und ein unzerstörbares Reich erhält (V.14). Die anschließende Deutung (V. 15–27) kennzeichnet die Raubtiere als Symbole der vier Weltreiche, den Menschensohn aber als Symbol für das Reich »der Heiligen des Höchsten« (7,27), d.h. für Israel. Es ist jedoch fraglich, ob man hier einfach von einer kollektiven Deutung der Menschensohn-Gestalt sprechen darf. Vermutlich ist sie auch hier, wie in der Grundvision, als Engel gesehen, und zwar als *Schutz- und Beistandsengel Israels*, gleichsam als Israels himmlischer Doppelgänger (vgl. die ähnliche Vorstellung von den ›Engeln‹, die die christlichen Gemeinden der Asia vor Gottes Thron repräsentieren, in Apk 2,1.8.12.18; 3,1.7.14; zum Ganzen Müller, aaO, 70–76).

2.2.3

Die *Bilderreden des äthiopischen Henochbuchs* (äthHen 37–71), deren Endredaktion um die Mitte des 1. Jahrhunderts v.Chr. erfolgte, sind in ihren Menschensohn-Aussagen recht vielschichtig.

2.2.3.1

Ältester Bestandteil dürfte die Vision 46,1–47,4; 48,2–7 sein. Hier ist der Menschensohn *ein präexistentes himmlisches Wesen*, das von Gott zum eschatologischen Rächer für Israel und zum Strafrichter über die Weltvölker berufen wurde, das aber bis zum Beginn des Endgerichts bei Gott verborgen ist, um erst dann sichtbar hervorzutreten.

2.2.3.2

In den jüngeren Schichten tritt aber nun der Präexistenzgedanke deutlich zurück; gleichzeitig erfolgt eine *Annäherung an das klassische nationale Messiasbild des Judentums*. So wird der Menschensohn hier mit dem ›Auserwählten‹ gleichgesetzt (z.B. 45,3; 51,3; 55,4), ja es wird ihm sogar der Name ›Gesalbter‹ zugelegt (48,10; 52,4). Schließlich wird in einem Nachtrag (äthHen 71) der Menschensohn *identifiziert mit Henoch*, dem exemplarischen Gerechten der Vorzeit und auserwählten Seher: Henoch wird durch seine Entrückung (vgl. Gen. 5,24) zum Menschensohn (71,5–17).

2.2.4

Die *Sturmvision 4Esra 13* (ca 90 n.Chr.) scheint auf den ersten Blick wieder näher bei Dan 7 zu stehen: Aus der Mitte des Meeres kommt »etwas wie ein Mensch« hervor, steigt auf in die Wolken des Himmels, wirft ein mächtiges Heer nieder und sammelt ein friedliches Heer. Aber der Menschensohn wird hier weder in Relation zu Gott gesehen, noch tritt seine Präexistenz in den Blick. Entscheidend ist hier vielmehr, daß er das endzeitliche Gericht über die Weltvölker und die damit korrespondierende Sammlung Israels vollzieht. Er hat also genau die Funktionen, die nach PsSal 17,26–28 dem davidischen Messias zugeschrieben werden!

2.2.5

Aus diesem Überblick ergibt sich eine für die Beurteilung der synoptischen Belege fundamentale Einsicht: Wir haben davon auszugehen, *daß es zur Zeit Jesu unterschiedliche Ausprägungen der Menschensohn-Vorstellung gab*, die lediglich darin konvergierten, daß der Menschensohn als *richterliche, den Endzeitereignissen zugeordnete Gestalt* galt. Davon, daß diese Gestalt nur als präexistente und zukünftige denkbar gewesen wäre, kann keine Rede sein.

2.3 Die synoptischen Belege

2.3.1

Es ist zunächst damit zu rechnen, daß zumindest ein Teil der synoptischen Menschensohn-Logien sekundäre Bildungen sind. Denn wenn auch der Menschensohn-Titel in der Christologie der hellenistischen Kirche nicht direkt aufgenommen worden ist, so kann er doch – schon um seines archaisierenden Klanges willen – sekundär in Jesuslogien eingefügt worden sein. Manche Stellen könnten auch auf Mißverständnisse zurückgehen. Gibt es *Kriterien für die Identifizierung eindeutig sekundären Materials*?

2.3.1.1

J.Jeremias (Theologie I, 250f) verweist darauf, daß viele Menschensohnworte Parallelen haben, in denen anstelle des Menschensohnprädikats ein einfaches ›ich‹ steht (z.B. heißt es in der letzten Seligpreisung bei Lukas: »wegen des Menschensohnes« [Lk 6,22], während in Mt 5,11 »um meinetwillen« steht), und stellt die Regel auf: »Wo immer wir eine Rivalität zwischen dem schlichten ἐγώ und dem feierlichen ὁ υἱὸς τοῦ ἀνθρώπου finden, spricht alle Wahrscheinlichkeit dafür, daß das schlichte ἐγώ die ältere Überlieferung ist.« Aber dieses Kriterium versagt bei dem sowohl in Q (Lk 12,8f par Mt 10,32) als auch in Mk (8,38) überlieferten Logion vom Bekennen und Verleugnen, wie der Vergleich zwischen den verschiedenen Fassungen zeigt.

Lk 12,8f:
»Wer sich zu mir bekennt vor den Menschen, zu dem wird sich auch der Menschensohn bekennen vor den Engeln Gottes.
Wer mich aber verleugnet vor den Menschen, der wird auch vor den Engeln Gottes verleugnet werden.«

Mt 10,32f:
»Jeder, der sich zu mir bekennt vor den Menschen, zu dem werde auch ich mich bekennen vor meinem Vater in den Himmeln.
Wer mich aber vor den Menschen verleugnet, den werde auch ich verleugnen vor meinem Vater in den Himmeln.«

Mk 8,38:
»Wer sich meiner (und meiner Worte) schämt in diesem ehebrecherischen und sündigen Geschlecht,
dessen wird sich auch der Menschensohn schämen, wenn er in der Herrlichkeit seines Vaters kommt, mit seinen heiligen Engeln.«

Es ergibt sich: Mt 10,32f bietet gegenüber Lk 12,8f die ungleich glattere Fassung, die aus zwei völlig parallel gestalteten Doppelsätzen besteht. Jesus selbst ist in beiden Nachsätzen das Subjekt des Bekennens und Verleugnens. Lk hat in beiden Vordersätzen »Ich«, in beiden Nachsätzen »Menschensohn«. Dieses spannungsvolle Nebeneinander findet sich auch in der Mk-Fassung, die sich im übrigen auf den zweiten, negativ formulierten Doppelsatz, beschränkt. Aber auch wenn wir nicht die beiden Q-Varianten hätten, würde sich die Annahme, daß die spannungsvolle Lk-Fassung aus der glatten Mt-Fassung entwickelt wäre, verbieten. Nimmt man noch hinzu, daß die Wendung »mein himmlischer Vater«, die für die Fassung des Nachsatzes in Mt 10,33 konstitutiv ist (es kann nur vom ›Vater‹ Jesu, nicht aber vom ›Vater‹ des Menschensohnes gesprochen werden!), typisch matthäisch ist (Mt 7,21; 12,50; 15,30; 18,35), so ist das Urteil eindeutig: Mt 10,32f ist gegenüber Lk 12,8f sekundär; das ›Ich‹ ist eine Explikation des schwierigen Menschensohn-Begriffs.
Ähnlich könnte auch Lk 22,29f eine sekundäre Erleichterung von Mt 19,29 (»Ihr, die ihr mir gefolgt seid . . ., werdet, wenn der Menschensohn sich auf den Thron seiner Herrlichkeit setzt, auch auf 12 Thronen sitzen«) sein (W.G.Kümmel, in: Jesus und der Menschensohn, 1975, 210ff; F.Hahn, aaO, 33).

2.3.1.2

C.Colpe (aaO, 433ff) rechnet damit, daß in einigen Logien ὁ υἱὸς τοῦ ἀνθρώπου nicht terminologisch, d.h. als Hoheitstitel, gemeint sei, sondern die Bedeutung von »ein Mensch«, »der Mensch«, »jemand« habe. Er nennt das Wort von der Sündenvergebung (Mk 2,10), den Vergleich zwischen Jesus und dem Täufer (Mt 11,18f par: »Es kam Johannes, weder essend noch trinkend . . . Nun kommt *einer*, der ißt und trinkt . . .«) sowie das Wort von der Heimatlosigkeit des ›Menschensohnes‹ (Mt 8,20). Doch dies ist keineswegs eindeutig. Denn Mk 2,10 scheint gerade nicht von dem zu sprechen, was Jesus, *obwohl er Mensch ist*, zu tun vermag (so Colpe, 433), sondern von der besonderen Vollmacht, die ihm als Menschensohn gegeben ist. Und die Pointe von Mt 11,18f liegt auf alle Fälle in der Steigerung: Es geht darum, daß der *Menschensohn* als der gegenüber dem Täufer Größere sich anders verhält als dieser.

2.3.1.3

So lassen sich als sekundär letztlich nur jene Stellen ausscheiden, die eindeutig als *redaktionell* identifizierbar sind. Es sind dies

- bei *Markus*: 9,9; 9,12 und 10,33 (Parallelbildungen zu den Leidensankündigungen 8,31; 9,31); 13,26; 14,41 (redaktionelle Bildung in Analogie zu 9,31); 14,62 (Analogiebildung zu 8,38 unter schematischer Aufnahme von Dan 7,13).
- bei *Matthäus*: 13,37.41 (Menschensohn-Aussagen als Teile der gemeindlichen Gleichnisdeutung); 16,13.28 (redaktionelle Rahmenbildungen im Zuge der matthäischen Neufassung von Mk 8,29–9,1); 24,39; 25,31 (redaktionelle Einleitung der Bildrede vom Letzten Gericht); 26,2.
- bei *Lukas*: 17,22; 19,10 (Umbildung von Mk 2,17); 21,36; 22,48.

2.3.2

Die Logien, die mit einiger Wahrscheinlichkeit älterer Überlieferung entstammen, lassen sich thematisch in *drei Gruppen* untergliedern:

2.3.2.1

Worte vom kommenden Menschensohn

- Lk 12,8f par Mt 10,32 (Q); Mk 8,38 par Lk 9,26 (M), das Logion vom Bekennen und Verleugnen (vgl. 2.3.1.1);
- Mt 24,44 (Q): »Deshalb seid auch ihr bereit, denn zu der Stunde, da ihr es nicht vermutet, kommt der Menschensohn.«
- Lk 17,24 par Mt 24,27 (Q): »Denn wie der Blitz, wenn er aufflammt, von einem Ende des Himmels zum anderen leuchtet, so wird auch der Menschensohn an seinem Tage sein.«
- Lk 17,26 par Mt 24,37(Q): »Und wie es in den Tagen Noahs ging, so wird es in den Tagen des Menschensohnes sein . . .«
- Mt 10,23b (SMt): »Amen, ich sage euch: Ihr werdet nicht vollständig durch die Städte Israels hindurchkommen, bis der Menschensohn kommt.«
- Mt 19,28 (vgl. Lk 22,30 [Q]): »Amen, ich sage euch: Ihr, . . . werdet . . ., wenn der Menschensohn sich auf den Thron seiner Herrlichkeit setzt, auch auf zwölf Thronen sitzen« (vgl. 2.3.1.1).
- Mt 24,30a (SMt): »Und dann wird das Zeichen des Menschensohnes am Himmel erscheinen . . .«
- Lk 17,30 par Mt 24,39 (Q): »Ebenso wird es an dem Tage sein, an dem der Menschensohn offenbar hervortreten wird.«
- Lk 18,8b (SLk): »Jedoch – wenn der Menschensohn kommen wird, wird er dann Glauben finden auf Erden?«

2.3.2.2
Worte vom gegenwärtigen Menschensohn

- Mk 2,10 par Mt 9,6; Lk 5,24 (M): »damit ihr aber seht, daß der Menschensohn Macht hat, auf Erden Sünden zu vergeben . . .«
- Mk 2,28 par Mt 12,8; Lk 6,5 (M): »So ist der Menschensohn auch Herr über den Sabbat.«
- Mt 8,20 par Lk 9,58 (Q): »Die Füchse haben Höhlen und die Vögel des Himmels Nester, doch der Menschensohn hat keinen Fleck Erde, um sein Haupt niederzulegen.«
- Mt 11,19 par Lk 7,34 (Q): »Der Menschensohn kam, aß und trank, und sie sagten: ›Ein Fresser und Weinsäufer, ein Kumpan von Zöllnern und Sündern‹.«
- Mt 12,32: »Und wer ein Wort wider den Menschensohn spricht, dem soll vergeben werden; wer aber wider den Heiligen Geist spricht, dem soll weder in diesem noch im kommenden Äon vergeben werden.«
- Lk 11,30 (vgl. Mt 12,40 [Q]): »Wie Jona für die Niniviten ein Zeichen wurde, so wird es auch der Menschensohn für dieses Geschlecht sein.«

2.3.2.3
Worte vom leidenden Menschensohn

- Mk 8,31 par Lk 9,22 (vgl. Mt 16,21 [M]): »Der Menschensohn muß viel leiden und von den Ältesten und den Hohenpriestern und Schriftgelehrten verworfen werden (und nach drei Tagen auferstehen).«
- Mk 9,31 par Mt 17,22; Lk 9,44 (M): »Der Menschensohn wird in die Hände der Menschen dahingegeben (und sie werden ihn töten . . .).«
- Mk 10,45 par Mt 20,28 (vgl. Lk 22,27 [M]): »Der Menschensohn ist nicht gekommen, sich dienen zu lassen, sondern zu dienen und sein Leben zu geben als Lösegeld für viele.«
- Mk 14,21 par Mt 26,24; Lk 22,22 (M): »Der Menschensohn geht hin, wie von ihm geschrieben steht; wehe aber dem Menschen, durch den der Menschensohn dahingegeben wird.«

2.4
Die Menschensohn-Worte im Urteil der Forschung

Aus diesem Material und seiner Aufteilung lassen sich Folgerungen hinsichtlich des vorösterlichen Jesus ziehen. Dabei genügt keineswegs schon die pauschale Entscheidung darüber, ob Jesus vom Menschensohn gesprochen hat oder nicht. Dies ist nur die Vorfrage. Wer sie positiv beantwortet, muß darüber hinaus noch weiter fragen: *Gehen alle drei Aussagenkreise auf Jesus zurück?* Hat Jesus sich selbst mit dem Menschensohn identifiziert, und, wenn ja, in welcher Hinsicht? Zu diesen Fragen liegen recht unterschiedliche Stellungnahmen vor.

2.4.1
Nach *R.Bultmann* (Theologie, 30f) hat Jesus zwar vom Menschensohn gesprochen, aber *nur die Worte vom zukünftigen Menschensohn sind authentisch*, denn nur sie entsprechen der von der Tradition vorgegebenen Menschensohn-Vorstellung: Jesus habe

den Menschensohn als den kommenden Weltrichter verkündigt! Allerdings habe er sich nicht mit ihm identifiziert: Der Menschensohn ist ein anderer! Nach Lk 12,8f bleibe das Verhältnis zwischen Jesus und dem Menschensohn offen. Sinn dieses Logions sei lediglich, den dringlichen Charakter der Botschaft herauszustellen: Wer sich für sie entscheidet, der hat damit schon die eschatologische Entscheidung, die mit dem Erscheinen des Menschensohnes besiegelt wird, vorweggenommen. – Die beiden anderen Aussagenkreise müssen nach Bultmann ausscheiden: Die Leidensankündigungen seien *vaticinia ex eventu* und blendeten das für den Menschensohn konstitutive Parusie-Motiv aus; die Worte vom gegenwärtigen Menschensohn seien – falls überhaupt echt – allgemeine Aussagen über den »Menschen« (vgl. 2.3.1.2). Diese Sicht wurde weitergeführt durch H.-E.Tödt (Der Menschensohn in der synoptischen Überlieferung, 1959) und F.Hahn (aaO, 13–53).
Kritik: Die traditionsgeschichtliche Voraussetzung, die dieser Sicht zugrunde liegt, bedarf der Modifikation: Weder kann von einer vorgegebenen in sich geschlossenen und auf die Parusie-Erwartung zentrierten Menschensohntradition im zeitgenössischen Judentum die Rede sein, noch ist einzusehen, daß die vorgegebenen Menschensohn-Traditionen von Jesus bzw. vom Urchristentum nur unverändert und schematisch aufgenommen werden konnten (vgl. dazu R.Pesch, in: Jesus und der Menschensohn, 193). – Die Abwertung der Leidensankündigungen als *vaticinia ex eventu*, d.h. als nachträgliche Deutungen des Geschicks Jesu, ist im Licht neuerer Analysen nicht mehr haltbar (vgl. dazu § 13 sowie zuletzt Pesch, aaO, 166ff).

2.4.2

J.Jeremias (Theologie I, 259–263) ist mit Bultmann darin einig, daß nur der erste Aussagenkreis auf Jesus zurückführbar sei. In der Gewichtung und Interpretation des Materials dieses Aussagenkreises geht er jedoch andere Wege: Er läßt Lk 12,8f nicht als Menschensohnwort gelten (vgl. 2.1.3.1) und rückt stattdessen Lk 22,69 in das Zentrum der Betrachtung, ein von der Mehrzahl der Ausleger als redaktionell beurteiltes Wort, das er auf eine lukanische Sonderquelle zurückführt. Hier sei im Anschluß an Dan 7,13 die Epiphanie und Inthronisation des Menschensohnes geschildert, und ebendies sei auch die Spitze aller übrigen Menschensohn-Aussagen Jesu: Es gehe durchweg um die Ankündigung der kommenden Erhöhung Jesu zum »Heilbringer für alle Welt« (ebd., 262). Jesus hätte also gleichsam bereits die spätere Zweistufen-Christologie vorweggenommen, indem er – in verfremdender Rede der dritten Person – seine zukünftige Erhöhung ankündigte.
Zu ähnlichen Ergebnissen kommt C.Colpe (aaO, 443), wenn er formuliert: »Der apokalyptische Menschensohn ist ein Symbol für Jesu Vollendungsgewißheit.«
Kritik: Die Spitze der futurischen Menschensohn-Aussagen liegt nicht bei Lk 22,69, sondern bei Lk 12,8f. Das heißt: Ihr Thema ist nicht die verhüllte Aussage über Jesu Zukunft, sondern die Ansage der Zukunft der Jünger. Es geht zunächst um die Konsequenz, die die Begegnung mit Jesu Botschaft für die Zukunft der Hörer mit sich bringt; Jesu zukünftiges Schicksal wird nur insoweit angesprochen, als in ihm die Brücke sichtbar wird, die Gottes Handeln zwischen der gegenwärtigen Begegnung mit der Botschaft und dem zukünftigen abschließenden Urteil Gottes schlägt.

2.4.3

Ph.Vielhauer (Aufsätze zum Neuen Testament, 1965, 55–91. 92–140), geht über Bultmann hinaus, indem er *die Authentizität sämtlicher Menschensohnworte bestreitet*. Es handle sich durchweg um Gemeindebildungen. Die Gemeinde, vor die Notwendigkeit gestellt, den Entscheidungscharakter der Verkündigung Jesu im Lichte der nachösterlichen Erhöhungsvorstellung neu zu interpretieren, habe dies getan, indem sie die jüdische Menschensohn-Vorstellung mit Jesus kombinierte. Sie habe dem irdischen Jesus Worte in den Mund gelegt, die von urchristlichen Profeten als ›Sätze heiligen Rechts‹ im Namen des erhöhten Menschensohnes gesprochen worden seien (vgl. E.Käsemann, EVB II, 102); dies erkläre, »daß vom Menschensohn immer in 3. Person gesprochen wird, als wäre er von Jesus verschieden« (aaO, 134). Überdies paßten diese Worte sachlich nicht in Jesu Verkündigung, deren zentrales Thema ja die Botschaft von der Gottesherrschaft sei. In keinem Menschensohn-Wort seien ja Gottes Reich und Menschensohn miteinander verbunden! Dieser Auffasssung Vielhauers schlossen sich *E.Käsemann* (aaO) und *H.Conzelmann* (Theologie, 155f) an.
Kritik: Daß in der Urgemeinde profetische Sätze von überlieferten Jesusworten nicht unterschieden wurden, ist ganz unwahrscheinlich, außerdem ist der entscheidende Doppelspruch Lk 12,8f auf keinen Fall ein Rechtssatz, sondern ein durch die apokalyptische Vorstellung vom Endgericht abgewandelter Weisheitssatz (W.G.Kümmel, in: Jesus und der Menschensohn, 221). Daß die Menschensohn-Worte nicht von der Gottesherrschaft sprechen, ist nicht Indiz für ihnen sekundären Charakter, sondern für ihre Funktion im Rahmen der Verkündigung Jesu: Die Verkündigung der Gottesherrschaft gehört in die öffentliche Predigt Jesu, während die Menschensohn-Worte ihren Ort in der Verkündigung an die Jünger haben (Jeremias, Theologie I, 255; Goppelt, Theologie I, 229).

2.4.4

Eine Wende in der Diskussion wurde durch *E.Schweizer*, Neotestamentica, 1963, 56–84, 88–92) eingeleitet. Schweizer lenkte nämlich den Blick zurück auf die Aussagenkreise vom gegenwärtigen und vom leidenden Menschensohn, deren feste Verankerung in der Überlieferung er erkannte. Das war nur möglich, weil ihm gleichzeitig die Voraussetzung, von der u.a. Bultmann und Vielhauer ausgingen, fraglich wurde, wonach die synoptischen Menschensohn-Aussagen primär am Kriterium einer festen apokalyptischen Menschensohn-Vorstellung gemessen und mit ihr in Einklang gebracht werden müßten. Seiner Meinung nach sind »aufs Ganze gesehen die Parusieworte am unsichersten, die den Irdischen bezeichnenden Worte aber am sichersten«. So ist »sehr ernsthaft damit zu rechnen, daß der Menschensohn-Begriff gerade als Bezeichnung auch des Irdischen seinen Ursprung in der Verkündigung Jesu hat« (74). Und zwar habe Jesus in ganz eigenständiger Weise die Menschensohn-Vorstellung zur Interpretation seines Weges als des leidenden Gerechten verwandt, der, von den Menschen verworfen, sich ganz auf Gottes rettende Hilfe stellt. Das sei möglich gewesen, weil die Menschensohn-Tradition dem Motiv der Erhöhung Raum gegeben habe (so in der Deutung des Weges Israels in Dan 7 und in der Erhöhung Henochs zum Menschensohn in äthHen 71).
Dieser Sicht kommen *W.G.Kümmel* (Theologie, 74f) und *L.Goppelt* (Theologie I,

232ff) nahe, bei unterschiedlicher theologischer Akzentsetzung im einzelnen. So ist nach Kümmel der Menschensohn-Titel Ausdruck für die Verborgenheit der Würde Jesu in der Gegenwart, weil er – je nach dem Zusammenhang, in dem er erscheint – Hoheit und Niedrigkeit zu bezeichnen vermag. Goppelt dagegen sieht das Selbstverständnis Jesu in der spannungsvollen Synthese des leidenden Gerechten und der Menschensohngestalt zum Ausdruck gebracht, die ihre Spitze in den Leidensankündigungen erreicht.

2.5
Zusammenfassende Beurteilung

2.5.1
Die Menschensohn-Logien sind fest in den ältesten Schichten der synoptischen Tradition verwurzelt. Auch bei Anlegung strenger Echtheitskriterien besteht kein Anlaß zum Zweifel, daß ein großer Teil von ihnen auf Jesus selbst zurückgeht – und zwar aus allen drei Aussagekreisen!

2.5.1.1
Logien, die besser in die Situation der palästinischen Urgemeinde als in die Situation Jesu passen, finden sich noch am ehesten unter den *Aussagen vom kommenden Menschensohn* (2.3.2.1). So könnten der Wachsamkeitsruf Mt 24,44 (Q) und die Worte vom ›Tage‹ des Menschensohnes (Lk 17,24.30 [Q]) durch Ausgestaltung von Parusie-Aussagen, die vom ›Tag‹ bzw. der ›Stunde‹ des ›Herrn‹ sprachen (vgl. 1Thess 5,2.4; 2Petr 3,10), entstanden sein, und auch Mt 10,23b (SMt) könnte Dokument intensiver nachösterlicher Parusie-Erwartung sein. Kennzeichnend für die übrigen Logien dieses Aussagenkreises ist aber nun keineswegs die drängende Parusie-Erwartung, sondern das *Motiv des Gerichts*: Der Menschensohn wird der sein, durch den Gottes abschließendes Gericht öffentlich in Erscheinung tritt. Wenn Jesus sich mit dem kommenden Menschensohn identifiziert (Lk 12,8f), so besagt dies, daß in seinem Reden und Handeln der Mensch bereits diesem abschließenden Gericht begegnet, weil hier eine Entscheidung über ihn fällt, die beim zukünftigen öffentlichen In-Erscheinung-Treten des Gerichts nur noch ratifiziert wird. Dies aber entspricht genau der Botschaft von der gegenwärtig-verborgenen Gottesherrschaft, wie sie in den Gleichnissen Jesu laut wird (z.B. Mk 4,13–32).

2.5.1.2
Die *Aussagen vom gegenwärtigen Menschensohn* (2.3.2.2) tragen unverwechselbar die Züge der vorösterlichen Situation. Allenfalls mag man aus überlieferungsgeschichtlichen (nicht jedoch aus sachlichen) Erwägungen die Echtheit von Mk 2,10 in Frage stellen. Entscheidend ist hier das *Motiv der verborgenen Vollmacht*: Der Menschensohn ist »Herr über den Sabbat« (Mk 2,28), er beansprucht im Namen Gottes Freiheit der Verfügung über den von Gott gegebenen, für Menschen unantastbaren Ruhetag – und das muß als Provokation empfunden werden, weil es scheint, als handle hier nur ein Mensch in seiner Willkür. Der Menschensohn ist heimatlos auf Erden (Mt 8,20), er unterscheidet sich darin von den geringsten irdischen Lebewesen, die alle eine Bleibe haben – aber gerade darin wird seine verborgene Zugehörigkeit zu Gott manifest. Auch Mt

11,19 spricht von der verborgenen Vollmacht Jesu: ›Einer‹, ›ein Mensch‹ kommt, der von den vom Täufer für die Endzeit gesetzten Normen kraß abweicht – und doch ist dieser ›Mensch‹ nicht irgendeiner, sondern der, der die Erwartung des Täufers erfüllt und die von Gott gesetzte Norm der Zuwendung zu den Verlorenen bringt! (Der Sinn dieses Logions wäre noch schlagender, wenn mit dem vom Täufer angekündigten ›Kommenden‹ der Menschensohn gemeint sein sollte; vgl. J.Becker, Johannes der Täufer und Jesus von Nazareth, 1972, 34f.)

2.5.1.3
Die *Worte vom leidenden Menschensohn* werfen zwar im einzelnen komplizierte überlieferungsgeschichtliche Probleme auf; so wird z.B. kaum mehr zu klären sein, ob die Menschensohn-Ausage in Mk 10,45 authentisch ist (vgl. zuletzt K.Kertelge, in: Jesus und der Menschensohn, 225–239). Darüber besteht jedoch ein breiter Konsensus, daß von den Leidensankündigungen zumindest Mk 9,31 auf Jesus zurückgeht und daß in diesem Logion der Menschensohn-Terminus verwurzelt ist. Das Wort ist als Rätselspruch formuliert: »Der Menschensohn wird in die Hände der Menschen dahingegeben.« Hinter dem Passiv verbirgt sich Gottes Handeln; er selbst läßt das Unheilsgeschehen zu, das Jesus auf sich zukommen sieht, und er tut damit das scheinbar Widersinnige, daß er sich gegen den stellt, der seine Sache vor der Welt vertritt. Aber Jesus gibt sich als der Menschensohn in dieses Geschehen hinein, das er als eine endzeitliche Notwendigkeit begreift, in der Gewißheit, daß Gott selbst in diesem Geschehen den, der seine Sache vertreten hat, nicht fallen lassen wird (vgl. § 13,2.1).

2.5.2
Warum hat Jesus aber den Menschensohn-Titel aufgegriffen? Sicher nicht deshalb, weil er damit in eine von der Tradition vorbereitete fixierte Rolle schlüpfen wollte! Wie wir sahen, kennt die diffuse Menschensohn-Tradition ein solches Rollenschema überhaupt nicht, im Unterschied etwa zu der Messiasvorstellung der Königsmessianologie, die in Jesu Tagen weitgehend politisch fixiert war. Damit ist aber auch wohl schon ein wichtiger Grund genannt: Jesus griff diesen Titel auf, weil er keine eindeutige Festlegung enthielt, sondern nach allen Seiten hin offen war für eigenständige Interpretation. Und diese Interpretation hat Jesus geleistet, indem er ihm die verschiedenen Aspekte seines Selbstverständnisses integrierte. Er gebrauchte diesen Titel, weil er geeignet war, seine einmalige eschatologische Funktion zum Ausdruck zu bringen und gleichzeitig die Verhülltheit dieser Funktion in der Gegenwart anzudeuten. Die volle Bedeutung des Menschensohn-Titels im Munde Jesu erschließt sich jedoch erst, wenn man die Interpretation zur Kenntnis nimmt, die Jesus ihm gegeben hat. Insofern bildet der Menschensohn-Titel zumindest den *Ansatz einer expliziten Christologie*.

2.5.3
Die nachösterliche Entwicklung der Christologie wäre ohne diesen vorösterlichen Ansatz schwer denkbar. Denn das Auferstehungsgeschehen als solches war messianologisch indifferent. Daß die Urgemeinde die Auferstehung Jesu als Erhöhung und Inthronisation des Menschensohnes deutete, wird nur aufgrund der Tatsache verständlich, daß schon Jesus von seiner Verbindung mit dem kommenden Menschensohn gespro-

chen hatte (M.Hengel, in: Neues Testament und Geschichte, FS O.Cullmann, 1972, 64).

2.5.4
Im übrigen erweist sich das Jesusbild, mit dem die Bestreiter einer Selbstidentifikation Jesu mit dem Menschensohn operieren, zusehends als eine dogmatische Konstruktion. Einen Jesus, der nur Sprachrohr einer Botschaft gewesen wäre, der nur die Nähe der Gottesherrschaft ausgerufen und die Entscheidung für sie gefordert hätte, ohne auf die Frage nach dem Verhältnis seiner Person zu dieser Botschaft zu antworten, hat es nicht gegeben. Daß Jesus sich in seiner Person, in seinem vollmächtigen Reden und Handeln ganz mit der Gottesherrschaft identifizierte, zeigen ebenso die Berichte von seinen Taten wie seine Gleichnisse. Diese Selbstidentifikation konnte aber nur auf der Ebene des funktionalen Vollzugs bleiben; sie fand die ihrer Struktur entsprechende sprachliche Fixierung im Menschensohn-Titel.

3
Vertiefung

3.1
Lektürevorschläge

3.1.1
Zur Traditionsgeschichte der Menschensohn-Vorstellung: C.Colpe, ThWNT VIII, 408–433.

3.1.2
Zu den verschiedenen Positionen in der Forschung: F. Hahn, Christologische Hoheitstitel, ^{4}1974, 15–53; Ph. Vielhauer, Gottesreich und Menschensohn in der Verkündigung Jesu, in: ders., Aufsätze zum Neuen Testament, 1965, 55–91; E. Schweizer, Der Menschensohn, in: ders., Neotestamentica, 1963, 56–84; J.Jeremias, Theologie I, 245–263.

3.1.3
Zur Analyse von Lk 12,8f: W.G.Kümmel, Das Verhalten Jesus gegenüber und das Verhalten des Menschensohnes. Markus 8,38 par und Lukas 12,8f par Matthäus 10,32f, in: Jesus und der Menschensohn, 1975, 210–224.

3.2
Fragen zur Weiterarbeit

3.2.1
In welchen alttestamentlichen und jüdischen Schriften erscheint die Gestalt des Menschensohnes? Worin unterscheiden sich die Auffassungen dieser Schriften über den Menschensohn?

3.2.2
Inwiefern hat sich die Sicht dieses religionsgeschichtlichen Materials in der neueren Forschung gegenüber der älteren verändert?

3.2.3
In welche Aussagenkreise lassen sich die synoptischen Menschensohn-Aussagen aufgliedern?

3.2.4
Welcher dieser Aussagenkreise fehlt in Q? Wie läßt sich dieses Fehlen erklären?

3.2.5
Warum erscheinen die Begriffe ›Menschensohn‹ und ›Gottesherrschaft‹ durchweg voneinander getrennt?

3.3
Weitere Literatur

R.Bultmann, Theologie, 26–34; H.Conzelmann, Theologie, 151–156; O.Cullmann, Die Christologie des Neuen Testaments, ^{5}1975, 138–185; L.Goppelt, Theologie I, 226–253; W.G.Kümmel, Theologie, 68–77; Hans Lietzmann, Der Menschensohn, 1898; K.Müller, Menschensohn und Messias. Religionsgeschichtliche Vorüberlegungen zum Menschensohnproblem in den synoptischen Evangelien, BZ NF 16 (1972), 161–187; 17 (1973), 52–66; Rudolf Otto, Reich Gottes und Menschensohn, ^{2}1940; Jesus und der Menschensohn. Für Anton Vögtle hg. v. R.Pesch – R.Schnackenburg, 1975 (Sammlung wichtiger Aufsätze, die den neuesten Diskussionsstand repräsentieren!); Heinz-Eduard Tödt, Der Menschensohn in der synoptischen Überlieferung, 1959; Ph.Vielhauer, Jesus und der Menschensohn. Zur Diskussion mit Heinz-Eduard Tödt und Eduard Schweizer, in: ders., Aufsätze zum Neuen Testament, 1965, 92–140; A.Vögtle, Der Spruch vom Jonaszeichen, in: ders., Das Evangelium und die Evangelien, 1971, 103–136.

IV

Zur Johannes-Exegese

§ 10
Johanneische Eschatologie

1
Einführung

Die Problematik des Johannesevangeliums ist vielschichtig; man kann sich ihr auf verschiedenen Ebenen nähern.

1.1
Auf der *literarkritischen Ebene* liegt die Frage nach den Quellen, die sich gegenwärtig immer mehr auf die Frage nach der Herkunft des erzählerischen Materials zuspitzt: Hat das vierte Evangelium eine Sammlung von Wundergeschichten benutzt, und hatte diese, womöglich unter Einschluß eines Passionsberichtes, bereits die Gestalt einer Evangelienschrift?

1.2
Auf der *formgeschichtlichen Ebene* liegt die Frage nach den spezifischen Eigentümlichkeiten der johanneischen Tradition und ihrem sozio-kulturellen Hintergrund, für die sich bislang noch kaum tragfähige Lösungen abzeichnen: Sind die hier vorliegenden sprachlichen Gebilde Niederschlag des Lebens einer Gemeinde? Sind sie der Ertrag der Diskussionen in einer Schule? Sind sie im wesentlichen das Werk eines Einzelnen oder der Ertrag eines längeren anonymen Entwicklungsprozesses?

1.3
Auf der *redaktionsgeschichtlichen Ebene* steht das Verhältnis der vorliegenden Endgestalt des Werkes zu etwaigen Vorformen zur Diskussion: Sind etwa die zahlreichen Brüche und Spannungen (z.B. zwischen Kap. 14 und 15) Anzeichen für eine redaktionelle Überarbeitung? Und welcher Intention folgte diese Überarbeitung? War sie eine »kirchliche Redaktion« (so z.B. R.Bultmann), die das Buch an das gängige Denken der kirchlichen Mehrheit angleichen wollte, oder bleibt sie auf der Linie des johanneischen Kreises bzw. der johanneischen Schule?

1.4
Ein weites Feld für die Forschung bietet schließlich die *religionsgeschichtliche Ebene*:

Hier steht die Frage zur Debatte, wo die spezifischen Vorstellungsformen und terminologischen Mittel des 4. Evangeliums innerhalb der religiösen Umwelt ihren Wurzelgrund haben: Verweisen sie auf das Alte Testament (so die traditionelle Lösung), auf das hellenistische Judentum (so z.B. F.-M.Braun), auf eine täuferische Gnosis (so z.B. R.Bultmann) oder auf ein sektiererisches Judentum mit Affinität zur Qumran-Sekte (so z.B. G.Baumbach)? Dabei scheint sich neuerdings ein gewisser Konsensus für die letztgenannte Möglichkeit abzuzeichnen, d.h. dafür, »daß als Umwelt des Evangeliums ein vom Synkretismus beeinflußtes Judentum im Umkreis Palästinas und Syriens anzusprechen ist« (O.Cullmann, Der johanneische Kreis, 1975, 40).

1.5

Wir legen in diesem Überblick den Schwerpunkt auf die *theologische Ebene*. Das Johannesevangelium gehört zu jenen neutestamentlichen Schriften, die von einer einheitlichen theologischen Konzeption geprägt sind (wie sonst nur noch die Paulus-Briefe und der Hebräerbrief). Diese Konzeption wird zwar nicht frei, sondern anhand einer vorgegebenen literarischen Form – der des Evangeliums – sowie anhand vorgegebener Einzelmaterials–Erzählungsstücke, Passionsbericht, Einzellogien, Gleichnisse, hymnische Stücke – entfaltet, aber in solcher Weise, daß Form und Material ganz im Dienst dieser Konzeption stehen. Hier liegt der große Unterschied zu den synoptischen Evangelien, in denen Form und verwendete Einzeltraditionen gegenüber der schriftstellerischen Intention der Evangelisten eine relative Selbständigkeit behaupten konnten. Ein besonders markanter Zug der johanneischen Konzeption ist die *präsentische Eschatologie*: Mit dem Kommen Jesu ist nach Johannes die Stunde des Heils endgültig, unwiderruflich und unüberbietbar da. In der Begegnung mit ihm erfährt der Mensch die κρίσις, das Gericht, das zugleich Entscheidung und Scheidung bedeutet. Der Glaubende empfängt, indem er Jesus als den von Gott gekommenen Offenbarer erkennt, Heil und Leben; der nicht Glaubende, der sich dem Anspruch Jesu verschließt, empfängt sein Urteil, indem er als Teil der Gott feindlichen Welt behaftet und in dieser Feindschaft unwiderruflich festgehalten wird.

Wir wollen uns erst einen Überblick darüber verschaffen, wie das Johannesevangelium diese eschatologische Konzeption mit Hilfe verschiedener erzählerischer und darstellerischer Mittel realisiert (2,1). In einem zweiten Schritt soll dann nach dem Ort dieser Konzeption innerhalb des eschatologischen Denkens des Urchristentums gefragt werden (2.2).

2
Entfaltung

2.1
Das Verhältnis einzelner Darstellungsmittel und Motive zur eschatologischen Gesamtkonzeption

2.1.1

Der Aufbau. Bereits der Gesamtaufriß ist weitgehend von dieser Konzeption geprägt.

2.1.1.1

Am Anfang steht der *Prolog* (1,1–18), der vom Kommen des präexistenten Logos in die Welt berichtet und zugleich leitmotivisch die Auswirkung dieses Geschehens beschreibt.

1,11–14 handelt im Sinne des Evangelisten vom menschgewordenen Logos und der durch ihn gewirkten eschatologischen Scheidung: Der »Kosmos«, die gottfeindliche Menschenwelt, »erkennt« ihn nicht, die »Seinen« jedoch erkennen ihn und werden dadurch zu Gottes Kindern (V. 12b), die – zusammengeschlossen zum »Wir« der Gemeinde (vgl. die 1. Pers. Plur. in V. 14!) – »seine Herrlichkeit schauten«.

2.1.1.2

Genau diesen Scheidungsprozeß schildern die beiden Hauptteile des Evangeliums. Der *1. Hauptteil* (1,19–12,50) handelt von der Offenbarung Jesu vor der »Welt«, repräsentiert durch die ungläubigen Juden, und von ihrer Abweisung. Der *2. Hauptteil* (13,1–21,25) hat die Selbstoffenbarung Jesu vor den »Seinen« zum Thema: In den Abschiedsreden (Kap. 13–17) wird den Jüngern der Sinn des Hingangs Jesu zum Vater erschlossen und zugleich die Möglichkeit bleibender Gemeinschaft mit ihm eröffnet.

Dieses Zwei-Phasen-Schema war zwar im Ansatz traditionell und mit der Evangelienform vorgegeben; denn schon Mk läßt dem öffentlichen Wirken Jesu (1,14–8,26) einen Abschnitt folgen, in dem die Jüngerbelehrung vorherrschendes Thema ist (Mk 8,27–10,52), doch ist dort gerade kein grundsätzlicher Unterschied im Verhalten der Jünger und des Volkes zu Jesus aufweisbar: Beide verschließen sich seiner Offenbarung und verkennen das Geheimnis Jesu!

2.1.2

Der Inhalt. Auch inhaltlich ist das Wirken Jesu bei Johannes streng auf den einen Punkt hin konzentriert: Jesus ist der Offenbarer, an dessen Wort die Entscheidung über Tod oder Leben fällt. Diese Offenbarerfunktion ist ebenfalls schon im Prolog herausgestellt; als Funktion des Menschgewordenen wird hier das Geben von »Gnade und Wahrheit« (V. 17), und das heißt, die Erschließung des bislang verborgenen Gottes (V. 18), genannt. Dabei fällt zusätzlich auf, daß der Prolog, der an sich an dem Dreistufenschema ›Präexistenz-Erniedrigung-Erhöhung‹ orientiert ist, bei der Menschwerdung abbricht und die Erhöhung nicht mehr erwähnt; sie kommt erst im Abschiedsgebet Kap. 17 zur Sprache. Das Johannesevangelium entfaltet also zwischen diesen zwei Polen der Erniedrigung und Erhöhung das Kommen des präexistenten Logos in die Welt in seiner Bedeutung als endzeitliches Heilsgeschehen. Aus dieser Betrachtung ergibt sich, daß für Johannes die Evangelienschrift nicht nur eine überkommene Form ist, die er von seiner theologischen Intention her füllt; sie ist für ihn vielmehr das seiner theologischen Intention adäquate Darstellungsmittel. Eine Spannung zwischen dem vorösterlichen Wirken Jesu und dem nachösterlichen Geschehen, wie sie das Markusevangelium durchzieht (etwa in Gestalt der Geheimnis-Theorie), gibt es für Johannes nicht. Jesu Geschichte weist für ihn nicht über sich hinaus auf Ostern oder auf die Parusie, sondern sie ist die Mitte alles Geschehens, die »Stunde«, in der sich das Schicksal der Menschen und der Welt entscheidet (4,23; 5,25; 12,23; 13,1 u.ö.). Ein weiteres Heilsgeschehen über sie hinaus kann es für ihn nicht geben; denn in ihr fällt bereits die Entscheidung über alles, was ihr noch in chronologischem Sinne folgen mag.

Diese christologisch-eschatologische Konzentration führt zu einer auffälligen inhaltlichen Monotonie: Der johanneische Jesus hat kein anderes Thema als sein Gekommensein, er ruft zu nichts anderem als zum Vollzug der eschatologischen Entscheidung im »Glauben« und »Erkennen« (beide Begriffe sind synonym: 6,69; 11,42; 17,3.8.21).

2.1.3

Die Wundererzählungen. Die *johanneischen Wundererzählungen* haben durchweg ein Gefälle auf die Eschatologie hin.

Damit wird ein Ansatz weitergeführt, der schon in den synoptischen Wundererzählungen vorhanden ist: Dort ist das ›Wunder‹ verborgener Hinweis auf Gottes heilvolles Handeln an seiner Schöpfung in der Endzeit und damit zugleich Hinweis darauf, daß Jesus dieses Handeln mit seiner Botschaft vollmächtig vertritt. Dieser Hinweis kann aber nur vom Glauben angenommen werden; für den Unglauben ist das Wunder Beweis für das Bündnis Jesu mit dämonischen Mächten. Insofern sind Jesu Taten ambivalent; sie provozieren Entscheidung. Aber auch für den Glaubenden bleiben sie verhüllte Hinweise proleptischen Charakters; sie deuten auf etwas, was noch kommt (vgl. § 6,2.4).

Johannes läßt freilich den verhüllten, proleptischen Charakter der Wunder zurücktreten. Sie sind für ihn Offenbarung der Herrlichkeit Jesu! So schließt der Bericht vom ersten Zeichen mit den Worten: ». . . und er offenbarte seine Herrlichkeit, und es glaubten seine Jünger an ihn« (Joh 2,11).
Dreimal benutzt Johannes traditionelle Wunderberichte, um die sich an Jesu Wirken vollziehende eschatologische Scheidung zu veranschaulichen:

2.1.3.1

Die Sabbatheilung am Teich Bethesda (5,1–18) wird Ausgangspunkt einer Kontroverse, in der es darum geht, ob die Juden Jesu Wirken, in dem Gottes endzeitliches Wirken gegenwärtig ist, akzeptieren (5,19–30). Dabei hat die Heilung, weil sie am Sabbat geschah, den Charakter der bewußten Provokation (V. 11–18); sie soll die unmittelbare Konfrontation der »Juden« mit dem Wirken Jesu auslösen; mit ihr ist zugleich dieses Wirken zur Debatte gestellt.

2.1.3.2

Das Speisungswunder (Joh 6,1–14; vgl Mk 6,32–44 par; 8,1–11 par) bildet den Auslöser für die ›Himmelsbrotrede‹ (6,26–65), in der Jesus das Verständnis des Wunders als einer von seiner Person ablösbaren mirakulären Gabe wie auch als einer bloßen Wiederholung des Mannawunders ablehnt, um stattdessen sich selbst als die wahre Gabe zu proklamieren, von deren Empfang oder Verweigerung alles abhängt: »Ich bin das Brot des Lebens!« (6,35).

2.1.3.3

Die Blindenheilung (9,1–7) wird – ebenfalls unter Einbeziehung des Sabbatmotivs – in der anschließenden Kontroverse (9,8–41) zum Symbol des von Jesus geschenkten Heilwerdens des ganzen Menschen: Indem der ehemals Blinde Jesu Handeln annimmt und zum Glauben an ihn kommt und indem die Pharisäer dieses Handeln verurteilen und Jesus ablehnen, vollzieht sich das Gericht als Umwertung aller bisherigen Werte und Maßstäbe: »Zum Gericht bin ich in diese Welt gekommen, damit die Nicht-Sehenden sehend werden und die Sehenden Blinde werden« (9,39). Dieser Satz ist möglicherweise eine Umformung des synoptischen Logions Mk 2,17 »Nicht die Gesunden bedürfen des Arztes, sondern die Kranken; ich bin nicht gekommen, Gerechte zu rufen, sondern Sünder.« War bei den Synoptikern das Ziel des Handelns Jesu die Gewährung eines neuen Gottesverhältnisses für die ›Sünder‹, die außerhalb des Gottesvolkes stehenden Randgruppen, so geht es bei Johannes – wie diese Umformung zeigt – um die sich in Jesu Kommen vollziehende totale Scheidung und Entscheidung, der sich keiner entziehen kann.

2.1.4

Die Mißverständnis-Szenen. Wie an den Taten, so vollzieht sich auch an den Worten Jesu die eschatologische Entscheidung, je nachdem, ob sie im ›Glauben‹ und ›Erkennen‹ angenommen werden oder ob sie abgelehnt werden. Diesen Sachverhalt stellt Johannes anhand der Mißverständnis-Szenen dar. Die wichtigsten sind:

- 2,18–22: Gespräch mit den Juden über den ›Tempel‹.
- 3,1–13: Gespräch mit Nikodemus über das ›Von-neuem-Geborenwerden‹.
- 4,7–15: Gespräch mit der Samaritanerin über ›lebendiges (fließendes) Wasser‹.
- 6,52–58: Gespräch mit den Juden über das ›Essen‹ des ›Fleisches‹ Jesu.
- 8,21f: Gespräch mit den Juden über das ›Hinweggehen‹ Jesu.
- 11,20–27: Gespräch mit Martha über ›Auferstehung‹.

14,1–7: Gespräch mit Thomas über den ›Weg‹ zu den ›himmlischen Wohnungen‹.

Man könnte diese Mißverständnis-Szenen mit einigem Recht als die johanneischen Varianten der synoptischen Gleichnistheorie (Mk 4,11f; 4,33f) bezeichnen: Auch in ihnen spricht sich die Erfahrung der Gemeinde aus, *daß das Hörenkönnen immer Geschenk ist* und daß Jesu Wort sich nur den Glaubenden erschließt. Neu ist jedoch bei Johannes, daß er anhand des Verlaufs der jeweiligen Gespräche zeigt: Ein Verstehen des Wortes Jesu ist von den Voraussetzungen des natürlichen Menschen her grundsätzlich unmöglich!

Das Mißverständnis wird jeweils durch einen doppeldeutigen Begriff ausgelöst. Und zwar geht es nicht einfach darum, daß sich ein vordergründig-materielles Verständnis seitens der Menschen und ein ›spirituelles‹ Verständnis auf seiten Jesu gegenüberstünden. Jesus vertritt gerade nicht den ›uneigentlichen‹, sondern den ›eigentlichen‹ Sinn der Begriffe, den sie vom endzeitlichen Heilsgeschehen her gewonnen haben. So stehen von Gott gesetzte Realität und das verengte Wirklichkeitsverständnis des jeweiligen Gesprächspartners, das in dessen eigenmächtiger Welt- und Selbstbezogenheit wurzelt, einander gegenüber.

In der johanneischen Version der Tempelreinigung (2,13–22) wird das Mißverständnis ausgelöst durch das Logion »Reißt diesen Tempel ab, und in drei Tagen will ich ihn aufrichten!« (2,19). Hier haben wir es mit einer von Johannes bewußt auf das Mißverständnis hin stilisierten Variante von Mk 14,58 par Mt 26,21 zu tun. Der Kontext ergibt, daß Johannes diese Aussage über den Tempel gerade nicht uneigentlich-spirituell, sondern höchst real verstanden wissen will. Das Mißverständnis erwächst nämlich daran, *daß Jesus von dem ausgeht, was das Symbol ›Tempel‹ eigentlich meint*: ›Der Tempel‹ ist der Ort der Nähe Gottes und seiner Kommunikation mit den Menschen. Das heißt: In Jesus gewinnt dieses ›Symbol‹ seine endzeitliche Sinngebung. Dies erfährt der Leser in der erklärenden Zwischenbemerkung: »Er aber sprach vom Tempel seines Leibes« (2,21), sowie in dem abschließenden Hinweis auf die Auferstehung (2,22). Die Gesprächspartner können dies deshalb nicht verstehen, weil sie starr bei der traditionellen Interpretation des Symbols ›Tempel‹ im Sinne von ›Kultort‹ bzw. ›Kultbetrieb‹ bleiben, einer Interpretation, die sich von der Erscheinung Jesu her eigentlich als anachronistisch erweisen müßte.

Ähnlich entsteht das Mißverständnis im Nikodemus-Gespräch (3,1–21) an dem (in Anlehnung an das synoptische Logion Mt 18,3) gezielt zweideutig formulierten Wort: »Amen, Amen, ich sage dir, wenn jemand nicht von neuem geboren wird, so kann er die Gottesherrschaft nicht schauen!« (3,3). Nikodemus hält ein ›Von-neuem-Geborenwerden‹ für unmöglich (3,4), weil er von seiner

Wirklichkeitserfahrung her denkt, die eine Umkehr physischer Entwicklungsvorgänge nicht zuläßt. Er begreift nicht, daß Jesus von Gottes endzeitlichem Wirken durch den Geist spricht, das schon in der Schrift verheißen ist (3,5f). Indem Nikodemus so seiner Wirklichkeit verhaftet bleibt, erweist er sich als nicht ›wiedergeboren‹ und verfehlt so Gottes eschatologische Offenbarung.

So sind die Mißverständnis-Szenen eine Warnung an die Leser: Wer Jesus an seinem bisherigen Selbst- und Weltverständnis mißt, wer in ihm nur eine Ergänzung und Steigerung seiner bisherigen Wirklichkeitserfahrung sucht, muß ihn, den Bringer der neuen Wirklichkeit Gottes, verfehlen.

2.1.5

Die Ich-bin-Worte. Seinen präzisesten sprachlichen Ausdruck findet dieser Ansatz in den johanneischen Ich-bin-Worten.

2.1.5.1

Sieben Bilder sind es, die in der Gestalt von Ich-bin-Worten erscheinen, nämlich *Brot*: 6,35.41.48; *Licht*: 8,12; *Tür*: 10,7.9; *Hirte*: 10,11.14; *Auferstehung* (und Leben): 11,25; *Weg* (Wahrheit und Leben): 14,6; *Weinstock*: 15,15.
Charakteristisch für die Formulierung ist, daß mehrfach das eigentliche Ich-bin-Wort in einem unmittelbar angefügten *Verheißungswort* entfaltet wird:
»Ich bin das Licht der Welt!
Wer mir folgt, wird nicht im Finstern wandeln,
sondern das Licht des Lebens haben« (8,12).
»Ich bin der Weinstock – ihr seid die Reben!
Wer in mir bleibt und ich in ihm, der bringt viel Frucht;
denn ohne mich könnt ihr nichts tun« (15,5).
Das Verheißungswort stellt die Funktion Jesu in den jeweiligen Bildgehalt gefaßt dar und grenzt sie zugleich in der antithetischen Umkehrung ab.

2.1.5.2

Wiederum bietet die *synoptische Tradition* eine entfernte *Analogie*: die Ich-Worte, die sentenzartige Zusammenfassungen des Wirkens Jesu in der 1. Person geben, z.B. Mk 10,45; Mt 5,17 (vgl. § 2,3.2.1.4). Und zwar nimmt in den synoptischen Ich-Worten Jesus jeweils zur Rechtfertigung für sein von bestimmten Erwartungen der Umwelt abweichendes Verhalten Gottes Autorität (die hinter seinem ›Kommen‹ steht) in Anspruch. Damit wird die besondere Vollmacht Jesu durch die Interpretation seiner Funktion sprachlich fixiert. Im Gegensatz dazu bestimmen die johanneischen Ich-bin-Worte Jesu Vollmacht durch Interpretation eines Bildes wie Brot, Wasser, Licht, Leben usw.

2.1.5.3

Analogien aus dem Arsenal *orientalischer religiöser Sprache* (z.B. den mandäischen Schriften) lassen erkennen, daß es sich hier nicht um ad hoc gewählte, sondern um allgemein geläufige Schlüsselbegriffe handelt, die einerseits das Grundlegende, Elementare, zum Existieren Notwendige beschreiben (z.B. Brot = das, was man zur Fristung des Lebens braucht; Licht = das, was Orientierung gibt), andererseits bestimmte fundamentale Erfahrungen und Lebensformen (z.B. Hirte) ansprechen. Sie eignen sich deshalb besonders für religiöse Prädikationen.

2.1.5.4

Beherrschender Schwerpunkt der Ich-bin-Worte ist jeweils die sog. *Offenbarungsformel* ἐγώ εἰμι (»ich bin . . .«), die häufig bei Johannes auch allein steht (4,26; 8,24; 8,28.58 u.ö.). Mit ihr gibt sich Jesus in seiner wahren Gottheit zu erkennen, analog zu Jahwe, der sich mit der Formel *ani hu* (LXX: ἐγώ εἰμι) als der alleinige Herr der Geschichte offenbart (z.B. Jes 51,12; 43,11; Ex 20,2). In allen Fällen ist dabei das ἐγώ εἰμι betont und hat exklusive Bedeutung.

2.1.5.5

Daraus folgt hinsichtlich des *Inhalts*, daß es sich hier keineswegs um einfache Vergleiche handeln kann, in denen Jesus hinsichtlich einer bestimmten Funktion oder Eigenschaft an Dingen und Erscheinungen der menschlichen Erfahrungswelt gemessen würde. Die Ich-bin-Formeln sind vielmehr, wie R.Bultmann (KEK II, 167f) und E.Schweizer (Ego eimi. Die religionsgeschichtliche Herkunft und theologische Bedeutung der johanneischen Bildreden, ²1965) gezeigt haben, *Rekognitionsformeln*. Das heißt: Inhalte elementarer Erwartung werden *zum einen* in Jesus wiedererkannt; *zum andern* aber werden alle innerweltlichen Ansprüche auf Erfüllung dieser Erwartung abgewiesen. Der Sinn ist also polemisch: »Ich bin das Brot des Lebens« heißt: Ich (und kein anderer) bin das, was menschliche Hoffnung unter dem Symbol ›Brot‹ versteht, denn ich gebe das Lebensnotwendige, das der Mensch sonst nirgends erhält. *Logisch ist das ›Ich‹ nicht Subjekt, sondern Prädikatsnomen*. Mit anderen Worten: Die Ich-bin-Worte geben jeweils Antwort auf die Frage: Wer ist der Erwartete, von dem das bekannte Prädikat (Brot, Licht, Leben usw.) gilt? (Bultmann, aaO, 168).
Freilich: Die Antwort, die Jesus auf die menschlichen Erwartungen bringt, ist nicht unmittelbar zugänglich; sie wird verstellt durch die falsch formulierten Antworten, die der Mensch sich selbst gibt und die – bis in die sprachliche Formulierung hinein – einen Panzer bilden, aus dem er aus eigener Kraft nicht ausbrechen kann.

2.1.6

Der Dualismus. Daß Jesu Erscheinung das radikal Neue ist, das gegenwärtige Eschaton, das allem Bisherigen unvereinbar gegenübersteht, kommt bei Johannes schließlich noch in den dualistischen Antithesen von *Licht und Finsternis* (1,4f; 3,19; 11,9f; 12,35.46), *Wahrheit und Lüge* (8,44), *Leben und Tod* (5,24; 11,25), *Oben und Unten* (8,23), *Freiheit und Knechtschaft* (8,33.36) zum Ausdruck.
Dieser Dualismus ist weder kosmologisch noch anthropologisch. ›Oben‹ und ›Unten‹, ›Licht‹ und ›Finsternis‹ sind keine Bereiche der Welt oder der menschlichen Person, sondern es sind *Möglichkeiten, zwischen denen erst in der Begegnung des Menschen mit dem Offenbarer die endgültige Entscheidung fällt*. Man kann auch sagen: diese Möglichkeiten laufen keineswegs parallel miteinander durch die Geschichte; die Grenze zwischen ihnen liegt vielmehr im Kommen Christi. Er bringt im Kosmos, der bislang von Finsternis, Lüge und Feindschaft gegen Gott beherrscht war, den Willen des Schöpfers wieder zur Geltung, indem er Gnade und Wahrheit offenbart (1,14). Der Mensch nun, der Jesu Ruf zum Glauben folgt, ist in den Bereich der Freiheit, der Gnade und des Lichts hinübergegangen; er kann nunmehr die Wahrheit tun; er steht in der neuen Realität. Der Mensch jedoch, der sich diesem Ruf verschließt, gibt sich damit endgültig dem an-

heim, was seit Christi Kommen keine Zukunft mehr hat, der Finsternis, der Unfreiheit und Lüge. Er akzeptiert damit das als die sein Leben bestimmende Realität, was von Christus her keine Zukunft und damit keine Realität mehr hat.

2.2
Der Ort der johanneischen Eschatologie im eschatologischen Denken des Urchristentums

Inwieweit ist die Vergegenwärtigung von Heil und Gericht durch die Gegenwart Jesu eine Neuerung des Johannes? Werden mit ihr Motive aufgenommen, die bereits vorher in der urchristlichen Eschatologie vorhanden waren, oder liegt hier ein Bruch mit der Tradition vor? Die Beantwortung dieser Frage erfordert einen Blick auf *andere urchristliche Traditionsbereiche*.

2.2.1
Die *Jesus-Tradition* sprengt zwar, aufs Ganze gesehen, den Rahmen der traditionellen apokalyptischen Zukunfts-Eschatologie noch nicht grundsätzlich (§ 7,2.2.1.2), setzt aber doch zugleich entscheidend neue Akzente, indem sie die *Gegenwärtigkeit der Gottesherrschaft* und den *Entscheidungscharakter der Begegnung mit Jesus* und seinem Wort betont.

2.2.1.1
Jesus hat die unmittelbare Nähe der Gottesherrschaft angesagt (Mk 1,15) und daran die Forderung der Umkehr geknüpft. Damit entsprach seine Botschaft formal weitgehend der Johannes des Täufers; auch er sagte die unmittelbare Nähe des Kommens Gottes an und forderte ein dem Ernst dieser Situation gemäßes Verhalten (Mt 3,8ff). Und doch bestand ein wesentlicher Unterschied: Für den Täufer war das Kommen der Gottesherrschaft ein in naher Zukunft liegendes Ereignis - nämlich das Kommen des Menschensohnes zum Gericht, die machtvolle Veränderung aller Verhältnisse; für Jesus dagegen war die Gottesherrschaft die heilvolle Zuwendung Gottes zum Menschen durch Wiederherstellung der zerbrochenen Gemeinschaft. Und zwar vollzog sich diese, indem Jesus den Armen, Hungernden und Trauernden Anteil am Reich zusprach (Mt 5,3–6) und indem er den Willen Gottes für die Wiederherstellung einer heilen Schöpfung mit Vollmacht proklamierte (Mt 5,21–48).
Zweifellos hat Jesus im Rahmen der Naherwartung gelebt. Für ihn stand die große machtvolle Wende unmittelbar vor der Tür: »Wahrlich, ich sage euch, dies Geschlecht wird nicht vergehen, bis dies alles geschieht« (Mk 13,30 par; vgl. Mt 10,23b; Mk 9,1). Aber sein Verhältnis zur Naherwartung war grundlegend anders als das der Apokalyptik: Statt den Menschen Hilfen zum Errechnen des Termins der Zukunftsereignisse zu geben (Lk 17,20f), stellt er sie vor jene Worte und Ereignisse, durch die bereits jetzt, in der Gegenwart, Gottes Kommen seinen Anfang nimmt. Davon hängt alles ab – auch für die Zukunft –, wie sich der Mensch zu ihnen jetzt verhält.
Vor allem die Gleichnisse (§ 7,2.2.3) stellen das *Hineinwirken der Gottesherrschaft in die Gegenwart* immer wieder vor Augen: Wie im Aussäen des Säemanns die kommende Ernte schon vorbereitet ist, wie im kleinen Senfkorn schon die Größe des künftigen Baumes angelegt ist, so ist in Jesu Wirken jetzt schon – wenn auch verborgen und zeichenhaft – Gottes Herrschaft da; seine endzeitliche Zuwendung zu den Menschen ist im Gange. Deshalb gilt es, dem Entscheidungscharakter der Gegenwart Rechnung zu tragen, zu hören und dem Gehörten gemäß zu handeln (Lk 12,16–20; 13,5–9; 16,1–8).

2.2.1.2
Jesus hat den Anspruch erhoben, *daß die Stellung der Menschen ihm gegenüber Rückwirkungen*

haben werde auf ihr Schicksal im zukünftigen Weltgericht. Nach Lk 12,8 hat Jesus – unabhängig von der Frage, ob er sich selbst mit dem kommenden Menschensohn identifizierte oder nicht – den Anspruch erhoben, daß in der Begegnung mit ihm eine indirekte Vorwegnahme des kommenden Weltgerichts erfolge (vgl. § 9,2.3.1.1). Das eigentlich kritische Geschehen liegt demnach nämlich in der Gegenwart. Die Zukunft bringt demgegenüber nichts Neues, sondern nur noch die Aufdekkung und Realisierung der Konsequenzen dieses Geschehens.

2.2.2

Die nachösterliche *Urgemeinde* betrachtete die Auferstehung Jesu als den Anbruch der Endzeitereignisse; auch sie blieb jedoch grundsätzlich in ihrer Enderwartung noch dem apokalyptischen Zeitschema verpflichtet: Jesus ist auferstanden als der »Erstling der Entschlafenen« (1Kor 15,20); es kann darum nur noch eine Sache kurzer Zeit sein, bis er wiederkommen, die Toten auferwecken und die noch lebenden Gläubigen mit sich entrücken wird (1Thess 4,13–18; 5,11).

Allerdings war die Gegenwart damit keineswegs nur als Warten auf die Parusie und damit als eine Epoche des ›Noch-nicht‹ qualifiziert. Sie wurde vielmehr erfahren als eine Zeit der Erfüllung, in der der für die Endzeit verheißene Gottesgeist ausgegossen war (Joel 3,1–5; vgl. Apg 2,16–21) und in der Jesus bereits als der von Gott Erhöhte in seiner Gemeinde gegenwärtig wirksam war. So ist die Taufe wohl von Anfang an als Unterstellung unter die Heilsmacht des erhöht-gegenwärtigen Christus verstanden worden (§ 15).

Deshalb ist die Tatsache des *Parusieverzugs* als solche, d.h. der Enttäuschung der zeitlichen Naherwartung, im allgemeinen für die Gemeinde nicht zum Problem geworden. »Eschatologie ist von Anfang an primär nicht apokalyptische Vorstellung, sondern Verstehen des Seins im Glauben. Die Hoffnung bleibt dem Warten vorgeordnet« (Conzelmann, Theologie, 339).
Das eigentliche Problem, das nach einer Bewältigung verlangte, war hingegen das *der sich dehnenden Zeit*: Wie verhält sich die gegenwärtige Zeit, in der die Gemeinde existiert, zur geglaubten eschatologischen Erfüllung?

2.2.3

Die Lösung, die *Paulus* für dieses Problem fand, bestand in der Dialektik zwischen dem ›Schon‹ der Erfüllung der Christusgemeinschaft und dem ›Noch-Nicht‹ der Hoffnung; zwischen beidem ist die Existenz des Christen eingespannt.

Durch die Taufe hat der Christ jetzt schon die Christusgemeinschaft (Röm 6,4) und damit die volle endzeitliche Heilsgabe; die Gottesgerechtigkeit ist »jetzt« geoffenbart (Röm 3,21) – aber er hat das alles nur in der Gestalt des Kreuzes, d.h. in Niedrigkeit und Schwachheit. Das »Zusammenwachsen« mit dem Bild des Todes Jesu ist schon gegeben, was jedoch noch aussteht, ist das »Zusammenwachsen« mit seiner Auferstehung (Röm 6,5). Aus dieser Spannung gewinnt das christliche Weltverhalten seine Motivation: Die Gemeinde steht bereits im Wirkungsbereich des Christusgeschehens – aber sie steht zugleich in der Welt, in der Sünde und Tod noch mächtig sind. Deshalb gilt es, wachsam zu sein und in der Kraft Christi gegen die vom Kreuz her bereits entmächtigten Mächte zu kämpfen (Röm 6,13; 13,11–14).

Paulus wendet sich gegen einen *perfektionistischen Enthusiasmus*, der diese Spannung auflöst und mit der Behauptung, daß sich die Auferstehung der Christen schon vollzogen habe, die Bedeutung der gegenwärtigen geschichtlichen Situation negiert.

2.2.4

Lukas sucht das gleiche Problem mittels seines *Periodisierungsschemas* zu lösen: Auch für ihn bleibt die Parusieerwartung grundsätzlich bestehen (Apg 1,7.11). Aber zwischen die Himmelfahrt Jesu und die Parusie wird die Zeit der Kirche eingeschoben, eine Periode, in der die Macht des Erhöhten durch den Geist gegenwärtig ist und den langen Weg der Kirche durch die Geschichte begleitet. Geduldige Bewährung in dieser Zeit ist die Aufgabe der Christen.

2.2.5

Der *Hebräerbrief* hat die zeitliche Dimension der Eschatologie ganz stark in den Hintergrund treten lassen. Die Parusie-Erwartung klingt zwar noch an (9,28; 10,37); entscheidend ist jedoch das bereits gegebene himmlische ›Oben‹. Darin besteht das eschatologische Heil, daß Christus, der Hohepriester, ein für allemal sein Heilswerk getan hat und jetzt vor Gott mit seinem Opfer für die Seinen eintritt. Aber auch der Hebräerbrief eliminiert die Spannung, die durch die christliche Existenz in der Geschichte gegeben ist, nicht: Nunmehr ist es die Hoffnung auf das himmlische »Ziel« (3,6; 6,11; 10,23), von der her das Verhalten der Gemeinde seine Kraft gewinnt. Wo immer diese Hoffnung in der Verkündigung des Wortes laut wird, da ist das eschatologische »Heute«, von dem alles abhängt (4,7).

2.3
Heilsgegenwart und Heilszukunft bei Johannes

Urchristliche Eschatologie ist also ein *vielschichtiges Phänomen*; man kann darum auf keinen Fall Johannes einfach mit ›der‹ traditionellen urchristlichen Zukunftseschatologie konfrontieren. Ausgehend von der Einsicht, daß die verschiedenen frühchristlichen Konzeptionen durch die spezifische Art und Weise ihr theologisches Profil gewinnen, in der sie das Verhältnis von gegenwärtiger Heilserfüllung und zukünftiger Heilserwartung je bestimmen, muß vielmehr gefragt werden: Wie sieht dieses Verhältnis bei Johannes aus? Ja, ist es überhaupt noch vorhanden?

2.3.1

In der *Forschung* werden auf diese Fragen *unterschiedliche Antworten gegeben*:

2.3.1.1

R.Bultmann (Geschichte und Eschatologie, ^{2}1964, 56ff) meint, Johannes habe den Gedanken an eine zukünftige Vollendung von Welt und Geschichte konsequent beiseite gelassen. Sätze wie 3,18f; 5,21f, in denen apokalyptisch-futurische Vorstellungen anklingen, schreibt er einem kirchlichen Redaktor zu. Johannes spreche zwar von einer Zukunftserwartung, doch sei diese nur »auf die Zukunft des einzelnen Glaubenden nach dem Ende seines irdischen Lebens« bezogen.

2.3.1.2

L.Schottroff (Der Glaubende und die feindliche Welt, 1970, 228ff) geht hier noch weiter: Johannes polemisiere bewußt gegen die kirchliche Eschatologie mit ihrer Vorstellung von der Weltvollendung. Seine eigene Eschatologie sei streng gnostisch: Es gehe ihm radikal um die jetzt erfolgende Befreiung und Entweltlichung der Seele. Damit vertrete er aber genau die von Paulus bei seinen gnostischen Gegnern bekämpften enthusiastisch-perfektionistischen Vorstellungen.

2.3.1.3

O.Cullmann (Heil als Geschichte, 1965, 247–255) nimmt demgegenüber das Johannesevangelium für ein linear-heilsgeschichtliches Denken in Anspruch; präsentische und futurisch-eschatologische Aussagen seien vielfach ineinander verschränkt, und zwar in der Weise, daß die präsentischen Aussagen zugleich einen heilsgeschichtlich-futurischen Sinn hätten. Das habe seinen Grund in der johanneischen Darstellungsweise, die das Leben des inkarnierten Christus als Zentrum allen Geschehens sehe, in dem bereits das zukünftige Leben der Kirche mit enthalten sei: Johannes stelle »die Heilsgeschichte in der charakteristischen Zusammenschau eines *Lebens* Jesu« dar (ebd., 247). Diese Zusammenschau komme in dem Satz: »Die Stunde kommt und ist jetzt da« zum Ausdruck, in dem gemeint sei, daß das kommende Endgeschehen bereits im inkarnierten Jesus da sei.

2.3.2

Demgegenüber wird man die *Position des Johannes* hinsichtlich ihrer wesentlichen Momente etwa so charakterisieren können:

2.3.2.1

Der Ansatz der eschatologischen Aussagen des Johannes liegt in der Christologie. Es handelt sich um ein »von der Gegenwart Christi bestimmtes eschatologisches Denken« (R.Schnackenburg, Herder-K IV/2, 530). Weil in Christi Wort und Werk sich Gottes Handeln ereignet, darum ist die Begegnung mit ihm das ganze Heil; es kann sachlich darüber hinaus nichts mehr geben! Ein Mehr an Heil, als es das Kommen Gottes im Wort ist, ist nicht denkbar. Auferstehung, Parusie, Gericht als einzelne Heils- bzw. Unheilsereignisse sind für Johannes völlig peripher gegenüber dem Zentralen: daß Jesus selbst sich gibt und Gemeinschaft mit sich gewährt.

2.3.2.2

Johannes polemisiert nicht gegen eine Zukunftseschatologie. Er setzt sie voraus und hält an ihr fest, aber sie hat sachlich für ihn nur geringes Gewicht.
Bei einzelnen zukunftseschatologischen Aussagen ist mit der Möglichkeit zu rechnen, daß sie Ergänzungen aus einem späteren Stadium des Redaktionsprozesses sind: So fügt sich 5,28f mit seiner Ansage des zukünftigen Gerichts nach den Werken schwerlich in den Kontext von 5,25f (»Amen, Amen, ich sage euch, es kommt die Stunde und ist jetzt, daß die Toten die Stimme des Sohnes Gottes hören werden, und die sie hören, werden leben; wie der Vater nämlich Leben in sich hat, so hat er auch dem Sohn gegeben, Leben zu haben in sich.«). Korrekturen sind wahrscheinlich auch die vier stereotypen Wendungen »und ich werde ihn auferwecken am jüngsten Tage« (6,39f.44.54) sowie 12,48b (Schnackenburg, aaO, 531). Trotzdem bleiben Zukunftsaussagen, die sich nicht eliminieren lassen, wie 14,2f; 16,25f; 17,24.

Johannes erwartet eine sichtbare, vollendete Gemeinschaft mit Jesus (14,2; 17,24). Sie ist jetzt noch nicht gegeben, wo die Jünger Jesus für »eine kleine Zeit« nicht sehen (16,16), wo sie immer noch »im Kosmos« sind und »Drangsal haben« (16,33). Insofern bleibt auch bei ihm der Rest einer Spannung zwischen dem ›Schon‹ und dem ›Noch-Nicht‹. Aber diese Zukunft bringt lediglich Enthüllung dessen, was jetzt schon in der Verhüllung heilvolle Wirklichkeit für die Glaubenden ist.

2.3.2.3

Dem entspricht, *daß keine der johanneischen Zukunftsaussagen von einem zukünftigen Gericht durch den wiederkommenden Herrn handelt*. Auch die doppelte Auferstehung von 5,28f ist letztlich nur sichtbare Bestätigung der Entscheidung, die sich schon hier und jetzt vollzogen hat! Was noch kommen kann, ist nichts Neues mehr.

2.3.2.4

Johannes begründet die gegenwärtige Gemeinschaft mit Jesus in besonderer Weise in den Paraklet-Sprüchen (14,16f.26; 15,26; 16,7–11.13–15). Der Paraklet – eine spezifisch johanneische Entfaltung der urchristlichen Geist-Vorstellung – ist der Beistand und Fürsprecher, der den Ertrag des Gekommenseins Jesu *für* die Jünger und *gegen* den Kosmos immer wieder neu zur Geltung bringt. Er hält das Offenbarungsgeschehen gegenwärtig und vollzieht das gegenwärtige Gericht. Der Paraklet bringt damit nichts Eigenes, sondern er bringt immer nur Jesus als den gegenwärtig Wirksamen. Traditionsgeschichtlich haben sich in der Parakletvorstellung die Parusie-Erwartung und das Geist-Motiv verbunden. Der wiederkommende Christus ist für Johannes kein anderer als der Geist, der die Offenbarungs-Wirksamkeit des irdischen Jesus weiterführt.

2.3.2.5

Damit ist für Johannes die Gegenwart nicht eine heilsleere Zeit des Wartens auf Zukunft und erst recht nicht eine Zeit der Rückschau auf vergangenes Heil, sondern sie ist Zeit der Erfüllung.

2.3.2.6

Von dieser Eschatologie muß freilich gelten, was von der gesamten johanneischen Theologie gilt: Sie hat eine *stark individualistische Note*. Die Zukunft der Welt und die Zukunft der Gemeinde in ihrer Gesamtheit stehen kaum im Blickfeld. ›Heil‹ besteht für Johannes darin, daß der Glaubende seinen ›Hirten kennt‹ und von ihm ›gekannt wird‹ (10,14), daß er durch Jesus, den ›Weg‹, zum Vater gelangt (14,6) und daß er ›Rebe‹ an Jesus, dem ›wahren Weinstock‹, bleibt (15,5), um von ihm ›Leben‹ zu empfangen.

3
Arbeit am Text: Der Dialog zwischen Jesus und Martha, Joh 11,21–27

3.1

Der unmittelbare *Kontext* dieses Abschnitts ist die umfangreiche Erzählung von der Auferweckung des Lazarus (11,1–54), deren überlieferungsgeschichtliche Probleme hier nur angedeutet werden können: Ihre älteste Schicht war vermutlich eine Wundergeschichte ähnlichen Typs wie Mk 5,22–43, die etwa V. 1a.3.17f.33–39.43f umfaßt haben dürfte. Der Name Lazarus scheint schon in dieser ältesten Schicht verwurzelt zu sein, während die Verbindung mit Bethanien und der im lukanischen Sondergut (Lk 10,38–42) nachweisbaren Maria-Martha-Tradition wohl erst auf einer späteren Stufe erfolgt ist. Joh hat der Geschichte, die er wohl seiner ›Zeichen-Quelle‹ entnommen hat, im Rahmen seines Evangeliums eine wichtige *dramaturgische Funktion* zugewiesen: Sie bildet das Scharnier, durch das Jesu Wirken mit der Passion verbunden wird. Bethanien ist die letzte Station Jesu vor Jerusalem. Indem er sich dorthin begibt, wagt er sich in den Bannkreis seiner Gegner (V. 7.16.18), die auf die Kunde von der Totenauferwekkung hin den Beschluß zu seiner Tötung fassen (V. 47–50). Jesu Einsatz als Lebensbringer bringt ihm selbst so den Tod. Auf diesem Hintergrund gibt diese Geschichte Anlaß für die Entfaltung der Auferstehungsbotschaft in V. 21–27. Auch sonst benutzt Johannes Wundergeschichten aus der Zeichen-Quelle als Ausgangspunkte für kerygmatische Deutungen der Erscheinung Jesu (z.B. 5,9–47; 6,22–65; 9,8–39). Ungewöhnlich ist nur, daß die Deutung nicht, wie sonst üblich, auf den Wunderbericht folgt, sondern in seine Exposition eingearbeitet ist. Der Grund für dieses ungewöhnliche Verfahren mag sein, daß Joh den Eindruck vermeiden wollte, als sei das Wunder der Totenauferwekkung Ausgangspunkt der Auferstehungsverkündigung und Anlaß des Auferstehungsglaubens. Ihm kommt es nämlich, wie sich gleich zeigen wird, entscheidend darauf an, daß dieser Glaube nicht an einem äußeren Wunder, sondern an der Erscheinung Jesu selbst entsteht.

3.2

Aufgebaut ist der Abschnitt V. 21–28 als *Dialogszene*.

(I) *Vorbereitender Gesprächsgang* (V. 21–23):
(Ia) Gesprächseröffnung durch Martha (implizite Bitte; V. 21f).
(Ib) Zusage der Auferstehung durch Jesus (V. 23).

(II) *Zentraler Gesprächsgang* (V. 24–27):
(IIa) Allgemeine Formulierung futurischer Auferstehungserwartung durch Martha (V. 24).
(IIb) Ich-bin-Wort Jesu mit anschließendem doppeltem Verheißungswort und Frage an Martha (V. 25f).
(IIc) Abschließendes christologisches Bekenntnis Marthas (V. 27).

3.3

Zum Inhalt. Zentraler Begriff ist »Auferstehung«. In der Zusage Jesu (Ib) erscheint zunächst das Verbum ἀναστῆναι (»auferstehen«), um in IIa durch Martha wieder aufgenommen zu werden. Das Ich-bin-Wort Jesu (IIb) entfaltet sodann das Substantiv ἀνάστασις (»Auferstehung«). Und zwar zeigt sich, daß diese Entfaltung in Spannung steht zu dem Verständnis von »auferstehen«, das in IIa artikuliert wird. Das heißt, daß wir es mit einer johanneischen *Mißverständnis-Szene* zu tun haben, die den Begriff »Auferstehung« zum Gegenstand hat. Der Evangelist läßt Jesus in Ib den bewußt mehrdeutig gehaltenen Begriff einführen, um so zunächst auf der Seite Marthas eine Fehlinterpretation zu provozieren, die dann durch das Ich-bin-Wort Jesu korrigiert wird(IIb). Worin besteht die Fehldeutung Marthas? Darin, daß sie an die Totenauferweckung am Jüngsten Tag denkt. In IIa referiert sie die Auferstehungsvorstellung des pharisäischen Judentums (vgl. hierzu Bill IV/2, 1166–1198); Martha zweifelt weder am Realitätsgehalt dieser Vorstellung noch daran, daß Jesus die Macht habe, ihrem Bruder solche neue leibliche Existenz im Sinn dieser Vorstellung beim Anbruch der kommenden neuen Welt zu gewähren.

Demgegenüber stellt Jesu Antwort (IIb) klar: »Auferstehung« ist nicht ein bestimmtes zukünftiges, von seinen Inhalten her definierbares Geschehen; ja, man versteht sie nicht einmal dann angemessen, wenn man sie als Jesu Gabe begreift. »Auferstehung« ist vielmehr Jesus selbst: In seiner Person soll das zur Wirklichkeit werden, was sich in allem menschlichen Reden von Auferstehung allenfalls als fragmentarische und mißverständliche Erwartung manifestiert. Sinngemäß wäre V. 25a zu umschreiben: »Auferstehung – das bin ich, und nichts anderes, was immer man dafür auch halten möchte!« Das Verheißungswort (V. 25b.26) gibt dazu die nähere Bestimmung, indem es den *Modus* der Aneignung des Auferstehungsheils klärt (» . . . wer an mich glaubt«) und die Folgen für den Glaubenden herausstellt (» . . . wird in Ewigkeit nicht sterben«). Die Auferstehung ist in Jesus präsent; sie ist nicht etwas, was gleichsam getrennt von ihm existiert oder abgesehen von ihm erhofft und geglaubt werden könnte. Vielmehr gilt: Wer sich ihm im Glauben zuwendet, ist damit schon der Auferstehung teilhaftig. Er ist in ein personhaftes Verhältnis zu ihm eingetreten, das auch durch den leiblichen Tod nicht zerstört werden kann, ja er ist grundsätzlich dem Todesbereich entnommen. Der Tod hat für ihn den Charakter der alle Lebensbezüge bestimmenden Wirklichkeit verloren. Damit hat Marthas Mißverständnis von Auferstehung als einem von der Gegenwart durch die Kluft des Todes geschiedenen zukünftigen Geschehen seine Korrektur gefunden; sie ist nicht etwas, was man erst »am Jüngsten Tage« erwartet, sondern sie ist vom Glauben an Jesus her schon eine die gegenwärtige Wirklichkeit bestimmende Macht.

IIc zieht daraus die Folgerung. Martha ergreift mit ihrem Bekenntnis zu Jesus das Leben, das Jesus verheißt, indem sie den Glauben an ihn, den Träger dieses Lebens, bekennt. Zugleich zeigt die Formulierung des Bekenntnisses noch einmal, woran alles Gesagte hängt: am Gekommensein Jesu Christi, des gottgesandten Offenbarers und Heilbringers, in den Kosmos.

4 Vertiefung

4.1 Lektürevorschläge

4.1.1

Zum Verhältnis des Johannesevangeliums zu den Synoptikern: E.Haenchen, Johanneische Probleme, in: ders., Gott und Mensch, 1965, 78–113.

4.1.2

Zur Kontroverse um die johanneische Christologie: E.Käsemann, Jesu letzter Wille nach Joh 17, [3]1971; G.Bornkamm, Zur Interpretation des Johannes-Evangeliums, in: ders., Ges. Aufs. III, 1968, 104–121 (Auseinandersetzung mit Käsemann!).

4.1.3

Zu den johanneischen Mißverständnis-Szenen: O.Cullmann, Der johanneische Gebrauch doppeldeutiger Ausdrücke als Schlüssel zum Verständnis des vierten Evangeliums, in: ders., Vorträge und Aufsätze 1925–1962, 1966, 176–186.

4.1.4

Zur johanneischen Eschatologie: R.Schnackenburg, Herder-K IV/2, 530–544 (Exkurs: Das eschatologische Denken im Johannesevangelium).

4.1.5

Zum Paraklet-Problem: G.Bornkamm, Der Paraklet im Johannes-Evangelium, in: ders., Ges. Aufs. III, 68–89.

4.2
Fragen zur Weiterarbeit

4.2.1

Welche Ansätze einer präsentischen Eschatologie finden sich im NT außerhalb des Johannesevangeliums?

4.2.2

Stellen Sie die futurisch-eschatologischen Aussagen bei Johannes zusammen! Versuchen Sie, sich ein Urteil über deren Stellung im Kontext zu bilden! In welchen Fällen wird man mit Redaktion zu rechnen haben? (Hilfe: R.Schnackenburg, vgl. 4.1.4.)

4.2.3

Analysieren Sie die johanneischen Mißverständnis-Szenen! Welche doppeldeutigen Begriffe werden in ihnen herangezogen, worin liegt jeweils die Verstehensdifferenz, und in welchem Sinne werden jeweils diese Begriffe durch die Szenen für den Leser interpretiert?

4.2.4

Stellen Sie aus Kap. 14–16 die sieben Parakletsprüche zusammen! Welche Funktionen werden dem Parakleten zugeschrieben? In welcher Hinsicht entsprechen diese Funktionen denen Jesu bzw. denen der Jünger?

4.3
Weitere Literatur

G.Baumbach, Qumran und das Johannes-Evangelium, 1958; J.Blank, Krisis. Untersuchungen zur johanneischen Christologie und Eschatologie, 1964; F.-M.Braun, L'arrière-fond judaique du quatrième évangile et la Communauté de l'Alliance, RB 62 (1955), 5–44; R.E.Brown, The Gospel according to St. John, I, 1966; II, 1970; O.Cullmann, Der johanneische Kreis, Zum Ursprung des Johannesevangeliums, 1975; C.H.Dodd, The Interpretation of the Fourth Gospel, 1953; R.T.Fortna, The Gospel of Signs, 1970; F.Mußner, Die johanneische Sehweise, 1965; J.M.Robinson, Die johanneische Entwicklungslinie, in: H.Köster – J.M.Robinson, Entwicklungslinien durch die Welt des frühen Christentums, 1971, 233–250; J.Roloff, Der johanneische ›Lieblingsjünger‹ und der Lehrer der Gerechtigkeit, NTS 15 (1968/69), 129–151; L.Schottroff, Der Glaubende und die feindliche Welt. Beobachtungen zum gnostischen Dualismus und seiner Bedeutung für Paulus und das Johannesevangelium, 1970; H.Thyen, Aus der Literatur zum Johannesevangelium, ThR NF 39 (1974), 1–69.222–252.289–330 (Literaturbericht!).

V

Zur Paulus-Exegese

§ 11
Das Gesetz

1
Einführung

Die paulinischen Aussagen über das Gesetz gehören in den Zusammenhang dessen, was man herkömmlicherweise die paulinische ›Rechtfertigungslehre‹ nennt. Sie sind damit Teil jener Thematik, mit der sich die reformatorische Theologie in besonderer Weise identifiziert hat. Diese in die Gegenwart reichende scheinbar ungebrochene *Wirkungsgeschichte* bringt jedoch besondere Schwierigkeiten für die Auslegung mit sich: Das von Paulus Gemeinte kann nur dann verstanden werden, wenn man sich von der Interpretation der paulinischen Aussagen durch Luther zunächst frei macht, um sie stattdessen von den Denk- und Erfahrungshorizonten des Urchristentums her zu erschließen.
Eine weitere Schwierigkeit liegt in der Uneinheitlichkeit der paulinischen Aussagen über das Gesetz. Es handelt sich hier nicht um eine systematisch entfaltete Lehre, sondern um ein Nebeneinander von Äußerungen, die jeweils in *unterschiedlichem Kontext* stehen und sich *verschiedener sprachlicher* Mittel bedienen. So sind Gal 3 und Röm 7 keineswegs ohne weiteres zur Deckung zu bringen! Hier und dort sind Situation und Frontstellung des Paulus ganz verschieden, ja, man wird die Möglichkeit, daß zwischen beiden Äußerungen ein Prozeß der theologischen Klärung und Entfaltung lag, nicht ausschließen können. Hier und dort ist aber vor allem die Redeweise unterschiedlich: In Gal 3 bedient sich Paulus vorwiegend *geschichtstheologisch-apokalyptischer Terminologie*, während er in Röm 7 primär *anthropologisch* argumentiert; hier erscheint das Gesetz vorwiegend als kosmische Verderbensmacht, dort dagegen als eine vom Menschen in seiner Existenz erfahrene Gegebenheit. Die Auslegung muß versuchen, beide Aspekte einander sachgemäß zuzuordnen.
Der *Zugang* zu den paulinischen Gesetzesaussagen erschließt sich am leichtesten, wenn man zunächst ihren Ort in der Biografie und dem theologischen Werdegang des Paulus aufsucht (2.1). Von hier ausgehend, sollen dann Herkunft und Wesen des Gesetzes (2.2), die Situation des Menschen unter dem Gesetz (2.3) und seine Überwindung durch Christus (2.4) besprochen werden – also gleichsam die sachlichen Stufen, in die sich die paulinischen Gesetzesaussagen gliedern lassen.
Ein besonderes Problem bietet die *kontextuale Einordnung*: zunächst innerhalb des Rahmens der paulinischen Theologie, dann aber auch innerhalb des gesamten Neuen

Testaments. Ist – wie seit W. Wrede und A. Schweitzer immer wieder behauptet – die Gesetzes- und Rechtfertigungsproblematik nur eine durch die situationsbedingte Polemik in den Vordergrund geschobene Seitenlinie der paulinischen Theologie, die womöglich in eine theologische Sackgasse führt? Oder ist die reformatorische Tradition im Recht, wenn sie in ihr das Zentrum paulinischer Theologie findet (2.5)? Und wie verhalten sich die Gesetzesaussagen des Paulus zur Stellungnahme Jesu zum Gesetz sowie zu entsprechenden Äußerungen anderer neutestamentlicher Schriften (2.6)?

2
Entfaltung

2.1
Der biografische Ansatz

Die Biografie des Paulus ist an ihren entscheidenden Punkten eine Auseinandersetzung mit dem Gesetz und seiner Problematik. Das geht schon aus den Angaben über seinen Werdegang in Phil 3,3–11 hervor: Er war nicht nur Sproß einer streng überlieferungstreuen diasporajüdischen Familie (aus Tarsus in Zilizien), sondern auch - wohl aufgrund seiner Ausbildung in Jerusalem – pharisäischer Schriftgelehrter (Phil 3,5); vor allem aber sah er im makellosen Wandel nach dem Gesetz seinen Lebensinhalt, er war »nach der im Gesetz beschlossenen Gerechtigkeit untadelig« (Phil 3,6).

2.1.1
Schon seine *ersten Berührungen mit der christlichen Gemeinde* dürften im Zeichen der Gesetzesproblematik gestanden haben: Er beteiligte sich – vermutlich in Jerusalem (Apg 8,3) – an der Verfolgung der ›Hellenisten‹ um Stephanus, also jener Gruppe der Gemeinde, die die Gesetzes- und Tempelkritik Jesu übernommen hatte (§ 4,2.2.4). Dazu kam, daß in pharisäisch-jüdischer Polemik auf den als »König Israels« (Mk 15,26) gekreuzigten Jesus die alttestamentliche Aussage Dtn 21,23 übertragen wurde: »Verflucht sei, der am Holze hängt«; Jesus galt also als Messiasprätendent, der vom Gesetz selbst in seinem Anspruch widerlegt und – mit seinen Anhängern – dem Fluch des Gesetzes unterstellt war.

2.1.2
Die *Berufung* des Paulus vor Damaskus bedeutete von da her die radikale Umwertung aller Werte: »Und ich hielt alles für Unrat, damit ich Christus gewönne und in ihm erfunden würde, nicht besitzend meine eigene Gerechtigkeit, die aus dem Gesetz kommt, sondern die Gerechtigkeit durch den Glauben an Christus, die von Gott kommende Gerechtigkeit aufgrund des Glaubens« (Phil 3,8f). An die Stelle des Gesetzes als Heilsweg war für ihn Christus, der vom Gesetz Verfluchte, getreten. Aber dies bedeutete nicht nur einen für seine Person geltenden Positionswechsel, der durch die Unterstellung unter Christus bedingt war. Vielmehr verstand Paulus seine Berufung zum Apostel zugleich als eine Berufung zur Verkündigung des gesetzesfreien Evangeliums an die Heiden (Gal 1,6f.16). Die »biographische Wendung«, die wir die »Bekehrung« des Paulus »zu nennen pflegen, korrespondiert in seinem Verständnis also jener heilsgeschichtli-

chen Wende, die er in R 10,4 als das Ende des Gesetzes bezeichnet« (U. Wilckens, Rechtfertigung als Freiheit, 1974, 15).

2.1.3

Die Gesetzesproblematik hat den Weg des Paulus auch weiter begleitet – so auf dem Apostelkonzil (Gal 2,1–10) und den ihm folgenden Kämpfen um die Durchsetzung eines gesetzesfreien Heidenchristentums (vgl. § 4,2.4), so im Konflikt mit den galatischen Gemeinden, die aus der Freiheit des paulinischen Evangeliums in einen nomistischen Judaismus zurückzufallen drohten (Gal 1,6–9), so auch bei der Vorbereitung der Begegnung mit der römischen Gemeinde: Der ihr dienende *Römerbrief* bringt die abschließende Entfaltung des paulinischen Lebensthemas; er stellt in einem großen Gesamtentwurf die Offenbarung der Gerechtigkeit Gottes im Evangelium von Jesus Christus und die mit ihr gegebene Überwindung des Gesetzes dar.

2.2
Herkunft und Wesen des Gesetzes

2.2.0

Der Begriff νόμος (= Gesetz) entspricht dem hebräischen *torah*. Paulus gebraucht ihn durchweg im Singular (anders im deuteropaulinischen Eph [2,15]!). Demgegenüber erscheint ἐντολή (= Gebot) im Plural (1Kor 7,19) oder in generischen Formulierungen (Röm 13,9).

2.2.1

›Gesetz‹ ist für Paulus eine *konkrete ganzheitliche Größe*, ja zuweilen geradezu Eigenname eines handelnden Subjekts. Es ist für ihn nicht abstrakte Gattungsbezeichnung, die da anwendbar wäre, wo Merkmale des ›Gesetzlichen‹ auftreten. Dieser Sprachgebrauch ist vorgeprägt durch das nachexilische Judentum, vor allem durch pharisäisch-schriftgelehrte Kreise. Der jüdische Fromme sieht in den *Einzelgeboten* immer die *Ausprägung der Tora in ihrer Gesamtheit*, die für ihn als unmittelbarer Ausdruck des fordernden Willens Gottes dasteht, der sein gesamtes Leben mit allen seinen Bereichen umfaßt.

2.2.1.1

Diese ganzheitliche Auffassung der Tora läßt sich schön belegen aus einem Wort Jochanan ben Zakkais: »Bei eurem Leben, nicht der Tote verunreinigt und nicht das Wasser macht rein; aber es ist eine Verordnung des Königs aller Könige; Gott hat gesagt: Eine Satzung habe ich festgesetzt, eine Verordnung habe ich angeordnet; kein Mensch ist berechtigt, meine Verordnung zu übertreten; denn es heißt: Dies ist die Satzung der Tora, die Jahwe geboten hat (Num 19,2)« (Pesiqta 40b, vgl. Bill. I, 719).

2.2.1.2

An diesem Punkt besteht ein wichtiger Unterschied zum Verständnis des νόμος im Griechentum: νόμος ist dort primär ein Abstraktum, nämlich die im Kosmos waltende ordnende Macht, deren Existenz dem Menschen durch das sinnvolle Gefüge des Seienden gewiß wird und deren Anerkennung die Voraussetzung sinnvollen menschlichen Daseins ist.

2.2.1.3

Es gibt allerdings einige Stellen, an denen Paulus den Begriff νόμος nicht in diesem theologisch strengen Sinn verwendet:

- Einmal kann νόμος (bzw. ὁ νόμος καὶ οἱ προφῆται) für ihn *die Schrift* (bzw. den Pentateuch) bezeichnen, so z.B. Röm 3,19a; 1 Kor 14,21. Röm 3,21 enthält unmittelbar nebeneinander den theologischen νόμος-Begriff und νόμος als Terminus für den Pentateuch: »Jetzt aber ist ohne Gesetz Gottesgerechtigkeit geoffenbart vom Gesetz und den Profeten.«
- Zum andern kann νόμος für ihn den allgemein-hellenistischen Sinn der abstrakten *Norm* bzw. *Gesetzmäßigkeit* annehmen, so z.B. Röm 3,27; Gal 6,2.

2.2.2

Das Gesetz ist Gottes geoffenbarter Wille; es sollte der Selbstdurchsetzung Gottes gegenüber seinen Geschöpfen und der Schaffung heilvoller Gemeinschaft dienen. Diese Einsicht hat Paulus festgehalten, und zwar gerade angesichts der Tatsache, daß das Gesetz faktisch dieses Ziel nicht erreicht hat. Hier findet sich die auffälligste Spannung in den Gesetzesaussagen des Paulus – eine Spannung, die in Röm 7 gegenüber Gal 3 ungleich stärker ausgeprägt ist.

2.2.2.1

In *Gal 3,17–25* folgt Paulus noch ein Stück weit der Tendenz zu einer polemischen Abwertung des Gesetzes, und zwar in dreifacher Hinsicht:

- Es ist *zeitlich sekundär*, d.h., es ist erst »430 Jahre« nach Abraham in die Welt gekommen. Vorher hatte die Verheißung geherrscht, die – wie Paulus am Beispiel des Abraham zeigt – das Heil dem Glaubenden gewährt hatte. Es gewinnt also den Charakter einer Störung des Gottesverhältnisses!
- Es ist *herkunftsmäßig mittelbar*; nämlich erlassen durch Engel, in der Hand eines Mittlers« (V. 19). Paulus denkt hier an Engelwesen, die von Gott abgehoben sind, und der ›Mittler‹, Mose, ist nicht Sprecher Gottes, sondern der Vielzahl der Engel. Die Engel handeln zwar nicht ohne Gott, aber sie handeln nicht in seinem direkten Auftrag.
- Es ist schließlich *in seiner Wirkung beschränkt* (V. 21–25); es verschließt lediglich unter die Sünde bis zum Kommen Christi. Zu befreien vermag es jedoch nicht.

Paulus gerät hier zwar in die gefährliche Nähe eines Dualismus, der – wie später Markion – das Gesetz als Werk eines Gegen-Gottes verstehen könnte; aber er hält vor dieser Grenze inne und betont: Das Gesetz »widerstreitet den Verheißungen Gottes nicht« (V. 21). Es bleibt innerhalb des göttlichen Heilsplans!

2.2.2.2

In *Röm 7* kommt Paulus zu einer Präzisierung seines Standpunktes. Und zwar gibt er nunmehr eine *Apologie des Gesetzes*: Die Tora ist »heilig«, das Gebot ist »heilig und gerecht und gut« (Röm 7,12). Ja, das Gesetz ist »geistlich«, d.h. vom Geiste Gottes gewirkt (V. 14). Wenn es de facto Heillosigkeit wirkt, *so liegt das nicht an seinem Wesen und seiner Herkunft, sondern an der Situation des Menschen*, in die hinein es trifft.

2.2.3

Das Gesetz ist ein dem Menschen gegebener Heilsweg. Es bietet dem Menschen δικαιοσύνη (= Gerechtigkeit) an, Heil in der Gemeinschaft mit Gott (Phil 3,9). Durch das Tun des Willens Gottes, dessen Zusammenfassung die Tora ist, soll der Mensch dem Willen Gottes Raum geben in der Welt und in seiner eigenen Existenz. Denn nur dadurch wird Gottes Herrschaft verwirklicht. Wenn Israel nur einen Tag lang die Tora erfüllte, so wäre Gottes Herrschaft da – so die Überzeugung der Pharisäer. Das Tun des Gesetzes gibt Leben (Gal 3,12 nach Lev 18,5). Denn Gott wird Gericht nach den Werken halten und einem jeden nach seinen Taten vergelten (Röm 2,6f).

2.2.4
So läßt sich über Wesen und Herkunft des Gesetzes zusammenfassend sagen: *Das Gesetz ist die ganzheitliche Zusammenfassung des Willens Gottes, die dem Menschen als Heilsweg gegeben ist*.

2.3
Die Situation des Menschen unter dem Gesetz

Die Wirklichkeit sieht anders aus. Das Gesetz erfüllt nämlich seine Rolle als Weg zum Heil nicht, sondern bringt vielmehr den Menschen Gott gegenüber in eine heillose Situation: »Aus Werken des Gesetzes wird kein Fleisch gerecht« (Gal 2,16; vgl. Röm 3,28). Gerechtwerdung vor Gott und Gesetzeswerke schließen sich gegenseitig aus! Was ist der Grund dafür?

2.3.1
Die vielfach auf diese Frage gegebene Antwort lautet: Das Gesetz kann den Menschen nicht in die heilvolle Gottesgemeinschaft führen, weil der Heilsweg der Werke ihrem Wesen zutiefst widerspricht. Das Heil kann nur als Geschenk empfangen werden; Werke aber verfehlen diesen Geschenkcharakter. Sie führen den Menschen auf den Weg der Leistung und der Selbstverwirklichung, damit aber gerade am geschenkten Heil vorbei! In diesem Sinn urteilt *R. Bultmann*: »Nicht erst die bösen Werke, die Übertretungen des Gesetzes, sind es, die den Juden vor Gott verwerflich machen, sondern schon die Absicht, durch Gesetzeserfüllung vor Gott gerecht zu werden, ist die Sünde, die an den Übertretungen nur zu Tage kommt . . .« (Exegetica, 200).

2.3.2
Aber diese Antwort dürfte Paulus nicht ganz gerecht werden. Denn er spricht in Röm 2,6–10 sowohl vom Gericht nach den Werken als auch von der Möglichkeit der Heilsgewährung aufgrund des *Tuns* des Guten, und nichts berechtigt zu der Annahme, daß er hier nur eine irreale Möglichkeit in Gedanken durchspielte. Darauf hat schon *A. Schlatter* (Gottes Gerechtigkeit, 1935, 83f) hingewiesen: Paulus schildert die Schuld der Heiden und Juden in Röm 1,18–3,20 so ausführlich, weil er den Nachweis erbringen will, daß sie tatsächlich die Forderung des Gesetzes, Gottes Willen zu *tun*, nicht erfüllt haben und dadurch dem Gericht verfallen sind. Das wäre zumindest inkonsequent, wenn nach der Meinung des Paulus bereits das Tun den Menschen dem Gericht unterstellen würde. Die Alternative hinter Röm 1,18–3,20 lautet nicht: *Werkgerechtigkeit gegen Gnade*, sondern *göttliche Gehorsamsforderung im Gesetz gegen tatsächlichen menschlichen Ungehorsam*. Grundsätzlich bleibt dabei die Prämisse bestehen: »Wer das Gesetz *tut*, wird gerecht bei Gott sein« (Röm 2,13). »Die große Anklagerede des Paulus ist also durchweg und wesentlich an den *Werken* orientiert« (U. Wilckens, aaO, 82).

2.3.3
Weder Heiden noch Juden haben Gottes im Gesetz geoffenbarten Willen getan; sie alle sind schuldig. Daß kein Mensch aus Gesetzeswerken gerechtfertigt wird, hat seinen Grund darin, daß alle gesündigt haben! Es liegt nicht am Wesen des Gesetzes und seiner

Forderung, sondern am Wesen des Menschen. Weder ist das Gesetz, indem es Werke verlangt, ein Irrweg, der von der wahren Möglichkeit der Heilsverwirklichung wegführt, noch sind die in ihm enthaltenen Forderungen als solche nicht dem Menschen gemäß. Vielmehr zeigt sich an der Situation des Menschen vor dem Gesetz: *Der Mensch ist nicht gottgemäß*! Dadurch wird das Gesetz zum unbarmherzigen Ankläger, das, indem es den faktischen Ungehorsam aufdeckt, die Lage der Menschen Gott gegenüber herausstellt.

2.3.3.1

Die *Anklagerede des Paulus* Röm 1,18–3,20 zeichnet gleichsam diese aufdeckende und richtende Funktion des Gesetzes nach. Diese geht zunächst aus von der Situation der Heiden (1,18–32): Diese sind keineswegs durch ihre Nichtkenntnis der Tora entschuldigt, sondern unterstehen ebenfalls der Forderung Gottes. Zumindest kennen sie nämlich die elementaren Forderungen Gottes, wie sie auch in der Tora enthalten sind, denn das erweist sich an ihrer *Ansprechbarkeit auf bestimmte sittliche Normen im Gewissen* (Röm 2,15). Paulus will hier keineswegs das Gesetz mit einem allgemeinen, dem Kosmos eingestifteten Sittengesetz gleichsetzen; er argumentiert vielmehr rein pragmatisch. Nicht das Gesetz, sondern nur die »Werke des Gesetzes« sind den Heiden ins Herz geschrieben. Am Verhalten der Heiden läßt sich erkennen, daß sie faktisch zumindest partiell auf Forderungen des Gesetzes, die ja die Willenskundgabe des Weltschöpfers sind, ansprechbar sind.

In einer großen Steigerung wendet sich Paulus dann den *Juden* zu (2,1–29). Sie glauben, durch ihre genaue Kenntnis des Gesetzes einen Vorzug zu haben, ja, sie machen sich der heidnischen Welt gegenüber zum Sachwalter der göttlichen Forderung, indem sie urteilen und verurteilen (2,1ff). In Wirklichkeit aber klaffen Anspruch und Wirklichkeit rettungslos auseinander. Paulus mißt das Tun der Juden an der zweiten Tafel des Dekalogs (Röm 2,21ff) und weist ihnen dabei Punkt für Punkt Gesetzesübertretungen nach. Der jüdische Gesetzeslehrer, der sich berufen fühlt, über die Gott fernen Heiden zu urteilen und sie zu belehren, wird mit seinem faktischen Tun konfrontiert: Er selbst bricht die Ehe (2,22) – vielleicht denkt Paulus hier wie Jesus (Mt 5,31f) an die jüdische Ehescheidungspraxis – stiehlt und entweiht den Tempel, ja er verunehrt den Namen Gottes (Röm 2,24).

2.3.4

Das *Defizit*, das Juden und Heiden gegenüber der Forderung des Gesetzes aufweisen, ist freilich *nicht quantitativ, sondern qualitativ*. Nicht daran schon haben sie versagt, daß sie nicht alle 613 Bestimmungen der Tora erfüllt haben, sondern darin, daß sie bei ihren Gesetzeswerken den lebendigen Gott, dessen Wille das Gesetz ist, verfehlt haben. *Paulus hält eine quantitative Erfüllung der Gesetzesforderungen für prinzipiell möglich*; so bezeichnet er seinen eigenen Gesetzesgehorsam als »untadelig« (Phil 3,6). Nicht möglich ist jedoch seiner Meinung nach in der gegenwärtigen Weltzeit ein Gesetzesgehorsam, der im Tun uneingeschränkt dem Willen Gottes Raum zu geben vermag. Der fromme Jude nimmt statt dessen das Gesetz zum Vorwand, um seinem eigenen Willen Gott gegenüber Raum zu schaffen. Er erfüllt die Forderungen, um sich selbst vor Gott und den Menschen in seinem Lebensrecht zu bestätigen, d.h., um sich »Ruhm« (καύχησις) zu gewinnen (Röm 3,27). Und seine kasuistische Gesetzesauslegung dient in Wahrheit keineswegs der lückenlosen Erfüllung des Gotteswillens, sondern der Festlegung einer Grenze, die Gottes Anspruch und den Freiraum des eigenmächtigen Menschen scheidet. Um es im Sinn des Paulus zugespitzt zu formulieren: Indem der Mensch sich anschickt, den im Gesetz gebotenen Willen Gottes zu erfüllen, ist das, was er tut, nicht mehr *Gottes* Wille, sondern Manifestation seiner *eigenen* gottfeindlichen Lebenshaltung.

2.3.5

Die Wirkung des Gesetzes besteht demnach im *Aufweis der tatsächlichen widergöttlichen Situation* des Menschen, seiner Sünde. Es wirkt, indem es dem Menschen gegenübertritt, gleichsam wie die Substanz, die im Reagenzglas den Farbumschlag einer wässrigen Lösung bewirkt und so deren wahre Natur nachweist.

2.3.5.1

Diesen Vorgang beschreibt Paulus in seiner Apologie des Gesetzes *Röm 7,7–25*. Dieser Abschnitt gehört von der Sache her eng zusammen einerseits mit der Anklage gegen die Juden Röm 2,1–29, andererseits mit der Adam-Christus-Typologie Röm 5,12–21. Er beschreibt nämlich gleichsam die ›Innenansicht‹ des gleichen Sachverhalts, dessen Außenansicht Röm 2,1–29 zeichnet; das ›Ich‹ von Röm 7 ist das Ich des Menschen unter dem Gesetz, dessen Typus der fromme Jude ist. Röm 5,12–21 dagegen stellt das gleiche ›Ich‹ in einen kosmisch-universalgeschichtlichen Horizont als das ›Ich‹ des adamitischen Menschen, das einem überindividuellen, transpersonalen Unheilszusammenhang das Gepräge gibt.

2.3.5.2

Die *Bedeutung des ›Ich‹ von Röm 7* war das die Auslegungsgeschichte dieses Kapitels beherrschende Problem. Grundsätzlich bestehen *zwei sich überkreuzende Alternativen:* Ist das ›Ich‹ vorgläubig oder gläubig? Ist es individuell oder generell?

- Nach der klassischen Auslegung *Augustins* und *Luthers* ist das ›Ich‹ *gläubig und generell*: Es gehe um die allgemeine Situation des Menschen unter dem Evangelium. Dieser Mensch wolle das Gute, verfehle es jedoch (7,15f); er sei unter die Sünde verkauft, habe jedoch die Gerechtigkeit *extra se* in Christus (7,25). Luther las seine eigene existentielle Erfahrung aus Röm 7 heraus. Gegen diese Deutung sprechen u.a. die Schilderung der christlichen Existenz in Röm 8,9–17 und Gal 2,20. Paulus rechnete zwar mit der Möglichkeit, daß der Christ ungehorsam und vor Gott schuldig wird (1Kor 4,4); er hält jedoch ein grundsätzliches Versklavtsein unter die Sünde im Sinne von Röm 7,24 für den Christen nicht mehr für gegeben.
- Der Pietismus deutet *vorchristlich-individuell*: Paulus spreche von seiner ganz persönlichen Erfahrung vor seiner Bekehrung. Er stelle zwei Stadien seiner Existenz einander gegenüber, die hinsichtlich ihrer Erfahrungsinhalte und ihrer psychischen Situation völlig voneinander geschieden seien. Doch das scheitert an 7,9: Paulus kann unmöglich sagen, daß er eine Zeitlang (etwa als Kind) ohne Gesetz gelebt hätte!
- Heute kann als exegetisch gesichert gelten: Das ›Ich‹ von Röm 7 ist *vorgläubig-generell* (so R.Bultmann, Exegetica, 198–209; W.G.Kümmel, Römer 7 und die Bekehrung des Paulus, 1929; P.Althaus, Paulus und Luther über den Menschen, ³1958). Paulus blickt zurück auf das Leben der vorchristlichen Menschheit, wie es sich aus der Perspektive des Christen darbietet. Es geht um Wesensschau, nicht um Nacherzählung eines psychischen Prozesses!

2.3.5.3

Das ›Ich‹ in Röm 7 ist das transsubjektive Ich des vorchristlichen Menschen, wie es erst von Christus her erkennbar wird. Und zwar erscheint es in der Rolle Adams, des Stammvaters. In Röm 7,8ff wird auf die Paradiesgeschichte (Gen 3) angespielt: Dem ohne Gesetz lebenden Adam trat das Gesetz entgegen in Gestalt der Forderung »du sollst nicht begehren«, d.h. des 10. Dekaloggebots. Dieses Gebot löste nun nicht beim Menschen freudige Einstimmung in den Willen Gottes aus, sondern das Gegenteil: die Begierde, den Widerspruch. Damit aber war die Sünde, die vorher »tot«, d.h. inaktiv und ohne sichtbare Wirkung war, als Macht auf den Plan getreten. Sie übernahm die Herrschaft über den Menschen. Paulus drückt das paradox aus: »Als aber das Gebot kam, lebte die Sünde auf, ich aber starb, und es schlug mir das (eigentlich) zum Leben führende Gebot zum Tode aus« (Röm 7,10). Die Sünde, die hier als transpersonale Macht dargestellt ist, erweist sich unter dem Worte des göttlichen Gesetzes als die den Menschen in Wahrheit beherrschende Kraft. Sie nimmt so total von ihm Besitz, daß es zum Verlust des ›Ich‹ kommt; der Mensch verliert seine Ansprechbarkeit von Gott her, er wird versklavt unter die widergöttliche Macht.

Die Sünde ist also keineswegs erst durch das Gesetz bewirkt; sie ist schon von Anfang an da und bestimmt die Wirklichkeit des Menschen (vgl. Röm 5,13: Die Sünde war schon vor dem Gesetz im Kosmos, sie wurde jedoch, »da es kein Gesetz gab, nicht angerechnet«). *Paulus verzichtet auf eine metaphysische Theorie über die Herkunft der Sünde*, denn durch sie würde der Mensch entlastet, der gerade an diesem Punkt nicht entlastet werden darf: Die Sünde kommt nirgends anders her als aus dem faktischen Sündigen des Menschen, aus seinem Widerspruch gegen Gott (vgl. Röm 5,12: »Wie durch einen Menschen die Sünde in die Welt kam . . .»)

Das Gesetz hat diese Situation nicht herbeigeführt. Wohl aber behaftet es den Menschen bei ihr und hält ihn in ihr fest: Es bewirkt, daß »die Sünde über alle Maßen sündig werde« (Röm 7,13). In diesem Sinn wird nun auch Gal 3,24 voll verständlich: Das Gesetz ist παιδαγωγός, Zuchtmeister und Sklavenhalter, der den Menschen bis zum Kommen Christi festhält bei seinem widergöttlichen Verhalten und ihn immer wieder neu in die Sünde führt. Denn jeder Versuch des Menschen, das Gesetz zu tun, muß notwendig zum Nachweis der Sünde werden, da das jeweils handelnde Subjekt dabei ja nicht mehr das dem Willen Gottes zustimmende ›Ich‹, sondern die Sünde ist (Röm 7,17f).

Das Gesetz deckt also unaufhörlich die objektiv verzweifelte Situation des Menschen auf. Gott fordert die Erfüllung seines Willens. Aber der Mensch kann der Forderung nicht entsprechen. Das Gesetz, das Weg zum Heil sein sollte, ist zum Ankläger der Heillosigkeit des Menschen geworden.

2.4
Die Überwindung des Gesetzes durch Christus

Die große Wende kommt durch Christus. Er bringt das Heil, das das Gesetz nicht hat geben können. Aber in welchem Sinne ist er »Ende (bzw. Ziel) des Gesetzes« (Röm 10,4)?

2.4.1

Unterschiedliche Antworten auf diese Frage sind in die *theologische Diskussion* eingebracht worden:

2.4.1.1

Das Gesetz ist im zeitlichen Sinn durch Christus abgelöst worden. Diese Antwort wird da gegeben, wo man Paulus als primär apokalyptischen Denker versteht. So hat *A.Schweitzer* (Die Mystik des Apostels Paulus, ³1954, 185) gemeint, das Gesetz gehöre für Paulus »mit der natürlichen unter der Herrschaft der Engelwesen stehenden Welt zusammen« und sei darum durch den Anbruch des neuen Äons in der Auferstehung Jesu außer Kraft gesetzt. Ähnlich sieht auch *H.-J.Schoeps* (Paulus, 1959, 177) in der Aufhebung des Gesetzes »ein messianologisches Lehrstück«, das lediglich zum Ausdruck bringe, daß die alte Autorität des Gesetzes nicht neben der neuen Autorität des Messias bestehen kann (ebd., 211).

Kritik: Hier wird die – zugegebenermaßen apokalyptisch klingende – Aussage Gal 3,19 absolut gesetzt. Die Gesetzes- und Rechtfertigungsaussagen des Römerbriefes werden unterbewertet. Dahinter steht die unhaltbare Prämisse, daß die Rechtfertigungslehre mit ihrer anthropologischen Argumentation nur ein »Nebenkrater« (A.Schweitzer) der paulinischen Theologie sei, während die Apokalyptik im Zentrum stehe.

2.4.1.2

Christus ist nicht das Ende, sondern die eigentliche Zusammenfassung des Gesetzes; in ihm tritt das Gesetz erst in seiner eigentlichen Gestalt in Erscheinung: »Er legt diese Ordnung aus; er hält und erfüllt sie; er steht ein für ihre Gültigkeit. Unter dieser Ordnung im Gehorsam leben heißt an ihn glauben.« Dies ist die Meinung *K.Barths* (Kirchliche Dogmatik II/2, ³1948, 269). Das Gesetz wäre demnach die Form des Evangeliums, das Evangelium der Inhalt des Gesetzes. Die negativen Aussagen des Paulus über das Gesetz hätten somit lediglich ein von den Juden verzerrt verstandenes Gesetz im Sinn.

Kritik: Hier wird nicht ernst genommen, daß der Übergang von der Herrschaft des Gesetzes zur Christusoffenbarung den Charakter einer absoluten Wende hat (Röm 3,21) und daß für Paulus sein Evangelium dem Wesen nach gesetzesfreies Evangelium war (vgl. 2,1).

2.4.1.3

Das Gesetz findet in Christus in der Weise sein Ende, daß hier zwei Heilswege aufeinanderstoßen, die sich gegenseitig ausschließen: Das Bemühen des Menschen, durch Werke sein Heil zu gewinnen, und das Ergreifen der Gnade im Glauben. Dies ist die Antwort *R.Bultmanns* (Theologie, 264f). Der Weg des Gesetzes hat von seinem Ansatz her den Menschen in das Scheitern und in den Tod führen *müssen*, denn die ganze Richtung ist falsch (ebd., 268). Dies hat Implikationen für die Sicht des Alten Testaments, das für Bultmann lediglich eine Geschichte des Scheiterns, nicht aber eine Geschichte der Verheißung ist (vgl. § 18,2.2.1).

Kritik: Für Paulus ist nicht schon die Gesetzesforderung verfehlt, sondern allein die durch sie aufgedeckte Situation des Menschen. Im übrigen wird hier zu wenig berücksichtigt, daß das Gesetz, indem es den heilvollen Gotteswillen enthält, auf die Durchsetzung der Herrschaft Gottes zielt, auch wenn es innerhalb des Alten Testaments dieses Ziel nicht erreicht.

2.4.2

Vielleicht läßt sich die Auffassung des Paulus am zutreffendsten so umschreiben: Christus ist das Ende des Gesetzes, *indem er durch sein Sterben die Forderung des Gesetzes erfüllt* und *indem er* – an die Stelle des Gesetzes tretend – *dessen Ziel, die Durchsetzung der Gerechtigkeit Gottes, verwirklicht*.

2.4.2.1

Christus erfüllt die Forderung des Gesetzes. Er nimmt mit seinem sündlosen Tod den tödlichen Fluch des Gesetzes auf sich. Er unterstellt sich damit dem Gericht, das eigentlich alle Menschen treffen müßte.

Diesen Aspekt stellt Paulus in Gal 3,10–14 heraus. Dabei deutet er Dtn 21,23 christologisch: »Verflucht ist, der am Holze hängt.« Christus ist in der Tat – wie jüdische Polemik sagt – durch seinen schmachvollen Tod als ein vom Gesetz Verfluchter ausgewiesen worden. Aber das bedeutet gerade nicht, daß sein Weg und Werk damit von Gott selbst als widerlegt erwiesen wären; im Gegenteil: Dieser Tod ist die Erfüllung des Weges Jesu. Sein Eintreten für die Sünder erreicht seine letzte Zuspitzung, indem er an ihrer Stelle zum »Fluch« wird. Als der einzige, der gegenüber der Forderung des Gesetzes nicht versagte, hat er sich stellvertretend dahingegeben und »uns losgekauft vom Fluch des Gesetzes, indem er für uns zum Fluch wurde« (Gal 3,13). Damit ist Gottes Forderung Genüge getan, ein Weg zu neuer Gemeinschaft zwischen Gott und Mensch ist frei geworden.

2.4.2.2

Christus verwirklicht das Ziel des Gesetzes. Das Gesetz ist nun erledigt; seine Zeit ist abgelaufen; weder hat es noch Heil zu bieten, noch hat es unerfüllte Forderungen anzumelden. An seine Stelle tritt nun Christus, allerdings weder im Sinn einer einfachen Ablösung zweier Epochen noch in der Weise eines neuen Gesetzgebers. *Christus übernimmt vielmehr die ursprüngliche Funktion des Gesetzes, Sachwalter des guten Gotteswillens zu sein*. Er setzt einen neuen Anfang im Verhältnis zwischen Gott und Mensch. »Christus ist . . . des Gesetzes Ende, indem er es an seinen Anfang zurückführt« (E. Jüngel, Paulus und Jesus, [4]1972, 61).

Diese endzeitliche Erneuerung der Anfangssituation ist der Sinn der Adam-Christus-Typologie *Röm 5,12–21*. Wie Adam durch sein Sündigen einen transpersonalen Zusammenhang schuf, der von der Sünde geprägt war und dem sich keiner entziehen konnte, so schafft Christus nunmehr durch seinen Gehorsam eine Sphäre der Gerechtigkeit für alle, die ihm zugehören (V. 19).

Was die Tora wollte, aber nicht erreichte, wird nun in der endzeitlichen Heilsgemeinde durch Christus Wirklichkeit: Durch die Gabe des Geistes kann geschehen, daß »die Rechtsforderung des Gesetzes erfüllt wird unter uns, die wir nicht nach dem Fleisch wandeln, sondern nach dem Geist« (Röm 8,4).

2.4.2.3

An dieser Stelle wird nun auch der *Unterschied zwischen Christus und dem Gesetz* deutlich: *Das Gesetz verheißt Heil, indem es fordert, Christus dagegen verwirklicht Heil, indem er schenkt*. Die Gottesgerechtigkeit wird aufgrund des Werkes Christi allein aus Gnade, »ohne Gesetz«, zuteil (Röm 3,21). So kommt in Christus der im Gesetz enthaltene heilvolle Gotteswille zum Ziel; das Gesetz als Heilsweg ist jedoch für immer abgetan.

2.5
Die Gesetzesaussagen im Rahmen der paulinischen Ethik

2.5.1
Immer wieder wurde behauptet, die paulinischen Gesetzesaussagen wie überhaupt seine Rechtfertigungslehre seien – trotz ihres polemischen Gewichts – letztlich Fremdkörper innerhalb der Theologie des Apostels. Das zeige sich vor allem an ihrer Unvereinbarkeit mit der paulinischen Ethik.

So urteilte *W. Wrede*: »Man kann aber nicht leugnen, die radikale Ablehnung des Gesetzes behält etwas Künstliches. Keine ethische Religion kann auf den Gedanken verzichten, daß Gott dem Menschen Gebote gibt. Paulus selber gibt dem Zeugnis. Denn der Gedanke des Gesetzes drängt sich doch überall wieder bei ihm ein, sei es daß er vom ›Gesetze Christi‹ redet oder von der Zusammenfassung des Gesetzes im Gebot der Nächstenliebe . . . Eine konsequente Ausbildung hat diese Lehre also nicht gefunden« (Paulus, in: K.H.Rengstorf-U.Luck, Das Paulusbild in der neueren deutschen Forschung, 1964, 74; vgl. A.Schweitzer, Die Mystik des Apostels Paulus, [3]1954, 214ff).

2.5.2
Aber Paulus formuliert auch seine ethischen Aussagen von der theologischen Basis seiner Rechtfertigungsaussagen her: *Er spricht von einem fordernden Gotteswillen, der inhaltlich weithin mit dem Gesetz identisch ist, der aber – anders als das Gesetz – nicht mehr den Charakter des Heilsweges hat.*

2.5.2.1
Die Christen unterstehen dem guten Willen Gottes. Ja, in Christus ist dieser Wille, der ursprünglich im Gesetz enthalten war, in neuer, unmißverständlicher Weise zum Zuge gekommen. Erst jetzt entfaltet er seine grenzenlose, unbedingte Kraft, die auf die ganze Schöpfung zielt. Das meint Paulus, wenn er in Gal 5,6 vom Gesetz des Christus (νόμος τοῦ Χριστοῦ) spricht: Es ist *das von Christus in seinem ursprünglichen Sinn freigelegte Gesetz*. Noch klarer kommt das Gemeinte freilich zum Ausdruck in Röm 8,4: »die Rechtsforderung des Gesetzes (τὸ δικαίωμα τοῦ νόμου)« soll unter den Christen erfüllt werden!

2.5.2.2
Der Inhalt dieser Forderung ist nicht mehr, wie in der Tora, formalisierbar. Die Weisungen des Alten Testaments werden zwar von Paulus immer wieder herangezogen, vor allem die Gebote des Dekalogs (Röm 13,9). Doch sie zeigen lediglich die Richtung der Forderung Gottes, nicht aber – wie im kasuistischen Gesetzesverständnis des Judentums – deren Grenze. Der jeweils konkrete Inhalt der Forderung wird durch den Blick auf den Nächsten und seine Situation deutlich. Man könnte auch sagen: Die Spitze der Forderung liegt im Liebesgebot (Röm 13,9f). Die »Erfüllung des Gesetzes Christi« besteht im grenzenlosen Bereitsein, die »Last« des Bruders mit zu tragen (Gal 6,2).

Dieses neue, erweiterte und entformalisierte Verständnis der Forderung Gottes spiegelt sich in der *Struktur der paulinischen Paränesen*. Hier wird jeweils die konkrete Situation des Christen in bestimmten Nächstenverhältnissen kritisch durchgemustert mit dem Ziel, die Leser zu sensibilisieren für die Erkenntnis des durch diese Verhältnisse tatsächlich von ihnen Geforderten. In diesem

Zusammenhang angeführte alttestamentliche Gebote haben lediglich die Funktion von Wegweisern in die aktuell einzuschlagende Richtung (Beispiel: Röm 12,3–13,10).

2.5.3

Die ethische Forderung ist für den Christen nicht Weg zum Heil, sondern Folge des Heils. Sie ist unendlich groß, weil die empfangene Gabe unendlich groß ist. Lautete das Grundschema der jüdischen Gesetzesfrömmigkeit ›wenn – dann‹ (d.h. aufgrund des Gehorsams wird Heil gewährt), so lautet das Grundschema des paulinischen Ethos ›weil – deshalb‹ (d.h. weil die Glaubenden Christi Gabe empfangen haben, ist es ihre Pflicht, sie weiterzugeben). *Dem Indikativ folgt der Imperativ*. Weil Christus als neuer Adam die Glaubenden in eine neue Heilssphäre versetzt hat, darum haben sie die Möglichkeit, das in dieser Sphäre Geforderte zu verwirklichen. Ein Glaube ohne Werke wäre für Paulus nicht denkbar; das Fehlen des Gehorsams wäre für ihn ein Anzeichen dafür, daß auch kein Glaube vorhanden ist (Röm 6,1ff). Denn Glaube ist für ihn Vollzug eines Herrschaftswechsels: Der von der Bindung an das Gesetz befreite Mensch verfällt nicht in Bindungslosigkeit, sondern gelangt unter die Herrschaft Christi (Röm 7,1–6).

2.5.4

Die Überwindung des Gesetzes durch Christus ist ein eschatologisches Geschehen. Sie steht in der Spannung zwischen dem ›Schon‹ und dem ›Noch-Nicht‹. Nur da ist das Gesetz überwunden, wo Christus jetzt schon herrscht, nämlich in der Kirche, dem Leibe Christi, denn nur hier kann der in Christus manifeste gute Gotteswille in der dienenden Liebe sichtbar zur Geltung gebracht werden. Wo Christi Herrschaft aber noch nicht durchgesetzt ist, da herrschen das Gesetz und die von ihm ans Licht gebrachte Sünde noch immer. Weil Paulus das weiß, ist er fern von einem enthusiastischen Perfektionismus. Er schärft vielmehr ein: Die von Christus geschenkte Befreiung kann nur dann gegenüber der noch präsenten Macht der Sünde bewahrt und durchgesetzt werden, wenn der Christ die empfangene Heilsgabe in ständigem Gehorsam bewährt (Röm 6,12–14). Denn die neue Herrschaft ist zwar real, sie ist jedoch noch nicht gegen die Rückzugsgefechte der Sünde endgültig durchgesetzt.

2.5.4.1

An diesem Punkt besteht eine gewisse *Differenz zwischen Paulus und der reformatorischen Rechtfertigungslehre*, die sich aus der veränderten geschichtlichen Situation ergibt. Das paulinische ›Schon‹ und ›Noch-Nicht‹ werden hier zu einem Nebeneinander eingeebnet. Für *Luther* steht der Christ dauernd gleichermaßen unter der Herrschaft von Gesetz und Evangelium. Das Gesetz ist *semper accusans*, die Gesetzespredigt überführt den Glaubenden seiner ausweglosen Situation, treibt ihn in die Verzweiflung und läßt ihn Rettung bei Christus suchen. Die Evangeliumspredigt spricht ihm das Heil zu und erklärt ihn gerecht, wobei aber diese Gerechtigkeit niemals zu einem Besitz des Glaubenden wird. Er bleibt vielmehr *simul peccator ac iustus*.

Dieser sogenannte ›zweite Gebrauch des Gesetzes‹ (*usus praecipuus legis*), die Gesetzespredigt, die den Christen immer wieder zu Christus treibt, läßt sich aus Paulus nicht belegen. Denn Röm 7 handelt von der Situation des vorchristlichen Menschen, nicht von der bleibenden Situation des Christen zwischen ›Gesetz‹ und ›Evangelium‹. Zwar unterliegt auch der Christ nach Paulus einer bleibenden Spannung, die der Spannung des ›Schon‹ und ›Noch-Nicht‹ entspricht; aber sie ist anderer Art (Röm 8,12–17).

2.6
Die Gesetzesaussagen des Paulus im innerneutestamentlichen Vergleich

2.6.1
Paulus und Jesus stimmen darin überein, daß für beide das Gesetz der unbedingte und gute Wille des Schöpfers ist, der in der Endzeit in seiner Totalität hervorgetreten ist (vgl. § 8,2.2.3). Diese Übereinstimmung zeigt sich darin, daß für beide das Liebesgebot der eigentliche Inhalt des Gesetzes ist (Mk 12,28–34; Gal 6,2) und daß beide die Halacha mit ihrer Kasuistik als Versuch des Menschen, sich der Totalität des Gehorsams zu entziehen, ablehnen (Mk 7,1–13; Röm 2,17–29). An zwei Punkten geht Paulus jedoch über Jesus hinaus: nämlich in der *Ablehnung des Gesetzes als Heilsweg* und in der Auffassung von seiner heilsgeschichtlichen *Ablösung durch Christus*.

2.6.1.1
Die Ablehnung des Gesetzes als Heilsweg ist bei Jesus allerdings schon vorbereitet in der Struktur seiner Verkündigung: Die Gottesherrschaft ist Gottes Angebot und Geschenk. Nur wer sie ohne Anspruch und Voraussetzung empfängt, wird in ein neues Verhältnis zu Gott gesetzt und wird fähig, seinem Willen zu entsprechen. Bereits bei Jesus steht der Indikativ also vor dem Imperativ. Paulus geht hier jedoch weiter, *weil er im Rückblick auf die Geschichte Jesu eine neue Perspektive einzubringen vermag*: Für ihn ist deutlich, daß Israels Scheitern an Jesus ein Scheitern des Gesetzes als Heilsweg war!

2.6.1.2
Bereits Jesus scheint die Geltung des Gesetzes auf die gegenwärtige Weltzeit eingeschränkt zu haben: »Das Gesetz und die Profeten sind bis zu Johannes. Von da an wird die Gottesherrschaft verkündigt« (Lk 16,16). Paulus weiß sich als jenseits der eschatologischen Wende stehend, die sich in Jesu Tod und Auferstehung vollzogen hat. Für ihn ist Christus der Gekreuzigte zum Ende des Gesetzes geworden.

Insgesamt läßt sich sagen: *Die Differenz zwischen Jesus und Paulus ergibt sich aus dem unterschiedlichen geschichtlichen Ort beider*. Paulus stellt die Gesetzeskritik Jesu in den christologischen Horizont, der sich durch Kreuz und Auferstehung eröffnet hat.

2.6.2
Die *Paulusschule* bleibt grundsätzlich bei der Position des Apostels, ihr sind jedoch die theologischen und existentiellen Probleme, die zu deren Ausbildung führten, nicht mehr verständlich. So ist nach Meinung des Lukas das Gesetz deshalb abgelöst worden, weil bereits Israel es nicht zu erfüllen vermochte (Apg 15,10) und weil man durch seine Erfüllung nicht »von allem« gerechtgesprochen werden konnte (Apg 13,38f).

2.6.3
In eine ganz andere Richtung gehen die Gesetzesaussagen des *Matthäusevangeliums* und des *Jakobusbriefs*, die beide von der paulinischen Problematik nicht berührt zu sein scheinen und die darum weder mit Paulus harmonisiert noch gegen ihn ausgespielt werden dürfen. Von einer eschatologischen Überwindung und Ablösung des Gesetzes durch Christus wissen beide nichts. Sie sind sich vielmehr darin einig, daß Christus das Gesetz zu seiner Vollendung gebracht habe, indem er die Totalität der Gehorsamsforderung

Gottes neu herausgestellt habe. In diesem Sinn spricht *Matthäus* (vgl. § 8,2.1.4) von der »besseren Gerechtigkeit« der Jünger (Mt 5,20) und *Jakobus* vom »königlichen Gesetz der Freiheit« (Jak 1,25; 2,12).
Theologische Sachkritik an beiden Positionen müßte von der Frage ausgehen: Wie weit ist hier die Vorordnung des Indikativs vor dem Imperativ festgehalten und damit sichergestellt, daß das durch Christus neu interpretierte Gesetz nicht mehr zum Heilsweg werden kann?

3 Vertiefung

3.1 Lektürevorschläge

3.1.1

Zum Verständnis von Römer 7: W.G.Kümmel, Römer 7 und die Bekehrung des Paulus, in: ders., Römer 7 und das Bild des Menschen im Neuen Testament, 1974, 1–160.

3.1.2

Zur paulinischen Gesetzeskritik: U.Wilckens, Was heißt bei Paulus: »Aus Werken des Gesetzes wird niemand gerecht?« – J.Blank, Warum sagt Paulus: »Aus Werken des Gesetzes wird niemand gerecht?«, beide in: Evangelisch-Katholischer Kommentar zum Neuen Testament, Vorarbeiten Heft 1, 1969.

3.1.3

Zum Ansatz der paulinischen Ethik: O.Merk, Handeln aus Glauben, 1968, 4–42.

3.2 Fragen zur Weiterarbeit

3.2.1

Worin decken sich die Aussagen über das Gesetz in Gal 3 und Röm 7, und worin differieren sie? Wie lassen sich die Differenzen erklären?

3.2.2

Vergleichen Sie die Positionen von U.Wilckens und J.Blank (3.1.2)! Wo liegt die theologische Differenz? Versuchen Sie, sich selbst ein Urteil zu bilden!

3.2.3

Nehmen Sie Stellung zu dem Vorwurf W.Wredes und A.Schweitzers, daß die paulinische Gesetzeslehre den Weg zu einer Ethik verbaue! Welches Verständnis von Ethik steht hinter dieser Ansicht?

3.2.4

Suchen Sie anhand von Röm 12–13 festzustellen, wie Paulus ethische Forderungen begründet!

3.2.5
Wieweit entsprechen die in Luthers Lied »Nun freut euch, lieben Christen gmein . . .« (EKG 239) ausgesprochenen theologischen Gedanken der Theologie des Paulus?

3.3
Weitere Literatur

P. Althaus, Paulus und Luther über den Menschen, [3]1958; J. Blank, Paulus und Jesus, 1968; R. Bultmann, Römer 7 und die Anthropologie des Paulus, in: ders., Exegetica, 198–209; G. Eichholz, Die Theologie des Paulus im Umriß, 1972, 237–264; K. Kertelge, Rechtfertigung bei Paulus, 1967; H. Ridderbos, Paulus, 1970; H.-J. Schoeps, Paulus, 1959; A. Schweitzer, Die Mystik des Apostels Paulus, [3]1954; W. Wrede, Paulus, in: K.H. Rengstorf – U. Luck, Das Paulusbild in der neueren deutschen Forschung, 1964, 1–97.

§ 12
Verheißung und Erfüllung

1
Einführung

In welchem Sinne ist für Paulus Christus die Erfüllung der alttestamentlichen Verheißung? Diese Frage zielt natürlich in erster Linie auf das paulinische *Verständnis des Alten Testaments*. Sie steht darüber hinaus aber noch in einem weiteren Horizont: Von ihrer Beantwortung hängt nämlich auch das Urteil darüber ab, *wie Paulus Geschichte versteht*. Das Alte Testament hat als sein zentrales Thema Gottes Handeln in der Geschichte Israels. Aussagen über Gott werden in ihm gemacht in Form einer kerygmatischen Geschichtsdarstellung. Was ›Heil‹ für die jeweilige Gegenwart ist, wird deutlich, indem diese Gegenwart im Lichte der vergangenen Heilserweise Gottes interpretiert wird. Die Frage nach dem Heil ist für Israel letztlich nur im Rahmen von Aussagen über Gottes Geschichtshandeln mit seinem Volk zu beantworten. Hier liegt auch der Ansatz der Apokalyptik; sie will in einer Epoche, in der Israel sich als wehrloser Spielball der Weltmächte in einer scheinbar unüberschaubaren politischen Landschaft vorfindet, der Resignation und dem Rückzug auf eine rein individuelle Heilserfahrung wehren, indem sie in kühnen geschichtstheologischen Entwürfen die Weltgeschichte als den Raum des Handelns Gottes interpretiert.
Inwieweit nimmt Paulus bei seiner Deutung des Alten Testaments auf Christus hin diese geschichtstheologische Perspektive auf? Bezieht er das Christusgeschehen zurück auf die Geschichte des Gottesvolkes, um es auf diese Weise zugleich im Rahmen des Weltgeschehens zu deuten, oder blendet seine theologische Sicht des Alten Testaments diesen geschichtlichen Horizont aus?
Die theologische Tragweite dieser Frage ist nicht gering. Es geht dabei letztlich um die Weltgestalt des Glaubens. Realisiert sich der Glaube nach Paulus nur in einer persönli-

chen existentiellen Heilserfahrung, oder ist er Einweisung in ein neues Verhältnis zur Welt und zur Geschichte? So ist es nicht überraschend, daß die exegetische Diskussion der Frage ›Verheißung und Erfüllung‹ weithin vom Kampf um theologische Grundsatzentscheidungen überschattet ist. Wir setzen deshalb auch mit einer Kurzcharakteristik der hier miteinander konfrontierten theologischen Positionen ein (2.1), ehe wir uns den hermeneutischen Denkformen zuwenden, deren sich Paulus bei seinem Reden von Geschichte bedient (2.2). Im Mittelpunkt dieses Paragraphen soll dann die Besprechung jener thematischen Komplexe stehen, anhand deren Paulus das Christusgeschehen als Erfüllung des Alten Testaments beschreibt: 1Kor 10,1–13 (die Heilsgemeinde und das Israel der Wüstenzeit); Röm 5,12–21 (Adam und Christus); Röm 4 (Abraham und die Glaubenden); Röm 9–11 (Israel und die Kirche).

2 Entfaltung

2.1 Die theologischen Ausgangspositionen in der Forschung

2.1.1

R.Bultmann: Paulus teilt nicht die Voraussetzungen des alttestamentlichen Geschichtsdenkens. »Das Geschichtsverständnis des Paulus stammt nicht aus seiner Reflexion über die Geschichte Israels, sondern aus seiner Anthropologie« (Glauben und Verstehen III, ²1960, 101). Er denkt primär in den geschichtslosen Kategorien der hellenistischen Mysterien und der Gnosis, die er existential interpretiert. Was ihn interessiert, ist nicht die Geschichte, sondern das Individuum. Seine Auffassung vom Heil ist bestimmt »durch das Heil des einzelnen, der in Christus ein neues Geschöpf ist« (ebd.). Theologisch relevante Geschichte ist deshalb für ihn nur das, was sich in der Geschichte des einzelnen Glaubenden vollzieht (Röm 7,14–25), der durch den Anruf des Kerygmas in die »Entweltlichung« gestellt wird. Was Röm 9–11 betrifft, so ist dies ein widersprüchlicher und mißglückter Versuch ohne ernstliche Bedeutung für die paulinische Theologie (ähnlich H.Conzelmann, Theologie, 273f).

Kritik: Diese Position scheitert nicht nur an der Tatsache, daß Röm 9–11 zentrale Bedeutung innerhalb des Römerbriefes hat (Chr.Müller, Gottes Gerechtigkeit und Gottes Volk, 1964), sondern – ganz allgemein – an der zentralen Stellung des Alten Testaments in der paulinischen Theologie. Paulus zitiert die Schrift keineswegs nur pauschal und formalistisch (etwa, um die Richtigkeit theologischer Sätze von ihr her zu begründen), er sucht in ihr auch nicht nur Zeugnisse eines dem christlichen identischen menschlichen Daseinsverständnisses (so Bultmann, Glauben und Verstehen I, 324), sondern er begreift sie als Zeugnis eines Verheißungsgeschehens, das in Christus zur Erfüllung gekommen ist (2Kor 1,20). Die Schrift zielt »mit allem, was sie berichtet und lehrt, recht eigentlich auf ›uns, die das Ende der Zeiten erreicht hat‹ (2Kor 10,11)« (H.von Campenhausen, Die Entstehung der christlichen Bibel, 1968, 35f).

2.1.2

U.Wilckens: Paulus ist in der Struktur seines Denkens »entscheidend durch den heilsgeschichtlichen Gesamtentwurf der jüdischen Apokalyptik bestimmt« (Rechtfertigung als Freiheit, 1974, 23). Er wollte vom Christusgeschehen her eine apokalyptisch konzipierte Gesamtschau von Geschichte entwerfen und deutete das Alte Testament im Rahmen dieses Ansatzes. Das Kommen Christi ist für ihn der Beginn des neuen Äons, auf den die Epochen bisheriger Geschichte nach Gottes Weltplan hinführen und durch den sie abgelöst werden.

Kritik: Mindestens an einem zentralen Punkt verläßt Paulus das Schema apokalyptischen Geschichtsdenkens. Für ihn ist zwar mit der Auferstehung Jesu die Endzeit angebrochen – und doch steht die sichtbare Realisierung in der Parusie noch aus. Sein Verständnis der Gegenwart der christlichen Existenz, die einerseits durch die Herrschaft des Erhöhten bestimmt ist, andererseits aber ganz »auf Hoffnung« gestellt bleibt (Röm 8,23f), ist grundsätzlich anders strukturiert als die apokalyptische Vorstellung von einem messianischen Zwischenreich (vgl. die charakteristische Abwandlung dieser Vorstellung in 1Kor 15,23–28!). So ist zu fragen: Wird nicht durch diese Spannung zwischen dem ›Schon‹ und dem ›Noch-Nicht‹ das apokalyptische Denken entscheidend durchbrochen?

2.1.3

O.Cullmann: Paulus denkt heilsgeschichtlich (Heil als Geschichte, 1965). Er sieht im Alten Testament ein Gefüge von Heilstaten Gottes, die in einem kausal verknüpften, linearen Zusammenhang stehen und sich im Neuen Testament linear fortsetzen. In der Geschichtsschau des Glaubens erschließt sich dieser Zusammenhang und gewinnt die Konturen eines übergreifenden göttlichen Geschichtsplans. Dabei besteht des näheren ein heilsgeschichtlicher Bezug zwischen Israel und der Kirche. Die alttestamentliche Heilsgeschichte schreitet fort in immer neuen Akten der Erwählung, der Akte der Verwerfung korrespondieren, so daß der Kreis der Gott Zugehörenden immer kleiner wird: Aus der Menschheit wird Israel erwählt, aus Israel der heilige Rest, aus ihm wiederum Jesus. In ihm konvergieren die heilsgeschichtlichen Linien, um nun wieder auseinanderzutreten: Zu Jesus treten die Jünger als Erben des Heils, und aus der Jüngerschaft wächst das neue Gottesvolk, das wiederum Erstling einer erneuerten Menschheit ist.

Kritik: Zunächst ist der Begriff der ›Heilsgeschichte‹ problematisch, weil mit manchen theologiegeschichtlichen Hypotheken belastet (vgl. § 18,2.2.4). Typisch für diese negative Besetzung ist die Kritik *E.Käsemanns*: »Geschichtstheologie ist uns aus unseren Erfahrungen heraus von vornherein suspekt, welche Begründung ihr immer gegeben werden mag. Sie hat den Liberalismus bestimmt, dessen Fortschrittsglaube endgültig im Ersten Weltkrieg zerbrach. Sie hat, wie irrtümlich und mißbräuchlich das auch geschah, die Eschatologie der Nazis decken können. Wir möchten nicht gern noch einmal dorthin zurückgeworfen werden, wo unsere Väter und Großväter vor hundert Jahren standen und vor fünfzig Jahren scheiterten« (Paulinische Perspektiven, 1969, 114f). Aber auch von solchen theologischen ›Allergien‹ abgesehen, könnte der Begriff ›Heilsgeschichte‹ den Anschein wecken, als sei die Offenbarung für Paulus die Aufdeckung einer verborgenen Übergeschichte in und hinter der Weltgeschichte. Damit würde in der Tat das Evangelium in eine Geschichtsgnosis verwandelt. Rein exegetisch ergibt sich bei Paulus dafür jedoch keine Basis; *die einzelnen Bezugnahmen auf alttestamentliche Geschichte bleiben nämlich punktuell und werden gerade nicht zu einem System verbunden.*

2.2
Die hermeneutischen Denkformen des Paulus

2.2.1
Die allgemeinen Voraussetzungen. Hinsichtlich seiner exegetischen Methodik kommt Paulus vom *Judentum* her, hinsichtlich seines hermeneutischen Ansatzes teilt er die allgemeinen Voraussetzungen des *Urchristentums*.

2.2.1.1
qal wahomer
Auf Schritt und Tritt finden sich in seinen Briefen *Elemente jüdischer Auslegungsmethodik*, so der Schluß *vom Geringeren auf das Größere* (*a minori ad maius*), z.B. Röm 5,15.17, und der *Analogieschluß*, d.h. die gegenseitige Interpretation zweier Schriftstellen, die den gleichen Begriff enthalten, z.B. Röm 4,3–8 (Kombination von Gen 15,6 und Ps 32,1f aufgrund des Wortes λογίζεσθαι).
Auffällig ist jedoch, daß die *allegorische Methode*, die den alttestamentlichen Texten durch übertragene Deutung ein System höherer Wahrheiten abgewinnt, von Paulus nur punktuell (z.B. 1Kor 9,9f; 10,4) herangezogen wird.

2.2.1.2
Paulus teilt die *hermeneutische Voraussetzung des Urchristentums*, daß die Schrift als ganze durch Christus erfüllt sei. Der eigentliche Sinn des Alten Testaments erschließt sich erst vom Glauben an Christus her (2Kor 3,14ff). Er geht mit dem Alten Testament um in der Gewißheit, daß der Gott, der in ihm spricht und handelt, mit dem Gott identisch sei, der in Christus den Gottlosen gerechtspricht.
Vielfach begründete man im Urchristentum diese Deutung auf Christus hin dadurch exegetisch, daß man alttestamentliche Stellen als *Weissagungen* verstand, die sich in Christus verwirklicht haben: so z.B. in den Reflexionszitaten des Matthäus (Mt 1,23; 2,5f; 3,3 u.ö.) und in der Passionsgeschichte (Mk 14,27; 15,24.29.36). Bei Paulus *fehlt* jedoch *dieser Weissagungsbeweis* fast völlig! *Seine zentrale hermeneutische Kategorie ist nicht die Weissagung, sondern die Verheißung*.

2.2.2
Die Verheißung. Der Begriff ἐπαγγελία (= Verheißung), der im allgemeinen Griechischen wie auch in der LXX die Bedeutung »das Ankündigen«, »das Versprechen« hat, gewinnt erstmals bei Paulus präzisen theologischen Sinn. Er gebraucht ihn, um *die innere Struktur des Alten Testaments* zu kennzeichnen, wie sie sich im Licht der Christusoffenbarung erschließt.
Es kann ihm nicht genügen, daß die Schrift in einzelnen Aussagen im Sinne des Weissagungsbeweises auf Christus gedeutet werden kann. Aufgrund seiner theologischen Erfassung der Gesetzesproblematik erkennt er vielmehr die Notwendigkeit, zu zeigen, daß die Schrift in ihrer zentralen Struktur nicht – wie das Judentum behauptet – durch das Gesetz, sondern durch die Verheißung bestimmt ist. Als Gesetz verstanden, ist sie »Buchstabe«, der tötet; vom Geist Jesu Christi her erschlossen, schenkt sie Leben, denn sie wird zum Zeugnis der Verheißung Gottes (2Kor 3,4–18).
Verheißung ist nach Paulus die Zusage des eschatologischen Heils, das Gott in der

Schrift bezeugt hat. Der Inhalt der Verheißung kann ganz unterschiedlich sein: z.B. *Leben* (Gal 3,21; Röm 4,17), *Gerechtigkeit* (Gal 3,21), *Geist* (Gal 3,14), *Sohnschaft* (Gal 4,22f; Röm 9,8f). Es geht bei den Verheißungen *um Heilsgaben* (nicht um Ereignisse!), in denen sich endzeitliches Heil manifestiert und hinter denen Gott als Handelnder und Gebender steht. Sie werden eingelöst durch Gottes endzeitliches Handeln in Christus. So ist das Christusgeschehen das »Ja« Gottes (2Kor 1,20), das »Festwerden« der Verheißung (Röm 4,16). Den Begriff der *Erfüllung* (z.B. Mt 5,17) vermeidet Paulus jedoch. Und zwar ist an den genannten Stellen die Schrift als Zeugnis von Gottes Handeln in der Vergangenheit gesehen, das über diese Vergangenheit hinaus in die Gegenwart greift.

2.2.3

Typologie. »In der typologischen Deutung des Alten Testaments zeigt sich . . . am klarsten die grundsätzliche Stellung der Urchristenheit zum Alten Testament« (W.G.Kümmel, RGG V³, 1519)! Das Wort τύπος bedeutet wörtlich die prägende Hohlform, etwa die Prägung eines Siegels, die abgedrückt wird und so ein Gegenbild erzeugt. Für Paulus wird das Wort zum *hermeneutischen Terminus für eine bestimmte Art der Deutung der alttestamentlichen Geschichte*. Die Typologie setzt alttestamentliche Personen, Einrichtungen und Vorgänge in eine sachliche Entsprechung zu Aspekten des Christusgeschehens, wobei die letzteren vollendende, bestätigende oder auch aufhebende Funktion haben können.

Der Ansatz dieser Geschichtsdeutung findet sich im Alten Testament selbst, obwohl dort ein Terminus für sie noch fehlt. So wird dort die Herrschaft des endzeitlichen Heilskönigs in Entsprechung zur Herrschaft Davids gesehen (2Sam 7,12); die Erscheinung des Mose gilt als Urbild für den erwarteten endzeitlichen Profeten (Dt 18,18); der erste Exodus weist über sich hinaus auf den kommenden zweiten, der ungleich herrlicher sein wird (Jes 43,16–19; vgl. G.von Rad, Theologie II, 257f).

Die wichtigsten Merkmale der Typologie sind folgende:

2.2.3.1

Sie hat *nicht Texte* zum Gegenstand, *sondern die hinter den Texten stehenden geschichtlichen Vorgänge* bzw. Personen (so geht es in Röm 4,9–25 nicht eigentlich mehr um die Auslegung des Textes von Gen 15, sondern um die Deutung der Geschichte Abrahams, auf die der Text verweist).

2.2.3.2

Sie stellt jeweils Vorgänge bzw. Personen aus der vergangenen Geschichte als *Typen* Vorgängen bzw. Personen des Endzeitgeschehens als *Antitypen* gegenüber. Ihre Ausrichtung ist demnach eschatologisch: Es geht ihr um ein Verstehen des bisherigen Handelns Gottes in seiner Ausrichtung auf die Endzeit.

2.2.3.3

Typ und Antityp sind formal durch eine *Entsprechung* verbunden, die eine *Steigerung* einschließt (Röm 5,18f; 1Kor 10,6–9). Diese Entsprechung kann positiv im Sinn der Überbietung sein: Was den an Christus Glaubenden zuteil wird, geht über das hinaus, was Abraham widerfuhr (Röm 4,24). Sie kann aber auch negativ im Sinne der Aufhebung sein: Das Heilsgeschehen in Christus hebt das Unheilsgeschehen in Adam auf (Röm 5,18).

2.2.3.4

Was Typ und Antityp zusammenhält, ist weder eine bloße äußere Gleichartigkeit von Vorgängen bzw. Personen noch eine sie verbindende geschichtliche Kontinuität, sondern das Handeln Gottes in seiner Identität. »Gottes Plan verleiht seinem Handeln auf das Heil hin im Raum der Verheißung dieselben Wesenszüge wie bei der Erfüllung (Röm 9,6; 11,29; vgl. Eph 3)« (L.Goppelt, Christologie und Ethik, 1968, 249). Die Typen der vergangenen Geschichte bleiben punktuell. Sie sind nicht Stationen einer hinter der allgemeinen Geschichte liegenden besonderen Geschichte, die durch eine bestimmte Geschichtsschau aufgedeckt werden könnte, sondern sie sind Erweise des Handelns Gottes, die sich dem Glauben im Horizont des Endzeitgeschehens erschließen, indem er erkennt: Gott handelt jetzt nicht an dem vorbei, was er in der Vergangenheit getan hat.

2.2.4

Apokalyptisches Geschichtsdenken. Elemente einer apokalyptischen Geschichtsschau begegnen bei Paulus vor allem in eschatologischen Aussagen. So, wenn er vom Anbruch der Parusie spricht: Der Tag des Herrn kommt wie ein Dieb in der Nacht (1Thess 5,1f); ihm geht vorher die endzeitliche Drangsal für die Ungehorsamen (5,3); er bringt die allgemeine Totenauferstehung sowie die Vereinigung der Glaubenden mit dem Messias Jesus (1Thess 4,16f). Auf den ersten Blick könnte es sogar scheinen, als hätte Paulus in 1Kor 15,20–28 das apokalyptische Schema vom Messiasreich, das dem Anbruch des neuen Äons vorherzugehen habe, übernommen. Bezeichnenderweise hat er es jedoch am entscheidenden Punkt verändert: Für ihn ist das Messiasreich bereits Gegenwart; es hat mit Jesu Auferstehung begonnen und erstreckt sich in der Zeit zwischen der Auferstehung und der Parusie. So wird das lineare Zeitschema durchbrochen durch die Spannung zwischen dem ›Schon‹ und dem ›Noch-Nicht‹ des Heils. Paulus bringt das zum Ausdruck, indem er die apokalyptischen Aussagen in 1Kor 15,20–28 umgriffen sein läßt durch die Adam-Christus-Typologie (15,20–22).
Im übrigen finden sich bei Paulus weder Aussagen hinsichtlich einer Periodisierung der gesamten Geschichte noch apokalyptische Spekulationen über die verschiedenen Weltzeitalter.

2.2.5

Profetische Rede. Vielfach wird auch Röm 11,25–36, der Ausblick auf die endzeitliche Errettung Israels, als apokalyptisch angesehen. In Wahrheit handelt es sich hier um eine ganz andere Redeweise: die *profetische Zukunftsschau*. Aus dem Ansatz des Handelns Gottes im Alten Testament (V. 26f.34f) deutet Paulus die zukünftige Geschichte, wobei er sich weder auf ein bestimmtes Geschichtsschema noch auf typologische Bezüge stützen kann. Ausgangspunkt ist hier allein Gottes bisheriges Handeln: »Unwiderruflich sind die Gnadengaben und die Berufung Gottes« (V. 29). Diese Einsicht, die alle in Kap. 9–11 vorhergegangenen exegetischen, gelehrten und geschichtstheologischen Deduktionen überholt, wird in pneumatischer Vollmacht und Freiheit auf Gottes zukünftiges Handeln mit seinem Volk übertragen.

3
Arbeit am Text

3.1
1Kor 10,1–13 (Die Heilsgemeinde und das Israel der Wüstenzeit)

Im Zusammenhang mit der Erörterung der Frage, ob Christen an heidnischen Kultmahlzeiten teilnehmen dürfen (1Kor 8–10), will Paulus die Korinther warnen: Unbrüderliches Verhalten gefährdet den scheinbar sicheren Heilsbesitz! Er tut dies in Gestalt einer Typologie: Israel in der Wüstenzeit wurde bereits der Heilszuwendung Gottes teilhaftig; es wurde beim Durchzug durch das Schilfmeer »auf Mose getauft« (V. 2); es empfing Manna und Felsenwasser als pneumatische Gabe Christi (V. 3f). Aber diese Gaben bewahrten das Volk nicht vor Abfall und Strafe: »Dies aber ist jenen auf typische Weise (= τυπικῶς) widerfahren, für uns dagegen wurde es zur Mahnung aufgeschrieben, auf die das Ende der Zeiten gekommen ist« (V. 11).
Paulus will keineswegs eine Identität zwischen den alttestamentlichen Ereignissen am Schilfmeer und in der Wüste mit Taufe und Herrenmahl behaupten. Was Typ und Antityp zusammenhält, ist, daß es sich in beiden Fällen um Gottes Heilsgaben für die Seinen handelt und daß hier wie dort aus dem Geben Gottes ein verpflichtender Anspruch erwächst. Dabei ist das Moment der Steigerung deutlich: Wie die gegenwärtig empfangenen Heilsgaben die der Endzeit sind, so sind auch die Empfänger die, »auf die das Ende der Zeiten gekommen ist«. Um so größer ist die Verantwortung, um so nötiger auch, daß sie sich die Erfahrung, die die Väter mit Gottes Heilsgaben gemacht haben, von der Schrift vermitteln lassen.

3.2
Röm 5,12–21 (Adam und Christus)

Um die durch Christi Versöhnungstat (Röm 5,1–11) geschaffene neue Situation zwischen Gott und Mensch zu veranschaulichen, stellt Paulus in einer *antithetischen Typologie* Adam und Christus einander gegenüber. Sie ist nicht aus dem Text von Gen 3 entwickelt, sondern versucht, hinter ihn zurückzugreifen. Dabei werden mythische Elemente (Urmenschmythos!) ebenso aufgenommen wie apokalyptische Motive (Ansätze zu einer Periodisierung der Zeiten; Christus, der Himmelsmensch [Dan 7,13]); der Skopus ist jedoch vergeschichtlicht: Urmensch und endzeitlicher Himmelsmensch werden dargestellt als Repräsentanten bestimmter geschichtlicher Epochen, wobei beide jeweils durch ihr *Verhalten* das Verhalten der ihnen zugeordneten Menschen bestimmen. Adam setzt durch seinen Ungehorsam eine Unheilsgeschichte in Gang, die gekennzeichnet ist durch die Herrschaft der Sünde. Christus dagegen initiiert durch seinen Gehorsam eine Geschichte des Heils, an der alle ihm zugehörigen Menschen Anteil haben und deren Kennzeichen Gerechtigkeit ist. – Die Grenze zwischen beiden Geschichtsepochen ist jedoch nicht chronologisch fixierbar; sie wird letztlich durch den Glauben gesetzt. Wichtig ist das Moment der Überbietung: Die komplizierte Gedankenführung erklärt sich zum Teil daraus, daß Paulus den Eindruck vermeiden möchte, als wäre Christi Werk nur die Wiedergutmachung der Übertretung Adams. V. 16f stellen das Übergewicht des Heils heraus (V. 17: πολλῷ μᾶλλον).

3.3
Röm 4,1–25 (Abraham und die Glaubenden)

Paulus will den Schriftbeweis für die These erbringen, daß die »jetzt« offenbar gewordene Gottesgerechtigkeit bereits von der Schrift bezeugt sei (Röm 3,21). Dabei geht er aufs Ganze; er greift nach Abraham, dem Kronzeugen für die pharisäische Gesetzesgerechtigkeit, und führt, ausgehend von Gen 15,6, einen zunächst stark polemisch ausgerichteten Schriftbeweis.

3.3.1
Die polemische Absicht wird deutlich, wenn man das *Abraham-Bild des Judentums bedenkt*: Abraham kannte und befolgte, obwohl die Tora zu seiner Zeit noch ungeschrieben war, noch mehr Teile von ihr als die Späteren (Sir 44,19). Er hatte sich bei Isaaks Opferung überschüssige Verdienste erworben. Sein Glaube galt als Inbegriff verdienstlicher Tugend (1Makk 2,52).

3.3.2
Demgegenüber stellt Paulus heraus: Schon Abraham ist aufgrund seines Glaubens, seiner bedingungslosen Bereitschaft, auf Gott zu vertrauen und ihm recht zu geben, Empfänger des Heils geworden. Damit haben die Juden das Recht verloren, sich auf Abraham als ihren Stammvater zu berufen. Er ist vielmehr Stammvater derer geworden, die nach seiner Weise glauben, denn ihnen gilt die Verheißung, die Abraham damals von Gott gegeben worden ist (V. 13). So ist in der Geschichte Abrahams ein Handeln Gottes zutage getreten, das dem entspricht, mit dem es die an Christus Glaubenden zu tun haben. Abraham hat, indem er angesichts seiner Unfruchtbarkeit glaubte, daß Gott ihm Nachkommenschaft erwecken werde, die Macht des Gottes erfahren, der das Nichtseiende ins Dasein ruft (V. 17) – und das ist die gleiche Macht, die sich in der Auferwekkung Christi manifestiert hat. Wenn Christen sich angesichts der Schwachheit und Ohnmacht des Kreuzes auf den Glauben einlassen, so wird auch an ihnen Gottes Gerechtigkeit, sein endzeitliches Schöpfungshandeln, offenbar. Auch hier haben wir es mit einer Typologie zu tun. In Entsprechung zueinander stehen die Glaubensgerechtigkeit Abrahams und die der Christen. Was beide zusammenhält, ist wiederum die Identität des Handelns Gottes.

3.3.3
Hier stellt sich nun nachdrücklich das *Problem der Geschichte*. Denn Paulus beschränkt sich von V. 9 an nicht nur auf die Exegese eines Schriftwortes, sondern zielt ausdrücklich auf Abraham als Gestalt der Vergangenheit, indem er einen chronologischen Aspekt einbringt (V. 10f: Abraham erhielt die Glaubensgerechtigkeit vor seiner Beschneidung zugesprochen). Wie kann aber die Glaubensgerechtigkeit schon in einer fernen Vergangenheit Geltung gehabt haben, wenn sie nach Röm 3,21 erst durch Christus geoffenbart worden ist? Folgende Alternative scheint sich hier zu stellen:

- Entweder ist die Gottesgerechtigkeit ein allgemeines Prinzip, das in allen Heilserweisen Gottes in der Geschichte manifest wird. Dann aber wäre Christus nur eine Station innerhalb der Reihe dieser Heilserweise, und Glaube wäre letztlich nur die Einsicht in ein in der Geschichte durchweg mächtiges Prinzip.
- Oder Abraham ist nur ein völlig ungeschichtlich benutztes Beispiel, das Paulus nur

deshalb unbefangen benutzen kann, weil er (trotz V. 10f) den Zeitfaktor ausgeblendet hat und die Schrift flächig liest.
Diese Alternative spiegelt sich in der Auseinandersetzung zwischen *U.Wilckens* und *G.Klein* um das Verständnis von Röm 4.

3.3.3.1
U.Wilckens (aaO, 33–75) meint, es gehe Paulus um den Aufweis einer »erwählungsgeschichtliche(n) Kontinuität« (ebd., 43). Seine jüdischen Gegner hätten den Gesetzesgehorsam Abrahams durchaus als Bestandteil einer Kontinuität der Torafrömmigkeit gesehen. Demgegenüber wolle Paulus zeigen, daß Gott innerhalb der Geschichte eine Geschichte der Erwählung gesetzt habe, deren Ziel im Christusgeschehen liege. Das bedeute: Die Heidenchristen sind die zu Israel Hinzugekommenen, denen die Erwählungsgeschichte Gottes, die mit Abraham und seinen leiblichen Nachkommen begonnen hat, durch das Christusgeschehen zur Teilhabe geöffnet worden ist (Röm 11,13ff). »Der Glaube ist nicht eine jeweils individuelle, allgemeine Möglichkeit, sondern er hat allemal wesenhaft seinen Ort in der Geschichte Gottes: er gründet sich in Geschichte, er steht selbst in Geschichte und er vertraut auf Geschichte« (ebd., 45). Abraham sei demnach hier gar nicht isoliert betrachtet, sondern – wie Wilckens V. 23f entnehmen will – als Exponent einer weitergehenden Erwählungsgeschichte. Allgemein aber gelte: »Glaube ist prinzipiell und wesenhaft ein Sich-Verlassen auf Geschichte, ein Sich-Stützen auf vergangene Taten Gottes und darin ein universales, geschichtlich-konkretes Vertrauen auf künftiges Tun Gottes« (ebd. 49).

3.3.3.2
G.Klein (Rekonstruktion und Interpretation, 1969, 145–179) weist demgegenüber darauf hin, daß der Text keinerlei Kontinuität zwischen Abraham und den Glaubenden voraussetze. Er betont ferner: Die Vergangenheit spiele für Paulus überhaupt keine Rolle. Ihn interessiere nicht nur die Geschichte Israels nicht, sondern er wolle sogar jeden Gedanken an ihre Besonderheit bewußt zerstören. Einerseits stehe Abraham für ihn »unter dem zeitlosen Aspekt des Beispiels, an dem die Struktur des Rechtfertigungsgeschehens . . . bzw. der Glaube als Phänomen . . . zu illustrieren ist«, er sei also ein Mensch wie du und ich. Andererseits habe Paulus durch die Wahl Abrahams im Zuge seiner Polemik keine totale Profanisierung, ja Paganisierung der Geschichte Israels bewirken wollen. »Röm 4 eignet sich also nicht zum Locus classicus für eine Theologie der Heilsgeschichte, sondern bezeugt das *in* der Geschichte erschienene Heil, an dem alle vorgebliche Heilsgeschichte ihre Profanität entlarvt« (ebd., 164).

3.3.3.3
Ein Stück weiter führte die Stellungnahme *E.Käsemanns* (aaO, 118): »Der heilsgeschichtliche Horizont der paulinischen Theologie läßt sich ernsthaft nicht bestreiten.« Allerdings dürfe man die Heilsgeschichte nicht im Sinne einer aufweisbaren geschichtlichen Kontinuität verstehen. Heilsgeschichte sei paradox. Sie umfasse einerseits die gesamte Schöpfung, andererseits aber sei sie – qua Geschichtsablauf – die Geschichte der Irrtümer, des Zweifels, der gescheiterten Hoffnungen. Sie sei der Raum des göttlichen Handelns zwischen Schöpfung und Parusie, in dem sich aber immer wieder der Kampf von Geist und Fleisch, Glaube und Unglaube abspielt.

3.3.4
Zu einer präziseren Bestimmung des Verhältnisses von Glauben und Geschichte, die über das bloße paradoxe Nebeneinander hinausführt, könnte eine Reflexion über die Kategorie der *Verheißung* in Röm 4 verhelfen. Sie ist nämlich mehr als bloß ein Hinweis auf die grundsätzliche Einbeziehung der Schöpfung in Gottes Handeln im Sinne Käsemanns:

- Die an Abraham ergehende Verheißung hat letztlich ihren Zielpunkt im Christusgeschehen, denn sie meint Gottes eschatologisches Handeln, dessen Spitze Jesu Auferweckung ist (V. 24).

- Sie ist so gesehen ein Versprechen, daß Gott sich selbst hinsichtlich der Weise seines den Menschen zugewandten Heilshandelns treu bleiben werde, auch über alles in der Geschichte aufbrechende Unheil und allen menschlichen Ungehorsam hinweg (V. 16). Dieses Versprechen ist in Christus eingelöst worden.
- Die Verheißung ist darum für den Glauben Grundlage der Einsicht, daß das Heilsgeschehen in Christus nicht kontingent neben der Geschichte steht, sondern früheres Handeln Gottes in der Geschichte aufnimmt. Und zwar wird dabei vor allem deutlich, daß das bisherige Handeln Gottes nicht in der Unheilsgeschichte des Gesetzes aufgegangen ist, sondern grundsätzlich weiter reicht als diese.
- So wird die Verheißung für den Glauben zum Impuls, sich der Geschichte zuzuwenden und sie als Feld seiner Verwirklichung anzunehmen.

3.3.5

Paulus hat mit dieser Interpretation alttestamentlicher Geschichte im Horizont der Verheißung eine *theologische Basis für die Rezeption des Alten Testaments in der heidenchristlichen Kirche* geschaffen. Er hat nämlich zu zeigen vermocht, daß es nicht Dokument einer überholten und durch das Christusgeschehen widerlegten Geschichte ist, sondern daß es Bekundung des geschichtsbezogenen Heilswillens Gottes ist, die sich vom Glauben an Christus her erschließt. In diesem Sinne könnte es auch *legitim* sein, von *Heilsgeschichte zu sprechen*. Heilsgeschichte im Sinn des Paulus wird nicht sichtbar durch den Aufweis einer Kette kausal miteinander verbundener geschichtlicher Ereignisse, sondern allein in der Weise, daß der Glaube von Christus her die Identität des auf Geschichte bezogenen Handelns Gottes je und dann in bestimmten Ereignissen inmitten der menschlichen Geschichte der Irrtümer, des Zweifels und der gescheiterten Hoffnung zu erkennen vermag.

3.4
Röm 9–11 (Israel und die Kirche)

3.4.1

Von ebendiesem Ansatz her deutet Paulus in dem großen geschichtstheologischen Entwurf Röm 9–11 die Geschichte Israels. Diese drei Kapitel bilden ein *Testproblem für die Auslegung des Römerbriefes*, denn an ihnen entscheidet sich die theologische Einheitlichkeit des paulinischen Denkens. Paulus will hier weder – wie ältere Ausleger meinten – am Beispiel Israels dogmatische Aussagen über die *Prädestination* machen noch das Problem der *Theodizee* erörtern. Vielmehr unterstehen auch diese drei Kapitel dem thematischen Leitsatz des Römerbriefs in 1,17: Gottes Gerechtigkeit ist im Evangelium offenbar geworden! Nach Überzeugung des Paulus kann man von der Gottesgerechtigkeit nicht sprechen, ohne nach ihrem Verhältnis zu Israels Geschichte zu fragen. Denn diese Geschichte hat ihr eindeutiges Kriterium von Anfang empfangen eben durch die an Abraham ergangene Verheißung der Gottesgerechtigkeit (4,16). Israel ist zwar, indem es sich der Gesetzesgerechtigkeit zuwandte, diesem Kriterium nicht treu geblieben; trotzdem ist es in seiner Geschichte dem Heilswillen Gottes in einer nicht rückgängig zu machenden Weise begegnet. Indem Paulus in der *Einleitung* des Abschnitts (9,1–5) darauf verweist, stellt er das Problem in seiner ganzen Tragweite vor den Leser hin: Ist

Gott im Falle Israels seiner eigenen Verheißung – deren Inhalt ja die Gottesgerechtigkeit ist – untreu geworden (9,6)?

3.4.2

Das Profil der paulinischen Antwort auf diese Frage wird klarer, wenn man sie vergleicht mit *anderen Lösungsversuchen der Israel-Problematik*, die im Urchristentum zur Debatte standen.

3.4.2.1

Der *judenchristliche Lösungsversuch*, der wohl auch hinter der Billigung der Heidenmission durch die Jerusalemer Urgemeinde (Gal 2,7ff; vgl. § 4,2.3) gestanden hat, ging aus von der traditionellen Erwartung der endzeitlichen Völkerwallfahrt zum Zion (Jes 2,2ff): Wenn Israel sich bekehrt hat, dann werden in der Endzeit auch die Heiden hinzukommen und sich dem Gottesvolk eingliedern. Israel bleibt hier nach wie vor die Mitte!

3.4.2.2

Die *radikale heidenchristliche Lösung* geht davon aus, daß die Gemeinde sich als neuer Bund weiß (Mk 14,24; 1Petr 2,9f): Der Sinaibund gilt als durch Israels Ungehorsam endgültig abgelöst; alle in ihm enthaltenen Zusagen sind nunmehr auf die Kirche übertragen.

3.4.2.3

Der Gedanke der Verstockung und des heiligen Rests entwickelte sich hier und dort in heidenchristlichen Gemeinden als weniger radikaler Lösungsversuch im Anschluß an Jes 6,9f: Gott hat zwar Israel in seiner Gesamtheit für die Heilsbotschaft verschlossen, aber es bleibt eine kleine Gruppe, die durch ihre Bekehrung zu Christus dem Gericht entgeht; sie trägt die Verheißung und vermittelt Kontinuität (Mk 4,12; 8,18).

Paulus nimmt zwar Elemente aller dieser Lösungsversuche auf, geht jedoch über sie hinaus.
Er diskutiert das Problem in *drei* aufeinander aufbauenden *Argumentationsgängen*.

3.4.3

Erster Argumentationsgang (9,6–29): Gottes Verheißung gilt nur den von ihm Erwählten. Sein Handeln ist nicht durch eine aufweisbare und beanspruchbare geschichtliche Kontinuität terminiert, sondern ist innerhalb der Geschichte kontingent. Die Leitthese dieses Abschnitts lautet: »Es sind doch nicht alle aus Israel wirklich Israel« (9,6b). Das empirisch vorfindliche Israel ist nicht qua biologischer Konstanz schon Volk Gottes. Vielmehr hat Gott jeweils in die biologischen Gegebenheiten erwählend und verwerfend eingegriffen (V. 8–18). So kam es zur Bildung der Judenchristenheit als dem *Heiligen Rest* (9,24ff). Es werden also in Abrahams Samen (V. 7) gleichsam zwei Arten von »Israel« unterschieden: Das Israel, das sich im Glauben an die Verheißung Gottes hängt, und jenes, das sich in Gesetzesgerechtigkeit von ihr abwendet. Daraus ergibt sich: Die Kirche aus Juden und Heiden ist nicht ein kontingenter Neuanfang, sondern *Folge des in sich identischen heilsgeschichtlichen Handelns Gottes in der Vergangenheit*.

3.4.4

Zweiter Argumentationsgang (9,30–10,21): Gott hat mehr getan, als er zugesagt hat. Paulus denkt hier wieder streng vom geschichtlichen Heilsangebot Gottes her. Israel ist, wenn es aus dem Heil herausfiel, nicht einem starren determinierten Geschichtsmechanismus zum Opfer gefallen; vielmehr hat sich innerhalb seiner vom Heilswillen Gottes umgriffenen Geschichte sozusagen das Drama Adams (Röm 5,12ff) abgespielt. Durch seinen schuldhaften Widerstand gegen Gottes Handeln, gegen sein »nahes Wort« (10,8) hat es die Gottesgerechtigkeit verfehlt. Es hat an der δικαιοσύνη θεοῦ, an Gottes gemeinschaftsgemäßem Handeln, Schiffbruch erlitten, weil es die Gemeinschaft, wie Gott sie wollte, nicht anzunehmen bereit war. Paulus illustriert dies, indem er die Gesetzesproblematik (Röm 10,4; vgl. § 11,2,4) in die Heilsgeschichte einzeichnet.

3.4.5

Dritter Argumentationsgang (11,1–36): *Gott hat sein Volk nicht endgültig verstoßen*!
Paulus gelangt hier, über alles Bisherige hinausgehend, zur Vorhersage der endgültigen Heimholung *ganz* Israels. Allerdings nicht auf dem Wege eines vordergründigen Geschichtsdeterminismus, wie er ihn vorher in 9,6–12 verworfen hat. Er behauptet nicht, daß, wer zu Israel als innerweltlich aufweisbarer Geschichtsgröße gehört, aus dem einmal zugesagten Heil nicht herausfallen könne. Vielmehr denkt er streng von Gottes Gottheit her, d.h. von der Prävalenz des Heilswillens gegenüber dem Unheilswillen Gottes. 11,1–24 ist gleichsam eine spiegelbildliche endgeschichtliche Entsprechung zu dem in Röm 4 über das Verhältnis von Verheißung und Gesetz Gesagte: Wie die Verheißung – Gottes endzeitlicher Heilswille – am Anfang der Geschichte Israels seine Priorität gegenüber dem Gesetz erwies, so wird es auch am Ende dieser Geschichte sein.
Paulus nimmt dabei zunächst den Gedanken des heiligen Restes (3.4.2.3) auf; er vermag jedoch nicht die letzte Lösung zu liefern (V. 7–10). So kommt es zu der kühnen profetischen *Umkehrung des judenchristlichen Motivs der endzeitlichen Völkerwallfahrt* (3.4.2.1): Nicht die Heiden werden in der Endzeit von außen zum Gottesvolk hinzukommen, sondern Israel wird wieder in den »Ölbaum« der Heilsgemeinde eingepflanzt werden (V. 24). Nicht Israels Glaube ermöglicht den Heiden das Hinzukommen, sondern – umgekehrt – Israels Verwerfung gibt jetzt Raum für die Heiden. Sie werden als wilder Ölzweig der heiligen Wurzel der Verheißung aufgepfropft (V. 17). Dieser Vorgang wird aber – so die Hoffnung des Paulus – Israel zu seinem Heil »eifersüchtig machen« (V. 11).
Das heißt für die Kirche: Sie ist gewiß das Volk des neuen Bundes; aber sie ist dies nur, indem sie Teil wird eines durch Gottes geschichtsmächtiges Handeln gestifteten irdisch-welthaften Zusammenhangs, in dem nach wie vor auch Israel als Volk seinen Platz hat.
Diese theologische Argumentation aufgrund der Schrift geht am Ende des Abschnitts (11,25–36) in profetische Rede über. Paulus kündet, indem er die Heimholung ganz Israels ansagt, ein μυστήριον (= Geheimnis; V. 25): Gottes Freiheit ist nicht größer als seine Treue, mit der er zu seinen geschichtlichen Heilserweisen steht.

4
Vertiefung

4.1
Lektürevorschläge

4.1.1
Zur paulinischen Typologie: L.Goppelt, Apokalyptik und Typologie bei Paulus, in: ders., Christologie und Ethik, 1968, 234–267.

4.1.2
Zur Diskussion um Röm 4: U.Wilckens, Die Rechtfertigung Abrahams nach Römer 4, in: ders., Rechtfertigung als Freiheit, 1974, 33–49; ders., Zu Römer 3,21–4,25. Antwort an G.Klein, ebd., 50–76. – G.Klein, Römer 4 und die Idee der Heilsgeschichte, in: ders., Rekonstruktion und Interpretation, 1969, 145–169; ders., Exegetische Probleme in Römer 3,21–4,25. Antwort an U.Wilckens, ebd., 170–176.

4.1.3
Zur Problematik von Röm 9–11: Chr.Müller, Gottes Gerechtigkeit und Gottes Volk, 1964, 5–26.

4.2
Fragen zur Weiterarbeit

4.2.1
Exegesieren Sie die oben (3.) kurz charakterisierten Textabschnitte eingehend anhand von jeweils mindestens 2 neueren Kommentaren (Römerbrief: O.Michel; E.Käsemann. 1.Korintherbrief: H.Conzelmann; H.Lietzmann/W.G.Kümmel)! Achten Sie dabei besonders auf die Stellung innerhalb des Kontextes!

4.2.2
Analysieren Sie die Kontroverse zwischen U.Wilckens und G.Klein: Worin unterscheidet sich das Geschichtsverständnis beider? Welche Differenz besteht hinsichtlich der theologischen Wertung des Alten Testaments?

4.2.3
Vergleichen Sie die Schriftauslegung des Paulus mit der des Hebräerbriefs und der des Matthäusevangeliums! Welche Gemeinsamkeiten und welche augenfälligen Unterschiede lassen sich feststellen?

4.3
Weitere Literatur

R.Bultmann, Geschichte und Eschatologie im Neuen Testament, in: ders., Glauben und Verstehen III, ²1960, 91–106; ders., Die Bedeutung des Alten Testaments für den christlichen Glauben, in:

ders., Glauben und Verstehen I, [2]1954, 313–336; H.Frh.von Campenhausen, Die Entstehung der christlichen Bibel, 1968, bes. 28–77; O.Cullmann, Heil als Geschichte, 1965; E.E.Ellis, Paul's Use of the Old Testament, 1957; E.Käsemann, Paulinische Perspektiven, [2]1972, bes. 108–177; U.Luz, Das Geschichtsverständnis des Paulus, 1968; G.von Rad, Theologie des Alten Testaments II, [5]1965, 380–412; Ph.Vielhauer, Paulus und das Alte Testament, in: Studien zur Geschichte und Theologie der Reformation, FS E.Bizer, 1969, 33–62.

VI

Thematische Querschnitte

§ 13
Der Tod Jesu und seine Deutung

1
Einführung

Die Deutung des Todes Jesu am Kreuz ist Ansatzpunkt und Mitte der Christologie, d.h. des reflektierenden, auf Verstehen abzielenden Redens von Jesus als dem endzeitlichen Heilsbringer, dem Christus. »Ohne Kreuz keine Christologie und in der Christologie auch kein Zug, der nicht am Kreuz seine Berechtigung aufzuzeigen hätte« (M.Kähler, Das Kreuz. Grund und Maß der Christologie, in: ders., Schriften zur Christologie und Mission, 1971, 302). Zwar liegt der *Ansatz* des christologischen Kerygmas in der Auferstehung; sie allein gab die Legitimation, das, was in Jesus und seiner Geschichte geschehen war, als endzeitliches Heilshandeln Gottes zu verkündigen. *Inhaltlich* ist das Kerygma jedoch durchweg von der Deutung des Todes Jesu bestimmt, weil es nicht davon absehen kann, daß der Auferstandene, den es verkündet, der Mensch Jesus von Nazareth ist, dessen irdische Geschichte sich im Verbrechertod am Kreuz erfüllte.
Die Urchristenheit mußte ihren Gegnern und sich selbst darüber Rechenschaft geben, warum Jesus trotz seines Kreuzes kein Gescheiterter, von Gott in seinem Anspruch Widerlegter war; sie tat das, indem sie von der Auferstehung her zeigte, inwiefern das Kreuz in sachlicher Zuordnung zur Auferstehung stand. Dieses *apologetische Motiv* blieb jedoch nicht die einzige Triebkraft der Kreuzesverkündigung. Es kam vielmehr zu einem *Prozeß des positiven Verstehens* des Kreuzesgeschehens als göttlicher Tat, in dessen Verlauf deutlich wurde: Das Kreuz steht nicht nur nicht im Widerspruch zu Gottes Handeln in Jesus, es ist vielmehr selbst das Geschehen, in dem dieses Handeln gleichsam seine stärkste Verdichtung erfährt. Am weitesten ist dieser Verstehungsprozeß wohl bei Paulus geführt in seiner Theologie des Kreuzes.
Damit ist schon angedeutet, daß das urchristliche Verständnis des Todes Jesu keineswegs einheitlich war. Wir müssen mit verschiedenen *Entwicklungsphasen* sowie mit verschiedenen *Deutungstypen* rechnen; zusätzlich wird das Verständnis durch den Umstand erschwert, daß sehr unterschiedliche *Bildkomplexe* und *Bezugsfelder* für die Deutung herangezogen werden. Eine Orientierung ist am ehesten zu gewinnen, wenn man dem traditionsgeschichtlich-genetischen Weg folgt. Wir wollen deshalb bei unserer Überblicksdarstellung mit der Frage nach den Voraussetzungen der Kreuzesverkündigung beim irdischen Jesus einsetzen (2,1), von da aus die verschiedenen nachösterlichen

Deutungsansätze rekonstruieren (2.2) und schließlich die wichtigsten christologischen Konzeptionen des Neuen Testaments daraufhin befragen, in welchem Sinne sie Deutungen des Kreuzes sind (2.3).

2
Entfaltung

2.1
Jesus von Nazareth und sein Tod

2.1.1
Die historischen Fakten. Die äußeren Umstände des Todes Jesu lassen sich aus dem ältesten Passionsbericht bei Markus relativ deutlich erheben: Jesus ist vom römischen Prokurator Pontius Pilatus unter der Anklage des Aufruhrs und der Anführerschaft einer messianischen Freiheitsbewegung zum Tode verurteilt und am Kreuz hingerichtet worden. Das geht aus dem sicher historischen Kreuzestitulus Mk 15,26 hervor: ὁ βασιλεὺς τῶν Ἰουδαίων (= Der König der Juden). Aber auch die Juden waren am Ende Jesu maßgeblich beteiligt; es kann kein Zweifel daran sein, daß Jesu Festnahme durch das Synedrium veranlaßt war (Mk 14,43–47). Ferner darf vermutet werden, daß Jesu provokatorisches Auftreten im Tempel (Mk 11,15ff) der unmittelbar auslösende Anlaß dafür gewesen ist. Als gesichert kann auch gelten, daß das Synedrium im Anschluß an die Verhaftung ein nächtliches Verhör durchführte, in dem die Anklage der notorischen Gesetzesübertretung und Gotteslästerung aufgrund von Zeugenaussagen erhärtet wurde (Mk 14,55–58), auch wenn dieses Verhör wohl schwerlich den Charakter eines ordentlichen Gerichtsverfahrens hatte. Nicht bezweifeln läßt sich ferner, daß Jesus durch das Synedrium an die römische Schutzmacht ausgeliefert wurde, und zwar unter der Vorspiegelung, daß es sich um einen politischen Fall handle; denn nur so konnte das Eingreifen der römischen Macht, die sich aus innerjüdischen Streitigkeiten herauszuhalten bemühte, veranlaßt werden.
Häufig diskutiert worden sind folgende *historische Fragen*:

2.1.1.1
War der römische Schuldspruch wirklich unbegründet? Oder hat nicht vielmehr die christliche Überlieferung das Bild des Wirkens Jesu nachträglich entpolitisiert? So hat man vielfach in Jesus den Vertreter eines zelotischen Messianismus sehen wollen, dessen Umsturzversuch (›Tempelreinigung‹!) scheiterte (so schon im 18. Jh. J.S.Reimarus; neuerdings R.Eisler, Iesous Basileus ou Basileusas, I, 1930; S.G.F.Brandon, The Trial of Jesus of Nazareth, 1968). Doch dagegen spricht die gesamte Jesusüberlieferung, z.B. das Urteil Jesu über die Zeloten (Mt 11,12 [Q]), seine Forderung des Gewaltverzichts (Mt 5,38–47), insbesondere aber Mk 14,50ff: Bei einem ›Aufstandsversuch‹ Jesu wären seine Anhänger keinesfalls unbehelligt geblieben!

2.1.1.2
Waren wirklich die maßgeblichen Vertreter des Judentums am Ende Jesu mitschuldig? So hat H.Lietzmann (Der Prozeß Jesu, 1931) aus der unbestreitbaren Tatsache, daß in der Weiterentwicklung der Überlieferung die Tendenz zur immer stärkeren Belastung der Juden bei gleichzeitiger Entlastung der Römer deutlich hervortritt (vgl. Mk 15,1–15 mit Mt 27,1–26; Lk 23,1–25; Joh 18,28–19,16), geschlossen, daß die Beteiligung des Synedriums an Jesu Tod ganz ungeschichtlich sei; für eine Auslieferung Jesu an die Römer habe kein Grund bestanden, da die Juden zur damali-

gen Zeit sehr wohl die Kapitalgerichtsbarkeit besaßen und eine Hinrichtung vollziehen konnten (Joh 18,31 sei falsch). Aber dieses Urteil ist überzogen. Nach allem, was wir wissen, hatten die Juden damals in der Tat keine Kapitalgerichtsbarkeit (vgl. Bill. I,1026f); es kam zwar gelegentlich zu Akten der Lynchjustiz wie der Steinigung des Stephanus (Apg 7,54–8,3), nicht jedoch zu regulären Kapitalprozessen.

2.1.2

Der Tod Jesu als Folge seines Wirkens. Schwieriger ist die Frage zu klären, ob zwischen dem Tod Jesu und seinem vorhergegangenen Wirken in Wort und Tat *ein eindeutiger Zusammenhang* besteht, der bereits das nachösterliche Kerygma impliziert. Die Logien, in denen Jesus seinen Tod voraussagt oder gar deutet – die Leidensweissagungen Mk 8,31; 9,31; 10,33f und das Lösegeld-Logion Mk 10,45 –, bieten für sich genommen keine hinreichende Evidenz, denn sie sind stark von nachösterlichen Deutungen überlagert. Kann es daneben aber noch andere eindeutige Kriterien geben, die einen solchen Zusammenhang signalisieren?

Die Tragweite dieses Problems, das letztlich in den Kontext der Diskussion um den historischen Jesus gehört, läßt sich an *zwei gegensätzlichen Voten* veranschaulichen:

2.1.2.1

R.Bultmann meint, daß der Tod Jesu in keinem erkennbaren Zusammenhang mit seinem Wirken gestanden habe, sondern – historisch gesehen – eine durch zufällige äußere Umstände bewirkte Katastrophe gewesen sei: »Schwerlich kann diese Hinrichtung als die innerlich notwendige Konsequenz seines Wirkens verstanden werden; sie geschah vielmehr auf Grund eines Mißverständnisses seines Wirkens als eines politischen. Sie wäre dann – historisch gesprochen – ein sinnloses Schicksal. Ob oder wie Jesus in ihm einen Sinn gefunden hat, können wir nicht wissen. Die Möglichkeit, daß er zusammengebrochen ist, darf man sich nicht verschleiern« (Exegetica, 453). Die Folgerung daraus ist: Das Kreuzeskerygma hat keine historische Legitimation; es impliziert nicht mehr als das Daß des Gekommenseins Jesu. Im übrigen steht es auf sich selbst. Es gewinnt seine Legitimation allein aus der Macht, dem ihm begegnenden Menschen ein neues Selbstverständnis zu geben.

2.1.2.2

Demgegenüber macht *W.Marxsen* (Der Exeget als Theologe, 1968, 160–170) geltend: Das Kreuzeskerygma bedürfe der Legitimation, denn es sei nicht gleichgültig, ob der Tod, von dem es spricht, der Tod eines jüdischen Aufrührers, der Tod des Sokrates oder eben der Tod jenes Jesus ist, von dessen Botschaft die Evangelien berichten. In der Tat lasse sich historisch wahrscheinlich machen, daß der Kreuzestod sich als unmittelbare Folge aus dem Wirken Jesu ergab, nicht jedoch, daß ihm über das hinaus, was sonst in diesem Wirken geschah, eine besondere Heilsbedeutung eigne. Darum habe das Kreuzeskerygma Rückverweischarakter. In ihm werde »von diesem einen Punkt im Leben Jesu und damit von Jesus genau dasselbe ausgesagt, was das Jesuskerygma der synoptischen Tradition von seinem gesamten Wirken aussagt« (ebd., 165).

2.1.2.3

Versuch einer Beurteilung. Sicher ist richtig, daß Jesus mit einem gewaltsamen Ende rechnen mußte. So wie das damalige Judentum vom Schicksal der Profeten und Gerechten wußte, die aufgrund ihres Auftrags von ihrem Volk verworfen werden, wird auch Jesus seinen Weg von da her gesehen haben (Lk 13,33). Die synoptische Tradition läßt von Anfang an sein Wirken von einer Reihe sich steigernder Auseinandersetzungen mit den pharisäischen Schriftgelehrten begleitet sein (Mk 2,1–3,6; bes. 3,6); damit dürfte ein entscheidender Zug getroffen sein. Vor allem Jesu Zug zum Passafest nach Jerusalem scheint von der bewußten Absicht getragen gewesen zu sein, Israel in seiner Gesamtheit und in seinem religiösen Zentrum mit seiner Botschaft zu konfrontieren und so die Auseinandersetzung zu einem Höhepunkt zu führen.

Wichtiger noch ist aber *das innere Wesen des Konfliktes*. Er entstand daran, daß Jesus den Zöllnern und Sündern, den aus der Gemeinschaft der Frommen ausgestoßenen Gottlosen, die helfende Nähe Gottes zusagte. Und zwar geschah dies *nicht nur in Form einer Verkündigung von Gott, sondern indem er diese Nähe Gottes in Anspruch nahm und gewährte*. Wenn Jesus etwa um des lebenschaffenden Willens Gottes willen das Sabbatgebot übertrat, so beanspruchte er damit die Bevollmächtigung durch den Gott, dessen unmittelbaren Willen die Gegner durch seinen provokatorischen Akt übertreten sahen (Mk 3,1–6); wenn er den Zöllnern und Sündern Glauben zusprach und damit Gottesgemeinschaft eröffnete, so handelte er damit im Namen desselben Gottes, unter Berufung auf den sich Israel als Heilsgemeinde von diesen Menschen abgrenzte. Wenn Jesus schließlich den Tempel in einem letzten provokatorischen Akt in Frage stellte und – in dem wohl authentischen Tempellogion Mk 14,58 – ein neues Gottesverhältnis für die Endzeit ankündigte, so vertrat er damit den Gott Israels selbst gegen die sich auf ihn berufende heilschaffende Institution des Tempelkults. In alledem wurde nicht nur eine neue Kenntnis von Gott proklamiert, sondern ein neues Gottesverhältnis gewährt, und zwar gegen die bisherigen das Gottesverhältnis garantierenden Institutionen. Jesus gewährte in seinem Wirken Gott als Wirklichkeit, indem er sich selbst vor Gott aufs Spiel setzte.

In diesem Sinn hat Jesus seinen Weg als dienendes Eintreten für die von Gott Fernen verstanden.

Das belegt das in seinem Kern wohl authentische Dienstlogion Mk 10,45 (M); Lk 22,27 (SLk). Die SLk Fassung bewahrt nicht nur die ursprünglichere Gestalt, sondern verweist auch auf den ersten Sitz im Leben in der Mahlgemeinschaft Jesu mit seinen Anhängern. Jesus ermöglichte die Gemeinschaft der messianischen Heilsgemeinde der Endzeit, indem er selbst die Rolle des dienenden Sklaven beim Mahl übernahm, ohne den kein Festmahl möglich war: »Ich bin in eurer Mitte als der Dienende« (Lk 22,27).

Von daher war der Tod Jesu weder ein unverrechenbares historisches Ereignis (Bultmann) noch auch der äußere Endpunkt, auf den hin das Wirken Jesu zulief und von dem her es rückschauend betrachtbar wird (Marxsen), sondern er war der Punkt, an dem sich die Geschichte des dienenden Eintretens Jesu für die »Vielen« erfüllte und an dem zugleich das Urteil über sie fallen mußte. »Die Geschichte Jesu, die zu seiner Kreuzigung führte, war . . . eine *theologische Geschichte* und durch den Streit zwischen . . . dem Gott, den Jesus als seinen Vater verkündigte, und dem Gott des Gesetzes, wie ihn die Gesetzeshüter verstanden, und den politischen Göttern der römischen Besatzungsmacht beherrscht« (J. Moltmann, Der gekreuzigte Gott, 1972, 120). Jesus starb nach der Überzeugung seiner jüdischen Gegner, weil er sich durch sein ganzes Verhalten gegen den von ihnen vertretenen Willen Gottes im Gesetz aufgelehnt hatte (so, in prägnanter Zusammenfassung, Joh 19,7). Hier gab es nur ein Entweder-Oder: Entweder Jesus war durch sein Sterben von Gott widerlegt – dann war seiner Botschaft jede Legitimation entzogen –, oder Gott selbst machte das dienende Eintreten Jesu endgültig zu seiner Sache.

2.1.3

Die theologische Bedeutung des Sterbens Jesu. Von hier aus erschließt sich nun auch die theologische Bedeutung der überlieferten äußeren Züge des Leidensweges Jesu.

2.1.3.1

Augenfällig ist vor allem der fundamentale Gegensatz zwischen Jesu Sterben und dem anderen wirkungsmächtigen Sterben der Antike, dem des *Sokrates*. Sokrates ging in heiterer Überlegenheit in den Tod, der für ihn Abschluß seines Wirkens, Ende der leiblichen Bindung und Durchbruch zu einem höheren Leben der Freiheit bedeutete. Jesus hingegen erschrak vor dem nahen Ende (Mk 14,33f par) und starb mit dem Gebetsruf von Ps 22 auf den Lippen: »Mein Gott, mein Gott, warum hast du mich verlassen?« (Mk 15,34 par Mt 27,46). Er sah sich in seinem Sterben dem Gericht Gottes ausgeliefert, unterstellte sich aber zugleich bedingungslos dem Willen Gottes und hielt die Gemeinschaft mit ihm fest. Sein Sterben ist keine Demonstration äußerster Freiheit, sondern eine Manifestation unverbrüchlicher Bindung an Gott.
Das *Modell*, das Jesus damit übernahm, war das von Ps 22 wie von anderen Leidenspsalmen (Ps 69) entworfene Bild des leidenden Gerechten, der um seines Eintretens für die Sache Gottes willen aus der Gemeinschaft der Menschen ausgestoßen wird und so als ein von Gott und den Menschen Verlassener dasteht, aber trotzdem bei Gottes Willen bleibt und von ihm allein Hilfe erwartet.

2.1.3.2

Die *Leidensankündigungen* sind zwar sekundär zu Summarien des Passions- und Ostergeschehens erweitert worden, haben jedoch einen überlieferungsgeschichtlich festen Kern, der wohl auf Jesus selbst zurückgeht und genau diese Haltung des leidenden Gerechten zum Ausdruck bringt: »Der Menschensohn wird in die Hände der Menschen dahingegeben« (Mk 9,31; vgl. § 9,2.5.1.3). »Ich (= der Menschensohn?) muß viel leiden und (von den Ältesten?) verworfen werden« (Mk 8,31). Beide Worte sind Rätselsprüche: Gott selbst steckt mit seinem rätselhaften Willen dahinter, wenn Jesus leiden muß und verworfen wird. Das δεῖ (»es muß«) von Mk 8,31 ist apokalyptische Sprache, die auf ein endzeitliches Geschehen verweist. Es gehört zu den Drangsalen der Endzeit, daß dem Handeln der Gegner Gottes freier Raum gegeben scheint. Aber dieser Raum ist begrenzt durch Gottes Heilswillen, der sich am Ende gegen alle Mächte durchsetzen wird.

So ist in Jesu Verhalten und in der Weise seines Sterbens zumindest die Richtung der nachösterlichen Deutungen des Kreuzes schon vorgezeichnet.

2.2

Die drei Deutungsschemata und ihre Hintergründe

2.2.1

Das Kontrastschema. Es dürfte das älteste Deutungsschema sein, mit dessen Hilfe die nachösterliche Gemeinde den Sinn des Sterbens Jesu zu ergründen suchte. Durch die Petruspredigten der Apostelgeschichte ziehen sich kerygmatische Aussagen, für die das Gegeneinander des Handelns der Juden, die Jesus gekreuzigt haben, und des Handelns Gottes, der ihn auferweckt hat, konstitutiv ist: »Jesus Christus, den Nazoräer, den ihr gekreuzigt habt, hat Gott von den Toten erweckt« (Apg 4,10; vgl. 2,22f; 3,13ff; 5,30f; 10,39f). Auch wenn die Petrusreden der Apostelgeschichte weitgehend lukanisch gestaltet sind, handelt es sich hier um ein altes Motiv, das auch in anderen Formeltraditionen erscheint (1Thess 4,14a; Röm 8,34; 14,9). Sein Sitz im Leben dürfte die Auseinandersetzung der judenchristlichen Gemeinde mit dem Judentum und – im Zusammenhang damit – die missionarische Verkündigung für Israel gewesen sein. Jüdischer Kritik, die, etwa im Sinne von Mk 15,26.29f, unter Hinweis auf das Kreuz die Widerlegung des messianischen Anspruchs Jesu behauptete, wurde entgegengehalten: Das Kreuz ist zwar ein von *Menschen* gewirktes *Unheilsgeschehen*, aber nicht das abschließende Urteil *Gottes* über Jesus. Dieses abschließende Urteil ist in Jesu Erhöhung ergangen; ihm gilt es nunmehr im Blick auf Jesus recht zu geben. Von der Erhöhung aus erweist sich das Kreuz zwar als Akt des Gerichtes, aber nicht über Jesus, sondern über Israel, das, indem es den ›Gerechten‹ verwarf, seine Gottesferne manifest werden ließ. Tod und Auferstehung erscheinen in diesem Schema als zwei Stationen des Weges Jesu, die dem Weg des leidenden Gerechten entsprechen. Der Gedanke an eine eigenständige Heilsbedeutung des Todes Jesu fehlt hier noch; erst recht ist das Sühntodmotiv hier noch nicht ausgeprägt. Das Kreuz bildet lediglich den dunklen Kontrast zu Gottes Handeln an Jesus in der Erhöhung.

2.2.2

Das heilsgeschichtlich-kausale Schema. Weit größeren Raum nimmt ein zweites Schema ein, das den Tod Jesu als notwendige heilsgeschichtliche Anordnung Gottes deutet. Sein Hintergrund ist in den apokalyptischen Vorstellungen von den endzeitlichen Drangsalen zu suchen, die über Welt und Menschen als Unheil kommen, denen die auserwählten Frommen aber standhalten im Wissen darum, daß Gott diese Drangsale verhängt hat, um den Weg für die Verwirklichung des endzeitlichen Heils frei zu machen. Wenn die Gemeinde von der heilsgeschichtlichen Notwendigkeit des Sterbens Jesu spricht, so versteht sie dieses Ereignis freilich nicht nur im Sinn der endzeitlichen Katastrophen der Apokalyptik, sondern bringt es in einen Zusammenhang mit dem bisherigen Handeln Gottes im Alten Testament; sie betont die Entsprechung zu Weg und Schicksal der leidenden Gerechten in Israel: Wie Gott diese Gerechten in Not und Drangsal geführt hat, so hat er auch Jesus den Weg ans Kreuz gehen lassen; wie er damals durch die Not hindurch Rettung geschaffen hat, so ist auch Jesu Leiden Vorstufe der endzeitlichen Heilsoffenbarung. Hier liegt zweifellos ein typologischer Ansatz vor (vgl. § 12,2.2.3)!

Dieses Deutungsschema konnte anknüpfen an die Erinnerung daran, wie Jesus selbst seinen Tod angenommen hat als ein zwar dunkles Geschehen, in dem aber Gottes Handeln und Willen begegneten (Mk 15,34). Seine älteste uns bekannte Ausprägung fand es in den *Leidenssummarien*, die wohl schon in der palästinischen Urgemeinde durch die Erweiterung der Leidensankündigungen Jesu (2.1.3.2) geschaffen wurden: »Der Menschensohn muß viel leiden und verworfen werden von den Ältesten und Hohenpriestern und den Schriftgelehrten und getötet werden und nach drei Tagen auferstehen« (Mk 8,31). – »Der Menschensohn wird in die Hände der Menschen dahingegeben, und sie werden ihn töten, und . . . er wird nach drei Tagen auferstehen« (Mk 9,31). Dieses Schema drängte, weil es den Tod Jesu als Handeln Gottes innerhalb der Geschichte verstand, über sich hinaus auf eine erzählerische Ausgestaltung in Form eines *Passionsberichts*.

2.2.2.1

Der älteste *Passionsbericht* umfaßte vermutlich Mk 14,1f. (10f.) 43–16,8. Er begann mit dem Todesbeschluß des Synedriums, auf den – möglicherweise unter Zwischenschaltung eines Kurzberichts vom Verrat des Judas – die Verhaftung folgte, und reichte bis zum Bericht von der Leerfindung des Grabes. Seine gattungsmäßige Eigenständigkeit läßt sich daran erkennen, daß hier, im Unterschied zu sonstigen synoptischen Erzählungstraditionen, die Einzelszenen keine Perikopenstruktur haben, sondern zu einem bruchlosen Erzählungszusammenhang verwoben sind. (Zur Analyse vgl. J. Jeremias, Die Abendmahlsworte Jesu, [4]1967, 87–90; Bultmann, Tradition, 301f.) Der Versuch von E. Linnemann (Studien zur Passionsgeschichte, 1970), auch für den Passionsbericht die Komposition aus Einzelperikopen nachzuweisen, geht von Voraussetzungen aus, die sich vom Text her nicht bestätigen lassen.

Dieser Bericht wurde bereits vor Markus durch Einzelperikopen wie Mk 14,32–42 (Gethsemane), 14,12–31 (Mahleinsetzung), 14,3–9 (Salbung in Bethanien), 11,1–11 (Einzug) nach rückwärts verlängert, bis er die Form eines chronologischen Berichtes über die gesamte Leidenswoche erhielt.

Der *johanneische Passionsbericht* bietet eine selbständig weiterentwickelte Traditionsvariante des vormarkinischen Berichts (Joh 18,1–19,42), die freilich in der vorliegenden Gestalt stark durch Züge johanneischer Theologie angereichert ist.

2.2.2.2

Der älteste Passionsbericht deutet Zug um Zug Jesu Sterben als ein Geschehen, das unter dem unabweisbaren, von Gott gesetzten ›Muß‹ steht. Freilich ist dadurch das Leiden Jesu von einer bloßen Katastrophe, die durch den Mechanismus der Endzeitereignisse ausgelöst wäre, unterschieden, daß an seinen einzelnen Stationen die Signatur des Handelns Gottes aufgewiesen werden kann, wie es schon im Alten Testament an den leidenden Frommen manifest wurde. Das erzählerische Mittel dafür ist der *Schriftbeweis*: Jesu Leiden wird in der Sprache der Psalmen berichtet, vor allem der Leidenspsalmen 22 und 69. Es wurden sowohl erinnerte Einzelzüge des Geschehens auf Golgatha durch Psalmworte gedeutet, als auch von Psalmworten her erzählerische Einzelzüge gestaltet.

Der Verrat des Judas wird von der Klage Ps 41,10 her gedeutet: »Auch mein Freund, auf den ich vertraute, der mein Brot aß, hat die Ferse gegen mich erhoben« (Mk 14,18; vgl. Joh 13,18). Die Gethsemaneszene (Mk 14,34 par Mt 26,38) spielt auf Ps 42,6 (43,5) an: »Was bist du so aufgelöst, meine Seele, und stöhnst in mir?« Die Verteilung der Kleider des Gekreuzigten wird in Mk 15,24 mit den Worten von Ps 22,19 berichtet: »Sie teilen meine Kleider unter sich und werfen über mein Gewand das Los« (vgl. Joh 19,24, wo der – nicht mehr verstandene – parallelismus membrorum Anlaß gibt zur Erzählung einer doppelten Kleiderverteilung: Das Obergewand Jesu wird zerteilt, über sein – in einem Stück gewebtes – Untergewand wird dagegen das Los geworfen). Aus Ps 22,8 stammt das spöttische Kopfschütteln der Vorübergehenden (Mk 15,29), während die Tränkung mit Essig (Mk 15,34) durch Ps 69,22 illustriert wird. Vom gleichen Psalm her scheint auch das Wort des Gekreuzigten bei Johannes »Mich dürstet« entwickelt zu sein.

2.2.2.3

Welche *Bedeutung* hat in diesem Schema der Tod Jesu für die Gemeinde? Es stellt sie vor die Entscheidung, ob sie – im Gegensatz zu den fliehenden Jüngern damals – Jesu Weg von seinem irdischen Abschluß her als von Gott gewirktes, im Zusammenhang des bisherigen Heilshandelns Gottes stehendes Geschehen zu begreifen vermag und ob sie selbst zur Leidensnachfolge bereit ist. Jesu Tod ist hier jedoch nicht als Heilsereignis im strengen Sinn verstanden. Weder direkt noch indirekt wird das Motiv der Stellvertretung angesprochen; vollends fehlt ein Schriftbeweis aus Jes 53.

2.2.3

Das soteriologische Schema. Von einer soteriologischen Deutung des Todes Jesu kann man nur da sprechen, wo davon die Rede ist, daß Christus »für uns« (ὑπὲρ ἡμῶν) bzw. »für die vielen« (ὑπὲρ πολλῶν) gestorben ist. Und zwar zeichnet sich ein überraschender Befund ab. Das vorpaulinische und vorsynoptische Material, das diese ὑπέρ-Formel enthält und damit für die soteriologische Deutung des Todes Jesu in Anspruch genommen werden kann, ist auffallend schmal. Es beschränkt sich auf einige christologische Formeln bzw. Formelfragmente wie Gal 1,4; Röm 4,25; 5,8; Eph 5,2, auf die Glaubensformel 1Kor 15,3b–5, sowie auf zwei vorsynoptische Belege: die Abendmahlsparadosis 1Kor 11,23ff und das Kelchwort Mk 14,24.

Die *Entstehung dieses Motivs* wird in der Forschung unterschiedlich erklärt:

2.2.3.1

J.Jeremias (Theologie I, 280ff; ders., ThWNT V, 653–713) und *H.W.Wolff* (Jesaja 53 im Urchristentum, ²1952) meinen, daß das *Gottesknechtskapitel Jes 53* sowohl von Jesus selbst als auch von der Urgemeinde in breitem Umfang zur Deutung der Passion herangezogen worden sei. Das sei möglich gewesen, da bereits das zeitgenössische Judentum Jes 53 auf den leidenden Messias gedeutet habe.

Kritik: Diese These ist erheblich einzuschränken: Einmal ist aufgrund neuerer Untersuchungen deutlich geworden, daß das zeitgenössische Judentum Jes 53 im allgemeinen nicht auf einen leidenden Messias gedeutet hat; zumindest von der Übertragung eines geläufigen Deutungsschemas auf Jesus kann keine Rede sein. Zweitens aber spielt Jes 53 außerhalb der soteriologischen Formeltradition im urchristlichen Schriftbeweis eine sehr geringe Rolle; und selbst da, wo Jes 53 aufgenommen wird, fehlt meist der Sühntodgedanke (so Mk 14,61a; Mt 8,17; Apg 8,32f).

Trotzdem wird sich nicht bestreiten lassen, daß in den soteriologischen Formeln – und nur in ihnen – ein deutlicher Anklang an Jes 53,5 vorliegt.

2.2.3.2

Andere Forscher, unter ihnen *W.Bousset* (Kyrios Christos, ³1926, 73), *R.Bultmann* (Theologie, 48) und *E.Lohse* (Märtyrer und Gottesknecht, ²1963), sind der Ansicht, das soteriologische Schema sei unmittelbar aus der im palästinischen Judentum verbreiteten *Vorstellung vom Sterben des Märtyrers*, das stellvertretend Sühne für sein Volk wirkt, herzuleiten.

So betet z.B. der das Martyrium erleidende Eleazar: »Du, o Gott, weißt es: ich hätte mich retten können, aber unter des Feuers Qualen sterbe ich um des Gesetzes willen. Sei gnädig deinem Volke, laß dir genügen die Strafe, die wir um sie erdulden! Zu einer Läuterung laß ihnen mein Blut dienen und als Ersatz (ἀντίλυτρον) für ihre Seele nimm meine Seele« (4Makk 6,27ff; vgl. auch 4Makk 17,21).

Kritik: Abgesehen davon, daß es sich hier um tastend vorgetragene Spitzenaussagen handelt, hinter denen keineswegs eine allgemein im Judentum verbreitete Vorstellung von der Sühnewirkung des Martyriums steht, besteht zwischen diesen jüdischen Aussagen und den neutestamentlichen Sühntod-Formeln ein wichtiger Unterschied, der eine direkte Ableitung verbietet: Sie sind bezogen auf Israel als bereits bestehende Heilsgemeinde. Sie sprechen davon, daß innerhalb dieser Heilsgemeinde einzelne Glieder stellvertretend den Zorn tragen, der von Rechts wegen alle Glieder treffen müßte. In den neutestamentlichen Aussagen dagegen ist die Heilswirkung des Todes Jesu nicht auf die bereits unabhängig davon bestehende Heilsgemeinde Israels bezogen, sondern auf eine neue Heilsgemeinde, die eben durch diesen Tod erst konstituiert wird.

2.2.3.3

Versuch einer Erklärung. Einen ersten Hinweis darauf, wie die soteriologischen Aussagen entstanden sind, gibt ihr Sitz im Leben: Sie gehören sämtlich in den Umkreis der Abendmahlsparadosis und damit in den Bereich des Gottesdienstes. Die das Mahl feiernde Gemeinde begriff sich als die neue, durch Jesu dienendes Eintreten vor Gott konstituierte Heilsgemeinschaft der Endzeit. Einen Anhalt dafür bot ihr die Deutung, die Jesus selbst seiner Sendung gegeben hatte und die eben in der Mahlfeier ihren Bezugsrahmen hatte: Er ist der, der durch sein Wirken die Außenstehenden und die Gottlosen in der Gemeinschaft mit Gott zusammenführt. Daß das gleiche auch von seinem Sterben galt, wurde der Gemeinde bald nach Ostern zur Gewißheit, wahrscheinlich sogar aufgrund des von Jesus beim Abschiedsmahl gesprochenen Becherwortes (vgl. § 16,2.3.2). Daß diese Deutung – entweder schon bei Jesus selbst oder in der nachösterlichen Gemeinde – durch eine Bezugnahme auf Jes 53,5 weiter ausgeführt wurde, lag nahe. Es handelte sich dabei um eine der häufigen punktuellen Aufnahmen von Schriftworten, die nicht durch ein bestimmtes Verständnis des Kontextes präformiert waren.

Im einzelnen ist die Formulierung unterschiedlich. Wohl am ältesten ist das allgemein-verobjektivierende »für die (bzw. anstelle der) Vielen« (Mk 10,45b). Daraus entwickelte sich die ekklesiologische Applikation: »für unsere Sünden« (1Kor 15,3; Röm 4,25; Gal 1,4; vgl. Röm 5,6) bzw. die Formulierung »für uns (euch)« (Röm 5,8; Eph 5,2; 1Petr 2,21).
Ein besonderes Problem bietet das erste Glied der zweigliedrigen Verkündigungsformel 1Kor 15,3: ». . . daß Christus gestorben ist für unsere Sünden nach der Schrift und daß er begraben ist . . .« (vgl. § 14,2.2). Diese Formel ist bereits das Ergebnis fortgeschrittener christologischer Reflexion; in ihr scheinen mehrere Deutungsschemata vereinigt zu sein: die erste Präpositionalwendung »für unsere Sünden« nimmt das soteriologische Schema auf, während die zweite »nach der Schrift« das heilsgeschichtlich-kausale Schema einbringt. Daraus folgt: Die Formel will nicht, wie vielfach fälschlich vermutet, einen Schriftbeweis für den Sühnetod Jesu führen, etwa im Sinn eines Hinweises auf Jes 53!

2.3
Die Deutung des Todes Jesu bei Paulus

Paulus übernimmt das soteriologische Deutungsschema und bringt es zu einer umfassenden Entfaltung, deren *wichtigste Aspekte* hier nur kurz angedeutet werden können:

2.3.1
Das »Wort vom Kreuz«. Paulus gebraucht – und zwar als einziger neutestamentlicher Schriftsteller – häufig das Wort ›Kreuz‹ (σταυρός) als Bezeichnung für den Tod Jesu. Daraus ist zu schließen, daß für ihn die äußeren Umstände des Todes Jesu wichtig sind; er denkt an den Tod durch das besonders entehrende Hinrichtungsmittel des Kreuzes bzw. an den durch diese Art der Hinrichtung angedeuteten theologischen Sachverhalt, daß Gott in Christus sich der äußersten nur denkbaren Schmach und Niedrigkeit anheimgegeben hat.

2.3.1.1
Den *Ansatzpunkt* dafür läßt Gal 3,13 erkennen. Für den ehemaligen Pharisäer Paulus bringt die Begegnung mit Jesus die totale Umwertung aller Werte: Der durch die schändliche Todesart der Kreuzigung als vom Gesetz Verfluchter gekennzeichnete Jesus wird für ihn zum Überwinder des Gesetzes (Röm 10,4; vgl. § 12,2.4).

Wie ein Jude über das Kreuz urteilte, wird an zwei wichtigen Stellen des *Dialogs Justins mit dem Juden Tryphon* deutlich: »Daran zweifeln wir, ob der Messias aber auch so ehrlos gekreuzigt wurde, denn aufgrund des Gesetzes ist der Gekreuzigte verflucht . . . (89,2). Beweise uns, daß er aber auch gekreuzigt wurde und so schändlich und ehrlos durch einen im Gesetz verfluchten Tod starb. Denn wir können uns das nicht einmal vorstellen« (90,1).

Zunächst markiert das ›Kreuz‹ den äußersten Punkt der Erniedrigung Jesu, wie der Einschub des Paulus in den Christushymnus Phil 2,8 zeigt: »bis zum Tode am Kreuz«. Davon ausgehend, wird ›Kreuz‹ aber zum theologischen Terminus, der die äußerste Erniedrigung Gottes als Wesenszug seines Heilshandelns betont und dessen Gegensätzlichkeit zu allen menschlichen Heilswegen und -erwartungen herausstellt (so 1Kor 1,17f; Gal 5,11; 6,12.14; Phil 3,18; Kol 1,20; vgl. Eph 2,16).

2.3.1.2
Es entspricht diesem Ansatz, *daß Paulus den theologischen Begriff ›Kreuz‹ durchweg polemisch gebraucht*. Er stellt das »Wort vom Kreuz« dem weisheitlich-gnostisierenden Denken der Korinther gegenüber, das das Heil mißversteht als eine überirdisch-himmlische Kraft, die dem Menschen jetzt und hier zu seiner Selbstverwirklichung verhilft: »Christus hat mich gesandt . . ., das Evangelium zu verkündigen, nicht in Weisheitsrede, damit das Kreuz Christi nicht leer werde« (1Kor 1,17). Er stellt den »Anstoß des Kreuzes« (Gal 5,11) heraus gegenüber den galatischen Judaisten, die das Gesetz mit Christus verbinden wollen und nicht merken, daß sie damit verbinden wollen, was in Wahrheit radikal gegeneinander steht.
Das Kreuz markiert den totalen Widerspruch Gottes gegen die Lebenshaltung des eigenmächigen Aus-sich-selbst-sein-Wollens, gegen das also, was Paulus als ›Fleisch‹

(σάρξ) bezeichnet. Es steht darum gegen alle ›Weisheit‹ und alle ›Kraft‹ des Menschen, gegen jene Mittel also, durch die sich der permanente Aufstand des Menschen gegen Gott vollzieht. Würde Gott an die dem Menschen verfügbare Weisheit und Kraft anknüpfen, um sie mit seinem Heilshandeln zu überhöhender Wirkung zu führen, so wäre das vermeintliche Heil in Wahrheit Unheil, ja, so würde Gott damit aufhören, wirklich Gott zu sein. Heil kann nur durch ein Geschehen kommen, das im Gegensatz zu aller menschlichen Kraft und Weisheit steht: »Gott hat die Weisheit der Welt zur Torheit gemacht« (1Kor 1,20). Darum gilt aber auch: In der gegenwärtigen Situation der Gemeinde kann das Heil nicht anders als in der geschichtlichen Gestalt des Kreuzes sichtbar werden! Die Theologie des Kreuzes ist für Paulus der Ausgangspunkt seines Kampfes gegen jede Art von Enthusiasmus. Die Auferstehung ist eine im Glauben gegenwärtige Realität, deren empirische Durchsetzung noch aussteht. Der Christ lebt in der Spannung zwischen dem ›Schon‹ und dem ›Noch-Nicht‹, wobei die das ›Schon‹, die Gegenwart, bestimmende Realität die des Kreuzes ist; er ist in der Taufe mit dem »Gleichbild des Todes Jesu« zusammengewachsen, aber das Zusammenwachsen mit der Auferstehung liegt noch in der Zukunft (Röm 6,5). Das bedeutet, daß seine Existenz bis ins Leibliche hinein vom Kreuz gezeichnet ist: »Allezeit tragen wir das Sterben Jesu an unserem Leib umher« (2Kor 4,10; vgl. 6,3–10).

2.3.2

Die forensisch-juridische Deutung des Todes Jesu. Bei Paulus bilden sich erste Ansätze für eine Deutung des Todes Jesu in juridischen Kategorien, und zwar im Rahmen der *Rechtfertigungslehre*. Allerdings wird man die betreffenden Aussagen keineswegs im Sinne der späteren Satisfaktionstheorie eines *Anselm von Canterbury* verstehen dürfen. Der Gedanke einer Gott durch Christus dargebrachten Ersatzleistung für die Sünden der Menschen liegt ihm völlig fern.

In *Gal 3,10–14*, der zentralen Stelle, an der Paulus eine forensische Deutung des Todes Jesu vorträgt, geht er nicht von ewigen Rechtsnormen aus, sondern vom unbedingten Anspruch des fordernden Willens Gottes im Gesetz und von der unbedingten Realität des durch die Übertretung dieses Willens entstandenen Unheils. Was zwischen Gott und dem Menschen steht, ist nicht nur Folge eines Mißverständnisses – etwa einer irrigen Gottesvorstellung –, sondern die Realität des Zornes Gottes (Röm 1,18ff) aufgrund der Übertretung seines heiligen Willens. Dieses Unheil kann nicht ignoriert werden; es kann nur durch den, den Gott selbst dazu ausersehen hat, stellvertretend getragen werden. Dies steht dahinter, wenn Paulus sagt, den Gekreuzigten habe der Fluch des Gesetzes so getroffen, daß er selbst zum Fluch geworden sei (Gal 3,13). Hier ist nicht von einer durch Christus erbrachten Ersatzleistung für die Gesetzesübertretungen der Menschen, sondern davon die Rede, daß *einer* durch seinen freien persönlichen Einsatz den auf *allen* liegenden Fluch der unverbrüchlichen Gesetzesordnung Gottes so auf sich genommen hat, daß die anderen für immer davon frei geworden sind (vgl. Röm 7,1–6). Die Voraussetzung dafür ist allerdings, daß nur dieser eine jene Tat vollbringen *konnte*, weil er im Gegensatz zu allen anderen der Gehorsame war, und daß nur er sie zu tun *brauchte*, weil sie ein für allemal gilt. Nun ist der Anspruch des Gesetzes für immer erfüllt; der Mensch ist freigesprochen.

2.3.3

Die kultische Deutung: Jesu Tod als Sühnopfer. In Röm 3,21–26 liegt ein anderes Deutungsschema vor. Paulus interpretiert hier – wohl im Anschluß an ein vorgegebenes Traditionsstück (E. Käsemann, EVB I, 96–100) – Jesu Tod als kultisches Sühnopfer. Den Bezugsrahmen dafür stellt das Ritual des Großen Versöhnungstages (Lev 16,12–15) dar. Es ist jedoch unschwer zu erkennen, daß der Leitgedanke nicht der einer magisch-sakrifiziellen Wirkung des Blutes Jesu gewesen sein kann. Vielmehr geht es um *eine heilsgeschichtlich-typologische Gegenüberstellung*, die darauf abzielt, zugleich die überbietende Analogie und die grundlegende Differenz zwischen dem für Israel heilstiftenden Ritual des Versöhnungstages und dem endzeitlichen Heilsgeschehen des Todes Jesu aufzuweisen: Wie Gott Israel einst unter dem Alten Bund das Opfer des Versöhnungstages als Möglichkeit der Sühne gnädig gewährt hatte, so hat er jetzt der Gemeinde in Jesu Tod eine solche Möglichkeit gewährt (Röm 3,25). Aber während die damals erlangte Sühne räumlich und zeitlich begrenzt war – sie galt nur für Israel und mußte jedes Jahr erneut erlangt werden –, gelten solche Einschränkungen für Jesu Tod nicht: Die durch ihn gewirkte Sühne gilt für Vergangenheit und Gegenwart, ist unwiederholbar und unüberbietbar und bildet den Grund für das gegenwärtige Gottesverhältnis der Gemeinde. Und zwar war Gott selbst es, der – gemäß jener zentralen Stiftung des Versöhnungstages – jetzt ein für allemal Sühne ermöglicht und selbst vollzogen hat. Er hat Jesus »hingestellt als Sühnmittel . . ., auf daß er gerecht sei und gerecht mache den, der des Glaubens an Jesus ist« (Röm 3,25f). Darin hat er seine Bundestreue erwiesen.

Paulus hat mit diesem kultischen Bild gleichsam *das soteriologische Deutungsschema mit dem heilsgeschichtlich-kausalen zusammengeführt*: Gott hat, indem er Jesus vor sich für die Vielen mit seinem Leben eintreten ließ, seine im Alten Bund ergangene Setzung aufgenommen und zum Abschluß gebracht (Röm 3,26).

2.3.4

Der Tod Jesu als Stiftung von Gemeinschaft. Am signifikantesten für die paulinische Deutung des Todes Jesu ist jedoch, daß er in sie einen *personalen Aspekt* einbringt: Jesu Sterben wirkt Versöhnung zwischen Mensch und Gott! »Gott war in Christus und versöhnte die Welt mit sich, indem er ihnen ihre Übertretungen nicht anrechnete und unter uns das Wort von der Versöhnung einsetzte« (2Kor 5,19). Hier wird die bei Paulus auch sonst zu beobachtende Tendenz, den Weg Jesu von Gott her zu sehen, aufs äußerste zugespitzt; Christus ist völlig eins mit Gottes Tun geworden. Durch Christus räumt Gott das beiseite, was bislang trennend zwischen ihm und den Menschen gestanden hatte: Es geschieht Versöhnung. Diese Gemeinschaft ist kein vorfindliches Heilsgut; sie muß – wie Paulus betont – hier auf Erden im Hören auf das sie zusagende Wort (2Kor 5,20) und im Gehorsam, der das Kreuz auf sich nimmt, stets von neuem ergriffen und durchgehalten werden. Zugleich ist sie freilich für den Glauben bereits jetzt eine unverbrüchliche Realität, weil sie auf dem extra nos des uns stets vorlaufenden Werkes Christi beruht: »Als wir noch Sünder waren, ist Christus für uns gestorben« (Röm 5,8).

2.4
Der Tod Jesu bei Johannes

2.4.1
Negativ ist zu sagen: Die soteriologische Deutung des Todes Jesu spielt bei Johannes nur eine vergleichsweise eingeschränkte Rolle. Einige Stellen, an denen sie anklingt, sind Traditionsgut, das nicht weiter interpretatorisch aufgenommen wird.

Das gilt von der Dahingabeformel 3,16 (»Also hat Gott den Kosmos geliebt, daß er seinen eingeborenen Sohn dahingab . . .«) ebenso wie von der ὑπέρ-Formel in 17,19 und vom Wort des Täufers in 1,29 (vgl. 1,36): »Siehe, das Lamm Gottes, das die Sünde des Kosmos wegschafft.« An der letztgenannten Stelle ist wohl kaum an ein stellvertretendes Tragen der Sünde, sondern eher an ihre Beseitigung gedacht.
Immerhin erscheint das soteriologische Motiv aber auch an drei Stellen, die eindeutig die Handschrift des Evangelisten tragen: 10,11; 11,50 und 17,19. Daraus wird man schließen dürfen, daß er es kannte und als zum Kerygma seiner Gemeinde gehörig voraussetzte.

2.4.2
Jesu Passion ist für Johannes *Abschluß und Vollendung* des irdischen Wirkens des Offenbarers. Jesus spricht in den Abschiedsreden (13,33; vgl. 13,1) von seinem »Weggehen«; gemeint ist damit die Trennung von der Welt und die Rückkehr zum Vater.

Nach *E. Käsemann* (Jesu letzter Wille nach Johannes 17, [3]1971, 44f) wäre dies der einzige Sinn des Sterbens Jesu für Johannes, aber dem widerspricht schon der ausführliche Passionsbericht, der für Johannes sicher mehr ist als ein mitgeschlepptes traditionelles Relikt.

2.4.3
Darüber hinaus ist das Kreuz die letzte *Steigerung des Kampfes* zwischen Jesus und dem gottfeindlichen Kosmos, als dessen Repräsentanten gerade im Passionsbericht »die Juden« in Erscheinung treten, und zugleich der Ort, an dem der endgültige Sieg über den Kosmos manifest wird (16,33; 19,30).

2.4.4
Dies kommt vor allem zum Ausdruck in der Johannes eigentümlichen *Identifikation von Kreuzigung und Erhöhung* (3,14; 12,32.34). Das Kreuz ist »nicht der äußerste Punkt der Erniedrigung, die der Erhöhung vorausgeht, sondern sie ist als der Tiefpunkt selber schon die Erhöhung« (Conzelmann, Theologie, 380). Und zwar ist die Erhöhung unter der äußeren Gestalt des Kreuzes verborgen: Dies ist geradezu der Skopus des johanneischen Passionsberichts, zu zeigen, daß das Geschehen, das von der Öffentlichkeit der Welt als Erweis der Ohnmacht Jesu galt, für die Glaubenden Enthüllung seiner Herrlichkeit ist.

In diese Richtung weist auch die letzte Mißverständnis-Szene 19,28: Das Kreuzeswort »τετέλεσται« konnte von den Umstehenden als Eingeständnis des Scheiterns verstanden werden (»es ist aus«), war aber von Jesus als Bekräftigung der Erfüllung seines Werkes gemeint (vgl. § 10,2.1.4)!

2.4.5
Traditionsgeschichtlich ließe sich von da her die johanneische Vorstellung als eine *Wei-*

terführung des Kontrastschemas verstehen: Unheilshandeln der Menschen und Heilshandeln Gottes an Jesus liegen hier nicht mehr als zwei getrennte Stufen auseinander, sondern werden als zwei Erscheinungsweisen desselben Geschehens gesehen: Der Unglaube sieht am Kreuz die Bestätigung des Scheiterns Jesu, während es dem Glaubenden zum Heilszeichen wird (3,14). Diese Engführung entspricht genau dem sonstigen Ansatz der johanneischen Christologie.

2.5
Die Deutung des Todes Jesu im Hebräerbrief

2.5.1
Der Hebräerbrief bietet *neben Paulus die zweite gewichtige Entfaltung des soteriologischen Deutungsschemas* im Neuen Testament. Und zwar steht bei ihm – wie bei Paulus in Röm 3,21–26 – die kultische Komponente im Vordergrund: In Hebr 9f wird Jesus als der *Hohepriester* gezeichnet, der, indem er im himmlischen Heiligtum das gültige Opfer darbringt, das leistet, was das Versöhnungstagsritual nicht leisten konnte, nämlich »eine ewige Versöhnung«.

2.5.2
Daß dieses kultische Bild aber auch für den Hebräerbrief letztlich nur ein *Interpretament* ist, das nicht absolut gesetzt werden darf, sondern auf das zu interpretierende Geschehen zurückverweist, wird an seinem Interesse am irdischen Jesus und seinem Leiden ersichtlich. Nach Hebr 2,14–18; 5,1–8 ist nämlich die Bedeutung der Passion Jesu die, daß der präexistente Sohn in die Bedingungen der von Leiden und Tod gezeichneten menschlichen Existenz eingeht, um sie durch seinen Gehorsam von Grund auf zu verwandeln: »Indem er selbst als Versuchter gelitten hat, kann er den Versuchten zum Helfer werden« (5,2).

3
Vertiefung

3.1
Lektürevorschläge

3.1.1
Zur Gesamtproblematik: W. Schrage, Das Verständnis des Todes Jesu Christi im Neuen Testament, in: F. Viering, Hg., Das Kreuz Jesu Christi als Grund des Heils, [2]1968, 49–89 (eingehende problemorientierte Darstellung, die vielfach von der hier dargebotenen Sicht abweicht!).

3.1.2
Zum historischen und theologischen Hintergrund des markinischen Passionsberichts: E. Lohse, Die Geschichte des Leidens und Sterbens Jesu Christi, 1964.

3.1.3

Zur paulinischen Kreuzestheologie: E.Käsemann, Die Heilsbedeutung des Todes Jesu nach Paulus, in: F.Viering, Hg., Die Bedeutung des Todes Jesu, 1967, 11–34.

3.2
Fragen zur Weiterarbeit

3.2.1

Welche Konflikte Jesu mit jüdischen Gegnern berichtet das Markusevangelium, und was ist jeweils ihre Ursache?

3.2.2

Vergleichen Sie den johanneischen Passionsbericht mit dem markinischen! In welchen Zügen kommt die johanneische Sicht des Todes Jesu zum Ausdruck?

3.2.3

Ermitteln Sie anhand des Index locorum im Anhang des NT Graece von Nestle-Aland, an welchen Stellen im Neuen Testament und in welchem Sinn Jes 53 angeführt wird.

3.2.4

Wie verteilen sich die sogenannten ›sieben Kreuzesworte Jesu‹ auf die verschiedenen Evangelien? Welche Schlüsse hinsichtlich der Redaktionsgeschichte erlaubt der dabei ermittelte Befund?

3.2.5

Warum und in welchen Zusammenhängen spricht Paulus vom σταυρός (Kreuz)? Ermitteln Sie die jeweilige polemische Stoßrichtung der Belege!

3.3
Weitere Literatur

M.Hengel, Mors turpissima crucis, in: Rechtfertigung, FS E.Käsemann, hg. v. J.Friedrich u.a., 1976, 125–184; E.Käsemann, Zum Verständnis von Röm 3,24–26, in: ders., EVB I, 96–100; H.-W.Kuhn, Jesus als Gekreuzigter in der frühchristlichen Verkündigung bis zur Mitte des 2. Jahrhunderts, ZThK 72 (1975), 1–46; H.Lietzmann, Der Prozeß Jesu, 1931; E.Linnemann, Studien zur Passionsgeschichte, 1970; E.Lohse, Märtyrer und Gottesknecht, [2]1963; W.Marxsen, Erwägungen zum Problem des verkündigten Kreuzes, in: ders., Der Exeget als Theologe, 1968, 160–170; J.Roloff, Anfänge der soteriologischen Deutung des Todes Jesu (Mk 10,45 und Lk 22,27), NTS 18 (1972/73), 38–64; H.W.Wolff, Jesaja 53 im Urchristentum, [2]1952.

§ 14
Auferstehung

1
Einführung

Wie wenige andere neutestamentliche Themen ist die Auferstehung Jesu in Gefahr, in den Bannkreis weltanschaulicher Vorentscheidungen zu geraten, die das theologische Verständnis präjudizieren. Das ist in der Sache selbst begründet: Einerseits will die Auferstehungsbotschaft Bezeugung eines örtlich, zeitlich und hinsichtlich des beteiligten Personenkreises genau fixierbaren Vorgangs, d.h. eines *geschichtlichen Ereignisses*, sein. Andererseits aber lassen die sprachlichen Ausdrucksformen, in denen dieses Ereignis im Neuen Testament bezeugt wird, keinen Zweifel daran, daß es den Zeugen als das *eschatologische Ereignis* schlechthin galt, das die Dimension der Geschichte durchbricht. Auf den ersten dieser beiden Aspekte hat man sich immer wieder berufen, wenn man versuchte, hinter den biblischen Zeugnissen durch radikale historische Kritik einen geschichtlichen Kern ausfindig zu machen, der sich auch im Lichte der Welt- und Wirklichkeitserfahrung des modernen Menschen sinnvoll deuten und verstehen ließ. Demgegenüber wollen jene Stimmen nicht verstummen, die – den zweiten Aspekt verabsolutierend – jede kritische Analyse der Auferstehungszeugnisse als dem Charakter des in ihnen bezeugten Wunders widersprechend radikal ablehnen.
Man kann diese fatale Alternative nur dann vermeiden, wenn man die exegetische Fragestellung methodisch so exakt wie möglich eingrenzt und sie nicht vorschnell mit der systematischen Fragestellung vermischt, zu der sie zwar hinführen muß, mit der sie jedoch nicht identisch ist. Und zwar besteht die *exegetische Aufgabe* zunächst darin, zu erheben, *was die neutestamentlichen Zeugnisse meinten*, wenn sie von Jesu Auferstehung sprachen. Bei ihrer Lösung ist auszugehen von den *Quellen*, deren spezifische Eigenart festzustellen und genetisch aufzuhellen ist (2.1). Sodann fordern die *Sprache* und die hinter ihr stehenden Vorstellungen Beachtung: Welche Aussageformen treten in den Texten, die von Jesu Auferstehung sprechen, hervor und was war ihre Bedeutung im damaligen Kontext (2.2)? Auf dieser Basis ist dann die *historische Rückfrage* durchzuführen: Inwieweit lassen sich die Vorgänge, auf die die Texte bezogen sind, rekonstruieren, und was ergibt sich wiederum aus der Art der Bezugnahme der Texte auf diese Vorgänge für deren Verständnis im frühen Christentum (2.3)? Schließlich sind auch noch die *theologischen Interpretationszusammenhänge* zur Kenntnis zu nehmen, in die die Auferstehungsbotschaft bereits im Neuen Testament eingezeichnet worden ist (2.4).

2
Entfaltung

2.1
Die Quellen

Die Quellen für Jesu Auferstehung zerfallen unter überlieferungsgeschichtlichem Aspekt in *zwei Gruppen*, die Formeltraditionen und die Ostererzählungen.

2.1.1
Die Formeltraditionen. Am ältesten und insgesamt am wichtigsten sind die Aussagen der Formeltraditionen, d.h. der vor allem von Paulus wiedergegebenen Bekenntnis- und Glaubensformeln, die abrißhaft entscheidende Elemente der christlichen Botschaft zusammenfassen.

2.1.1.1
Unter ihnen wiederum an erster Stelle steht die von Paulus in 1Kor 15,3b–5 zitierte Glaubensformel. Sie muß als das wichtigste Auferstehungszeugnis überhaupt gelten, und zwar nicht nur wegen ihres *Alters* – sprachliche Indizien machen eine Entstehung in der palästinischen Urgemeinde wahrscheinlich –, sondern auch wegen des ihr von Paulus zugemessenen *sachlichen Gewichts* (1Kor 15,1f). Sie besteht aus zwei Parallelsätzen, die wiederum je zwei Glieder umfassen und in strenger Entsprechung zueinander aufgebaut sind. Der *erste* spricht vom Sterben Christi und seiner Heilsbedeutung, der *zweite* von der Auferweckung:

(Ia) Christus ist *gestorben* für unsere Sünden nach den Schriften
(Ib) und ist begraben worden.
(IIa) Er ist *auferweckt worden* am dritten Tage nach den Schriften
(IIb) und ist Kephas erschienen, danach den Zwölfen.

Die nähere Analyse dieser Formel führt zu folgenden in unserem Zusammenhang wichtigen Beobachtungen:

- Tod und Auferweckung Jesu gelten hier als die zwei entscheidenden Heilsereignisse.
- Jedes von ihnen ist von zwei Interpretamenten begleitet: die Sterbensaussage durch »für unsere Sünden« und »nach den Schriften«, die Auferweckungsaussage durch »am dritten Tage« und, wiederum, »nach den Schriften«. Die beiden Interpretamente von IIa dürfen ebensowenig wie die von Ia zusammengezogen werden; d.h., die Schriftgemäßheit wird nicht vom Sterben Jesu für unsere Sünden, sondern generell von seinem Sterben und analog nicht von seiner Auferweckung am dritten Tage, sondern generell von seiner Auferweckung ausgesagt. Die präpositionale Wendung »nach den Schriften« (κατὰ τὰς γραφάς) ist auf »er ist auferweckt worden« (ἐγήγερται) und nicht auf »am dritten Tage« zurückzubeziehen! Eine Beziehung auf Hos 6,2, wie sie zuweilen angenommen wird, ist ganz unwahrscheinlich, weil diese Stelle nirgends sonst im Neuen Testament erscheint.
- Die Zeilen Ib und IIb nennen zwei den Heilsereignissen Tod und Auferweckung im Sinne einer Bestätigung bzw. äußeren Manifestation zugeordnete Vorgänge: Wie mit dem Begräbnis das Sterben Jesu abschließend manifest wird, so mit der Erscheinung die Auferweckung!
- Im Unterschied zur Begräbnisaussage (Ib) ist die Erscheinungsaussage (IIb) mit der Nennung

von Zeugen fest verbunden, und zwar schon in sprachlicher Hinsicht: Die Passiv-Form ὤφθη fordert ein Dativ-Objekt!

- Die Nennung der Zeugen geschieht unter dem Gesichtspunkt einer zeitlichen Abfolge: Kephas wird betont als der Erstzeuge herausgestellt und durch das »danach« (ἔπειτα) von den Zwölfen abgehoben.

2.1.1.2

Altes Traditionsgut findet sich aber auch noch in zahlreichen kurzen Monologien und Glaubensformeln, die Paulus zitiert und deren Sitz im Leben das gemeindliche Bekenntnis gewesen sein dürfte. Und zwar ist in ihnen teils Gott das Subjekt der Auferweckungsaussagen (z.B. Röm 10,9: »Wenn du . . . glaubst, daß Gott ihn von den Toten auferweckt hat . . .«; 1Thess 1,10; Röm 4,24; Gal 1,1), teils aber auch Christus (z.B. Röm 4,25: ». . . der um unserer Übertretungen willen dahingegeben und um unserer Gerechtmachung willen auferweckt wurde«; 1Thess 4,14; Röm 14,9).

2.1.1.3

Verwandte Züge weisen die in ihrem Grundbestand wohl ebenfalls alten *Kontrastformeln* (§ 13,2.2.2) in den Petruspredigten der Apostelgeschichte auf (Apg 2,23f; 3,15; 4,10; 5,30; 10,39f). In ihnen werden Tod und Auferweckung Jesu noch pointierter als in 1Kor 15 gegenübergestellt: Der erstere ist Unheilshandeln von Menschen, die letztere Heilshandeln Gottes. Auch der Hinweis auf die Zeugen (z.B. Apg 3,15; 5,32; 10,39) und der Schriftbeweis sind hier wiederum tragende Strukturelemente, wobei letzterer in ausgeführter Form erscheint (Apg 2,25–28; 4,11).

2.1.2

Die Ostererzählungen der Evangelien. Sie repräsentieren in ihrer vorliegenden Gestalt durchweg ein späteres Überlieferungsstadium als die Formeltraditionen. Auf den ersten Blick bieten sie das Bild einer verwirrenden Vielfalt, zu dessen Klärung auch die Literarkritik kaum Hilfe anzubieten hat. Denn einzig für die Erzählung von der Leerfindung des Grabes (Mk 16,1–8) gibt es synoptische Parallelen (Mt 28,1–10; Lk 24,1–12; vgl. Joh 20,1–10). Die übrigen Ostererzählungen sind durchweg Sondergut, das von der Hand der jeweiligen Evangelisten stark geprägt ist. Auch jeder Versuch einer Harmonisierung der Erzählinhalte muß zwangsläufig scheitern. Einzig mit *formgeschichtlichen Kriterien* läßt sich eine Klärung und Einordnung des disparaten Materials erreichen. Dabei ergeben sich *drei Gruppen* von Ostererzählungen:

2.1.2.1

Erzählungen vom leeren Grab (Mk 16,1–8; Mt 28,1–8; Lk 24,1–12; Joh 20,1–13). Ihre älteste Form liegt in Mk 16,1–8 vor und läßt folgende wichtige Elemente erkennen:

- Zeitangabe (der Tag nach dem Sabbat) und Begründung des Grabbesuchs der Frauen (V. 1f),
- Leerfindung des Grabes (V. 3–5a),
- Erscheinung des Deuteengels mit Auferstehungsbotschaft (V. 6) und Auftrag an die Jünger und Petrus (V. 7),
- Nichtbefolgung des Auftrags und Flucht der Frauen (V. 8).

Die *Weiterentwicklung dieser Tradition in den drei übrigen Evangelien* ist deshalb so aufschlußreich, weil in ihrem Verlauf Motive auftreten, die ganz eindeutig den Zweck hatten, historische und theologische Schwierigkeiten der Urform zu beseitigen:

- So wird die Grabgeschichte mit einer Erscheinung des Auferstandenen verbunden: Bei Matthäus tritt Jesus den vom Grab weggehenden Frauen entgegen (Mt 28,9f); bei Johannes erscheint Jesus der ratlosen Maria Magdalena noch am Grabe (Joh 20,14–18).
- Außerdem wird die Nichtbefolgung des Auftrags des Deuteengels durch alle drei Seitenreferenten umgewandelt in eine prompte Befolgung (Mt 28,8; Lk 24,9; Joh 20,18). Damit wird die Kenntnis der Jünger vom leeren Grab hervorgehoben.
- Bei Johannes wird diese Kenntnis noch stärker dadurch betont, daß Petrus und der ›Lieblingsjünger‹ in die Geschichte direkt eingeführt werden als die, die die Leerfindung des Grabes feierlich konstatieren (Joh 20,3–10). Damit ist das nach jüdischem Recht nicht gültige Zeugnis der Frauen gleichsam überholt durch das zuverlässige Jüngerzeugnis.

2.1.2.2

Erzählungen von einer Erscheinung vor dem Zwölferkreis (Mt 28,16–20; Lk 24,36–53; Joh 20,19–23), die sogenannten *Gruppenerscheinungen*. Auch ihnen dürfte, trotz aller erheblicher Unterschiede im einzelnen, ein *gemeinsames Strukturschema* zugrunde liegen:

- Der Auferstandene erscheint den *ratlosen und furchtsamen Jüngern*, die ihn zunächst nicht erkennen bzw. durch das Sehen in ihrer Ratlosigkeit und Furcht nur noch bestärkt werden (Mt 28,17; Lk 24,37–41; Joh 20,19).
- Erst durch die *Anrede des Auferstandenen* kommt es zum Erkennen (Mt 28,18; Lk 24,44; Joh 20,19b). Damit wird die Erscheinung als ein worthaftes Geschehen gekennzeichnet.
- Mittelpunkt und Abschluß bildet jeweils ein *Sendungswort*. Obwohl die vorliegenden Sendungsworte jeweils in Begrifflichkeit und Tendenz von der Redaktion der jeweiligen Evangelisten geprägt sind, stimmen sie darin überein, daß sie, ausgehend von der neuen Situation, die durch Jesu Erhöhung eingetreten ist, den Jüngern einen konkreten *Auftrag* erteilen und ihnen dazu einen *Beistand* verheißen (Mt 28,18b–20; Lk 24,46–49; Joh 20,21–23; vgl. 21,15–23).

Hingegen scheint der Erweis der Identität des Auferstandenen durch das Vorzeigen der Wundmale (Lk 24,39a; Joh 20,20) und durch das Betasten (Lk 24,39b; Joh 20,25b) nicht zum ursprünglichen Strukturschema zu gehören, sondern ein späterer apologetischer Zug zu sein. Das gleiche gilt erst recht vom demonstrativen Essen des Auferstandenen vor den Augen der Jünger (Lk 24,41–43), das wohl antidoketischer Polemik dient und die Leiblichkeit der Auferstehung unter Beweis stellen soll.

2.1.2.3

Erzählungen von Erscheinungen vor einzelnen Jüngern. Hierher gehören vor allem die Emmaus-Geschichte (Lk 24,13–35), die Thomas-Erzählung (Joh 20,24–29) sowie die Petrus-Erzählung des johanneischen Nachtragskapitels (Joh 21,15–23). Zwischen ihnen besteht eine weitgehende Verwandtschaft hinsichtlich der Erzählweise und des Stils: Sie sind novellistisch angelegt, mit breit ausgestalteten Einzelheiten und mit deutlichem Interesse an den Widerfahrnissen der Handlungsträger. Ihr erzählerisches Ziel ist es, den Leser zur Identifikation mit den Handlungsträgern zu bewegen und ihm auf diese Weise an den bei jenen durch die Erscheinung des Auferstandenen ausgelösten Lern- und Erfahrungsprozessen teilhaben zu lassen. So will die Emmaus-Geschichte dem Leser teilgeben an der Erkenntnis, daß Jesu Auferstehung die Erfüllung der Verheißungsgeschichte des Alten Testaments ist (Lk 24,25ff) und daß der Auferstandene sich nur im Hören auf diese Geschichte finden läßt. Die Thomas-Geschichte reflektiert die Frage des Jüngers der zweiten Generation, der nicht mehr Augenzeuge des Auferstandenen sein kann, nach dem Grund der Auferstehungsgewißheit und verweist ihn auf die Macht des erhöhten Herrn, der allezeit zum Glauben zu überführen vermag: »Selig, die nicht sehen und doch glauben« (Joh 20,29). Die Erzählung von der Wiederannahme des Petrus schließlich demonstriert, wie die Treue des Auferstandenen zu den Seinen deren Untreue besiegt und so Konstanz und Kontinuität in der Kirche möglich werden läßt (Joh 21,15ff).

In ihrer vorliegenden Form sind diese erbaulichen Novellen relativ späte Bildungen, die bereits einen längeren theologischen Reflexionsprozeß voraussetzen. Allerdings ist damit zu rechnen, daß in ihnen wenigstens zum Teil Elemente älterer Traditionsstücke aufbewahrt sind. So steht möglicherweise hinter Lk 24,30ff ein Bericht von einer Erscheinung des Auferstandenen beim Mahl: Der Auferstandene wird am Brotbrechen erkannt (vgl. auch das ähnliche Motiv Joh 21,12ff). Dieses Motiv entspricht dem der Selbstkundgabe durch das Wort in den Gruppenerscheinungen. Es könnte sehr wohl sein, daß hier die gemeinsame traditionsgeschichtliche Wurzel liegt (vgl. hierzu die Analyse von P.Schubert, The Structure and Significance of Luke 24, in: Neutestamentliche Studien für R.Bultmann, 1954, 165–188).

2.2
Vorstellungshintergrund und sprachliche Mittel

Die Analyse der sprachlichen Mittel und Aussageformen, mit denen das Neue Testament die Auferstehung Jesu zur Aussage bringt, ist darum wichtig, weil sie uns Auskunft darüber geben kann, an welche Vorstellungsmodelle der Umwelt das neutestamentliche Auferstehungszeugnis anknüpfte und welche es – weil der auszusagenden Sache nicht adäquat – abstieß.

2.2.1

Das alttestamentlich-jüdische Erbe. Der zentrale Ansatz der neutestamentlichen Auferstehungsaussagen liegt zweifellos im alttestamentlich-jüdischen Bereich! Und zwar ist sein Wurzelgrund die *Vorstellung des ganzheitlichen Gottesverhältnisses* des Menschen. Das Alte Testament kennt zwar in seinen älteren Schichten keine Auferstehungshoffnung; wohl aber spricht es die Gewißheit aus, daß der Mensch im Rahmen des ihn umgreifenden Tun-Ergehen-Zusammenhanges das ihm zukommende Handeln Gottes ganz erfährt: in Unheil und Gericht für den Sünder, in Heil und Treue für den Gerechten. Die Gewißheit setzt sich immer mehr durch, daß auch der leibliche Tod keine Grenze für diese Erfahrung des ganzheitlichen Gottesverhältnisses sein kann.

2.2.1.1

So spricht sich in Ps 73,23–26 die Hoffnung des Beters aus, daß die Verbindung mit seinem Gott auch das Sterben überdauert: »Doch ich bin stets bei dir, du hast meine rechte Hand gefaßt, nach deinem Rat führst du mich und hernach – in Herrlichkeit nimmst du mich auf . . . Mag auch schwinden mein Leib und Herz – mein Fels und Heil ist Jahwe.« Auch der Gottesknecht von Jes 53 wird nach seinem Sühnetod für die Vielen »lange leben« (Jes 53,10), d.h., Jahwe wird ihm seine Treue auch über den Tod hinaus erweisen. – In den gleichen Kontext gehören schließlich auch die

Aussagen der Apokalyptik, die deutlicher von einer Auferstehung sprechen; sie ist hier gedacht als die Voraussetzung des Endgerichts Gottes, in dem die Gerechten von den Ungerechten geschieden werden und in dem beide Gruppen die noch ausstehende Erfüllung ihres Gottesverhältnisses erfahren. Der klassische Text dieser apokalyptischen Erwartung ist Dan 12,1f: ». . . und es wird eine Zeit der Bedrängnis sein, wie noch keine gewesen ist, seit Völker bestehen . . . Und in jener Zeit wird dein Volk errettet werden, ein jeder, der sich aufgezeichnet findet im Buche. Und viele von denen, die schlafen im Erdenstaube, werden erwachen, die einen zu ewigem Leben, die anderen zu Schmach, zu ewigem Abscheu« (vgl. auch äth Hen 91,10f; 92,3–5; 4Esr 7,26–44; Bar 30,1–5).

2.2.1.2

Auch in der *Verkündigung Jesu* findet sich dieser Ansatz, wobei bezeichnenderweise der Gerichtsgedanke in den Hintergrund tritt. Im Streitgespräch mit den Sadduzäern über die Auferstehung (Mk 12,18–27) begründet Jesus die Auferstehungshoffnung – die er mit den Pharisäern teilt – durch einen Hinweis auf Gottes Treue und Beständigkeit: Abraham, Isaak und Jakob, die Erzväter, können nicht tot sein, da Gott sich als »Gott Abrahams und Gott Isaaks und Gott Jakobs« gegenüber Mose kundgab (Ex 3,6). Denn: »Er ist nicht der Toten, sondern der Lebenden Gott.«

2.2.1.3

Dem entspricht es, wenn die *Auferstehung als Handeln Gottes* ausgesagt wird. Die neutestamentlichen Texte nehmen ihren Ausgangspunkt nicht beim Weiterleben bzw. Weiterwirken Jesu, sondern bei Gott, der sich in seinem Verhältnis zu Jesus bewährte, indem er dessen Gottesverhältnis durchhielt. Gott hat Jesus »auferweckt« (ἐγήγερται mit passivum divinum 1Kor 15,3; vgl. Röm 4,25; 6,4.9; ἤγειρεν Apg 3,15; 4,10; 10,40; Röm 10,9 u.ö.). Und zwar steht Gottes Handeln in den *Kontrastformeln* in scharfer Antithese zum Tun der Menschen. »Ihr habt . . . den Anführer des Lebens getötet; ihn hat Gott von den Toten auferweckt« (Apg 3,15; vgl. 2,22ff; 10,39f). Während die Juden durch Jesu Tötung seinen Anspruch und seine Sendung widerlegt zu haben glaubten, hat Gott sich durch die Tat der Auferweckung dazu bekannt und Jesu Werk zu seiner eigenen Sache gemacht!

2.2.1.4

Darüber hinaus bietet die Terminologie eine Reihe von Anhaltspunkten dafür, daß das Handeln Gottes in Jesu Auferweckung als *endzeitliches Offenbarungsgeschehen* verstanden wurde.

Besonders wichtig ist die Verbform ὤφθη (wörtlich: »er wurde gesehen«; 1Kor 15,5.8; Lk 24,34; Apg 13,31). Sie ist von der LXX her geprägt als Terminus für das Hervortreten Gottes aus der Verborgenheit (z.B. Gen 12,7; 17,1; 18,1; 26,2; Ex 3,2; vgl. W.Michaelis, ThWNT V, 358ff). Demgemäß liegt auch in 1Kor 15,5 der Akzent nicht auf dem subjektiven Sehen des Kephas, dessen Gegenstand der Auferstandene wäre, sondern auf dessen Hervortreten aus der Verborgenheit zum Zweck der Selbstmitteilung. Der Auferstandene »läßt sich sehen« durch Kephas, er gibt sich als handelndes Subjekt dem Kephas zu erkennen. Und indem er dies tut, macht er das Handeln Gottes selbst offenbar: Das ὤφθη in 1Kor 15,5 ist von ἐγήγερται, der Beschreibung des Handelns Gottes, abhängig! Diese Beziehung stellt Paulus noch schärfer heraus, wenn er von der ihm zuteil gewordenen Erscheinung des Auferstandenen sagt, es habe Gott gefallen, ihm »seinen Sohn zu offenbaren« (Gal 1,15f).

→ In den Ostererscheinungen erneuert sich für die Jünger das Nahekommen Gottes durch Jesus

2.2.1.5

Dieses Offenbarungsgeschehen hat – nicht anders als die Selbstoffenbarungen Gottes in alttestamentlichen Theophanien – *Widerfahrnischarakter*. Das heißt: es richtet sich an einen bestimmten Kreis von Menschen, um ihm eine bestimmte Weisung, einen bestimmten Auftrag zu geben. Die Ostererscheinungen sind aus diesem Grunde auf einen festen Kreis von *Zeugen* eingrenzbar. 1Kor 15,5 redet nicht allgemein von einem In-Erscheinung-Treten Jesu, sondern von seiner Selbstkundgabe an Kephas und den Zwölferkreis. Die gleiche Grundstruktur ist in den Berichten von Gruppenerscheinungen zu beobachten: Auch hier mündet das Sich-Sehen-Lassen des Auferstandenen immer in ein Beauftragungs- und Sendungswort für einen bestimmten Menschenkreis. Und zwar handelt es sich um den Kreis derer, die bereits zuvor an Weg und Geschichte Jesu in der einen oder anderen Weise beteiligt waren; das gilt sowohl für die in 1Kor 15,5ff Genannten wie auch für Paulus, der durch seine Verfolgertätigkeit in eine leidenschaftliche innere Auseinandersetzung mit Jesus geraten war (1Kor 15,9; vgl. Apg 9,4). Man kann geradezu sagen: Indem Gott durch Jesu Auferweckung sein Verhältnis zu Jesus heilvoll zum Ziel bringt (2.2.3), bringt er auch das bisherige Verhältnis der Jünger zu Jesus, das durch Enttäuschung und Verrat belastet war, zum Ziel (Joh 21,15–18).

2.2.2

Hellenistische Vorstellungen. Hier ist zuerst negativ zu sagen: Das vom Platonismus herkommende Vorstellungsmodell der *Unsterblichkeit der Seele* spielt als Vorstellungsrahmen für die Auferstehung keine Rolle. Und zwar einerseits deshalb, weil seine anthropologische Voraussetzung – die Abwertung des Leibes als eines Hemmnisses für das eigentliche, höhere Ich der Seele – dem Judentum fremd war. Das Urchristentum teilte das Menschenbild des Alten Testaments, nach dem der Mensch mit Seele und Leib eine unteilbare Ganzheit ist. Das Fortleben einer vom Leib getrennten Seele war für den Juden kein Ziel religiöser Hoffnung. Hinzu kommt ein zweiter Grund: Die Unsterblichkeitsvorstellung war ganz am Individuum orientiert. Sie war der Versuch einer Antwort auf die Frage, wie der einzelne Mensch sein Dasein vervollkommnen und auf das ihm gesetzte Ziel hin vollenden könne. Diese individualistische Fragestellung war jedoch dem Judentum, das den Menschen niemals als isoliertes Individuum, sondern immer in seinem Verhältnis zu Gott sah, völlig fremd.

2.2.2.1

Am Rande begegnen jedoch Anklänge an die hellenistische *Entrückungsvorstellung*. Diese Vorstellung hatte ihren Sitz vor allem im Herrscherkult, aber sie trat darüber hinaus vielfach da in Erscheinung, wo es darum ging, die durch den Tod nicht beeinträchtigte bleibende Wirksamkeit geschichtsmächtiger Individuen zum Ausdruck zu bringen.

Die klassische Schilderung einer Entrückung findet sich bei Plutarch (Romulus c 27f): Romulus sei bei einer Volksversammlung während eines Gewitters plötzlich verschwunden. Daraufhin befahlen die Senatoren der Menge, Romulus zu verehren und anzubeten, denn »er sei zu den Göttern entrafft und werde nun aus einem guten König ein gnädiger Gott für sie werden. Die meisten glaubten das und gingen voll Freude nach Hause, indem sie voller Hoffnung zu Romulus beteten.« Ähnliches berichtete man von Herakles, Empedokles und Äneas. Im römischen Kaiserkult schließlich wurde die Entrückungsvorstellung geradezu institutionalisiert in der Vorstellung der Apotheose, die – zumindest in den Kreisen der Gebildeten – lediglich als Symbol für Unsterblichkeit und geschichtliches Weiterwirken galt (vgl. G.Lohfink, Die Himmelfahrt Jesu, 1971, bes. 49f).

Der lukanische Himmelfahrtsbericht (Apg 1,9–11) enthält eine Reihe von Motiven, die auf solche Entrückungsvorstellungen verweisen: die Jesus verhüllende Wolke, die Bestätigung durch die Deuteengel, vor allem aber die Versetzung in den »Himmel«. Doch bildet Apg 1,9–11 gerade darin eine Randerscheinung im Rahmen der neutestamentlichen Auferstehungsaussagen. Hier handelt es sich nämlich deutlich um das Ergebnis eines mehr oder weniger reflektierten Interpretationsprozesses: Lukas will das Auferstehungszeugnis in die hellenistischen Menschen geläufigen Kategorien übersetzen!

2.3
Historischer Rekonstruktionsversuch

2.3.1
Das leere Grab. Das historische Urteil über die Entstehung des Auferstehungszeugnisses hängt zunächst davon ab, wie man die Überlieferung vom leeren Grab (2.1.2.1) bewertet. Hier sind die Meinungen in der Forschung gespalten.

2.3.1.1
R.Bultmann (Tradition, 308ff) hält sie für eine »ganz sekundäre Bildung«, eine »apologetische Legende«, die die Wirklichkeit der Auferstehung Jesu durch das Leerfinden des Grabes beweisen wolle. Dem schließt sich *J.Jeremias* (Theologie I, 289f) an, der freilich – anders als Bultmann – hinter dieser Geschichte einen angeblich in Joh 20 erhaltenen historischen Kern finden möchte, nämlich eine Christophanie vor Maria Magdalena am leeren Grab. Sie habe den eigentlichen Ausgangspunkt der Ostererscheinungen gebildet, um erst im weiteren Prozeß der Gestaltung der Überlieferung verdrängt zu werden.

2.3.1.2
Demgegenüber treten *H.von Campenhausen* (Der Ablauf der Osterereignisse und das leere Grab, [3]1966) und *U.Wilckens* (Auferstehung, 1970, 148–152) dafür ein, daß es sich bei der Grabesgeschichte um eine sehr alte Überlieferung handle, der ein historischer Kern nicht abzusprechen sei.

2.3.1.3
Diese Annahme hat m.E. die stärkeren Argumente auf ihrer Seite. So ist Mk 16,1–8 in der vorliegenden Gestalt als Beweis für das Leersein des Grabes völlig ungeeignet, u.a. schon wegen der mangelnden Zeugnisfähigkeit der Frauen. Außerdem wird nirgends gesagt, daß das leere Grab bei den Frauen Glauben erweckt habe – es weckt vielmehr nach Mk 16,7f Furcht und Verwirrung (anders erst Joh 20,8!). Weiter setzt Mk 16,1–8 eine befremdliche örtliche und zeitliche Distanz zwischen der Findung des Grabes und den Erscheinungen selbst voraus, die erst in der weiteren Ausgestaltung dieser Überlieferung mühsam überbrückt wird. Und schließlich setzt Mk 16,6 eine in Jerusalem fest überlieferte Lokaltradition voraus. Der Ort des Grabes Jesu war bestimmt der ältesten dortigen Gemeinde bekannt.
Von da her ergeben sich als Fixpunkte für die Rekonstruktion der Osterereignisse (a) Mk 16,1–8 und (b) die Verkündigungsformel 1Kor 15,5f (so auch Wilckens, aaO, 145).

2.3.2

Die Erscheinungen. Petrus und die übrigen Anhänger Jesu waren nach Jesu Tod nach Galiläa zurückgekehrt, um dort ihre frühere Arbeit und Lebensweise wieder aufzunehmen. Kurz darauf hatte Petrus jenes Erlebnis, das ihm die Gewißheit gab, Jesus sei von Gott auferweckt, und ihm zugleich den Auftrag vermittelte, die versprengten Jünger zur endzeitlichen Heilsgemeinde zu sammeln (1Kor 15,5). Eine weitere Erscheinung des Auferstandenen vor dem ganzen Zwölferkreis, dessen Haupt Petrus war, scheint sich angeschlossen zu haben. Daraufhin entschlossen sich Petrus und der Jüngerkreis zur Rückkehr nach Jerusalem, wohl um dort, in der heiligen Stadt, die weiteren Endzeitereignisse zu erwarten. Diese Rückkehr erfolgte wahrscheinlich am Pfingstfest, d.h. 50 Tage nach dem Todespassa (Apg 2,1ff). Weiter legt sich die Vermutung nahe, daß die in 1Kor 15,6 erwähnte Erscheinung »vor 500 Brüdern« identisch ist mit dem hinter Apg 2 stehenden Ereignis: Eine Selbstkundgabe des Auferstandenen vor einem größeren Kreis hätte dann das neue Wirken der Anhänger Jesu in Jerusalem eingeleitet.

Erst nach ihrer Rückkehr nach Jerusalem dürften die Jünger Jesu von der Leerfindung des Grabes durch die Frauen am ersten Wochentage nach Jesu Tod erfahren haben. »Die Möglichkeit muß offenbleiben, daß die Entdeckung der Frauen erst nachträglich durch den Auferstehungsglauben der Jünger eine österliche Erklärung gefunden hat« (Wilkens, aaO, 151). Von hier stammt die in 1Kor 15,4 eingegangene Datierung der Auferstehung auf den »dritten Tag«; jedoch konnte das in sich mehrdeutige Faktum des leeren Grabes in sich selbst den Osterglauben weder begründen noch beweisen; es blieb ein der Interpretation des Glaubens bedürftiges Zeichen (wobei die Interpretationen des Unglaubens im Sinne von Mt 28,13, bzw. des Zweifels im Sinne von Joh 20,13b nicht ausgeschlossen waren). Zu einem Ausgleich der Grabes- mit den Erscheinungstraditionen kam es jedoch erst spät (vgl. 2.1.2.1).

Die Reihe der Erscheinungen hat sich wohl über längere Zeit fortgesetzt; so nennt 1Kor 15,7 Erscheinungen vor »Jakobus und allen Aposteln«. Selbst Paulus hat seine Berufung, die ca. 5 Jahre nach Jesu Tod erfolgte, noch als Erscheinung des Auferstandenen begriffen (1Kor 15,8) und ihre Anerkennung als solche durch die Urgemeinde erreichen können. Allerdings geht aus 1Kor 15,9 zugleich hervor, daß diese Erscheinung als verspätete Ausnahme galt, d.h., die Erscheinungen waren um 35 grundsätzlich abgeschlossen.

2.3.3

Die Sicht der zweiten Generation. Hatten die Auferstehungserscheinungen zunächst primär als endzeitliches Offenbarungshandeln Gottes gegolten, durch das bestimmte Personen zur Sammlung der eschatologischen Heilsgemeinde beauftragt wurden, so verschob sich für die zweite Generation die Perspektive: Sie wurden nun mehr und mehr zu den die irdische Geschichte Jesu abschließenden und deren überragende Bedeutung manifestierenden Ereignissen. In den nunmehr entstehenden Auferstehungserzählungen ergibt sich von daher die Tendenz zu *novellistischer Ausgestaltung* und – vor allem – zu *räumlicher und zeitlicher Konzentration*: Die Erscheinungen werden, unter immer stärkerer Zurückdrängung der Galiläa-Traditionen, auf Jerusalem konzentriert und in eine nur wenige Tage umfassende zeitliche Abfolge zusammengeschoben. Am deutlichsten sind diese Tendenzen bei Lukas ausgeprägt, der keinerlei Galiläa-Erscheinungen mehr berichtet und die Osterereignisse als 40tägiges Zusammensein der Jünger mit dem nochmals unter ihnen weilenden Auferstandenen versteht (Apg 1,3), das durch die Himmelfahrt seinen Abschluß findet.

2.4
Theologische Interpretationszusammenhänge

Der zentralen Bedeutung der Auferstehungsverkündigung im Neuen Testament entspricht es, daß sie z.T. in ganz unterschiedlicher Begrifflichkeit in vielfältige theologische Bezugsfelder und Interpretationszusammenhänge eingeht. Hier sei nur stichwortartig auf die wichtigsten von ihnen verwiesen:

2.4.1
Im Kerygma des palästinischen und des hellenistischen Judenchristentums ist die Auferstehung der *Anfang der Endzeitereignisse.* Christus ist »der Erstling der Entschlafenen« (1Kor 15,20). Mit seiner Auferstehung ist die Parusie in das Blickfeld gerückt (1Thess 1,10) und mit ihr die Auferstehung aller zu Gericht und Heil (1Thess 4,13–18), wobei Gott sein Amt als Weltrichter an Christus delegieren wird (2Kor 5,10).

2.4.2
Schon sehr früh setzt – ebenfalls im palästinischen Judenchristentum – die Deutung der Auferstehung als *Erhöhung* ein. Christus ist, wie die von Paulus in Röm 1,3f zitierte alte Formel besagt, in der Auferstehung zum »Sohn Gottes in Kraft nach dem heiligen Geist« geworden. Er sitzt, wie weiter unter Aufnahme von Ps 110,1 gesagt wird, »zur Rechten Gottes« und ist damit bereits in der Gegenwart gleichsam zum Sachwalter des in der Existenz der christlichen Gemeinde manifesten Endzeitgeschehens geworden (z.B. Mk 12,36 par; Apg 2,34f; 1Kor 15,25; Hebr 1,3).

2.4.3
Eine Weiterentwicklung dieser Erhöhungsvorstellung erfolgt in der Christologie der Christushymnen des hellenistischen Christentums: Die Auferweckung bzw. Erhöhung gilt nun als Einsetzung Jesu zum κύριος über alle Mächte und Gewalten (Phil 2,10f) bzw. zum kosmischen Herrscher, der Himmel und Erde miteinander versöhnt (Kol 2,18); d.h., sie gewinnt nunmehr eine *kosmische Dimension* (vgl. § 17,2.2.2).

2.4.4
Paulus hat schließlich, mit veranlaßt durch die Auseinandersetzung mit seinen enthusiastischen Gegnern, *Kreuz und Auferstehung eng aneinander gebunden* und in der Verteidigung dieser Verbindung der Theologie ein zentrales Thema gestellt. Er betont, etwa indem er den Inhalt seiner Predigt als »Wort vom Kreuz« zusammenfaßt (1Kor 1,18; 2,2), daß durch die Auferstehung Jesu Sterben gerade nicht annulliert, sondern in Kraft gesetzt ist (vgl. Conzelmann, Theologie, 227), um weiter als Heilsereignis verkündigt zu werden. Ebenso ist die Gemeinschaft der Glaubenden mit Christus für ihn immer zugleich Verbindung mit dem Gekreuzigten und dem Auferstandenen (Röm 6,5).

2.4.5

In anderer Weise verbindet die *johanneische Theologie* Kreuz und Auferstehung: Für Johannes ist die Auferstehung die Rückkehr Jesu aus dem Kosmos in die Herrlichkeit des Vaters (Joh 17,11). Aber diese Rückkehr vollzieht sich im Sterben Jesu; so ist das Sterben Jesu für Johannes in einer seltsamen Engführung zugleich »Verherrlichung« (13,31f) und »Erhöhung« (3,13; 8,28; 12,32.34; vgl. § 13,2.4.4).

2.5
Die Auferstehung Jesu in der modernen theologischen Diskussion

2.5.1

Der Auferstehungsglaube als Folge eines psychologischen Prozesses. Unter dem Eindruck des historischen Welt- und Geschichtsbildes des ausgehenden 19. Jahrhunderts setzte sich im theologischen Liberalismus eine psychologische Deutung des neutestamentlichen Auferstehungszeugnisses durch. Weil Welt und Geschichte als ein in sich geschlossener, von immanenten kausalen Gesetzmäßigkeiten gesteuerter Wirkungszusammenhang gesehen wurden, schien als einziger Bereich für das Religiöse nur noch die Innerlichkeit des Menschen in Frage zu kommen. Diese Innerlichkeit galt als Geburtsstätte des Osterglaubens: Weil die Jünger nach dem Karfreitag immer noch unter dem Eindruck der Persönlichkeit Jesu standen, meinten sie ihn zu sehen. So kam es zu den Ostervisionen (J. Weiß, Das Urchristentum, 1917, bes. 22; vgl. auch W. Bousset, Kyrios Christos, ²1921, 17).
Kritik: Diese Konzeption wird aber sowohl historisch als auch theologisch vom Neuen Testament her widerlegt: Einerseits lassen die Quellen nichts von einem sich durchhaltenden Überzeugtsein von der Macht der Persönlichkeit Jesu erkennen, sondern betonen – sicher historisch zu Recht – den *radikalen Bruch*, den der Karfreitag im Verhältnis der Jünger zu Jesus ausgelöst hatte. Und andererseits hat das Osterzeugnis bis in seine sprachlichen Strukturen hinein (2.2.1.5) den Charakter der von außen kommenden Anrede und des Widerfahrnisses.

2.5.2

Der Auferstehungsglaube als Antwort auf das Kerygma. *R. Bultmann* hat in eindrucksvoller Weise diese beiden Einsichten aufgenommen und versucht, ihnen unter der Prämisse eines historistischen Welt- und Geschichtsbildes theologisch gerecht zu werden. Für ihn ist der Auferstehungsglaube die Antwort des Menschen auf das anredende Wort des Kerygmas. »Christus, der Gekreuzigte und Auferstandene, begegnet uns im Worte der Verkündigung, nirgends anders. Eben der Glaube an dieses Wort ist in Wahrheit der Osterglaube« (Neues Testament und Mythologie, in: Kerygma und Mythos, Hg. H. W. Bartsch, I, ⁵1967, 46). Wo das Wort vom Kreuz als Entscheidungsruf ergeht und von Menschen angenommen wird, vollzieht sich das eigentliche Heilsgeschehen. Insofern ist Ostern letztlich nichts anderes als das In-Erscheinung-Treten der Bedeutsamkeit des Kreuzes. Eine Rückfrage nach einem hinter diesem Wort stehenden, es auslösenden geschichtlichen Handeln Gottes ist nach Bultmann historisch unmöglich und theologisch illegitim.

Kritik: Kann im Sinne des Neuen Testaments der auferstandene Christus in dieser Weise mit dem Kerygma identifiziert werden? Reden nicht vielmehr die Texte von Jesus Christus selbst, »der gar nicht nur *in* der Verkündigung von ihm, sondern *laut* der Verkündigung von ihm als der Gekreuzigte und Auferstandene lebt, gegenwärtig ist und handelt« (K.Barth, KD IV, 1,612f)? Und wird nicht »der Ruf zum Glauben gesetzliche Forderung, wenn der lebendige Herr hinter dem Kerygma verschwindet« (L.Goppelt, Theologie I, 279)?

2.5.3

Auferstehung als Weiterereignung des Jesus-Kerygmas. Die seit den 50er Jahren sich verstärkende Tendenz des theologischen Rückgriffs auf den historischen Jesus hat neben *G.Ebeling* (Das Wesen des christlichen Glaubens, 1959, bes. 65ff) vor allem *W.Marxsen* (Die Auferstehung Jesu von Nazareth, 1968, bes. 141–151) bei der Deutung der Auferstehung aufgegriffen. Anders als Bultmann setzt Marxsen nicht beim Kerygma vom Kreuz, sondern beim vorösterlichen Jesus-Kerygma ein. Die Funktion der – im übrigen psychologisch deutbaren – Erscheinungen Jesu sei es gewesen, die Jünger dessen gewiß zu machen, daß die »Sache Jesu« weitergehe. Die »Sache Jesu«, d.h. die Botschaft, die den Menschen vor die konkrete Nähe Gottes stellt, ereignet sich nun in der Verkündigung der Zeugen weiter. Ostern ist somit im Kern die Weiterereignung des Jesus-Kerygmas; die Auferstehung ist kein Heilsereignis, sondern lediglich ein von zeitbedingten Vorstellungsformen abhängiges Interpretament für das Faktum dieser Weiterereignung nach dem Karfreitag.
Kritik: Man kann zunächst gegen diese Konzeption einwenden, daß die neutestamentlichen Texte gerade keine geradlinige Kontinuität zwischen dem vorösterlichen Jesus-Kerygma und der nachösterlichen Christusverkündigung erkennen lassen. Was nach Ostern verkündigt wird, ist nicht die Weiterereignung des Jesus-Kerygmas, sondern das Handeln Gottes, das den Gekreuzigten zum Herrn erhöht hat. Ebensowenig läßt sich die Auferstehung im Sinne des Neuen Testaments als ein Interpretament bezeichnen; sie ist vielmehr das zentrale Handeln Gottes, das selbst im Kerygma Gegenstand immer neuer Interpretationen wird. Der wichtigste Einwand bezieht sich jedoch auf die sachliche Begründung dieser Weiterereignung. Die Jünger hätten nur dann die »Sache Jesu« nach dem Karfreitag in ungebrochener Kontinuität weiterverkündigen können, wenn diese ›Sache‹ von Jesu Person und Schicksal ablösbar gewesen wäre – gleichsam als ein neutrales und abstraktes Programm. Nun aber hatte Jesus in seinem Tun und Wirken ja den Anspruch erhoben, daß Gott selbst darin zum Handeln komme (vgl. § 13, 2.1.2). Jesus hatte in seiner Verkündigung Gott in der Welt zur Sprache gebracht, er hatte in seinem Wirken für Gottes Willen Stellung bezogen und war damit gescheitert. Jesu Botschaft hatte damit ihren Ort in der Welt verloren, sie war ›utopisch‹ geworden. Das Kreuz mußte als Nein Gottes zu Jesu Versuch, ihn mit der Welt zusammenzubringen, verstanden werden. Um Jesu »Sache« weitergehen zu lassen, bedurfte es darum eines neuen Handelns Gottes.

2.5.4

Auferstehung als In-Kraft-Setzung der Geschichte Jesu durch Gottes Handeln. Ein historischer Beweis für die Auferstehung Jesu läßt sich auch mit exegetischen Mitteln nicht führen. Wohl aber konfrontiert uns die Exegese mit dem *Anspruch der Auferstehungszeugen, mit einem alle Voraussetzungen bisheriger Geschichte umstoßenden neuen Handeln Gottes zu tun gehabt zu haben*. Dieses wurde von ihnen begriffen als die Ermächtigung, die am Kreuz endende Geschichte Jesu als Geschichte zu sehen, zu der Gott sich als zu seiner eigenen Geschichte bekannt hat und sich in ihrem eigenen Glauben, Handeln und Hoffen auf die Grundlage dieser Geschichte zu stellen. Daß Gott Jesus auferweckt hat, besagt, daß Jesu Botschaft und Werk durch das Kreuz ihren Ort in dieser Welt nicht verloren, sondern vielmehr gewonnen haben: Gott selbst hat sich mit ihnen bleibend verbunden und sich dafür verbürgt, daß er selbst durch sie zur Herrschaft kommen werde innerhalb eines Kontextes welthafter Lebensbezüge. Das von Ostern ausgehende Kerygma steht nicht auf sich selbst, sondern hat dieses neue Handeln Gottes gleichermaßen als Voraussetzung und als Ziel. Indem es Menschen zum Glauben ruft, ruft es sie dazu auf, sich wie die ersten Zeugen damals an Ostern auf dieses Handeln einzulassen und es zur Grundlage ihrer eigenen Existenz zu machen und so seine Realität zu erfahren.

3
Arbeit am Text: Joh 20,11–18 (Die Erscheinung vor Maria Magdalena)

3.1
Zur Literarkritik. Die Erzählung steht innerhalb des ersten Blocks der johanneischen Ostergeschichten (Kap. 20), deren Schauplatz sämtlich Jerusalem ist. Dieser Block bildet eine Dreiergruppe: V. 1–18 (Grabesgeschichte); V. 19–23 (Gruppenerscheinung vor den »Jüngern«); V. 24–29 (Erscheinung vor Thomas). Das erste Glied der Dreiergruppe zerfällt wiederum in zwei Unterabschnitte, deren erster (V. 1–10) die Auffindung des leeren Grabes durch Petrus und den Lieblingsjünger schildert, während der zweite von der Erscheinung vor Maria Magdalena handelt (V. 11–18). Was beide Unterabschnitte zusammenhält, ist einerseits die Gleichheit des Ortes – die Szene spielt am Grab Jesu –, andererseits die erzählerische Verklammerung – die Auffindung des leeren Grabes durch die Jüngerin wurde bereits in V. 1f erzählt.
V. 11 markiert einen deutlichen Bruch im Erzählungsgang: Maria steht wieder weinend am Grab, obwohl sie nach V. 1f von dort aus zu Petrus geeilt war und obwohl von ihrer Rückkehr zum Grab nichts berichtet wurde. Auffällig ist außerdem, daß ihre Worte in V. 13b nahezu identisch sind mit denen von V. 2b. Von da her ist zu vermuten, daß der Lauf der Jünger zum Grab (V. 2–10) erst durch den Evangelisten in eine ursprüngliche Erzählung eingeschoben worden ist, die lediglich vom Widerfahrnis der Jüngerin am Grabe berichtete. Der Quelle sind dann V. 1.11b–18 zuzurechnen. V. 11a ist eine ungeschickte redaktionelle Zwischenbemerkung, die zur Wiederaufnahme des durch den Einschub unterbrochenen Erzählungsfadens notwendig war.
Stilistisch ist V. 11b–18 einheitlich. Es handelt sich um eine Dialogszene, die Worte Marias, der Engel und des Auferstandenen in direkter Rede und nur unterbrochen durch knappe Regiebemerkungen aneinanderreiht. Dieser dramatische Charakter ist Wesensmerkmal johanneischen Stils und deutet auf eine starke Bearbeitung durch den Evangelisten hin. Im einzelnen lassen sich *vier szenische Unterabschnitte* erkennen, die den Erzählungsablauf gliedern:

(I) Gespräch der ratlos trauernden Maria mit den Engeln (V. 11–13).
(II) Selbstkundgabe des Auferstandenen (V. 14–16a).
(III) Abwehr des Berührungsversuchs (V. 16b–17a).
(IV) Sendungs- und Auftragswort (V. 17b–18).

3.2

Zur Überlieferungsgeschichte. Das vom Evangelisten verarbeitete Traditionsstück geht letztlich zurück auf die Tradition vom Leerfinden des Grabes (Mk 16,1–8). Es hat jedoch offensichtlich eine lange Entwicklungsgeschichte durchlaufen, während deren es mit verschiedenen ihm ursprünglich fremden Traditionselementen angereichert worden ist. Hier läßt sich in besonderem Maße beobachten, was für die Ostergeschichten generell gilt: die *Austauschbarkeit verschiedener Traditionselemente*. Wie in Mt 28,1–10 ist auch hier die Grabesgeschichte zu einer Erscheinungsgeschichte geworden, wobei – nicht anders als dort – das ursprüngliche Auftragswort des Engels (Mk 16,7) zu einem Auftragswort des Auferstandenen geworden ist (Mt 28,10; Joh 20,17b). Auffällig ist die teilweise wörtliche Übereinstimmung (Mt: ἀπαγγείλατε τοῖς ἀδελφοῖς μου; Joh: πορεύου δὲ πρὸς τοὺς ἀδελφούς μου καὶ εἰπέ). – Die von Johannes verarbeitete Tradition ist also der von Matthäus benutzten verwandt, repräsentiert jedoch ein noch weiter entwickeltes Stadium: Während Mt 28,7 noch (wie Mk 16,7) ein Auftragswort des Engels hat, fehlt ein solches bei Johannes; die Engel haben hier keine Eigenfunktion mehr. Auffällig ist, daß Johannes nur noch von *einer* Frau berichtet (Mk: drei Frauen; Mt: zwei Frauen). Hier könnte ein urtümlicher Zug der Tradition bewahrt sein. Umgekehrt sind an die Stelle des einen Grabesengels bei Mk und Mt hier zwei Engel getreten (wie übrigens auch in Lk 24,4).
Durch alle diese Veränderungen ist so aus einer Grabgeschichte eine Geschichte von einer Einzelerscheinung geworden, in der das leere Grab nur noch der Exposition dient. Dem entspricht, daß wie in den übrigen Einzelerscheinungsberichten novellistisch-erbauliche Züge stark hervortreten, die dem Hörer bzw. Leser die Identifikation mit der Erfahrung Marias ermöglichen sollen.

3.3

Zum Inhalt. Das Gespräch Marias mit den im Grabe sitzenden Engeln (V. 11–13) gibt – gleichsam als Exposition – Auskunft über den Grund der Traurigkeit der Jüngerin: Sie kann den Leichnam Jesu, den sie zum Gegenstand ihrer Pietät hatte machen wollen, nicht finden. Ihre Desorientiertheit wird weder durch das Erscheinen Jesu noch durch seine Frage behoben (V. 14f). Sie hält Jesus vielmehr für den Gärtner und unterstellt ihm, daß er den Leichnam beseitigt habe, wobei möglicherweise in V. 15b ein altes Motiv jüdischer Polemik gegen die christliche Auferstehungsbotschaft aufgenommen ist. Der Grund des Nichterkennens ist die Andersartigkeit des Auferstandenen gegenüber allen menschlichen Vorstellungen und Erwartungen. Zum Erkennen kommt es erst durch das Wort persönlicher Anrede (V. 16a). Erst indem der Auferstandene sich zu erkennen gibt, wird Gemeinschaft mit ihm möglich, eine Gemeinschaft, die er gewährt und herstellt. – Das Wort des Wiedererkennens aus dem Munde Marias (»Rabbuni«!) ist freilich zugleich Ausdruck eines Mißverständnisses, insofern es an die Vergangenheit anknüpft (ῥαββί bzw. διδάσκαλε ist bei Johannes die typische Anrede des irdischen Jesus durch die Jünger, vgl. 1,38.49; 3,2.26; 4,31 u.ö.). Maria meint offenbar, die frühere Gemeinschaft fortsetzen zu können. Das wehrt Jesus ab durch das Verbot, ihn zu berühren. Zugleich verweist er in dem Sendewort (V. 17b) auf seinen Weg: Er ist dabei, zum Vater »aufzusteigen«, er ist unterwegs zur Erhöhung, die die Vorbedingung für den Empfang des Geistes durch die Jünger und damit für eine neue Form der Gemeinschaft ist (vgl. 7,39). Die Auferstehung ist nicht eine Rückkehr Jesu in das irdische Leben, sondern die Inkraftsetzung dessen, was durch die Kreuzigung Jesu geschehen ist, nämlich seiner Rückkehr zum Vater, seiner *Erhöhung*. Nur durch sie ist jetzt ein neues Verhältnis zu den Seinen möglich.

Das typisch ›Johanneische‹ des in diesem Auftragswort zutage tretenden Verständnisses der Auferstehung wird noch deutlicher, wenn man es mit dem Auftragswort des Engels in Mk 16,8 vergleicht: Weder der Gang nach Galiläa noch weitere Erscheinungen des Auferstandenen werden den Jüngern angekündigt; es genügt, wenn ihnen Jesu »Aufstieg« zum Vater als erfolgt berichtet wird. Denn damit wird letztlich nur an das erinnert, was nach Johannes schon in der Botschaft des Irdischen immer wieder anklang: daß sein Sterben der Weg zu seinem Vater ist, der zugleich den Jüngern den Weg zu »ihrem Vater« eröffnet (14,1–9).

4 Vertiefung

4.1 Lektürevorschläge

4.1.1

Zur Gesamtthematik: U.Wilckens, Auferstehung. Das biblische Auferstehungszeugnis historisch untersucht und erklärt, 1970.

4.1.2

Zur historischen Rekonstruktion: H.von Campenhausen, Der Ablauf der Osterereignisse und das leere Grab, [3]1966.

4.1.3

Zur Einführung in die theologische Diskussion: Diskussion um Kreuz und Auferstehung, hg. v. B.Klappert, bes. 10–52 (instruktive Problemanalyse!).

4.2 Fragen zur Weiterarbeit

4.2.1

Worin besteht die historische und theologische Problematik der Berichte vom leeren Grab? Welche Hinweise für ihre Überlieferungsgeschichte kann man den Evangelien entnehmen?

4.2.2
Welche Strukturmerkmale sind den Berichten von Gruppenerscheinungen eigen? Worin besteht der typische Unterschied zu den Berichten von Erscheinungen vor einzelnen?

4.2.3
Welcher Zusammenhang besteht nach 1Kor 15 zwischen der Auferstehung Jesu und der eschatologischen Hoffnung der Christen?

4.2.4
Exegesieren Sie nach dem vorgeführten Beispiel (3.) Joh 20,19–23! Was läßt sich über die Überlieferungsgeschichte dieses Abschnitts sagen? Welche theologischen Motive enthält er?

4.3
Weitere Literatur

J.E.Alsup, The Post-Resurrection Appearance Stories of the Gospel-Tradition, 1975; C.F.Evans, Resurrection and the New Testament, 1970; L.Goppelt, Das Osterkerygma heute, in: ders., Christologie und Ethik, 1968, 79–101; H.Graß, Ostergeschehen und Osterberichte, ^{4}1970; G.Lohfink, Die Himmelfahrt Jesu, 1971; W.Marxsen, Die Auferstehung Jesu von Nazareth, 1968; F.Mußner, Die Auferstehung Jesu, 1969; W.Nauck, Die Bedeutung des leeren Grabes für den Glauben an den Auferstandenen, ZNW 47 (1956), 243–267; Ph.Seidensticker, Die Auferstehung Jesu in der Botschaft der Evangelien, 1971; F.Viering, Hg., Die Bedeutung der Auferstehungsbotschaft für den Glauben an Jesus Christus, ^{6}1968.

§ 15
Abendmahl

1
Einführung

Wo immer das Neue Testament auf das Abendmahl zu sprechen kommt, wird erkennbar, daß es zu den grundlegenden Voraussetzungen urchristlichen Glaubens und Lebens gehörte. Trotzdem wird das Abendmahl im Neuen Testament nirgends eigenständig thematisiert. So gut wie alle Belege stehen im Schatten anderer Themenstellungen. Wie das Urchristentum das Abendmahl theologisch verstanden hat und wie seine Abendmahlspraxis aussah, muß deshalb weithin durch komplizierte Rekonstruktionen und Rückfragen auf die hinter den Belegen liegenden Überlieferungsschichten erschlossen werden.
Gerade auf diese Fragen konzentriert sich nun allerdings das Interesse des heutigen Auslegers; ihm geht es darum, zu erfahren, ob die Anfänge des Herrenmahls und die urchristliche Abendmahlspraxis Kriterien für heutige Abendmahlstheorie und -praxis bie-

ten. Vor allem aber wird ihm im Zeitalter der Ökumene daran gelegen sein, vom Neuen Testament her Impulse für eine Überwindung der die Konfessionskirchen trennenden traditionellen Abendmahlskontroversen zu gewinnen.

Daß diese Hoffnung nicht unbegründet ist, hat sich in den intensiven Abendmahlsgesprächen der letzten Jahrzehnte gezeigt, deren Resultate unter anderem in den Arnoldshainer Thesen und in der Leuenberger Konkordie vorliegen. Hier wurde ein Beispiel dafür gegeben, wie die moderne Exegese, wenn sie die Texte mit ihrem methodischen Instrumentarium zum Sprechen bringt, erstarrte Fronten aufsprengen und bisher vernachlässigte Aspekte einbringen kann. Zugleich wurde dabei allerdings auch deutlich, daß die Fragestellungen und Erfahrungen, wie sie sich aus jahrhundertelangen dogmatischen Auseinandersetzungen ergeben haben, nicht leichthin ignoriert und übersprungen werden können. Wirklicher theologischer Fortschritt ist nur dann möglich, wenn sie in den Horizont unseres heutigen exegetischen Fragens hineingenommen werden, um so präzisiert, korrigiert oder möglicherweise sogar überwunden zu werden.

Das *Problemfeld* wird im wesentlichen durch folgende Fragen bestimmt: Wie ist die Mahlfeier im Urchristentum entstanden (2.1)? Gibt es einen Bezugsrahmen in der zeitgenössischen Umwelt (2.2)? Läßt sich ein Rückbezug auf den irdischen Jesus rekonstruieren, und, wenn ja, was war der Sinn des Mahles in der vorösterlichen Situation (2.3)? Wie verlief die Entwicklungsgeschichte bis zum Ausgang der apostolischen Zeit (2.4)? Und schließlich: Wie ist das urchristliche Abendmahl theologisch zu beurteilen (2.5)?

2
Entfaltung

2.1
Die Anfänge der urchristlichen Mahlfeier

2.1.1

Funktion und Terminologie. Das Abendmahl ist untrennbar verbunden mit den Anfängen eines eigenen christlichen *Gottesdienstes*. Während die Jerusalemer Urgemeinde zunächst noch am Tempelgottesdienst teilgenommen hat (Apg 3,11; 5,12 u.ö.), entstand in ihrer Mitte zugleich die Mahlfeier als die genuin christliche Gemeinschaftsform. Indem man zusammenkam am Tisch des Herrn und miteinander das Brot brach (Apg 2,42.46; 20,7.11; 1Kor 10,16; Did 14,1), erfuhr man sich als Gemeinde Jesu Christi.

Die Frage, ob es neben der Mahlfeier noch eigene Formen eines christlichen Wortgottesdienstes gegeben habe, ist schon deshalb falsch gestellt, weil das Urchristentum einen Oberbegriff ›Gottesdienst‹ zur Bezeichnung sakral-kultischer Handlungen nicht kannte. Sicherlich gab es unterschiedliche Typen gemeindlicher Veranstaltungen – etwa Missionsveranstaltungen (Apg 19,8f) und Gebetsversammlungen – aber die Veranstaltung, in deren Vollzug das Selbstverständnis der Gemeinde seinen signifikanten Ausdruck fand, war die Mahlversammlung. Die profanen Wendungen, mit denen sie bezeichnet wurde, zeigen, daß sie zunächst keinesfalls in Entsprechung zu kultischen Akten der jüdischen und heidnischen Umwelt als kultischer Vorgang gesehen worden ist. Eine große Rolle spielen die den Gemeinschaftscharakter betonenden Bezeichnungen συνέρχεσθαι (= Zusammenkommen; 1Kor 11,17f.20.33f; 14,23), εἶναι ἐπὶ τό αὐτὸ (= Zusammensein; Apg 2,44; 1Kor 11,20; 14,23), σύναξις (= Versammlung; 1Clem 34,7). Daneben finden sich

Wendungen, die pars pro toto einen bestimmten Bestandteil der Mahlhandlung aufgreifen, nämlich κλᾶν ἄρτον (= Brotbrechen; 1Kor 10,16; Apg 2,46; 20,7.11) und εὐχαριστία (= Danksagung; Did 9,1.5; IgnEph 13,1; Phld 4; Sm 8,1). Die theologisch zentralste Bezeichnung ist wohl κυριακὸν δεῖπνον (= das dem Herren gehörende Mahl, das Herrenmahl; 1Kor 11,20); sie verweist auf die Instanz, der das Mahl untersteht und von der es seine Legitimierung bezieht, nämlich den erhöhten Kyrios.

2.1.2

Der Ursprung. Die zentralen Abendmahlstexte Mk 14,22–25 (par Mt 26,26–29; Lk 22,15–20) und 1Kor 11,23–26 führen den Ursprung des Mahles auf einen Akt der Einsetzung durch Jesus in der Nacht vor seinem Sterben zurück (1Kor 11,23; Mk 14,22). Diese Angabe ist nun freilich alles andere als ein eindeutiger Beweis für den Ursprung. Zur Vorsicht mahnt schon die Natur dieser Texte: Sie sind keine historischen Berichte, sondern zunächst liturgische Überlieferungen, die man zur Gattung der *Kultätiologien* rechnen könnte (§ 2, 3.1.1.1). Ihr Sitz im Leben ist die Herrenmahlsfeier der Gemeinde, und von ihr her haben sie zunächst ihre Prägung erhalten. Wenn sie diese Mahlfeier durch eine Rückführung auf eine Anordnung Jesu in der letzten Nacht vor seinem Sterben begründen, so könnte dies eine *sekundäre Historisierung* sein, für die es zahlreiche Analogien gibt. Die Frage nach dem Ursprung muß deshalb in einem weiteren Rahmen gestellt werden.

Vor allem ist zu klären, inwieweit man überhaupt von einem einheitlichen Ursprung sprechen kann. Vielfach wird nämlich in der *Forschung* die These von der *doppelten Wurzel* des Herrenmahls vertreten.

2.1.2.1

H.Lietzmann (Messe und Herrenmahl, 1926), der Begründer dieser These, die u.a. von *R.Bultmann* (Theologie, 153) und – in abgewandelter Form – von *E.Lohmeyer* (Vom urchristlichen Abendmahl, ThR NF 9 [1937], 168–227.273–312) übernommen wurde, verwies *einerseits* darauf, daß die Apostelgeschichte von einem unter Jubel (ἐν ἀγαλλιάσει) gefeierten Mahl der Jerusalemer Urgemeinde (Apg 2,42.46) berichtet und daß auch die Ostertraditionen von einem österlichen Freudenmahl mit dem Auferstandenen wissen (Lk 24,30f; Joh 21,12ff), wobei das Motiv der Erinnerung an den Tod Jesu völlig ausgeblendet ist. *Andererseits* machte er darauf aufmerksam, daß die klassischen Abendmahlstexte, in denen die Erinnerung an den Tod Jesu ihren festen Ort hat, nämlich Mk 14,22–25 par; 1Kor 11,23–26, sämtlich in der hellenistischen Gemeinde verwurzelt sind. Lietzmanns Folgerung aus diesem Befund war: Die Jerusalemer Urgemeinde hat zunächst nach Ostern Gemeinschaftsmahle gehalten, die dem Modell jüdischer Festmahle folgten und die Mahlzeiten des irdischen Jesus mit seinen Anhängern im Lichte des Osterjubels einfach fortsetzten. Erst das hellenistische Christentum habe, unter dem Einfluß heidnischer Mysterienkulte und Totengedächtnisfeiern, eine eigenständige Form des Mahles entwickelt, in der die Gläubigen *des Todes Jesu als ihrer Kultgottheit gedachten* und *die sakramentale Communio mit seinem Fleisch und Blut vollzogen*.

Kritik: Diese These erweist sich aus mehreren Gründen als unhaltbar:

- Sie stützt sich zu stark auf Texte der Apostelgeschichte, ohne nach deren Geschichtswert zu fragen;
- sie berücksichtigt zu wenig, daß die Abendmahlstexte Mk 14,22–25 und 1Kor 11,23–26 stark semitisches Sprachkolorit haben und darum schwerlich als Bildungen des hellenistischen Christentums gelten können. Sie dürften wenigstens in ihren Grundelementen auf palästinisch-judenchristliche Überlieferungen zurückgehen.
- Hierzu kommt, daß Paulus in 1Kor 11,23 die Herrenmahlstradition ausdrücklich auf einen Überlieferungsvorgang zurückführt, der sich zwar unter der Autorität des erhöhten Herrn vollzogen hat, der aber zugleich aufweisbar und überprüfbar ist. Die Worte: »Ich habe es nämlich vom Herrn empfangen, was ich euch auch überliefert habe . . .« sind Traditionsterminologie und kennzeichnen das Überlieferte als allen Christen gemeinsames Gut.
- Schließlich ist weder in Mk 14,22ff noch in 1Kor 11,24f das für die hellenistischen Mysterien konstitutive Motiv des Nachvollzugs des Schicksals der Kultgottheit aufweisbar. Zwar spielt hier die Erinnerung an Jesu Tod eine wichtige Rolle (1Kor 11,24b.26b), doch geht es dabei nicht um Erinnerung im Nachvollzug, sondern um Erinnerung als »Ankündigung eines vollzogenen Geschehens« (J.Schniewind, ThWNT I, 70), das zugleich in seiner geschichtlichen Distanz begriffen (1Kor 11,23b) wie in seiner die gegenwärtige Gemeinde betreffenden Bedeutung realisiert wird (1Kor 11,26b).

Nach alledem kann kaum zweifelhaft sein, daß die Erinnerung an den Tod des Herrn schon kurze Zeit nach Ostern für das Mahl konstitutive Bedeutung gewonnen hat. Ob darüber hinaus die Rückführung des Ursprungs auf den irdischen Jesus möglich ist, hängt weitgehend davon ab, ob es gelingt, den Sinn jener besonderen Mahlfeier in der letzten Nacht Jesu, auf die die Texte zurückverweisen, zu rekonstruieren und die Notwendigkeit ihrer Wiederholung durch die nachösterliche Gemeinde einsichtig zu machen.

2.2
Der Bezugsrahmen der Mahlzeit

Phänomenologisch ist das Abendmahl eine Mahlzeit, innerhalb deren einzelne Teilvorgänge durch deutende Worte besonders hervorgehoben werden. Der Sinn dieser Hervorhebungen ergibt sich jedoch nur bei Kenntnis des gesamten Bezugsrahmens, d.h. der Ordnung und des Ablaufs der gesamten Mahlzeit. Verschiedene Typen von Gemeinschaftsmahlen sind als Bezugsrahmen des Abendmahls zur Diskussion gestellt worden. Eine Entscheidung ist schwierig, weil die Hinweise, die das Neue Testament gibt, auf den ersten Blick in verschiedene Richtungen zu gehen scheinen.

2.2.1

Das jüdische Gastmahl. Es bietet sich zunächst als allgemeiner Hintergrund an (vgl. die ausführliche Darstellung bei Bill. IV, 611–639). Festliche jüdische Mahlzeiten liefen nach einem ganz bestimmten Ritual ab, in dem sich einerseits ihre *gesellschaftliche*, andererseits ihre *religiöse Bedeutung* manifestierte. Das gemeinsame Mahl war im alten Orient, mehr noch als heute bei uns, eine Veranstaltung, durch die Gemeinschaft konstituiert und öffentlich dargestellt wurde. Tischgemeinschaft war die engste Gemeinschaftsform, nicht zuletzt deshalb, weil sie sich durch geregelte Gebete und Segensformeln Jahwe unterstellte. Zur Zeit Jesu waren weithin Elemente hellenistisch-römischer Tischkultur hinzugekommen (z.B. hatte sich das Zu-Tische-Liegen weithin eingebürgert!), die jedoch an den Grundformen nichts ändern konnten.

2.2.1.1

Der Grundritus des Mahles war das *Brechen des Brotes* durch den Hausvater. Mit ihm war der *Lobspruch* verbunden: »Gepriesen sei Jahwe, unser Gott, der König der Welt, der Brot aus der Erde hervorgehen läßt.« Mit dem Weiterreichen der Brotstücke an die Gäste war das Mahl eröffnet. Das Brot diente als ›Eßwerkzeug‹; mit ihm schöpfte man die übrigen Gerichte aus den Schüsseln, wobei diese Gerichte durchweg als Zukost galten. Solange Brotstücke auf der Tafel lagen, wußte man, daß noch ein weiteres Gericht zu erwarten war.

2.2.1.2

Wein wurde zuweilen schon während des Vortischs (Vortischbecher) und auch während der eigentlichen Mahlzeit gereicht, galt dabei jedoch nicht als konstitutives Element des Mahles. Von großer Bedeutung hingegen war der *Segensbecher* (1Kor 10,16), über dem nach Abschluß des Mahles das feierliche Tischgebet gesprochen wurde. Der Hausvater forderte dazu den vornehmsten Gast auf. Dieser ergriff den vor ihm stehenden vollen Becher, hob ihn eine Handbreit über den Tisch und sprach die üblichen Benediktionen (später vier, zur Zeit Jesu vermutlich nur zwei), von denen die *erste* Gott für die Gabe des Brotes dankte, während die *zweite* den Dank für das Land, den Bund und das Gesetz enthielt (vgl. Dtn 8,10).

2.2.2

Das Passamahl. Nach der Meinung der Synoptiker, wie sie im Passionsbericht (Mk 14,12–16) zum Ausdruck kommt, war Jesu letztes Mahl ein Passamahl, das am Vorabend des 15. Nisan stattfand (nach jüdischer Chronologie begann der Tag jeweils um 18 Uhr!). Die Frage, ob diese Überlieferung zutrifft, ist nicht nur von archäologischem Interesse; denn das Ritual des Passamahles würde in der Tat einen theologisch bedeutsamen Bezugsrahmen für die Abendmahlseinsetzung abgeben: Das Passamahl war ja eine ätiologische Begehung, d.h., es diente der Erklärung und erinnernden Wiederholung des für Israel grundlegenden Heilsgeschehens der Herausführung aus Ägypten (Ex 12f). Sollte nicht Jesus an die Deutung des früheren Heilsgeschehens in der Passahaggada die Deutung seines Sterbens als des neuen Heilsgeschehens angeschlossen haben? Und sollte nicht von da her die Urgemeinde, analog zur Wiederholung des Passa, dieses Mahl als die Passafeier des neuen Bundes wiederholt haben? Das Wiederholungsmotiv wäre dann bereits durch das Passamodell vorprogrammiert.

2.2.2.1

Äußerlich unterscheidet sich das *Passamahl* von einem gewöhnlichen Festmahl vor allem durch die *besonderen Speisen (Mazzen, Passalamm, Bitterkräuter)*, durch das obligatorische *Trinken von Wein* (insgesamt werden vier Becher dargereicht) sowie durch die *Durchdringung mit liturgischen Teilen:* Die Passahaggada erklärt die besonderen Speisen und ihre geschichtliche Bedeutung, ausgehend von Ex 12f; das Passahallel (Ps 113–116) preist Jahwes Heilswirken in der Geschichte.

A. *Vorspeise*:

1. *Erster Becher* (Qiddušbecher), gesegnet vom Hausvater.
2. Vorspeise (Grünkräuter, Bitterkräuter, Fruchtmustunke).

B. *Passaliturgie* (vor aufgetragenem Mahl und zweitem Becher!):
1. Passahaggada.
2. Passahallel I (Ps 113–114).
3. *Zweiter Becher* (Haggadabecher).

C. *Hauptmahl*:
1. Tischgebet (mit *Mazzen*!).
2. Mahl (Lamm, Mazzen, Bitterkräuter, Fruchtmus, Wein).
3. Abschluß mit *drittem Becher* (*Segensbecher*, wie bei jedem Festmahl!).

D. *Abschluß*:
1. Passahallel II (Ps 115–116).
2. *Vierter Becher* (Hallelbecher, vgl. Ps 116,13) mit Lobspruch.

2.2.2.2

Falls Jesu letztes Mahl ein Passamahl war, dann wäre der Platz des Deutewortes über dem Brot beim Tischgebet (C. 1), und das heißt: im Anschluß an die das Mahl deutende Passahaggada (B. 1) gewesen, und das Weinwort wäre mit dem Segensbecher (C. 3) verbunden zu denken. Aber war der Bezugsrahmen für Jesu letztes Mal wirklich das Passa? Die Zweifel daran gründen sich nicht nur auf die von den Synoptikern abweichende Datierung des Johannesevangeliums, nach der Jesus bereits am 14. Nisan, d.h. am Passarüsttag, gestorben wäre (Joh 18,28; 19,31). Auffällig ist nämlich,

- daß Jesu Deuteworte sich nicht auf spezifische Bestandteile des Passamahles – also etwa auf Lamm, Mazzen und Bitterkräuter –, sondern auf Brot und Wein (bzw. Brot und Kelch) beziehen, also auf die Bestandteile jeder festlichen Mahlzeit, sowie
- daß auch die Handlung Jesu nach Mk 14,22–25 par Mt 26,26–29 und 1Kor 11,23–26 jede Anspielung auf das Passa vermissen läßt. Nichts von dem, was Jesus tut, würde nicht auch in den Rahmen eines gewöhnlichen Festmahles passen. Anders verhält es sich lediglich mit Lk 22,15–20, wo das Mahl in einen Passarahmen gestellt ist.

2.2.2.3

J. Jeremias (Die Abendmahlsworte Jesu, [4]1967, 9–28) hat aus der Passionsüberlieferung eine lange Reihe von Belegen dafür zusammengestellt, daß Jesus tatsächlich sein letztes Mahl in der Passanacht und als Passamahl gefeiert habe: Jesus habe, obwohl er in Bethanien sein Quartier hatte (Mk 11,11; 14,3), in dem von Wallfahrern überfüllten Jerusalem das Mahl gehalten (weil das Passamahl innerhalb der Mauern von Jerusalem gegessen werden muß). Er habe als Hausvater mit den Zwölfen (Mk 14,17) und nicht mit dem weiteren Kreis seiner Anhänger gegessen (weil das Passa im engen Familienkreis gegessen wird). Er sei schließlich nach dem Mahl nicht nach Bethanien zurückgekehrt, sondern auf den Ölberg gezogen (der innerhalb des erweiterten Stadtbezirks lag, den man in der Passanacht nicht verlassen durfte).

Kritik: Durch diese Nachweise wird die Richtigkeit der synoptischen Datierung weitgehend bestätigt. Sie sagen jedoch nichts darüber aus, daß der *theologische Bezugsrahmen* der besonderen Mahlhandlung Jesu das Passa gewesen ist. Daß Jesu letztes Mahl ein Passamahl gewesen ist, hat alle Wahrscheinlichkeit für sich. Daß das, was ihm in den

8 Augen der Jünger den besonderen Charakter gab, die Aufnahme und Neuinterpretation von Passamotiven gewesen wäre, läßt sich jedoch den Traditionen gerade nicht entnehmen.

2.2.3

Kultische Gemeinschaftsmahlzeiten jüdischer Sondergruppen sind ebenfalls als Bezugsrahmen des Abendmahls vermutet worden. So verwies *K.G.Kuhn* (Über den ursprünglichen Sinn des Abendmahls und sein Verhältnis zu den Gemeinschaftsmahlen der Sektenschrift, EvTh 10 [1950/51], 508–527) auf Parallelen in der Sektenregel von Qumran:

»Und gemeinsam sollen sie essen, gemeinsam Lobsprüche sagen und gemeinsam beraten. Und an jedem Ort, wo zehn Männer vom Rat der Gemeinschaft sind, darf nicht unter ihnen ein Priester fehlen . . . Und wenn sie den Tisch richten, um zu essen, oder den Most, um zu trinken, soll der Priester seine Hand ausstrecken, um den Lobspruch zu sagen über dem Erstling des Brotes und des Mostes« (1QS 6, 2–5; vgl. 1QSa 2, 17–21).

Darüber hinaus glaubte Kuhn auch in dem hellenistisch-jüdischen Bekehrungsroman Josef und Asenet (= JA) Indizien für ein kultisches Essen und Trinken mit Erlösung schaffender Wirkung zu finden:

Nach JA 8 bittet Josef Gott, die bekehrte ägyptische Fürstentochter Asenet das Lebensbrot (ἄρτον ζωῆς) und den Segensbecher (ποτήριον εὐλογίας) genießen zu lassen. Die Bitte wird erfüllt, indem Asenet eine wunderbare Honigwabe durch einen Engel erhält, der ihr zugleich verheißt: »Du wirst Brot des Lebens essen, den Becher der Unsterblichkeit trinken und mit der Salbe der Unvergänglichkeit gesalbt werden« (JA 15,4).

Kritik: Diese Parallelen führen nicht weit, denn einmal haben die Sektenmahlzeiten von Qumran keine Erlösung schaffende Bedeutung, sondern sind Fortsetzungen der Mahlzeiten der Tempelpriesterschaft; sodann spielt der JA-Roman nicht auf einen besonderen kultischen Ritus an, sondern lediglich auf die Reinheit jüdischen Essens gegenüber der heidnischen Lebensweise (Chr. Burchard, Untersuchungen zu Joseph und Aseneth, 1965, 121–133). Vor allem aber ist gerade den älteren Abendmahlstraditionen jede kultische Terminologie, wie sie für die Sektenmahlzeiten von Qumran kennzeichnend ist, fremd.

2.2.4

So ergibt sich als *Fazit*, daß wir weder im Passamahl noch in kultischen Sektenmahlzeiten, sondern im normalen jüdischen Festmahl den Bezugsrahmen der Mahltradition zu suchen haben. Von dieser Basis aus ist nunmehr die Frage zu diskutieren, ob sich für die Mahltradition bereits ein vorösterlicher Ansatz aufweisen läßt.

2.3 Der Rückbezug auf den irdischen Jesus

(vorösterl. Ansatz für Mahltrad.?)

2.3.1

Die Gemeinschaftsmahle Jesu. Die Mahlgemeinschaft mit Zöllnern und Sündern (Mk

2,16), aber auch mit seinen Jüngern, gehört zu den charakteristischsten Zügen des Wirkens Jesu.

2.3.1.1

Wenn Jesus Tischgemeinschaft gewährte, so bedeutete dies, daß dem Eingeladenen Gemeinschaft mit Gott, Bejahung und Annahme zuteil wurde. Dabei ereignete sich grundsätzlich das gleiche, wie wenn Jesus Umkehr ermöglichte (Lk 7,48) und Glauben zusprach (Mk 5,34ff; Mt 8,10), nur daß darüber hinaus die *neue Dimension der Gemeinschaft* hinzukam. Was Jesus im Namen Gottes dem einzelnen gewährte, wurde in der Mahlgemeinschaft zu einer sozialen Wirklichkeit. An seinem Tisch wurden die Befreiten und Angenommenen zu einem Miteinander gesammelt, in dessen Bewährung sich bereits neue endzeitliche Wirklichkeit konkretisierte. Diese Mahlgemeinschaft war bereits in Vorwegnahme das Gottesvolk der Endzeit. Ihre eschatologische Dimension ist, trotz späterer mirakulöser Übermalung, in den galiläischen Speisungsgeschichten (Mk 6,34–43; 8,1–10 par) deutlich sichtbar.

2.3.1.2

Jesu Mahlgemeinschaft wurde von ihm unter Berufung auf Gott und gegen den Widerstand der maßgeblichen jüdischen Kreise gewährt und verantwortet. Insofern war sie ein *christologisches Phänomen*. Das kommt zum Ausdruck in der vermutlich dem Zusammenhang der Mahlgemeinschaft zugehörigen Logion (Lk 22,27 par Mk 10,45a): »Ich bin in eurer Mitte als der Dienende (ὁ διακονῶν)!« Jesus kennzeichnet hier seine Sendung zusammenfassend mit dem Bild des zu Tisch aufwartenden, andere bedienenden Sklaven. Wenn er Mahlgemeinschaft gewährte, so war das ein Akt des Dienens für andere, in dem sich seine Sendung zeichenhaft darstellte (§ 13,2.1.2).

2.3.1.3

Das Sterben Jesu war nicht nur äußerer Abschluß dieser Mahlgemeinschaft, sondern zugleich auch ihre sachliche Infragestellung. Wenn Jesus durch seinen Tod am Kreuz in der Öffentlichkeit als Gescheiterter und von Gott Verworfener angeprangert wurde, so mußte es scheinen, als sei damit auch der von ihm im Namen Gottes gewährten Gemeinschaft der Boden entzogen. Von hier aus erhält die *Mahlhandlung in der letzten Nacht* ihren guten Sinn. Durch sie ermöglichte Jesus die Fortsetzung der Mahlgemeinschaft, auch über sein leibliches Ausscheiden hinaus, *indem er sein Sterben als von Gott bejahtes Geschehen in diese Mahlgemeinschaft hineingab!*

2.3.2

Versuch einer Erklärung des letzten Mahles

2.3.2.1

Jesus eröffnete als der Hausvater das Mahl, indem er nach dem Lobspruch über dem Brot dieses an die Tafelrunde austeilte mit den Worten: »Dies ist mein Leib.« Und er beschloß das Mahl, indem er nach dem Tischgebet den Segensbecher kreisen ließ mit den Worten: »Dies(er Kelch) ist mein für die Vielen vergossenes Blut!« Leib (σῶμα) und Blut (αἷμα) sind hier nicht in Analogie zu den physischen Bestandteilen des Opfertiers zu sehen (die entsprechenden Termini wären σάρξ und αἷμα). Hinter σῶμα dürfte vielmehr das aram. Wort *gūfā'* = Leib, Person, Individualität stehen. Und analog ist αἷμα nicht das Blut als ›flüssiges Organ‹, sondern, nach geläufiger alttestamentlicher Terminologie (Gen 9,4; Lev 17,10–14; Dtn 12,23), Sitz des Lebens und Symbol des Lebensverlustes: das Blut vergießen = sterben, töten. Die Wendung ὑπὲρ πολλῶν schließlich ist Anspielung auf Jes 53,11 (*larabbîm*) und ist inklusivisch zu verstehen: die »Vielen« = alle! So lassen sich die Deuteworte sinngemäß paraphrasieren: »Dies bin ich in meiner Personalität!« – »Dies ist mein zum Sterben für die große Schar der Vielen bestimmtes Leben!«

2.3.2.2

Jesus begründete so die durch sein Sterben in Frage gestellte Tischgemeinschaft gerade von diesem Sterben her neu. Und zwar wurde einerseits durch die Deuteworte die Darreichung von Brot und Wein zur zeichenhaften Darstellung seines Sterbens für andere. Andererseits aber wurde damit die *Gemeinschaft der Jünger als eben durch dieses Sterben ermöglichte* dargestellt. War sie bisher durch Jesu Dienen, sein Eintreten vor Gott, konstituiert, so bleibt sie dies auch weiterhin, wenn auch in neuer Weise. Denn Jesu dienendes Eintreten für die »Vielen« wurde durch seinen Tod nicht als Täuschung widerlegt, sondern erfuhr darin – im Gegenteil – ihre letzte Zuspitzung. Mit den Gaben Brot und Wein übereignete Jesus der Jüngergemeinschaft ihre bleibende reale Begründung von Gott her.

2.3.2.3

Die sogenannten *Deuteworte* über Brot und Wein wollen darum nichts über das Verhältnis der ›Elemente‹ Brot und Wein zur Gabe des Sakraments aussagen. Der Streit der Reformatoren, ob die – im Aramäischen fehlende – *copula* mit *est* oder *significat* wiederzugeben sei, ist, so gesehen, gegenstandslos: Denn *was gedeutet wird, ist die Jüngergemeinschaft*; sie ist die eigentliche Gabe des Sakraments. Andererseits wäre sie – dogmengeschichtlich gesprochen – durchaus im Sinne der *Realpräsenz* zu fassen; ist sie doch bleibend bestimmt durch Jesu personhaftes Eintreten, durch seine Selbstzuwendung. Die Darreichung von Brot und Wein ist nicht nur ein Doppelgleichnis, das die Wirkung des Todes Jesu bedeutet, sondern durch sie wird diese Wirkung real in die Jüngergemeinschaft hineingegeben. Nirgends als in der Gemeinde, in der das von Jesus eingesetzte Essen und Trinken weiterhin geschieht, gewinnt das, was Jesus gibt, seine empirische Gestalt.

2.3.2.4

Vermutlich hat Jesus auch das *eschatologische Wort* (Mk 14,25) im Rahmen des letzten Mahles gesprochen. In ihm umriß er die spezifische Situation der nunmehr beginnenden Phase der Mahlgemeinschaft seiner Jünger. Sie ist einerseits durch sein Ausscheiden aus ihr bestimmt, andererseits aber durch ihren bleibenden eschatologischen Bezug; die Mahlgemeinschaft bei der Vollendung der Gottesherrschaft ist zugleich ihre Grenze und ihr Ziel.

2.4
Die Entwicklung des Abendmahls bis zum Ende der apostolischen Zeit

2.4.1
Die äußere Gestalt. In der Jerusalemer Gemeinde hatte man das Mahl vermutlich zunächst täglich begangen (Apg 2,46); in den hellenistischen Gemeinden bürgerte sich seine Feier am Herrentag, dem ersten Tag der Woche (1Kor 16,2; Apg 20,7; vgl. Apk 1,10), sehr früh ein. Es wurde wechselweise in den Häusern der Gemeindeglieder gehalten (Apg 2,46; 1Kor 16,15) und hatte die Form einer *Sättigungsmahlzeit*, die durch Brotbrechen und Brotwort eröffnet und durch den »Segenskelch« (1Kor 10,16) mit dem an Jesu Sterben erinnernden Becherwort geschlossen wurde (1Kor 11,25: » . . . den Kelch nach dem Essen«). Es wurde vermutlich eingeleitet und begleitet von Unterweisung und Wortverkündigung.

Bereits Paulus setzt *Ansätze einer festen liturgischen Ordnung* voraus; die letzten Verse des 1.Korintherbriefes (16,20–24) spielen offensichtlich auf die Überleitung von der Wortverkündigung (in diesem Falle: der Verlesung des Paulusbriefes) zur Mahlfeier an: (a) mit dem *Heiligen Kuß* bestätigen die Gemeindeglieder ihren Willen zur Gemeinschaft und zur Versöhnung (vgl. Did 14,2; Mt 5,23f). (b) Die Ausschlußformel: »Wenn einer den Herrn nicht lieb hat, der sei ἀνάθεμα!« hält Ungetaufte und Unbußfertige fern. (c) Der Gebetsruf μαρανaθά (vgl. Apk 22,20) bittet um das endzeitliche Kommen Jesu. (d) Der Gnadenwunsch: »Die Gnade des Herrn Jesus sei mit euch!« unterstellt ihm als dem Kommenden das Mahl.
Aus (c) und (d) bildet sich schon bald, wie aus der Kirchenordnung Hippolyts hervorgeht, die die Liturgie der römischen Gemeinde zu Ende des 2. Jahrhunderts enthält, die *dreigliedrige Präfation* heraus:
Der Herr sei mit euch! – Und mit deinem Geist!
Aufwärts die Herzen! – Wir erheben sie zum Herrn!
Danksagen lasset uns dem Herrn! – Das ist würdig und recht!

2.4.2
Die Kontroverse des Paulus mit den Korinthern. In hellenistisch-heidenchristlichen Gemeinden bahnte sich schon früh eine Sinnverschiebung des Mahles an. Es wurde – das ist das Wahrheitsmoment der These *H.Lietzmanns* – vielfach in Analogie zu den Mysterienkulten gesehen, deren Teilnehmer Anteil bekamen an den von der Kultgottheit ausströmenden wunderbaren physischen Kräften. Waren nicht auch Fleisch und Blut des Herrn eine übernatürliche Speise, die dem Essenden und Trinkenden himmlische Realitäten vermitteln konnte? Die Auseinandersetzung des Paulus mit den Korinthern (1Kor 11,17–34; vgl. 10,14–22) hat genau diese Auffassung als Hintergrund.

Die Korinther haben das Sakrament als wunderbare Speise für den einzelnen verstanden und darüber seinen Gemeinschaftsbezug vergessen, was sich darin äußerte, daß sie äußere Ungerechtigkeit bei der Mahlfeier duldeten. Die reichen Gemeindeglieder vertrieben sich bei den Mahlversammlungen die Zeit bis zum Kommen der Ärmeren, die bis spät abends arbeiten mußten, indem sie die für das gemeinsame Essen bestimmten Vorräte selbst verzehrten, so daß für die eigentliche Herrenmahlsfeier nur ein kümmerlicher Rest blieb (11,21). Dieser Haltung entspricht die Einstellung der korinthischen »Starken«, die Paulus in 10,14–22 zurückweist. Weil sie dem Essen und Trinken von Leib und Blut Christi eine den einzelnen physisch verwandelnde Wirkung zuschreiben, halten sie ihre Teilnahme an der Tischgemeinschaft heidnischer Gottheiten für möglich und mit ihrem Christsein vereinbar (10,20). In beiden Fällen geht darum die Stellungnahme des Paulus vom gleichen Ansatz aus: *Das Mahl ist nicht Sache des einzelnen, sondern der Gemeinde*. Es entläßt ihn nicht – etwa durch Berufung auf seinen religiös autonomen Status – aus der Verantwortung für die Brüder, sondern bindet ihn in diese Verantwortung hinein. Eine Mahlfeier, bei der der Bruder übersehen, seine Gemeinschaft nicht gesucht wird, ist kein Herrenmahl, sondern ein ἴδιον δεῖπνον, eine eigenmächtige Veranstaltung zur eigenen Ehre (1Kor 11,20f), die am Leib des Herrn schuldig werden läßt. Ebenso muß für den Christen die Teilnahme an heidnischen Kultmahlen ausscheiden, denn sie wäre gleichbedeutend mit dem Eintritt in eine konkrete Lebens- und Gemeinschaftsform, die mit den vom Tisch des Herrn her konstituierten Lebens- und Gemeinschaftsformen schlechterdings unvereinbar ist, und damit eine Mißachtung des konkret-geschichtlichen Leibes Christi. Dieser Leib ist für Paulus eine Gabe, deren Realität nicht in den Elementen übernatürlicher Speise, sondern in der Existenz der von Christus bestimmten Gemeinde manifest wird (1Kor 12,12–31). Aus dem Anteilhaben am gemeinsamen Brot folgt ein neues Sein: Die »Vielen« werden zu einem Leib (1Kor 10,17)! Aus der Gabe folgt die In-Pflicht-Nahme für die geschichtliche Durchsetzung des Willens des Gebers.

2.4.3

Die Trennung vom Sättigungsmahl. Paulus hat damit den stiftungsgemäßen Sinn des Abendmahls in einer veränderten Situation zur Geltung gebracht. Zugleich hat er freilich mit der Weisung 1Kor 11,34a eine problematische Entwicklung in Gang gesetzt, die auf die *Trennung des Herrenmahls vom gemeindlichen Sättigungsmahl* hinführte.

Bereits in der markinischen Gemeinde (um 70) scheint diese Trennung vollzogen. Das Sättigungsmahl ging dem Herrenmahl voraus (Mk 14,22a), und das Gemeinschaftsmotiv verlagerte sich immer stärker auf das erstere, die sog. *Agape*. Die Mahlgebete der Didache (9–10) beziehen sich vorwiegend auf die Sättigungsmahlzeit; lediglich die liturgischen Formeln Did 9,5 und 10,6 markieren den Übergang zur Herrenmahlsfeier. Ende des 2. Jahrhunderts hat sich schließlich die Agape ganz vom Herrenmahl gelöst; sie wird nun unregelmäßig an Wochentagen als Mahl gottesdienstlichen, aber nicht sakramentalen Charakters begangen (vgl. Hippolyt K.O. 47ff; Const. Apost. II,28).
Diese Entwicklung hat andererseits für das Herrenmahl zur Folge, daß sich bei ihm das Gewicht immer stärker auf das Kultisch-Sakramentale hin verlagert. Seine Gabe gilt als »Unsterblichkeitsarznei« (IgnEph 20,2), und sein Vollzug wird immer stärker in Analogie zum priesterlichen Opferkult gesehen, wobei allerdings der Gedanke eines Nachvollzugs des Opfers Christi den altkirchlichen Liturgien noch fremd ist.

2.5
Das Abendmahl in der gegenwärtigen exegetischen Diskussion

Drei repräsentative Konzeptionen sollen hier kurz charakterisiert werden.

2.5.1

J.Jeremias (Die Abendmahlsworte Jesu, [4]1967) sieht im Passaritual den Bezugsrahmen des letzten Mahles Jesu (vgl. 2.2.2.3). Die Deuteworte seien inhaltlich auf die vorhergegangene Passahaggada bezogen, in der Jesus sich selbst bereits als das Passalamm des Neuen Bundes, als der Gottesknecht, der für die Sünden der Vielen in den Tod geht, bezeichnet habe. Die Darreichung von Brot und Wein sei eine Gleichnishandlung, das letzte Gleichnis Jesu: Der zerrissene Brotfladen sei Sinnbild für das Schicksal seines Leibes, das Traubenblut Gleichnis für sein vergossenes Blut. So gewiß die Jünger »*das Brot essen*, das Jesus ihnen bricht, *und den Wein trinken*, über dem er das Wort vom vergossenen Blut sprach, *so gewiß gilt auch ihnen das ›Für Viele‹ seines Sterbens und das ›Mit euch‹ der künftigen Abendmahlsgemeinschaft auf der verklärten Erde*« (ebd., 252).

Kritik: Der Faktor der Mahlgemeinschaft ist hier zu wenig berücksichtigt und damit auch der Zusammenhang mit der vorher vom irdischen Jesus gewährten Mahlgemeinschaft. Die angenommene Gleichnishandlung ist in sich nicht schlüssig; ihr fehlt ein klarer Zielpunkt, Bild- und Sachhälfte vermischen sich. Die Texte sprechen schließlich gegen das Passa als Bezugsrahmen: Jesus deutet nicht das Passalamm, sondern Brot und Wein.

2.5.2

W.Marxsen (Das Abendmahl als christologisches Problem, 1963) versuchte konsequent den Nachweis einer innergemeindlichen Genese des Herrenmahls, an deren verschiedenen Phasen er zugleich die Entwicklung von der impliziten zur expliziten Christologie aufweisen wollte. Die Mahleinsetzung durch Jesus sei unhistorisch, da Jesus keine Kirche gewollt haben könne. Als Urdatum bleiben lediglich die Mahle des irdischen Jesus, die die nachösterliche Gemeinde weiterführt, um so die ›Sache Jesu‹ weiterzutreiben. Im Vollzug werde damit Jesu Funktion fortgesetzt, indem sich christliche Gemeinde als eschatologische Gemeinde ereigne. Paulus und die hellenistische Kirche bringen in diesen Mahlvollzug die ekklesiologische Reflexion ein: Durch die Formulierung von Brotwort und Kelchwort führe sich die Gemeinde auf den Tod Jesu als Heilsereignis zurück. Markus schließlich reflektiere die Elemente und ihren Zusammenhang mit Leib und Blut Jesu; aus der Realpräsenz des Eschatons sei die des erhöhten Christus geworden.
Kritik: Die Erfindung der Deuteworte in der Gemeinde ist schwer denkbar. Andererseits wäre die Annahme, daß die »Sache Jesu« in den nachösterlichen Mahlen zunächst ohne Bezugnahme auf den Tod Jesu, und das heißt, ohne Reflexion der Infragestellung der Sache Jesu durch diesen Tod, weitergeführt worden wäre, nur dann vertretbar, wenn bei Jesus selbst bereits eine *Trennung zwischen Person und Sache* vorgelegen hätte.

2.5.3

H.Gese (Psalm 22 und das Neue Testament. Der älteste Bericht vom Tode Jesu und die Entstehung des Herrenmahls, ZThK 65 [1968], 1–22) machte den interessanten Versuch, die Genese des Herrenmahls im Horizont einer gesamtbiblischen Theologie zu erklären. Er geht aus vom im synoptischen Passionsbericht den Erzählungsgang stark bestimmenden Ps 22. In ihm folgen abrupt Klage eines einzelnen in Todesnot (1–22) und Rettungsjubel (23–31). Sitz im Leben des Psalms sei das Dank- oder Bekenntnisopfermahl, die *toda*. Ein vom Tod Erretteter blickt zurück und preist Jahwe als seinen Retter, indem er ein Gemeinschaftsopfer (*zäbach*) (Lev 7,12–21) darbringt. – Da Jesus mit Ps 22 auf den Lippen in den Tod ging, habe es für die Jünger nach Ostern nahe gelegen, auf die Erfahrung der Auferstehung mit der Feier der *toda* zu antworten, ja, die Verkündigung der Auferstehung in einem *toda*-Mahl zu vollziehen. Aus Erwägungen über das *zäbach*-Opfer seien dann die Einsetzungsworte entstanden: Der Gekreuzigte selbst ist das Opfer, er gibt sich selbst!
Kritik: Jesu Deuteworte zum Mahl enthalten keine Opferterminologie. Warum heißt es: »Dies ist mein σῶμα«, und nicht »dies ist mein *zäbach*«? Vor allem der Umstand, daß der zweite Teil von Ps 22 weder in Passions- noch in Auferstehungs- oder Abendmahlstraditionen erscheint, spricht gegen diese Hypothese.

3
Arbeit am Text: Analyse der Einsetzungsberichte (Aland, Synopsis, Nr. 311)

3.1
Vorüberlegung

Der Einsetzungsbericht begegnet in vier Fassungen: Mk 14,22–25; Mt 26,26–29; Lk 22,15–20; 1Kor 11,23–26. Ihre Rückführung auf eine Grundfassung durch einen einfachen quellenkritischen Vergleich ist nicht möglich. Lediglich Matthäus gibt sich als erweiterte Wiedergabe von Markus zu erkennen und kann deshalb ausscheiden. Jede der übrigen drei Fassungen fand bereits in der Forschung Verfechter ihrer Ursprünglichkeit. Eine Urform läßt sich, wenn überhaupt, dann nur durch überlieferungsgeschichtliche Analyse gewinnen, und zwar anhand folgender *Kriterien*:

- Ursprünglicher ist im allgemeinen jener Text, der weniger an die *liturgischen* Bedürfnisse der Gemeinde angepaßt ist, etwa durch Parallelisierung von Elementen, durch Stilisierung, durch Aufnahme liturgischer Anweisungen.
- Der theologisch weniger entfaltete Text ist ursprünglicher als der stärker entfaltete.
- *Semitismen* sind im allgemeinen Indiz für größere Ursprünglichkeit.

3.2
Gegenüberstellung von Mk und 1Kor

	Mk 14,22–25	1Kor 11,23–26
I.	(a) Und als sie aßen,	Der Herr Jesus, in der Nacht, in der er verraten wurde,
	(b) *nahm er Brot*	*nahm Brot*
	(c) *und nach dem Dank* (εὐλογήσας) *brach er's*	*und nach dem Dank* (εὐχαριστήσας) *brach er's*
	(d) und gab's ihnen	.....
	(e) *und sprach:*	*und sprach:*
	(f) »Nehmt!	.....
	(g) *Das ist mein Leib!*«	»*Das ist mein Leib*
	(h)	für euch!
	(i)	Dies tut zu meinem Gedächtnis!«
II.	(a) Und er nahm den *Kelch*,	Ebenso auch den *Kelch*
	(b) nachdem er gedankt hatte,	nach dem Essen,
	(c) (und) gab ihnen,	.....
	(d) und es tranken daraus alle.	
	(e) Und er *sprach* zu ihnen:	*indem er sprach:*
	(f) Das ist mein *Blut*	»Dieser Kelch ist
	(g) des *Bundes*,	der neue *Bund*
	(h) für viele vergossen!	in meinem *Blut*!
	(i)	Dies tut, sooft ihr trinkt, zu meinem Gedächtnis!«

III. (a) Amen, ich sage euch:

(b) Nicht mehr werde ich *trinken* vom Gewächs des Weinstocks

(c) *bis zu jenem Tage*, an dem ich davon von neuem trinken werde

(d) in der Gottesherrschaft!«

(Sooft ihr dieses Brot eßt und den Kelch *trinkt*, verkündigt ihr den Tod des Herrn, *bis er kommt*.)

3.3
Auswertung aufgrund unserer Kriterien

3.3.1
Anpassungen an liturgische Bedürfnisse liegen vor:

3.3.1.1
bei Mk in den äußeren Beschreibungen der Handlung (I f; II c,d), in der Parallelisierung der Einleitungen zu Brotwort und Kelchwort (I e; II e), sowie vor allem in der Gleichgestaltung von Brotwort und Kelchwort. Beide Worte haben hier den Charakter von *Spendeformeln*, während sie bei Paulus *Deuteworte* sind. Liturgisch motiviert scheint auch das unmittelbare Nacheinander von I und II ohne dazwischenliegende Sättigungsmahlzeit (II b);

3.3.1.2
bei Paulus in der Ergänzung des Brotwortes durch das Interpretament *für euch* (ὑπὲρ ὑμῶν) (I h), das bei Mk beim Kelchwort steht (II h), während dem markinischen Brotwort ein Interpretament fehlt.

3.3.2
Theologische Entfaltungen finden sich *nur bei Paulus*: Aus dem abstrakten *für die Vielen* (Mk: II h) wird bei ihm das auf die Gemeinde applizierende *für euch* (I h), aus dem *Bund* wird der *neue Bund* (II g), ; das bei Mk unklare Verhältnis zwischen Bund und *vergossenem Blut* wird präzisiert (II g–h): Durch das Blut (scil. die Lebenshingabe Jesu) wird von Gott her der neue Bund gesetzt! Das eschatologische Wort (III) ist durch freie Paraphrase in die Situation der Gemeinde übertragen, wodurch zugleich die Mahlfeier ihren heilsgeschichtlichen Ort zugewiesen bekommt: Sie ist *Verkündigung des Todes des Herrn* bis zu seiner Wiederkunft, d.h., bis an ihre Stelle das Mahl der Heilszeit tritt.

3.3.3
Semitismen häufen sich auffallend bei Mk: εὐλογήσας (I c; Pls: εὐχαριστήσας!); λαβὼν ποτήριον εὐχαριστήσας (IIa–b); ἐκχυννόμενον ὑπὲρ πολλῶν (IIh); ἀμὴν (IIIa); οὐκέτι οὐ μὴ; τὸ γένημα τῆς ἀμπέλου (IIIb).

3.4
Folgerungen

Weder läßt sich einer der beiden Texte aus dem anderen ableiten, noch kommt gar einem von ihnen eindeutige Priorität zu. Sie repräsentieren vielmehr unterschiedliche Überlieferungsstränge. Während Mk stärker liturgisch geprägt ist, trägt Pls stärkere Spuren sprachlicher und theologischer Interpretation. – Die größte Überlieferungsdichte besteht beim Brotwort, dessen Grundbestand (I g) übereinstimmend überliefert wird. Wesentliche Divergenzen bestehen hingegen beim Becherwort (II f–h). Hier ist Pls mit »dieser *Kelch* ist . . .« sicherlich ursprünglicher als Mk mit »das ist mein *Blut*«, denn niemand hätte den Parallelismus: »Das ist mein Leib« – »Das ist mein Blut«, falls er ursprünglich wäre, zerstört! Andererseits ist das doppelte Interpretament des Becherwortes bei Mk sicherlich ursprünglicher; bei Pls ist seine sprachliche und sachliche Härte aufgelöst (I h; II g–h). Aber gerade diese sprachliche und sachliche Härte läßt auch Zweifel daran aufkommen, daß dieses doppelte Interpretament bei Mk ursprünglich ist. Die Rückübersetzung von *mein Blut des Bundes* ins Aramäische bzw. Hebräische ist kaum möglich, weil ein Nomen mit Pronominalsuffix nur in Ausnahmefällen einen Genitiv nach sich duldet (vgl. Jeremias, aaO, 186f). Und die Apposition »*für viele vergossen*« klappt unverbunden nach. So spricht vieles dafür, daß das Bundesmotiv sekundäres interpretierendes Einsprengsel ist, das erst auf griechischem Sprachgebiet hinzugefügt wurde. Es steht zu vermuten, daß die älteste Gestalt des Becherwortes, die sowohl der paulinischen als auch der markinischen Tradition zugrunde lag, lautete: »Dieser Kelch ist mein Blut für viele.« Auch das eschatologische Wort dürfte dieser ältesten Traditionsschicht angehört haben.

3.5
Der lukanische Bericht (Lk 22,15–20)

Er bietet eine Reihe besonderer Probleme, auf die hier nur kurz aufmerksam gemacht werden kann.

3.5.1
Vor allem fallen seine Länge und die gegenüber Mk/Pls veränderte Ereignisabfolge auf: Am Anfang steht das eschatologische Wort, verbunden mit der Darreichung eines ersten Bechers (V. 15–18). Nach Lk reicht Jesus also zwei Becher, einen zu Beginn, den andern zu Ende des Mahles. Zwar fehlt der zweite Becher im Codex D sowie in wichtigen Zeugen des westlichen Textes, doch ist dieser sog. Kurztext keineswegs ursprünglich. Nahezu alle Forscher nehmen heute die Ursprünglichkeit des Langtextes an.

3.5.2
Jüngere Untersuchungen (H. Schürmann, Der Paschamahlbericht Lk 22,[7–14.]15–18, 1953; Jeremias, aaO, 132–195) wiesen nach, daß der Langtext nicht als lukanische Redaktionsarbeit gelten kann, sondern eigenständige Tradition voraussetzt. Er steht in großer Nähe zu Paulus, ohne von ihm abhängig zu sein: Wesentliche Unterschiede zu Paulus liegen im Fehlen der copula im zweiten Becherwort (V. 20b) sowie im Fehlen des zweiten Wiederholungsbefehls. Außerdem hat er, wie Mk, die *Hingabeformel* beim Becherwort, folgt allerdings hinsichtlich ihrer Gestalt wiederum Pls: ὑπὲρ ὑμῶν (Mk: ὑπὲρ πολλῶν).

3.5.3
Anlage wie Wortlaut des Berichts lassen keinen Zweifel daran, daß hier Jesu letztes Mahl im Unterschied zu Mk/Pls bewußt als Passamahl gezeichnet wird. Der Becher zu Anfang, über dem Jesus die Verzichterklärung spricht, ist offenbar der erste Becher (*Quiddušbecher*), dessen Segnung beim Passamahl die Vorspeise einleitete (vgl. 2.2.2). Mit V. 19 wird dann zur Hauptmahlzeit übergeleitet.
Hier bleiben viele offene Fragen: Wo ist der Sitz im Leben des lukanischen Langtextes zu suchen? Steht hinter ihm die Ordnung einer frühchristlichen Passafeier? Aber für deren Existenz fehlen uns stichhaltige anderweitige Belege. Oder stecken in ihm Reste eines von gottesdienstlichen Interessen freien Geschichtsberichtes?

4 Vertiefung

4.1 Lektürevorschläge

4.1.1
Zur Diskussionslage: Eduard Schweizer, Das Herrenmahl im Neuen Testament. Ein Forschungsbericht, in: ders., Neotestamentica, 1963, 344–370.

4.1.2
Zur philologischen und historischen Analyse: J.Jeremias, Die Abendmahlsworte Jesu, [4]1967.

4.1.3
Zum paulinischen Abendmahlsverständnis: G.Bornkamm, Herrenmahl und Kirche bei Paulus, in: ders., Ges.Aufs. II, 1959, 138–176; H.Frh.v. Soden, Sakrament und Ethik bei Paulus, in: ders., Urchristentum und Geschichte, 1951, 239–276.

4.1.4
Zum urchristlichen Gottesdienst: F.Hahn, Der urchristliche Gottesdienst, Stuttgart 1970.

4.2 Fragen zur Weiterarbeit

4.2.1
Worin unterschied sich ein Passamahl in seinem Ablauf von einem normalen jüdischen Gastmahl?

4.2.2
Welche Argumente sprechen für die Annahme, daß Jesu letztes Mahl ein Passamahl war, welche dagegen?

4.2.3

Wie verhalten sich Mk 14,22–25 und 1Kor 11,23–26 in sprachlicher und überlieferungsgeschichtlicher Hinsicht zueinander?

4.2.4

Vergleichen Sie anhand der oben (3.1) angeführten Kriterien und Methoden Mt 26,26–29 mit Mk 14,22–26. Welche Eigentümlichkeiten des Mt-Textes ergeben sich dabei, und wie sind sie zu erklären?

4.2.5

Wie verhält sich 1Kor 10,16–19 zum Kontext von 1Kor 8–10? Warum und in welcher Hinsicht kommt Paulus in diesem Zusammenhang auf das Abendmahl zu sprechen?

4.3 Weitere Literatur

H.Gese, Psalm 22 und das Neue Testament. Der älteste Bericht vom Tode Jesu und die Entstehung des Herrenmahls, ZThK 65 (1968), 1–22; E.Käsemann, Anliegen und Eigenart der paulinischen Abendmahlslehre, in: ders., EVB I, 11–34; K.G.Kuhn, Über den ursprünglichen Sinn des Abendmahls und sein Verhältnis zu den Gemeinschaftsmahlen der Sektenschrift, EvTh 10 (1950/51), 508–527; H.Lietzmann, Messe und Herrenmahl, 1926; E.Lohmeyer, Vom urchristlichen Abendmahl, ThR NF 9 (1937), 168–227.273–312; W.Marxsen, Das Abendmahl als christologisches Problem, 1963; H.Patsch, Abendmahl und historischer Jesus, 1972; J.Roloff, Heil als Gemeinschaft, in: Gottesdienst und Öffentlichkeit, hg.v. H.-E.Bahr/P.Cornehl, 1970, 88–117; ders., Anamnese und Wiederholung im Abendmahl, in: Erinnern-Wiederholen-Durcharbeiten, hg.v. Y.Spiegel, 1972, 107–130; H.Schürmann, Der Paschamahlbericht Lk 22, (7–14.) 15–18, 1953.

§ 16 Taufe

1 Einführung

Die exegetische Fragestellung hinsichtlich der Taufe läuft weithin mit der hinsichtlich des Abendmahls parallel. Zugleich aber bestehen wichtige Unterschiede.

1.1

Übereinstimmung besteht zunächst darin, daß hier wie dort in zwei Richtungen – nach rückwärts und vorwärts – gefragt werden muß: Es gilt einmal, die *Rekonstruktion* der Anfänge und der ursprünglichen Bedeutung der Taufe zu leisten (2.3). Dabei spielt die Untersuchung ihrer Vorgeschichte und ihrer religionsgeschichtlichen Hintergründe eine große Rolle (2.2). Und es gilt zweitens, ihre *Interpretation* durch das frühe

Christentum nachzuzeichnen (2.4), wie sie in den Taufaussagen verschiedener neutestamentlicher Schriften ihren Niederschlag gefunden hat. – Parallelität zum Abendmahl besteht auch darin, daß das erkenntnisleitende Interesse des Auslegers hier ebenfalls stark durch systematische und praktisch-theologische Motive bestimmt ist, wobei im Falle der Taufe vielfach die Diskussion um die volkskirchliche Praxis der Kinder- bzw. Säuglingstaufe den Fragehorizont bestimmt (2.5).

1.2

Die *Unterschiede* in der Fragestellung beruhen auf der unterschiedlichen Struktur des jeweiligen Materials: Während die Abendmahlsdiskussion einen Fixpunkt hat in der Herrenmahlsparadosis Mk 14,22–25; 1Kor 11,23–26, fehlt für die Taufe eine analoge Überlieferungsbasis. Die Anfänge der Taufe müssen deshalb aus einem zwar breiten, aber weithin unsicheren und brüchigen Überlieferungsmaterial rekonstruiert werden (2.1). Andererseits wird die Taufe in weit stärkerem Maße als das Abendmahl zum Ausgangspunkt theologischer Reflexion. Zwar findet sich im NT eine explizite Tauflehre ebensowenig wie eine explizite Abendmahlslehre, doch werden Taufaussagen weit häufiger als Abendmahlsaussagen als Interpretamente in theologischen Argumentationszusammenhängen herangezogen, und zwar vor allem im ekklesiologischen und ethischen Bereich. So erscheint die Taufe in Röm 6, dem vielleicht bedeutendsten Tauftext, innerhalb des Begründungszusammenhangs der christlichen Ethik.

1.3

Inwieweit besteht zwischen Taufe und Abendmahl vom NT her eine *sachliche Entsprechung*? Das Wort ›Sakrament‹ als Oberbegriff für beides hilft hier nicht weiter, denn es bzw. sein griechisches Äquivalent μυστήριον wird im NT noch nicht als Bezeichnung für Taufe und Abendmahl gebraucht. Die systematische Zusammenschau beider ist aber immerhin durch Paulus in 1Kor 10,1–4 vorbereitet, wenn er gleichzeitig von der »Taufe« und dem »geistlichen« Essen und Trinken des Gottesvolkes spricht. Die Gemeinschaft von Taufe und Herrenmahl besteht demnach darin, daß beide leibhafte Gaben des erhöhten Christus sind, mit denen er sein Volk, die Kirche, auf ihrem Weg durch die Geschichte begleitet und zum Raum gegenwärtiger Heilsverwirklichung macht.

2
Entfaltung

2.1
Die älteste Taufpraxis

Es kann kein Zweifel sein, daß die Taufe von Anfang an in allen Gruppierungen des Urchristentums geübt wurde. Die Apostelgeschichte verbindet die ersten christlichen Taufen mit der Ausgießung des Geistes an Pfingsten (Apg 2,38.41) und erzählt in ihrem weiteren Verlauf von einer Reihe von Taufen, u.a. durch Philippus in Samaria (8,13) und im Küstengebiet (8,36–39), durch Petrus in Cäsarea (10,44–48), durch Paulus in Philippi (16,15.33) und Ephesus (19,5f). Dem entspricht, daß Paulus das Getauftsein aller Christen nicht nur in den von ihm gegründeten Gemeinden (1Kor 12,13), sondern auch in der ihm unbekannten, nicht von Aposteln gegründeten römischen Gemeinde voraussetzt (Röm 6,3).

2.1.1
Der äußere Vollzug

2.1.1.1
Die christliche Taufe war – anders als die jüdischen Waschungen und Tauchbäder – *keine Selbsttaufe*, sondern sie wurde *durch einen Täufer vollzogen* (Apg 8,38).

2.1.1.2
Der Täufer hatte zu prüfen, ob ein Grund zur Verweigerung der Taufe vorlag; das geschah mit der *formelhaften Frage* an die anwesenden Taufzeugen »Was hindert?« (τί κωλύει; Apg 8,36; 10,47; 11,17; vgl. Mk 10,14).

2.1.1.3
Die Taufe erfolgte durch *Untertauchen* in fließendem Wasser (Did 7,1; vgl. Hebr 10,22); nur in Ausnahmefällen war eine Taufe durch Übergießen des Kopfes mit Wasser gestattet (Did 7,2).

2.1.1.4
Der Täufer rief – wohl während des Aktes des Untertauchens – den *Namen Jesu* an (Apg 2,38; 10,48). Diese Anrufung wurde schon bald erweitert zu der triadischen Formel »im Namen des Vaters und des Sohnes und des heiligen Geistes« (Mt 28,19; Did 7,1).

2.1.1.5
Der Täufling legte ein *Taufbekenntnis* ab, das wohl zunächst nur in der homologischen Formel »Herr ist Jesus« (κύριος Ἰησοῦς; Röm 10,9) bestand (vgl. auch den sekundären, aber auf alter Tradition beruhenden Einschub des westl. Textes in Apg 8,37, demzufolge der Kämmerer vor der Taufe bekennt: »Ich glaube, daß Jesus Christus der Sohn Gottes ist«).

Hingegen scheint ein Taufunterricht in der Anfangszeit nicht Voraussetzung der Taufe gewesen zu sein. Die Apostelgeschichte schildert durchweg Schnelltaufen, deren einzige Voraussetzung seitens des Täuflings das Bekenntnis zu Jesus ist (vgl. auch die Vorordnung des »Taufens« vor das »Lehren« in Mt 28,19f). Eine Änderung dieser Praxis deutet sich erst in Did 7,1 an: »Nachdem ihr dies alles (nämlich die vorhergegangenen Unterweisungen) gesagt habt, taufet . . .«

2.1.1.6
Der Täufer *legte* dem Täufling *die Hand auf* zum Zeichen der *Geistverleihung*.

In einigen Tauftraditionen erfolgt diese Geistverleihung im Anschluß an den Taufakt (Apg 8,17; 19,5ff; vgl. 2,38; Hebr 6,2). In anderen geht sie ihm voran (Apg 9,17; 10,44). Diese Differenz spiegelt unterschiedliche Nuancierungen des Geistverständnisses: Bei der *der Taufe vorausgehenden Geistverleihung* ist der Geist als das endzeitliche Wirken des erhöhten Christus aufgefaßt, das in den Dienst Gottes stellt; die Taufe gilt als Konkretion dieses Geistwirkens. *Die der Taufe fol-*

gende Geistverleihung versteht dagegen den Geist primär charismatisch, als Gabe an den einzelnen, die ihn zu einem neuen Verhalten befähigt (vgl. G.Kretschmar, Leiturgia V, 1970, 19–27).

2.1.2

Das Geschehen in der Taufe. Die zentralen Momente des Taufgeschehens nennt Apg 2,38: »*Kehrt um* und lasse sich ein jeder von euch taufen auf den *Namen Jesu Christi* zur *Vergebung eurer Sünden*, so werdet ihr die *Gabe des Heiligen Geistes* empfangen.« Demnach sind der Taufe folgende *Aspekte* zugeordnet:

2.1.2.1

Umkehr und Sündenvergebung. Bei diesem Aspekt ist die Berührung mit anderen religiösen Waschungen und Lustrationen der Umwelt relativ eng, vor allem mit der Johannestaufe, die ebenfalls »Bußtaufe zur Vergebung der Sünden« war (Mk 1,4).

2.1.2.2

Rückbezug auf Jesus durch die Formel »im Namen Jesu Christi« (ἐν τῷ ὀνόματι Ἰησοῦ Χριστοῦ; Apg 10,48; vgl. 2,38) bzw. »auf den Namen Jesu« (Apg 8,16; 1Kor 1,13.15; vgl. 1Kor 10,2; Mt 28,19).

Diese Formel hat zugleich *kausalen* und *finalen* Sinn:

- Einerseits bedeutet sie die *Unterstellung des Taufaktes unter das gegenwärtige Wirken Jesu* als des Erhöhten (analog dem Hebräischen *l^eschem* = »im Hinblick auf . . ., mit Rücksicht auf . . .«); Jesus ist demnach der eigentliche Spender der Taufe; er wirkt durch sie Vergebung und Umkehr.
- Andererseits bedeutet sie die *Übereignung an Jesus*. Wie im Alten Testament Israel durch die Ausrufung des Namens Jahwes über ihm als Eigentumsvolk ausgewiesen war (Dtn 28,10; Jes 43,7), so werden nunmehr die Christen durch die Nennung des Namens Jesu der gegenwärtigen Herrschaft des Erhöhten eingegliedert (Jak 2,7). Diese Zugehörigkeit meint auch Paulus mit den Wendungen Χριστὸν ἐνδύσασθαι (= Christus anziehen; Gal 3,27) und ἐν Χριστῷ εἶναι (= in Christus sein).

2.1.2.3

Gabe des Geistes, und zwar zunächst im Sinne der Unterstellung unter die im Christusgeschehen manifeste Gegenwart der vom Alten Testament für die Endzeit verheißenen Geistwirkungen (Apg 2,16–21 = Joel 3,1–5).

2.1.2.4

Eingliederung in das Gottesvolk der Endzeit. Die christliche Taufe ist von Anfang an Aufnahme- und Initiationsritus; sie ist nicht nur Gabe für den einzelnen, sondern durch ihren Vollzug konstituiert sich eine neue Gemeinschaft, in der sich jetzt schon die Herrschaft des Erhöhten durch den Geist geschichtlich auswirkt (1Kor 12,13).

2.2 Der religionsgeschichtliche Hintergrund

Lustrationen, Waschungen und Wasserriten aller Art gehören zu den Grundphänomenen der Religionsgeschichte. Wasser ist ein elementares Symbol, das, je nach dem Kontext, in dem es gebraucht wird, ganz unterschiedliche Bedeutungen haben kann: Es kann – vom Bild des Waschens her – Reinheit und Erneuerung symbolisieren; es kann aber auch – im Kontext von Vegetationsriten wie denen des Isiskults in Ägypten – Fruchtbarkeit und Leben bedeuten, und schließlich kann es – auf dem Hintergrund mythischer Schöpfungsvorstellungen – Bild des Chaos, des Gerichts und des Todes sein (vgl. Gen 7,11). Alle diese Möglichkeiten sind in der religionsgeschichtlichen Umwelt des Neuen Testaments vertreten, und zwar in einer Reihe von Riten, die von der Forschung immer wieder in ein genetisches Verhältnis zur Taufe gebracht worden sind:

2.2.1

Die Proselytentaufe. Sie war ein Reinigungsakt des zum Judentum übertretenden Heiden, nämlich das erste Tauchbad im Rahmen jüdischer Reinigungsriten, das der Proselyt nach seiner Bekehrung vollzog und durch das er sich endgültig von der Unreinheit des Heidentums trennte.

2.2.1.1

Diese Reinigungsriten gehen auf alttestamentliche Anordnungen zurück.

So mußte am Versöhnungstag der Hohepriester fünf verschiedene Tauchbäder vollziehen und zehnmal Hände und Füße waschen (Joma 3,2). Der Pharisäismus setzte sich für eine Ausweitung priesterlicher Reinheitsvorschriften auf die Nichtpriester ein; Waschungen wurden üblich vor dem Betreten des Tempels (JosAnt 8,96), nach dem ehelichen Verkehr (Ant 3,263) und – vor allem – während des Aufenthalts in heidnischer Umwelt (Jdt 12,6–8: Judith badet während ihres Aufenthalts im heidnischen Lager jeden Morgen an einer Quelle außerhalb des Lagers, bevor sie ihr Gebet spricht).

Der nach pharisäischen Vorschriften lebende Proselyt übernahm mit seinem Übertritt die Pflicht, die gültigen Reinheitsvorschriften zu beachten und die dazu nötigen Tauchbäder zu vollziehen. Als regulärer Bestandteil des Übertrittsrituals wird die Proselytentaufe allerdings erst um die Wende zum 2. Jahrhundert greifbar: Nach Heilung der Beschneidungswunde wird der Bekehrte von zwei Gelehrtenschülern – den Zeugen – zum Tauchbad geleitet. Während des Vollzugs des Bades erteilen die Gelehrtenschüler Belehrungen aus der Tora. Ist er herausgestiegen, so ist er in jeder Hinsicht ein Israelit (Jebamoth 47 a Bar; Bill. 1, 110f).

2.2.1.2

Nähe zur christlichen Taufe besteht in terminologischer Hinsicht: βαπτίζεσθαι (= taufen) ist Terminus für die jüdischen Reinigungsriten. Dahinter steht der Sprachgebrauch der LXX, die das hebr. *tabal* mit βαπτίζεσθαι wiedergibt. Eine weitere Entsprechung liegt darin vor, daß auch die Proselytentaufe Initiationsritus ist. Größer sind jedoch die Differenzen, die eine Abhängigkeit der christlichen Taufe von der Proselytentaufe ausschließen: Die Proselytentaufe ist Selbstwaschung, die christliche Taufe nicht; die Proselytentaufe ist kultische Reinigung und hat weder etwas mit Sündenvergebung noch mit Geistverleihung zu tun.

2.2.2

Die rituellen Waschungen der Qumran-Sekte. Auch hier bildeten die priesterlichen

Reinheitsvorschriften des Alten Testaments die Grundlage, was dem Selbstverständnis der Sekte als einer priesterlichen Gemeinschaft entsprach.

2.2.2.1

Täglich vor den gemeinsamen Mahlzeiten wurde eine Waschung des ganzen Körpers vorgenommen – ein Brauch, der durch die in Chirbet-Qumran freigelegten großen Wasserbecken eindrucksvoll belegt ist. Nicht ganz eindeutig ist, ob es neben diesen Reinigungsbädern, die den Vollmitgliedern vorbehalten waren, noch ein besonderes Tauchbad als Initiationsakt für die endgültig in die Sekte aufgenommenen Novizen gab, aber es ist aufgrund von 1QS 3,6–9 doch sehr wahrscheinlich:

»Denn durch den Geist des wahrhaftigen Rates Gottes werden die Wege eines Mannes entsühnt, alle seine Sünden, so daß er das Licht des Lebens erblicken kann. Und durch den heiligen Geist, (der) der Gemeinschaft in seiner Wahrheit (gegeben ist,) wird er gereinigt von allen seinen Sünden, und durch den Geist der Rechtschaffenheit und Demut wird seine Sünde gesühnt. Und wenn er seine Seele demütigt unter alle Gebote Gottes, wird sein Fleisch gereinigt werden, daß man ihn mit Reinigungswasser besprenge und daß er sich heilige durch Wasser der Reinheit.«

2.2.2.2

Wie in der christlichen Taufe, liegt auch hier ein Zusammenhang zwischen Reinigungsbad und Buße, Reinigung von den Sünden und Geistverleihung vor. Zwar ist davon, daß mit dem Reinigungsbad Vergebung der Sünde und Gabe des Geistes verbunden wäre, nicht die Rede; auf alle Fälle aber ist es Zeichen der vollzogenen Umkehr und Vollzug der Aufnahme in die endzeitliche Gemeinschaft, der der Geist gegeben ist und in der Reinigung von den Sünden im Sinne von Ez 36,25f (vgl. 1QS 4,20f) erfolgt.

2.2.3

Die Taufe Johannes des Täufers. Als Quelle für das Wirken des Täufers dient neben der erzählenden Markus-Überlieferung in Mk 1,2–8 die in manchen Einzelheiten wohl zuverlässigere Q-Überlieferung Mt 3,7–12 par Lk 3,7–9.16f, die eine Zusammenfassung seiner Predigt gibt.

2.2.3.1

Die Johannestaufe ist *Akt profetischer Vollmacht*. Der Beiname »der Täufer« weist auf die auffallende Besonderheit des Johannes hin, die darin bestand, daß er selbst die Taufe an den Täuflingen vollzog, und zwar offenbar deshalb, weil sie ein an seinen besonderen Auftrag gebundenes Geschehen war.

2.2.3.2

Dem entspricht die *eschatologische Akzentuierung*: Johannes handelt in der Gewißheit des Auftrags, eine letzte Möglichkeit der Rettung vor dem unmittelbar bevorstehenden Gericht zu bieten. Was bevorsteht, ist das Kommen Gottes selbst zur Taufe »mit Geist und Feuer«, d.h. zur endgültigen Scheidung von Sündern und Gerechten und zur Vernichtung der Ungehorsamen (Mt 3,11f; vgl. Mk 1,8).

2.2.3.3

Die Johannestaufe ist *Bußtaufe zur Vergebung der Sünden* (Mk 1,4). Sie gewährt denen, die Bereitschaft zur Umkehr bekunden, Sündenvergebung und damit die Rettung vor dem kommenden Zornesgericht. Sie ist, anders als die Tauchbäder von Qumran, nicht nur Folge der vollzogenen Buße, sondern deren Ermöglichung. Dabei ist das dort ebenso wie im Proselytentauchbad zentrale Motiv der kultischen Reinigung völlig ausgeblendet. An seiner Stelle steht das Motiv der Rettung; wer sich jetzt zum Zeichen der Umkehr im Wasser untertauchen läßt, entgeht dem kommenden vernichtenden Feuer: »Ich taufe euch mit Wasser zur Buße; der nach mir Kommende . . . wird euch mit (heiligem) Geist und Feuer taufen« (Mt 3,11 par Lk 3,16). Die Wassertaufe ist Gegenbild und rettende Vorwegnahme der kommenden Feuertaufe: »Wie jene einmalig und endgültig wirksam ist, so ist es diese; wie jene vernichtet, so rettet diese« (H.Thyen, Baptisma metanoias eis afesin hamartion, in: Zeit und Geschichte, FS f. R.Bultmann, 1964, 98).

2.2.3.4

Die Johannestaufe ist *kein Initiationsritus*, ja ihr fehlt jeder Gemeinschaftsbezug. Während die Qumransekte mit ihren Waschungen den Anspruch erhebt, den heiligen Rest Israels in kultischer Reinheit für die Endzeit darzustellen, entnimmt der Täufer durch seine Taufe einzelne dem Gericht, das Israel als ganzes treffen wird (Mt 3,9 par Lk 3,8). Erst nach dem Tode des Täufers wurde die von seinen Schülern weitergeführte Taufe zum Initiationakt in den Kreis der Täuferjünger und rückte damit näher an das Aufnahmeritual der Qumrangemeinde heran (Kretschmar, aaO, 15).

2.2.4

Die Mysterienkulte. Seit dem Aufkommen der Religionsgeschichtlichen Schule hat man immer wieder die Taufe in die Nähe der Mysterienkulte rücken wollen. In diesen geht es um eine *rituelle Vergegenwärtigung der Vergangenheit*: Durch den Vollzug bestimmter Symbolhandlungen erhält der Gläubige Anteil am Schicksal der Kultgottheit, bis hin zur vollen rituellen Identifikation mit ihr. Dadurch wird er seiner alten Existenz entnommen und erfährt eine Geburt zu neuem göttlichen Leben.

2.2.4.1

Als Analogien zur Taufe wurden u.a. genannt: die ›Eleusinische Taufe‹, das sakramentale Bad, das der Einweihung in die *Eleusinischen Mysterien* der Demeter und ihrer Tochter Kore vorausging, und die Bluttaufe des *Attiskults*, die durch Überrieselung des in einer Grube stehenden Mysten durch warmes Stierblut vollzogen wurde. Vor allem sah man aber in der *Isisweihe* (Apuleius, Metamorphosen 11,23) enge Entsprechungen zur Taufe: Dort vollzog der Priester selbst am Mysten ein Reinigungsbad, »ihn ringsum mit Wasser besprengend«, und geleitete ihn dann, »mit einem leinenen, groben Gewand umhüllt«, in das Innere des Tempels, wo er die Geheimnisse der Gottheit erfuhr: »Ich bin an die Grenze des Todes gekommen und habe die Schwelle der Proserpina betreten, durch alle Elemente bin ich gefahren und dann zurückgekehrt, um Mitternacht habe ich die Sonne in blendend weißem Lichte leuchten sehen, den Göttern droben und drunten bin ich von Angesicht zu Angesicht genaht und habe sie aus nächster Nähe angebetet.«

2.2.4.2

Hauptvertreter einer hier ansetzenden Taufdeutung sind *H.Gunkel*, *P.Wendland*, *H.Lietzmann*, *R.Reitzenstein* und *C.Schneider*. Ihnen gegenüber versuchte *G.Wagner* (Das religionsgeschichtliche Problem von Röm 6,1–11, 1962) jeden Zusammenhang zwischen den Mysterien und der Taufe abzustreiten – mit kaum überzeugendem Gesamtergebnis. Wagner konnte zwar nachweisen, daß konkrete Analogien zu den Mysterienritualen, die eine direkte Abhängigkeit begründen könnten, kaum bestehen. Unbestreitbar bleibt jedoch, daß die Mysterienfrömmigkeit auf Lebenserneuerung durch Teilhabe am Schicksal der Gottheit zielt und daß die Verbreitung und Popularität dieser Frömmigkeit in der hellenistischen Welt Auswirkungen auf das Verständnis der Taufe haben mußte.

2.2.5
Fazit: Eine direkte Herleitung der christlichen Taufe aus einem der Umweltriten ist nicht möglich, wohl aber finden sich für einzelne der in ihr enthaltenen Motive dort Entsprechungen. Die relativ größte Nähe besteht zur Johannestaufe, denn auch sie erfolgt durch einen Täufer, wirkt Sündenvergebung und ist streng eschatologisch ausgerichtet. Trotzdem ist die christliche Taufe nicht einfach deren Weiterführung; darin, daß sie Initiationsritus in die Heilsgemeinde ist, den Geist vermittelt und – vor allem – an den Namen Jesu gebunden ist, geht sie weit über jene hinaus. Wie aber ist dann ihre Entstehung zu erklären?

2.3 Der Ursprung der christlichen Taufe

2.3.1
Der irdische Jesus. Eine Zurückführung auf den irdischen Jesus ist nicht möglich. Jesus hat sich zwar von Johannes taufen lassen (2.3.3), einige seiner Jünger – möglicherweise sogar er selbst – haben ursprünglich dem Kreis um den Täufer angehört (Joh 1,35–40), trotzdem haben er und seine Jünger während seines Wirkens nicht getauft. (Anders Joh 4,1ff, doch handelt es sich hier vermutlich um eine Rückprojektion einer nachösterlichen Konkurrenz zwischen Jesu Jüngern und denen des Täufers).
Der Grund für diesen Verzicht auf die Taufe ist vom Gesamtbild des Wirkens Jesu her zu erschließen: Jesu Verkündigung der Gottesherrschaft war nicht die Ankündigung des nahen Gerichts, sondern Zusage des Heils in Jesu Wort und Tat selbst, in seinem Angebot der Umkehr und seiner Gewährung von Glauben. Das Kommen Jesu überholte gleichsam die Johannestaufe zeitlich wie auch sachlich; in ihm war die Erwartung, auf die die Johannestaufe zielte, erfüllt, wenn auch in ganz anderer Weise, als Johannes das vorhergesehen hatte.

2.3.2
Der Auferstandene und sein Taufbefehl. Ein direkter Taufbefehl aus dem Munde des Auferstandenen findet sich im NT nur an zwei Stellen, in Mt 28,19f und Mk 16,15f. Beide reichen zur Erklärung der Entstehung der christichen Taufe nicht aus.

2.3.2.1
Mk 16,15f muß von vornherein außer Betracht bleiben. Die Stelle gehört zum unechten Markusschluß Mk 16,9–20, der in wichtigen Handschriften fehlt und inhaltlich eine Kompilation der Osterberichte aus den drei übrigen Evangelien ist. So ist V. 15 von Mt 28,19f abhängig.

2.3.2.2
Mt 28,19f ist Teil der feierlichen Schlußszene des Matthäusevangeliums, Mt 28,16–20, die vom Evangelisten stark redaktionell gestaltet ist. Sie mag zwar überlieferungsgeschichtlich auf eine Gruppenerscheinung des Auferstandenen (§ 14, 2.1.2.2) zurückführbar sein, doch die Erwähnung der Taufe (V. 19b) ist sicher erst vom Evangelisten eingebracht worden, und zwar unter Benutzung einer in seiner Gemeinde gebräuchlichen liturgischen Tradition, die etwa gelautet haben dürfte:

»Ich taufe dich auf den Namen des Vaters und des Sohnes und des Heiligen Geistes« (vgl. G. Strekker, Der Weg der Gerechtigkeit, 1962, 210). In der vorliegenden Form ist Mt 28,18–20 ein feierliches Manifest des Erhöhten, der unter Berufung auf seine herrschaftliche Vollmacht (ἐξουσία) den Jüngern Anweisung gibt zur Ausbreitung des von ihm gewirkten Heils durch *Taufen* (d.h. durch Initiation in die dem Namen Jesu unterstellte Heilsgemeinde) und durch *Lehren* (d.h. durch Unterweisung in Jesu Wort und Gebot). Hier ist übrigens zu beachten, daß die Partizipialformen βαπτίζοντες und διδάσκοντες (»indem ihr tauft« und »indem ihr lehrt«) dem Hauptverbum μαθητεύσατε (»macht zu Jüngern«) untergeordnet sind. Matthäus denkt also keineswegs an ein zeitliches Nacheinander von »Zu-Jüngern-Machen«, »Lehren« und »Taufen«, sondern an eine sachliche Zuordnung. – Insgesamt liefert Mt 28 keine historische Herleitung, sondern eine theologische Begründung der Taufe.

2.3.3

Die Taufe Jesu. Auch Mk 1,9–11 gibt keine hinreichenden Anhaltspunkte für eine direkte Herleitung der Taufe von Jesus. In der vorliegenden Form ist der Taufbericht eine Christusgeschichte mit stark redaktionellem Gepräge. Ihre Spitze liegt in den christologischen Aussagen von V. 10f. Der überlieferungsgeschichtliche Kern dürfte eine Erzählung von der Berufung Jesu bei seiner Taufe durch Johannes und von seinem Ergriffenwerden durch den Geist sein.

Wichtig ist nun jedoch, *daß dieser Perikope alle Züge einer Kultätiologie fehlen* (im Unterschied zur Abendmahlsparadosis Mk 14,22–25; 1Kor 11,23–26). Nichts deutet darauf hin, daß zu irgendeiner Zeit von ihr her die urgemeindliche Taufpraxis begründet worden wäre! Dies gilt übrigens nicht nur für Mk 1,9–11, sondern erst recht für die Seitenreferenten. Sie drängen sogar den eigentlichen Taufakt immer stärker in den Hintergrund:

2.3.3.1

So gibt *Mt 3,14–17* eine apologetische Erklärung der Taufe Jesu. Jesus habe sich taufen lassen, »um alle Gerechtigkeit zu erfüllen«, d.h., er habe die Taufe als von Gott gesetzte Ordnung akzeptiert, um so seine Solidarität mit den Sündern zu dokumentieren.

2.3.3.2

Lk 3,21f erwähnt den Taufvorgang nur noch in einer untergeordneten Partizipialwendung und legt alles Gewicht auf die Himmelsstimme.

2.3.3.3

Joh 1,29–34 schließlich stellt die Taufe Jesu nur noch als den äußeren Anlaß dar, der dazu diente, ihn als den von Gott Gesandten vom Täufer öffentlich proklamieren zu lassen.

2.3.3.4

Eine explizite Deutung der Taufe Jesu im Sinne einer Einsetzung der christlichen Taufe findet sich erst bei *IgnEph* 18,2: »Er wurde geboren und getauft, um durch sein Leiden das Wasser zu reinigen.«

Eine indirekte Wirkung des Taufberichts auf die christliche Taufe könnte allenfalls darin gesehen werden, daß schon früh in Tauftraditionen das Motiv der Verleihung der Sohnschaft an den Getauften (vgl. Mk 1,11) auftaucht, so in Gal 4,5; Röm 8,15f; Eph 1,5 (vgl. Kretschmar, aaO, 16).

2.3.4

Versuch einer historischen Erklärung. Die Urgemeinde hat die durch den Täufer als Vorbereitung auf das endzeitliche Kommen Gottes vorgeprägte Taufe nach Ostern wieder aufgenommen und sie zugleich in pneumatischer Vollmacht vom Christusgeschehen her mit einem neuen Inhalt erfüllt. Die Taufe wurde nunmehr zur Einweisung in das durch Gottes Handeln mit Jesus gesetzte gegenwärtige Eschaton! Die Gemeinde lebte in der Gewißheit, daß mit Jesu Tod und Auferweckung die Endzeitereignisse angebrochen waren. Wollten sich ihre Glieder diesen Endzeitereignissen unterstellen, so bot sich dafür nach wie vor die Taufe als sichtbares Zeichen an. Dies lag um so näher, als ja Jesus die Johannestaufe als von Gott gegebenes Zeichen der eschatologischen Umkehr anerkannt hatte (Mk 11,30). Allerdings konnte die Taufe jetzt nicht mehr nur als Vorbereitung auf kommendes Gericht verstanden werden; sie mußte vielmehr zum Ausdruck bringen, daß das Eschaton, in das sie einwies, in der heilvollen Bindung an das in Jesus Geschehene seinen Grund hatte; d.h., sie wurde zur »Taufe auf den Namen Jesu«. Christliche Taufe blieb so, wie die Johannestaufe, Bereitung auf das Eschaton, allerdings nicht mehr im Sinne der Antizipation eines kommenden Gerichtsereignisses, sondern im Sinne der Anteilgabe an einem bereits gegenwärtigen personhaften Geschehen. So steht die Taufe nach Ostern gleichsam an der Stelle, die vorösterlich *der Ruf in die Nachfolge* einnahm.

Aus dem christologisch bedingten neuen Verständnis des eschatologischen Geschehens folgte auch die *Zuordnung von Geist und Taufe*: Die Taufe wurde Zeichen und Zueignung des durch Gottes Geist in der Auferweckung Jesu (Röm 1,4) herbeigeführten endzeitlichen Heils.

2.4
Zur Entwicklung der Tauftheologie

Das NT entfaltet die Bedeutung des Taufgeschehens in vielfältigen Aussagereihen und Bildkomplexen. Dabei ist eine wichtige Beobachtung zu machen: Diese Aussagereihen sind nur ganz am Rande an der äußeren Handlung orientiert! Der Wasserritus wird nur relativ selten theologisch ausgedeutet, wobei diese Deutungen noch dazu keineswegs einheitlich sind.

Zentraler Deutungsgegenstand ist vielmehr das christologische Geschehen der Taufe; es geht stets um die in ihr gegebene Christusverbindung und ihre Folgen. Demnach ist die Taufe im frühen Christentum nicht als Gleichnishandlung verstanden worden, die durch ihren äußeren Vollzug eine bestimmte Botschaft vermittelt, sondern als ein in sich wirkungsmächtiges Geschehen, das zwar an einen bestimmten äußeren Vollzug gebunden war, das aber seinem Wesen nach nicht von diesem her zu erfassen war. Die »Einheit der Taufe liegt nicht im Ritus . . .«, sie liegt letztlich »nur im Heilswerk Christi, das durch die Taufe dem Täufling zugeeignet wird und ihn zu einem Glied des Gottesvolkes des neuen Bundes macht« (Kretschmar, aaO, 55f).

Einige der wichtigsten *Bildkomplexe, in denen das Taufgeschehen entfaltet wird,* seien hier kurz vorgestellt.

2.4.1

Taufe als Bad. Die Deutung der Taufe als Reinigungsbad (λουτρόν) geht vom Wasserritus aus und rückt das Moment der Sündenvergebung in den Mittelpunkt. Sie findet sich schon bei Paulus (1Kor 6,11), ferner bei Lukas (Apg 22,16) und in den Deuteropaulinen (Tit 3,5; Eph 5,26 sowie in Hebr 10,22). Aber es ist bezeichnend, daß gerade dieses Bild immer wieder von der Sache her durchbrochen (Eph 5,26; 1Petr 1,2) bzw. überboten (1Petr 3,20f) wird.

2.4.2

Taufe als Siegel (σφραγίς). Wenn Paulus in 2Kor 1,21f davon spricht, daß »Gott uns versiegelt und uns das Angeld des Geistes in unsere Herzen gegeben« habe, so deutet er damit die Taufe – denn sie ist hier gemeint – als eschatologischen Rechtsakt. Das Siegel ist Eigentumszeichen, das Christus dem in sein Eigentum übergegangenen Menschen aufgeprägt hat; der Geist ist die Anzahlung, durch die die Übereignung rechtlich perfekt geworden ist. E.Dinkler (Die Taufterminologie in 2Kor. i 21f, in: Neotestamentica et Patristica. Freundesgabe O.Cullmann, 1962, 173–191) vermutet hier eine Anspielung auf den liturgischen Vollzug der Taufe; das muß allerdings fraglich bleiben.

2.4.3

Taufe als Wiedergeburt. Nach Überzeugung der meisten Ausleger beziehen sich die Aussagen über eine neue Geburt der Glaubenden in Joh 3,5 (»wenn jemand nicht geboren wird aus Wasser und Geist, kann er nicht in die Gottesherrschaft eingehen«) und im 1.Petrusbrief (1,3: »der euch wiedergeboren hat zu einer lebendigen Hoffnung durch die Auferstehung Jesu Christi . . .«; 1,23: »Die ihr wiedergeboren seid, nicht aus vergänglichem Samen, sondern aus unvergänglichem durch das lebendige und bleibende Wort Gottes«) ebenfalls auf die Taufe, auch wenn Einzelheiten dabei umstritten bleiben.

2.4.3.1

So sehen einige Exegeten (z.B. H.Preisker, HNT 15 ^{3}1951, 156–162) in 1Petr 1,3–4,11 die Fixierung einer Taufpredigt bzw. eines urchristlichen Gottesdienstes einer Taufgemeinde. Doch ist dies eine unbegründbare Behauptung. Allenfalls wird man sagen können, daß in 1Petr 1,3–2,10 Elemente traditioneller Taufunterweisung aufgenommen worden sind.

2.4.3.2

Was das Nikodemusgespräch in Joh 3 betrifft, so besteht ein Dissensus darüber, ob es in der vorliegenden Form bereits auf den Evangelisten selbst zurückgeht oder ob die Bezugnahme auf die Taufe erst durch die ›kirchliche‹ Endredaktion eingebracht wurde, der dann auch der eucharistische Abschnitt Joh 6,51c–58 zuzuschreiben wäre (zur Diskussion vgl. E.Lohse, Die Einheit des Neuen Testaments, 1973, 193–208).

Übrigens ergibt sich aus Joh 3, daß die Deutung der Taufe als Wiedergeburt unter Benutzung des Jesuslogions Mt 18,3 zustande gekommen ist: »Amen, ich sage euch, wenn ihr nicht umkehrt und werdet wie die Kinder, so werdet ihr in die Himmelsherrschaft nicht eingehen.« Dieses Logion war ursprünglich ein Bildwort: »werden wie die Kinder« bedeutet, sich in uneingeschränktem Vertrauen auf Jesu Wort und Handeln einlassen und auf Rechtbehaltenwollen vor Gott verzichten, d.h. sich so verhalten, wie es dem Charakter der Gottesherrschaft entspricht. – Dieses Logion wird in Joh 3,3 zum Rätselspruch, der, indem er das Paradox des synoptischen Logions auf die Spitze treibt, das Mißverständnis des Nikodemus provoziert: »Amen, Amen ich sage dir, wenn jemand nicht von neuem geboren wird, kann er die Gottesherrschaft nicht schauen.« Die Auflösung gibt

dann V. 5, indem er das »von neuem geboren werden« als Geborenwerden »aus Wasser und Geist«, d.h. als Getauftwerden interpretiert.
Taufe ist – so wird hier deutlich – nicht ein Akt der Überhöhung der natürlichen Existenz des Menschen, sondern sie bedeutet einen radikalen Neuanfang, die Gabe eines durch den Geist bestimmten neuen Lebens. Sie ist ein neuer Schöpfungsakt (vgl. 2Kor 5,17).
In diesem Sinn ist das Wiedergeburts-Motiv Entfaltung der eschatologischen Bedeutung der Taufe.

2.4.4

Taufe als Herrschaftswechsel (Röm 6). Daß die Taufe Herrschaftswechsel sei, ist der Skopus der Taufinterpretation des Paulus, wie er sie in Röm 6,1–14 entfaltet (zur Analyse s. 3).

2.5
Neues Testament und Kindertaufe

Unter dem Eindruck der von *K.Barth* und seinen Schülern geübten Kritik an der gegenwärtigen kirchlichen Taufpraxis wurde die Frage nach der Stellung des Neuen Testaments zur Kindertaufe exegetisch heftig diskutiert. Repräsentative Bedeutung erlangte dabei vor allem die Kontroverse zwischen J.Jeremias und K.Aland.

2.5.1

J.Jeremias (Die Kindertaufe in den ersten vier Jahrhunderten, 1958) bemühte sich um eine Rechtfertigung der Kindertaufe durch den exegetischen Nachweis einer entsprechenden Taufpraxis im Urchristentum:

- Er zählt eine Reihe von sog. ›Oikos-Formeln‹, d.h. von Stellen, die von der Bekehrung und Taufe eines »Hauses« reden, auf: 1Kor 1,16 (Haus des Stephanas in Korinth); Apg 16,15 (Haus der Halbproselytin Lydia in Philippi); 16,33 (Haus des Gefängniswärters in Philippi); 18,8 (Haus des Synagogenvorstehers Krispus). Diese Formeln entsprächen der alttestamentlichen Ritualsprache, speziell der Beschneidungsterminologie. Von da her sei der Einschluß von Kleinkindern selbstverständlich.
- Auch die – von ihm zur christlichen Taufe analog gesehene – Proselytentaufe sei an Kindern und Säuglingen geübt worden.
- Mk 10,13–16, die Perikope von der Segnung der Kinder durch Jesus, lasse als Sitz im Leben die Unterweisung der Christen über die Notwendigkeit, ihre Kinder taufen zu lassen, erkennen.
- Überall in der alten Kirche – mit Ausnahme von Ostsyrien – sei im 2. Jahrhundert die Kindertaufe ein alter und fester Brauch gewesen.

2.5.2

K.Aland (Die Säuglingstaufe im Neuen Testament und in der alten Kirche. Eine Antwort an Joachim Jeremias, 1962; Taufe und Kindertaufe, 1971) machte demgegenüber geltend:

- Von einer Verwurzelung der Oikos-Formeln in der alttestamentlichen Beschneidungsterminologie könne keine Rede sein. Im übrigen lasse keine der von Jeremias angeführten Stellen erkennen, daß sich Kinder im Hauswesen befanden, ja, der Kontext schließe diese Möglichkeit sogar weitgehend aus.
- Rückschlüsse von der Proselytentaufe her sind für das 1. Jahrhundert schon aus chronologischen Gründen nicht gerechtfertigt.

■ Aus 1Kor 7,14 (»Heiligung« des nichtchristlichen Ehepartners einer Christin durch das gemeinsame Kind) sei zu schließen, daß in der Frühzeit Kinder von Christen generell als »geheiligt« und sündlos galten und darum nicht getauft wurden.
■ Das patristische Zeugnis lasse erkennen, daß sich die Kindertaufe – ausgehend von Nordafrika – erst vom 3. Jahrhundert an entwickelt und daß sie sich erst im 4. Jahrhundert unter dem Eindruck der Augustinischen Erbsündenlehre, allgemein durchgesetzt habe.
■ Im übrigen könne eine Begründung der Kindertaufe (die Aland selbst übrigens bejaht) nicht biblizistisch, sondern ausschließlich theologisch, d.h. von der Reflexion des Wesens der Taufe her, erfolgen.

2.5.3
Beurteilung

2.5.3.1
Die Taufe von Kleinkindern ist kein Thema, zu dem das Neue Testament direkt etwas zu sagen hat. Eine Theoriebildung zu dieser Frage erfolgte im Urchristentum noch nicht. Der historische Befund zeigt eine keineswegs einheitliche Praxis:
■ Die Taufe hatte ihren selbstverständlichen Ort im Zusammenhang mit der Bekehrung. Sie markierte den Übertritt aus dem Machtbereich »der Finsternis« in den Machtbereich Jesu Christi (Kol 1,13), ja, sie war deutlicher Ausdruck der Neuheitserfahrung, die das Christsein vermittelte. Von da her ist es wahrscheinlich, daß bei der Bekehrung eines Hauses auch Kleinkinder mitgetauft worden sind. In der Antike war die Großfamilie, zu der neben den Kindern auch die Sklaven gehörten, ein umfassender Lebens- und Erfahrungsraum, der selbstverständlich auch das Religiöse mit einschloß. So war es selbstverständlich, daß der pater familias danach strebte, sein gesamtes Hauswesen dem in Jesus gegebenen Heil zu unterstellen, sofern sich die Glieder dieses Hauswesens davon nicht selbst ausschlossen (G.Delling, Studien zum Neuen Testament und zum hellenistischen Judentum, 1970, 304). – Allerdings war diese Bekehrung ganzer Familien nicht der Regelfall, wie 1Kor 7,12–16 zeigt.
■ Nicht selbstverständlich war jedoch zunächst anscheinend die Taufe von Christen der zweiten Generation. So scheint Paulus in 1Kor 7,14 die Meinung zu vertreten, daß die ›Heiligkeit‹ der getauften christlichen Mutter auf das Kind gleichsam mit ausstrahle, daß dieses Kind also schon von der Mutter her der Macht Jesu Christi unterstellt sei. Daß dies keine dauernde Lösung sein konnte, mußte sich spätestens beim Verzug der Parusie und dem Aufkommen eines innerchristlichen Generationsproblems herausstellen.
■ Zunächst scheint sich jedoch im 2. Jahrhundert die Praxis herausgebildet zu haben, ältere Kinder nach einer Unterweisung, etwa im 14. Lebensjahr, zu taufen. Dahinter stand die Vorstellung der Sündlosigkeit der Kleinkinder (nach Herm mand 2,1 kennen die kleinen Kinder die Schlechtigkeit nicht, welche das Leben der Menschen zerstört). Erst als die Vorstellung von der umfassenden, auch die Kinder beherrschenden Macht der Erbsünde sich Bahn brach, kam es zur Taufe von neugeborenen Säuglingen.
■ Immerhin darf aber die von Jeremias aufgezeigte Möglichkeit nicht ausgeschlossen werden, daß bereits Mk 10,13–16 Niederschlag einer Debatte innerhalb des frühen Christentums über die Legitimität der Taufe von Kleinkindern (παιδία) ist. Dafür könnte sowohl die sonstige Verankerung des Logions V. 15 (par Mt 18,3) in Tauftraditionen wie auch die Taufterminologie (»hindert sie nicht!« [V. 14]) sprechen.

2.5.3.2

Obwohl das Neue Testament demnach keine biblizistische Begründung der Kleinkinder-Taufe ermöglicht, lassen sich von ihm her doch *theologische Einsichten* in das Wesen der Taufe gewinnen, die für die heutige Diskussion dieses Problems relevant sind:

- So hat die Taufe nach dem NT Widerfahrnischarakter. In ihr handelt Gott allein, während der Mensch der Empfangende und Beschenkte bleibt. Daß in der Kleinkinder-Taufe gerade dieser Widerfahrnischarakter zum Ausdruck kommt, könnte zu ihren Gunsten geltend gemacht werden.
- Nach dem NT gehören Glaube und Taufe unmittelbar zusammen, der Glaube ist weder ein intellektueller Verstehensakt noch ein ethischer Entscheidungsakt, sondern primär das Eintreten des Menschen in den von Gott in Christus eröffneten endzeitlichen Freiheitsraum. Weil die Taufe dieses Eintreten ermöglicht, ist der Glaube letztlich die Gabe der Taufe, nicht ihre Voraussetzung.
- Die Taufe ist nach dem NT Eingliederung in die Gemeinde und Verleihung der in ihr wirksamen Geistesgaben (1Kor 12,13). Das bedeutet, daß der Getaufte in einen bestimmten Lebenszusammenhang hineingestellt wird, der nicht beziehungslos neben den natürlichen und geschichtlichen Bindungen, an denen er sonst teilhat, stehen kann, sondern ihn mit umfassen muß. Das Taufen eines Kindes als Glied einer christlichen Familie, die einen solchen von Christus geprägten Lebenszusammenhang darstellt, wäre von da her theologisch legitim. Allerdings wäre hier zugleich die Veränderung des Stellenwertes der ›Familie‹ in der heutigen Gesellschaft zu bedenken: In welchem Sinn kann sie überhaupt noch prägende Lebensgemeinschaft sein?

3
Arbeit am Text: Röm 6,1–14

3.1
Kontext

Paulus will in Röm 6 keine Tauflehre entwickeln; er nimmt vielmehr die Taufe als Beweismittel im Rahmen einer ethischen Argumentation. Analog zu 1Kor 10,16–22, wo er die der Gemeinde bekannte Herrenmahlstradition als Argumentationsbasis benutzt, spricht er hier die Adressaten auf ihre Kenntnis der Taufe an, um sie von da her zu bestimmten Folgerungen zu veranlassen. Und zwar geht es um die Abwehr des fundamentalen Mißverständnisses, als bedeute die Rechtfertigungsbotschaft mit ihrer Betonung der alleinigen Heilswirksamkeit der Gnade den Verzicht auf alle Ethik, ja als gelte es nunmehr geradezu, durch Sündigen die Möglichkeiten für das Wirksamwerden der Gnade zu steigern!

3.2
Aufbau

V.1: Zu widerlegender Einwand
V.2f: These
V.4–10: Begründung (in drei parallelen Argumenten [4.5–6. 7–10])
V.11–14: Folgerung.

3.3 Theologische Problematik

Es ist deutlich, daß Paulus sich auf ein vorgegebenes Taufverständnis bezieht, das er in der römischen Gemeinde voraussetzen zu können glaubt. Einiges spricht sogar dafür, daß er in V. 3f traditionelle Formeln zitiert (etwa: » . . . wir sind auf den Tod Christi getauft«, – »wir sind mit ihm durch die Todestaufe begraben«). Das sich in diesen Überlieferungen aussprechende Taufverständnis begreift die Taufe als Teilhabe des Glaubenden am Todesschicksal Jesu, die zur Teilhabe an seiner Auferstehung führt. Mit anderen Worten: Es läßt sich nicht bestreiten, daß Paulus sich hier auf ein der Mysterienfrömmigkeit angenähertes Verständnis der Taufe bezieht, wie es im hellenistischen Raum weit verbreitet gewesen zu sein scheint. Die Frage ist nun freilich: Wieweit vertritt er selbst dieses Taufverständnis? Ist auch für ihn das Sakrament eine Wiederholung und Vergegenwärtigung des Heilsgeschehens unter dem Schleier der Riten? Die Antwort darauf muß die Auslegung von V. 4–6 geben.

3.4 Zum Inhalt

Die in die Form einer rhetorischen Frage gekleidete These, die Paulus dem zu bekämpfenden Argument entgegensetzt (V. 2f) besagt: Ein Festhalten des Christen an der Sünde ist ausgeschlossen, da er ja »für die Sünde gestorben« ist. Der Tod löst Rechtsbindungen und Machtverhältnisse auf; so ist die Bindung an die Macht der Sünde durch einen Tod erfolgt, und zwar durch den Tod Jesu, auf den hin »wir getauft worden sind«. In den drei parallelen Argumenten (V. 4; V. 5–6; V. 10) werden nun jeweils Tod und Auferstehung Jesu hinsichtlich ihrer Auswirkung auf die Glaubenden gegenübergestellt, wobei nur im ersten Argument die Taufe erwähnt wird. V. 5a bringt gegenüber V. 4 eine Steigerung: Wir sind nicht nur auf seinen Tod getauft, wir sind sogar *mit ihm* begraben durch die Todestaufe; d.h., die äußerste Konsequenz des Sterbens Jesu Christi hat sich am Getauften vollzogen, mit der Folge, daß sich auch die äußerste Konsequenz seiner Auferweckung an ihm vollziehen wird.
Bereits hier ist die Entsprechung zwischen Christus und dem Glaubenden entscheidend modifiziert durch die *Tempusfolge* und das gewählte Verbum. Als Fortsetzung würde man eigentlich erwarten: »so sind auch wir zu neuem Leben auferstanden«. Und die vorgegebene Tradition, auf die Paulus sich bezieht, könnte in der Tat so gelautet haben. Stattdessen fährt Paulus aber fort: »so *werden* auch wir in neuem Leben wandeln«. Hier handelt es sich, wie bei dem ἐσόμεθα von V. 5b und dem συζήσομεν (wir werden mit leben) von V. 8 nicht um ein präsentisch zu übersetzendes ›logisches Futur‹, sondern um ein temporales Futur. *Paulus legt hier also die Zeit bewußt auseinander*: Die Taufe gibt nicht teil an der Auferstehung, sie berechtigt nicht zu einer enthusiastischen Vorwegnahme kommenden Heils; sie gibt zunächst lediglich teil an Jesu Tod.
Aber in welchem Sinne? V. 5, von dem her diese Frage zu klären ist, bietet Übersetzungsprobleme. Entweder ist der Dativ τῷ ὁμοιώματι instrumental, dann ist ὁμοίωμα auf die Taufe zu beziehen und mit »Abbild« zu übersetzen. Der Satz ist dann so wiederzugeben: »Wir sind (mit ihm) durch das Abbild seines Todes (nämlich durch die Taufe) zusammengewachsen.« Dagegen spricht jedoch entscheidend, daß das für den Zusam-

menhang entscheidende Pronomen αὐτῷ (= mit ihm) ergänzt werden müßte und daß ferner V. 5b völlig unverständlich würde, weil das Futur mit der bereits geschehenen Taufe nicht zusammenpaßt (G.Bornkamm, Ges. Aufs. I, 1952, 43). – Dann aber bleibt nur die andere Möglichkeit: Der Dativ τῷ ὁμοιώματι ist *soziativ* und bezieht sich nicht auf die Taufe, sondern auf den Tod Christi; ὁμοίωμα ist dann mit »Abbild«, »Gleichgestalt« zu übersetzen. Dann ist der Sinn des Satzes: » . . . wenn wir zusammengewachsen sind mit der Gleichgestalt seines Todes (d.h. mit der geschichtlichen Gestalt des Sterbens Christi, dem Kreuz), so werden wir dies auch (mit der Gleichgestalt) seiner Auferstehung sein«.

Daraus folgt: Paulus deutet hier weder den Taufritus als Abbildung und Nachvollzug des Sterbens und Auferstehens Jesu, noch reflektiert er über die Möglichkeit der Vergegenwärtigung des Todes Jesu durch die Taufe. Er spricht lediglich von dem Faktum, das in der Taufe vermittelt wird, und seiner die gesamte menschliche Situation verändernden Wirkung. Diese besteht darin, daß nunmehr die Getauften für die Sünde tot sind, um »für Gott in Christus Jesus zu leben« (V. 11). Und zwar wird sich dieses Leben für Gott in Christus vollziehen in der Spannung zwischen dem ›Schon‹ und dem ›Noch-Nicht‹; der Christ steht unter der Herrschaft Christi, des Gekreuzigten, nicht mehr unter der Macht der Sünde – aber die Auferstehung ist für ihn noch Zukunft, und er hat hier und jetzt noch den Kampf gegen die Sünde zu führen. Das bedeutet: *Das in der Taufe erlangte Heil hat die Struktur des Indikativs*, dem der Imperativ des neuen Wandelns folgt.

Für Paulus ist die Taufe also primär ein *rechtlicher Akt*. In ihr wird das durch Jesu Sterben bewirkte Erlöschen des Anspruchs der Sünde auf die Getauften übertragen. Zugleich wird der Getaufte der Macht und Herrschaft Jesu Christi unterstellt, und zwar der Herrschaft, wie Christus sie durch sein Kreuz ausübt.

4 Vertiefung

4.1 Lektürevorschläge

4.1.1

Zur systematischen und praktisch-theologischen Diskussionslage: R.Leuenberger, Taufe in der Krise, 1973; F.Viering, Hg., Zu Karl Barths Lehre von der Taufe, 1972 (Sammlung instruktiver Problemskizzen verschiedener Theologen).

4.1.2

Zur Taufdeutung der Religionsgeschichtlichen Schule: W.Heitmüller, Im Namen Jesu, 1903.

4.1.3

Zur Johannestaufe: H.Thyen, Baptisma metanoias eis afesin hamartion, in: Zeit und Geschichte FS R.Bultmann, hg. v.E.Dinkler, 1964, 97–125.

4.1.4

Zu Röm 6: H.Frankemölle, Das Taufverständnis des Paulus, 1970.

4.1.5

Zur Frage der Kindertaufe: K.Aland, Taufe und Kindertaufe, 1971.

4.2
Fragen zur Weiterarbeit

4.2.1

Welche Motive der Johannestaufe werden von der christlichen Taufe unverändert übernommen? Welche Motive werden verändert? Welche neuen Motive treten in der christlichen Taufe hinzu?

4.2.2

Worin berührt sich die christliche Taufe mit den rituellen Waschungen von Qumran?

4.2.3

Welche Motive christlicher Taufdeutung weisen eine Affinität zu den Mysterienreligionen auf?

4.2.4

Vergleichen Sie die Berichte von Johannes dem Täufer und der Taufe Jesu in Mk 1, Mt 3, Lk 3 und Joh 1! Wie werden in ihnen jeweils das Wirken des Täufers und die Taufe Jesu gedeutet?

4.2.5

Welche Bedeutung hat Röm 6,1–14 innerhalb des Gedankenganges des Römerbriefes? Warum und in welcher Hinsicht greift Paulus hier auf die Taufe zurück?

4.2.6

Unter welchem Gesichtspunkt stellt Paulus in 1Kor 10 Taufe und Abendmahl nebeneinander? Wo liegt die Gemeinsamkeit seiner Interpretation beider ›Sakramente‹?

4.3
Weitere Literatur

K.Aland, Die Säuglingstaufe im Neuen Testament und in der alten Kirche, 1962; ders., Taufe und Kindertaufe, 1971; G.Bornkamm, Taufe und neues Leben (Röm 6), in: ders., Ges. Aufs. I, 1952, 34–50; O.Cullmann, Die Tauflehre des Neuen Testaments, 1948; G.Delling, Die Taufe im Neuen Testament, 1963; ders., Die Zueignung des Heils in der Taufe, 1961; ders., Zur Taufe von »Häusern« im Urchristentum, in: ders., Studien zum Neuen Testament und zum hellenistischen Judentum, 1970, 288–310; G.Fitzer, Taufe-Gemeinschaft-Mission, in: Verborum Veritas, FS G.Stählin, hg. v. O.Böcher/K.Haacker, 1970, 263–278; W.F.Flemington, The New Testament Doctrine of Baptism, 1948; F.Hahn, Die Taufe im Urchristentum (Bibliographie), in: Jahrbuch für Liturgik und Hymnologie 8, 1963, 169–177; J.Jeremias, Die Kindertaufe in den ersten vier Jahrhunderten, 1958; G.Kretschmar, Die Geschichte des Taufgottesdienstes in der alten Kirche, in: Leiturgia. Handbuch des Evangelischen Gottesdienstes, Hg. K.-F.Müller/W.Blankenburg, V, 1970, 1–347;

J. Leipoldt, Die urchristliche Taufe im Lichte der Religionsgeschichte, 1928; E. Lohse, Wort und Sakrament im Johannesevangelium, in: ders., Die Einheit des Neuen Testaments, 1973, 193–208; W. Marxsen, Erwägungen zur neutestamentlichen Begründung der Taufe, in: Apophoreta, FS E. Haenchen, 1964, 159–177; J. Schneider, Die Taufe im Neuen Testament, 1952; H. Thyen, Studien zur Sündenvergebung im Neuen Testament und seinen alttestamentlich-jüdischen Voraussetzungen, 1970; G. Wagner, Das religionsgeschichtliche Problem von Röm 6,1–11, 1962.

§ 17
Christushymnen

1
Einführung

Hymnen sind liturgische Stücke, die in gehobener, oftmals plerophorer Sprache die Taten oder Eigenschaften einer Gottheit rühmen. Das Neue Testament ist – wie die formgeschichtliche Methode deutlich gemacht hat – voll von hymnischen Elementen; hierher gehören z.B. Doxologien (Lobsprüche und Danksagungen). Wichtig sind jedoch die innerhalb der Briefliteratur mehr oder weniger vollständig erhaltenen Christushymnen: Phil 2,6–11; Kol 1,15–20; Joh 1,1–18; 1Tim 3,16; Hebr 1,3f; 1Petr 2,21–25. Sie geben uns einen Einblick in das *gottesdienstliche Leben* der früheren Kirche, vor allem aber in die Entwicklung der *Christologie*.
Gemeinsam ist den Christushymnen – mit Ausnahme von 1Petr 2,21–25 –, daß sie ein *Drei-Stufen-Schema* vertreten, indem sie den Weg Christi von der *Präexistenz* über die *Erniedrigung* bis hin zur *Erhöhung* zeichnen. Dabei liegt auf dem Kommen des Präexistenten in die Welt besonderes Gewicht; es hat bereits den Rang des Heilsgeschehens! So ist es kein Zufall, daß die meisten dieser Christushymnen später ihren liturgischen Ort in der Weihnachtszeit gefunden haben. Und zwar wird dieses Heilsgeschehen in kosmologischen Kategorien ausgesagt: Nicht die Frage nach dem Verhältnis des Menschen zur Geschichte, sondern die nach seiner Stellung in der Welt bildet den Bezugsrahmen dieser Christologie! Um sie zu verstehen, muß man nach dem *religionsgeschichtlichen Hintergrund* fragen (2.2): An welche Vorstellungen und Denkschemata der Umwelt wurde hier angeknüpft? Dann gilt es, ihren spezifischen *Ort innerhalb der christologischen Entwicklung* so genau wie möglich einzugrenzen (2.3): Wo lagen die Vorbedingungen und Voraussetzungen dieser Konzeption, und worin sah das frühe Christentum ihre Möglichkeiten bzw. ihre spezifischen Gefahren? Hier kann vor allem die redaktionelle Bearbeitung der Hymnen wichtige Aufschlüsse geben. Aber auch *grundsätzliche theologische Fragen* kommen in das Blickfeld (2.4): Die Hymnen nötigen zur Rechenschaft darüber, ob und in welchem Sinne auf den Kosmos bezogene christologische Aussagen dem Ansatz des neutestamentlichen Kerygmas entsprechen. Die ökumenischen Debatten um die sogenannte kosmische Christologie in den letzten Jahren hatten nicht von ungefähr die neutestamentlichen Christushymnen als theologischen Bezugspunkt!

2
Entfaltung

2.1
Kriterien und Methoden der Rekonstruktion

2.1.1
Die *Erforschung der Hymnen* setzte erst relativ spät ein. Das hängt mit der ausschließlichen Konzentration der frühen Formgeschichte auf die synoptische Tradition zusammen.

2.1.1.1
Erste Vorarbeiten leistete *A.Seeberg* (Der Katechismus der Urchristenheit, 1903), der nach formelhaftem Gut in der neutestamentlichen Briefliteratur fragte und bereits sprachliche und sachliche Kriterien für dessen Aussonderung entwickelte, ohne jedoch formgeschichtliche Gesichtspunkte aufzugreifen.

2.1.1.2
E.Norden (Agnostos Theos. Untersuchungen zur Formengeschichte religiöser Rede, 1913 [Neudr. 1956]) ging einen wichtigen Schritt weiter; er entdeckte bereits *hymnische Stilelemente* wie den *Partizipial- und Relativstil*.

2.1.1.3
Den eigentlichen Durchbruch bewirkte *E.Lohmeyer* (Kyrios Jesus. Eine Untersuchung zu Phil 2,5–11, 1928 [Neudr. 1961]), der den Nachweis erbrachte, daß in Phil 2,6–11 ein Christushymnus vorliegt, der in zwei Teile (V.6–8 und V.9–11) gegliedert ist und sich in Sprache und christologischer Konzeption als vorpaulinisch erweist; Paulus habe nur am Ende von V.9 redigierend eingegriffen, indem er die Worte θανάτου δὲ σταυροῦ (bis zum Tode am Kreuz) hinzufügte.

2.1.1.4
G.Bornkamm stellte in seinem Aufsatz »Das Bekenntnis im Hebräerbrief« (1942; zuletzt in: ders., Ges.Aufs. II, 1959, 188–203) fest, daß auch in Hebr. 1,3f ein Hymnus verarbeitet ist, der nach dem Schema der Dreistufenchristologie aufgebaut ist.

2.1.1.5
In den Jahren nach dem zweiten Weltkrieg intensivierte sich die Hymnenforschung. *E.Käsemann* versuchte eine Rekonstruktion des Hymnus in Kol 1,12–20 (Eine urchristliche Taufliturgie, 1949; zuletzt in: ders. EVB I, 1960, 34–51) und unternahm eine detaillierte, über Lohmeyer hinausführende Analyse von Phil 2 (Kritische Analyse von Phil 2,5–11, 1950; zuletzt in: EVB I, 51–95). Dabei wandte er sein Augenmerk auch dem religionsgeschichtlichen Hintergrund und der theologischen Problematik zu.

2.1.1.6
R.Bultmann suchte »Bekenntnis- und Liedfragmente im ersten Petrusbrief« (1947; zuletzt in: ders., Exegetica, 1967, 285–297) nachzuweisen, wobei sich vor allem seine Vermutung, daß in 1Petr 2,21–25 ein Christushymnus vorliege, bewährt hat.

2.1.1.7
Besonders intensiv beschäftigte sich die Forschung mit dem Johannesprolog, nachdem Bultmann in seinem Kommentar die kontroverse These aufgestellt hatte, daß in Joh 1,1–18 ein vorchristliches Lied durch Zusätze des Evangelisten verchristlicht worden sei. Zu nennen sind hier vor allem Arbeiten von *E.Käsemann* (EVB II, 155–180); *E.Haenchen* (Gott und Mensch, 1965, 114–143) und *R.Schnackenburg* (Logoshymnus und johanneischer Prolog, BZ NF 1 [1957], 69–109).

2.1.2

Besondere Kriterien für das Vorliegen eines Hymnus sind

- *Prädikationsstil*: Taten und Eigenschaften der Gottheit werden preisend und rühmend aufgezählt; dabei häufen sich Namensprädikationen, Appositionen und Relativsätze. Gern spricht der Hymnus in der Wir-Er-Relation (z.B. Joh 1,14b).
- *Einfache thetische Gedankenführung*: Der Hymnus argumentiert und definiert nicht, sondern er rühmt und proklamiert; deshalb fehlen komplizierte hypotaktische Konstruktionen. Die Parataxe wird bevorzugt.
- *Häufung von Partizipialkonstruktionen* und Zurücktreten finiter Verbformen.
- *Rhythmus*: Anders als in der griechischen Metrik ist dabei nicht die Quantität der Silben, sondern die Anzahl der Hebungen bzw. der Worte bestimmend.
- *Kunstvoller Aufbau*: So zeichnet sich vielfach durch Wiederkehr analoger Wendungen bzw. Konstruktionen eine strophische Gliederung ab (z.B. Kol 1,15: ὅς ἐστιν εἰκὼν; 1,18b: ὅς ἐστιν ἀρχή).

2.1.3

Die *Ausgrenzung der Hymnen aus dem Kontext* erfolgt zunächst nach *allgemeinen literarkritischen Methoden und Kriterien*. So achtet man auf Einführungs- und Zitationswendungen (z.B. 1Tim 3,16a) und auf Brüche innerhalb des Kontexts (z.B. Phil 2,5), sog. ›Randstörungen‹. Besonders deutliche Hinweise dafür, daß ein Zitat vorliegt, ergeben sich aus *Sprache, Terminologie und Stil*.

Zwischen den Prosa-Sätzen Joh 1,6f und 1,15f einerseits und den sie umrahmenden Sätzen in gehobener, rhythmisierter Sprache besteht eine deutliche Differenz. Analog unterscheidet sich der definitorische Satz Hebr 1,1f stilistisch von Hebr 1,3, wo sich plerophore Wendungen häufen.

2.1.4

Die *Feststellung von Zusätzen, Umformulierungen* und *Brüchen innerhalb des Hymnustextes* ist der letzte Schritt der Rekonstruktion. Auch hier hält man sich an stilistische, sprachliche und sachliche Kriterien.

Kol 1,20 ist überfüllt und grammatikalisch unklar; der Satz sprengt in der vorliegenden Form den Parallelismus der beiden Strophen des Hymnus (vgl. V. 18!). Erkennt man ferner, daß die Wendung »er hat Friede gestiftet durch sein Kreuzesblut« (V. 20b) dem theologischen Duktus des Kontextes widerspricht, so wird klar, daß es sich hier um eine interpretierende Glosse des Brief-Verfassers handelt. Scheidet man sie aus, so ergibt sich ein völlig in sich stimmiger Zusammenhang.

Nicht ganz eindeutig ist, ob *Hebr 1,4* eine Fortsetzung des Hymnenstücks 1,3 ist. Der Vers weist einerseits Spracheigentümlichkeiten des Verfassers des Hebräerbriefs auf, andererseits bildet er inhaltlich eine notwendige Weiterführung von V. 3, denn die Erhöhung über die Engel und die Verleihung des »Namens« gehören zu dem hier vorausgesetzten christologischen Schema. Von da her liegt die Vermutung am nächsten, daß V. 4 eine freie Umformulierung des Schlußteils des ursprünglichen Hymnus durch den Briefverfasser ist.

Ob Hymnen vollständig sind, ist oft schwer zu entscheiden. Der häufige relativische Anschluß (z.B. Phil 2,6; Kol 1,15; 1Tim 3,16) dürfte kaum den ursprünglichen Anfang darstellen. Möglicherweise hat hier ursprünglich der volle Christusname oder eine Lob- bzw. Dankesformel an Jesus Christus (»Dank sei Christus, der . . .«) gestanden.

2.2
Religionsgeschichtlicher Hintergrund

Für die Mehrzahl der Christushymnen (Ausnahme: 1Petr 2,21–25) ist das Dreistufenschema *Präexistenz-Erniedrigung-Erhöhung* konstitutiv, auch wenn es nicht überall in allen seinen Teilen expliziert wird. Die Frage ist: Inwieweit läßt es sich als ganzes bzw. lassen sich zumindest seine tragenden Elemente aus Vorstellungen der Umwelt ableiten?

2.2.1
Die Vorstellung der *Präexistenz und Schöpfungsmittlerschaft* eines Himmelswesens läßt sich in der Tat im hellenistischen Judentum nachweisen, und zwar in seiner Weisheitsspekulation.

2.2.1.1
Bereits im *Weisheitshymnus Prov 8,22–31* erscheint die Weisheit als präexistente Größe, die vor allen Schöpfungswerken war und bei der Schöpfung anwesend war:
»Als er des Erdengrundes Fundamente legte,
war ich sein Liebling ihm zur Seite;
und ich war seine Wonne Tag für Tag,
spielend vor ihm allezeit,
spielend vor ihm auf dem Erdengrund
und meine Wonne (findend) bei den Menschenkindern« (8,29ff).

2.2.1.2
Sirach spricht davon, daß die präexistente Weisheit das himmlische Heiligtum verließ, Himmel und Erde durchzog und keine Wohnung fand, bis sie eine Heimstatt gewann in Israel (Sir 24,4–13). Diese göttliche Weisheit ist nichts anderes als »das Gesetz, das uns Mose aufgetragen hat als Erbe für die Gemeinde Jakobs« (Sir 24,33). Diese Vorstellung soll zum Ausdruck bringen: *Das Gesetz ist das, was von Anfang an die Welt beherrscht und durchwaltet* – aber nur Israel hat das Privileg, mit diesem Gesetz vertraut zu sein. Was am Anfang war, das mußte das Maßgebliche, das die Zukunft Bestimmende gewesen sein. Übrigens tauchen in den Weisheitsaussagen schon die gleichen Bilder und Begriffe auf wie in den Hymnen: Die Weisheit ist »Abglanz ewigen Lichts« und »Abbild seiner Güte« (Sap 7,26; vgl. Hebr 1,3; Joh 1,5.9).

2.2.1.3
Auch der Gedanke der *Präexistenz der endzeitlichen Heilsbringergestalt* war schon präformiert; so spricht äthHen 48,6; 62,7 vom Auserwähltsein des Menschensohnes, bevor die Welt erschaffen wurde.

2.2.2
Die Vorstellung der *Erhöhung* geht in ihrem Ansatz weit in das Alte Testament zurück. Daß Gott dem Demütigen aufhilft und den unschuldig leidenden Gerechten »erhöht«, ist eine elementare Einsicht der jüdischen Frommen (1Sam 2,7f; Prov 29,23). Die Gerechten werden in der zukünftigen Welt höher als die Engel sein, sie gelten als »die Kinder der Erhöhung« (pSanh 97 b 33). Allerdings ist die Erhöhungsvorstellung in der Dreistufenchristologie der Hymnen diesem Ansatz gegenüber schon erheblich weiterentwickelt, denn hier bedeutet die Erhöhung durchweg die *Einsetzung in eine Macht- und Herrschaftsstellung über die Weltmächte durch Gott* (vgl. 2.3.3.3).

2.2.3

Aber gibt es in der Umwelt auch ein vorgegebenes *Modell für das Dreistufenschema* in seiner Gesamtheit? Man hat hier immer wieder auf den sogenannten *gnostischen Erlösermythos* verwiesen: In ihm sei das Konzept des Abstiegs einer himmlichen Gestalt in die durch eine Ur-Entfremdung vom wahren Sein entstandene materielle Welt und der Befreiung und Erlösung der in dieser Welt verstreuten göttlichen Elemente durch Rückführung in die himmlische Welt bereits vorgegeben gewesen (z.B. *E.Käsemann, Ph.Vielhauer*).

2.2.3.1

In der Tat scheint das *Perlenlied* aus den Thomasakten (3. Jahrhundert) auf den ersten Blick eine bestechende Parallele zu Phil 2,6–11 zu bieten: Auch dort wird vom Abstieg und Wiederaufstieg einer himmlischen Gestalt und von ihrem Kampf mit den Mächten erzählt. Aber diese Parallele hält näherer Untersuchung nicht stand, denn einmal geht es im gnostischen Mythos nicht um eine wirkliche Menschwerdung des himmlischen Gesandten, sondern nur um eine Verkleidung, zum anderen aber ist für den Mythos der Gedanke des Kampfes des Gesandten mit den widergöttlichen Mächten zum Zweck der Befreiung der entfremdeten und versklavten Lichtfunken konstitutiv, während gerade dieser Gedanke in den Hymnen fehlt. Damit aber ist noch ein weiterer Unterschied gegeben: Der Mythos richtet alles Augenmerk auf das Schicksal der zu Erlösenden, während sie in den Hymnen durchweg nicht erwähnt werden. Darüber hinaus muß ganz allgemein als fraglich gelten, ob ein ausgebildeter gnostischer Erlösermythos in vorchristlicher Zeit bereits vorhanden gewesen ist: Die Gnosis »wird als geistige Bewegung frühestens am Ende des 1. Jahrhunderts nach Christus sichtbar und entfaltet sich voll erst im 2. Jahrhundert« (M.Hengel, Der Sohn Gottes, 1975, 54f; vgl. auch C.Colpe, Die religionsgeschichtliche Schule, 1961).

2.2.3.2

Was jedoch vorhanden war und als Hintergrund vorausgesetzt werden muß, war die *allgemeine weltanschauliche Disposition der hellenistischen Spätantike*, die den Mutterboden der Gnosis bildete und bereits verschiedene gnostizistische Denkmotive hervorgebracht hatte. Herrschend war hier ein vulgärer dualistischer Platonismus, der sich mit einem radikalen weltanschaulichen Pessimismus verband. Der Kosmos galt nicht mehr, wie im klassischen Griechentum, als das »Wohlgeordnete«, als der Bereich, der dem Menschen gesicherte Heimat bot, sondern als in seiner Struktur undurchschaubares Gefängnis, der Machtbereich der Heimarmene, des unentrinnbaren Schicksals. Der Himmel wurde zu einem ehernen Gewölbe, an dem alle Gebete abprallen. Ja man stellte sich die Erde als eingeschlossen von stählernen Kugeln vor, die von bösen Dämonen besetzt sind, die kein Entkommen in die jenseitige himmlische Welt erlauben. Das Grundgefühl des Menschen war das des Ausgeliefertseins an Mächte und Gewalten, der Entfremdung gegenüber sich selbst und dem wahren Sein und der Heimatlosigkeit. Die Heilsfrage, die er stellte, war die Frage nach einer Möglichkeit der Befreiung von den Mächten und Zwängen (vgl. E.Schweizer, Neotestamentica, 1963, 15–27).

2.3
Der Ort der Dreistufenchristologie im Rahmen der Entwicklung der Christologie

Die Dreistufenchristologie läßt sich in ihrer Eigenart und ihrer spezifischen Ausrichtung nur verstehen, wenn man sie in den Rahmen der Entwicklung des christologischen Denkens des Urchristentums hineinstellt. Diese Entwicklung hat sich innerhalb weniger Jahre (etwa zwischen 30 und 50) vollzogen, und es ist nicht übertrieben zu sagen, »daß sich in jenem Zeitraum von nicht einmal zwei Jahrzehnten christologisch mehr ereignet hat als in den ganzen folgenden sieben Jahrhunderten bis zur Vollendung des altkirchlichen Dogmas« (Hengel, aaO, 11). Die Triebkräfte dafür waren gleichermaßen das Bedürfnis, das in Christus Geschehene durch Aufweis seiner Hintergründe in Gottes bisherigem Handeln – und das heißt: im AT – zu verstehen, wie die Notwendigkeit, es in der missionarischen Verkündigung kommunikabel zu machen, und das heißt, es auch in Kategorien zu übersetzen, die dem ausschließlich in hellenistischen Denkvoraussetzungen beheimateten Menschen der Spätantike unmittelbar verständlich waren.

2.3.1

Die Zwei-Stufen-Christologie. Ältestes greifbares Stadium ist die Zwei-Stufen-Christologie, wie sie in der von Paulus in Röm 1,3f zitierten judenchristlichen Glaubensformel zutage tritt:

»(Jesus Christus), geboren aus dem Samen Davids nach dem Fleisch,
bestellt zum Sohn Gottes nach dem heiligen Geist aus der Auferstehung der Toten«.

Diese Formel bemüht sich um die Zusammenschau von *zwei Stufen* des Weges Jesu: Als der Irdische, »nach dem Fleisch«, d.h. in der Sphäre geschichtlichen Daseins, gehörte er dem Geschlecht Davids an; er war damit die Erfüllung der messianischen Hoffnung Israels. Wahrscheinlich ist damit auf die Tatsache angespielt, daß Jesus unter der Anklage, »König der Juden« zu sein, hingerichtet worden ist (Mk 15,26). »Nach dem Geist«, d.h. in der Sphäre des endzeitlichen Handelns Gottes, ist Jesus der »Sohn Gottes« geworden. Gott hat sich in der Auferstehung zu dem von Israel Verworfenen bekannt, und er hat damit zugleich der Geschichte Israels die Erfüllung gegeben.

Der Titel ›Sohn Gottes‹ bezeichnet hier primär die neue Funktion, die Jesus durch die Auferstehung gewinnt; an eine seinshafte Würde ist wohl weniger gedacht. Der Hintergrund des Titels ist alttestamentlich: Nach Ps 2,7 wird der König zum Zeichen der ihm verliehenen Macht von Gott als »Sohn« angeredet (vgl. auch Apg 2,34ff; 13,33; Mk 12,35ff). – Allgemein gilt: *Der Titel ›Sohn‹ bezeichnet Jesus speziell in seiner Zuordnung zum Vater!*

2.3.2

Die Lösung des Sohnestitels von der Erhöhungsstufe. Schon bald wurde der Sohnestitel aus seiner Bindung an die Erhöhungsstufe gelöst. Dies geschah in den – sicher vorpaulinischen – Sendungsformeln: »Gott sandte seinen Sohn im Gleichbild des Sündenfleisches« (Röm 8,3); »als die Zeit erfüllt war, sandte Gott seinen Sohn« (Gal 4,4; vgl. Joh 3,17; 1Joh 4,9f.14). Bereits das Wirken des Irdischen ist demnach Wirken des Sohnes! Diese Aussagen sind sicherlich nicht aus spekulativem Interesse gebildet; man will nicht wissen, was Jesus vor seinem »Kommen« war, sondern man will zum Ausdruck bringen, daß er bereits bei seinem Kommen in der unauflöslichen Zuordnung zum Vater stand, die durch das Sohnesprädikat umschrieben wird. Mit dieser Betonung der Heilsbedeutung des »Kommens« wird aber wohl auch schon ein erster Schritt zu einer Interpretation des Christusgeschehens in die hellenistische Gedankenwelt geleistet: Man will zum Ausdruck bringen, daß Jesu Erscheinen ein Geschehen ist, durch das Gott den Kosmos gleichsam von außen her aufsprengt und das deshalb nicht der Sphäre innerweltlicher Heil- und Hoffnungslosigkeit entstammt.

Diese Bedeutungsausweitung läßt sich schön am paulinischen Kontext der Formel Röm 1,3f veranschaulichen. Hier stellt Paulus der überlieferten Glaubensformel die Worte περὶ τοῦ υἱοῦ αὐτοῦ (= über seinen Sohn) voran; *er versteht also*, im Unterschied zur Formel, *bereits den Menschgewordenen als Gottessohn*.

2.3.3

Das Kyrios-Prädikat. Der Ausweitung des Sohnestitels auf den Irdischen und Präexistenten korrespondiert im hellenistischen Christentum eine andere Entwicklung: Das Kyrios-Prädikat wird zum beherrschenden Hoheitstitel; und zwar wird es ausschließlich der Erhöhungsstufe zugeordnet, um die *Stellung* zu bezeichnen, die Jesus durch die Auferstehung gewonnen hat.

2.3.3.1

Die Entstehungsgeschichte des Kyrios-Prädikats ist nach wie vor in der Forschung heftig umstritten. Einig ist man lediglich darin, daß *eine seiner Wurzeln* im gottesdienstlichen Gebetsruf der aramäisch-sprechenden Urgemeinde *maranatha*! (= unser Herr, komm!) lag (1Kor 16,22; Did 10,6; Apk 22,20), in dem die Wiederkunft Jesu zur Parusie erfleht wurde. Möglicherweise knüpft dieser Gebetsruf an die Erinnerung daran an, daß man bereits den irdischen Jesus mit der Höflichkeitsanrede *mari*=Herr angeredet hatte (Mk 8,8; Mk 7,28 par).

2.3.3.2

Die Religionsgeschichtliche Schule (z.B. W.Bousset, Kyrios Christos, ²1921) bestritt freilich jede Verbindung zwischen diesem Sprachgebrauch und dem Kyrios-Prädikat des hellenistischen Heidenchristentums: Dieses sei vielmehr Ausdruck dafür, daß man Jesus in der griechisch-sprechenden Gemeinde als *hellenistische Kultgottheit* verstanden habe. Man habe die Bezeichnung und die sich mit ihr verbindenden Vorstellungen von Zeus, Isis und Sarapis sowie aus dem Kaiserkult auf Jesus übertragen (so zuletzt u.a. Ph.Vielhauer, Aufsätze zum Neuen Testament, 1965, 166; K.Wengst, Christologische Formeln und Lieder des Urchristentums, 1972, 131ff; S.Schulz, Maranatha und Kyrios Jesus, ZNW 53 [1962] 125–144).

2.3.3.3

Demgegenüber wird von der anderen Seite – m.E. zu Recht – behauptet, daß das Kyrios-Prädikat sich stringent und folgerichtig aus dem aramäischen Titel *mari* entwickelt habe. Der ›Herr‹, dessen Wiederkunft zur Parusie man erbetete, war ja zugleich als durch die Erhöhung im Himmel gegenwärtig und mächtig gedacht! Dieser Überzeugung folgend, übertrug man eine Reihe alttestamentlicher Stellen, die ursprünglich vom endzeitlichen Handeln Jahwes gehandelt hatten, auf Jesus. Das war dadurch vorbereitet, daß die griechischsprechende Synagoge an Stellen, an denen im Urtext der unaussprechbare Gottesname des Tetragramms gestanden hatte, κύριος (= Herr) zu lesen pflegte (auch wenn der schriftliche griechische Text noch das hebräische Tetragramm enthielt). So begründet Paulus das Grundbekenntnis »Herr ist Jesus« (Röm 10,13) durch das Profetenwort aus Joel 3,5: »Jeder, der den Namen des *Kyrios* anruft, wird gerettet werden.« Eine entscheidende Rolle bei diesem Übertragungsvorgang spielte Ps 110,1 (LXX: »Der Herr sprach zu meinem Herrn: ›Setze dich zu meiner Rechten, bis ich deine Feinde zum Schemel deiner Füße mache‹«). Dieser Vers – die am häufigsten angeführte alttestamentliche Stelle im NT – gab vermutlich die Veranlassung dafür, daß sich die Erhöhungs-Vorstellung mit dem Kyrios-Prädikat verbinden konnte. Denn man verstand sie im Sinne einer Einsetzung des Kyrios Jesus in eine himmlische Herrschaftsfunktion zur »Rechten Gottes« (vgl. F.Hahn, Christologische Hoheitstitel, 67–125; M.Hengel, Der Sohn Gottes, 1975, 120ff).
Freilich ist das plötzliche starke Hervortreten dieses Titels auch polemisch motiviert: Einer Umwelt, für die ὁ κύριος ein mit Heilserwartungen aller Art besetzter religiöser Terminus war (1Kor 8,6), soll deutlich gemacht werden, daß Jesus allein der legitime Gegenstand solcher Erwartungen ist.

Das Kyrios-Prädikat soll besagen: Jesus ist durch die Erhöhung nicht zu einer Heilandsgottheit unter anderen geworden, sondern er ist der, dem der eine Gott eine einzigartige Stellung zugewiesen hat, die ihn über alle Mächte und Gewalten – und damit auch über die Schicksalsmacht, die Heimarmene – stellt.

2.3.4

Das Drei-Stufen-Schema. Das erstmals in Phil 2,6–11 vorliegende ausgeführte Drei-Stufen-Schema läßt sich, da es nicht aus einem vorgegebenen religionsgeschichtlichen Modell ableitbar ist, am ehesten begreifen als eine *Weiterführung des bereits im judenchristlichen Zwei-Stufen-Schema vorgegebenen Grundgedankens des Weges Jesu unter kosmologischem Aspekt*:

2.3.4.1

Das Menschsein Jesu, sein Weg ins Leiden, wurde dabei als ein den Kosmos als Unheilssphäre von außen, d.h. von der Welt Gottes her, in Frage stellendes Geschehen aufgefaßt: Jesus erscheint so als der Präexistente, der seinen Ursprung außerhalb der Welt, bei Gott, hat und der Teilhaber des guten Schöpfungswerkes Gottes ist. Indem er sich erniedrigt und Mensch wird, vollzieht sich an der Welt der Heilswille Gottes, wie er schon in der Schöpfung angelegt war.

2.3.4.2

Die Erhöhung Jesu wurde, gemäß dem Sinn, den das Kyrios-Prädikat bereits gewonnen hatte, als endgültige Entmachtung der den Kosmos beherrschenden feindlichen Gewalten verstanden und damit als öffentliche Durchsetzung des sich in der Schöpfung bekundenden Heilswillens Gottes gegen alle Widerstände: Jesus als der Träger und Repräsentant des anfänglichen Willens Gottes hat sich den beherrschenden Mächten bis zur letzten Konsequenz ausgesetzt, aber er wurde von ihnen nicht unterjocht und vernichtet, sondern hat sie unter seine Herrschaft gebracht; er ist so zum endzeitlichen Herrn des Kosmos geworden.

2.4
Theologische Bedeutung und Problematik der Drei-Stufen-Christologie

2.4.1

Die Drei-Stufen-Christologie ist das Ergebnis eines konsequenten Transformationsversuchs des Christus-Kerygmas in die hellenistische Denk- und Erfahrungswelt. Dabei sind an die Stelle von geschichtlichen kosmische und räumliche Kategorien getreten. Dennoch ist es gelungen, die *Bindung des Heilsgeschehens an das Handeln Gottes* und zugleich seinen *eschatologischen Charakter* festzuhalten: War im älteren Kerygma die Erhöhung Jesu zum Sohn die Vollendung des geschichtsmächtigen Heilsplans Gottes – nach Röm 1,3f ist es ja Jesus der Davidssohn, der Erfüller der Geschichte Israels, der zum Gottessohn eingesetzt wird – so ist nunmehr nach Phil 2,9; Hebr 1,3 die Einsetzung des Präexistenten zum Herrscher über die Weltmächte das Ziel des Schöpfungshandelns Gottes. Der Kyrios ist ja kein anderer als der, der in der Präexistenz an diesem Schöpfungshandeln schon teilhatte.

Damit war dem weltanschaulichen Pessimismus der Umwelt an einem entscheidenden Punkt widersprochen und ein positives Verhältnis zum Kosmos ermöglicht worden. Denn das Heil kommt ja gerade nicht, wie in den späteren gnostischen Systemen, als die Herauslösung der ›Lichtfunken‹ aus der ihnen feindlichen Materie durch den ihnen substanzgleichen Erlöser, sondern dadurch, daß der Kosmos unter den Willen seines Schöpfers unterworfen wird durch den, der im Kosmos den Willen dieses Schöpfers gehorsam vollzogen hat!

Hier liegt keineswegs eine Überfremdung der Christologie durch den Mythos vor; denn das Kerygma wird nicht an ein bestimmtes Weltbild ausgeliefert, sondern es wird lediglich anhand bestimmter zeitgenössischer Vorstellungen interpretiert.

2.4.2

Jede zeitbedingte Transformation des Kerygmas birgt freilich auch *Gefahren*. Das läßt sich paradigmatisch an der Drei-Stufen-Christologie verdeutlichen:

2.4.2.1

Die Betonung des Kommens des präexistenten Sohnes in die Welt als Heilsgeschehen läßt *keinen Raum für das Kreuz* und für das von ihm aus an den Menschen als Angebot und Anspruch ergehende Wort der Botschaft. Das Heil kann so leicht als Einströmen des Göttlichen in die Welt und als naturhafter Verwandlungsprozeß mißverstanden werden.

Paulus hat aus diesem Grund den Hymnus Phil 2,6–11 korrigiert, indem er in V. 8 hinzufügte »bis zum Tode am Kreuz«. – Analog hat der Verfasser des Kolosserbriefs das im Hymnus Kol 1,15–20 beschriebene kosmische Versöhnungswerk an das Kreuz gebunden, indem er in V. 20 einfügte: »(er hat Frieden gemacht) durch sein Kreuzesblut«.

2.4.2.2

Die Betonung der Präexistenzaussage kann leicht zur *Auflösung der Dialektik von Schöpfung und Erlösung* führen und damit zur Preisgabe des geschichtlichen Charakters des Christusgeschehens. ›Christus‹ wird dann leicht zu dem die Schöpfung tragenden, in ihren konkreten Erscheinungsformen aufzusuchenden Weltprinzip.

Der Verfasser des *Kolosserbriefes* hat diese Gefahr gesehen, wenn er die Aussage über Christus als »Haupt des Leibes« – gemeint ist damit ursprünglich der Riesenleib des Kosmos – durch den Zusatz »der Kirche« (V. 18) im Sinne von 1Kor 12,12 ekklesiologisch umdeutete.

Nicht zufällig bildet die Christologie des Kolosserhymnus gleichermaßen den biblischen Ansatzpunkt für die spekulative Synthese von Theologie und Naturwissenschaft bei *P. Teilhard de Chardin* wie für die ökumenische Diskussion um den ›kosmischen Christus‹. Das führt letztlich dazu, daß man Christus in den Strukturen der Welt und den Erscheinungsformen des geistigen und religiösen Lebens, nicht aber im Wort vom Kreuz sucht.

2.4.2.3

Die Betonung des Herrschens Jesu über die Mächte kann leicht *enthusiastisch mißverstanden* werden, als sei dieses Herrschen jetzt schon in der Welt empirische Wirk-

lichkeit, die von den Christen zu proklamieren sei. Aber hier handelt es sich um einen *doxologischen Indikativ*: Die Gemeinde bekennt, was vor Gott durch Jesu Erhöhung bereits Wirklichkeit ist und was darum ihr Handeln und ihren Gehorsam zu bestimmen hat.
Dies bringt wiederum der Verfasser des Kolosserbriefs zum Ausdruck, wenn er den doxologischen Indikativ des Hymnus in imperativischen Wendungen weiterführt: Weil die Christen mit Gott versöhnt sind, ist es ihre Aufgabe, die empfangene Versöhnung weiterzugeben und durchzusetzen (1,21ff).

3
Arbeit am Text

3.1
Phil 2,6–11

3.1.1
Die *Analyse* ist im einzelnen umstritten. Eindeutig ist, daß mit V. 9 (διό) eine neue Strophe beginnt und daß die Worte ϑανάτου δὲ σταυροῦ (V. 8) paulinischer Zusatz sind. Aber ist der Hymnus zweistrophig oder dreistrophig? Und sind noch weitere Zusätze auszuscheiden? Die Rekonstruktion von J.Jeremias (Abba, 1966, 69–276), die C.-H.Hunzinger weiterführte (in: Der Ruf Jesu und die Antwort der Gemeinde, FS J.Jeremias, 1970, 142–156) und die der Gedankenführung am besten zu entsprechen scheint, ergibt *drei gleichlange Strophen* mit einer überschießenden doxologischen Schlußzeile der dritten, die der ursprünglich am Anfang stehenden doxologischen Wendung entsprochen haben könnte:

(Gelobt sei Jesus Christus,)
(I) der, in göttlicher Gestalt seiend,
seine Gottgleichheit nicht als Raub festhielt,
sondern sich entäußerte,
indem er Knechtsgestalt annahm.
(II) Als er nach Art der Menschen geworden war,
den Lebensbedingungen nach wie ein Mensch,
erniedrigte er sich selbst,
indem er gehorsam bis zum Tode wurde.
(III) Darum hat ihn Gott auch über alles Maß erhöht
und ihm einen Namen über alle Namen verliehen,
damit sich im Namen Jesu alle Knie beugen
und alle Zungen das Bekenntnis ablegen:
HERR IST JESUS CHRISTUS.

Als Zusätze sind hier neben V. 8c ausgeschieden V. 10b (»derer, die im Himmel und auf Erden und unter der Erde sind«, eine erklärende Glosse) sowie V. 11c (»zur Ehre Gottes des Vaters«, eine formelhafte doxologische Wendung).

3.1.2

Zum Inhalt. Die drei Strophen entsprechen weitgehend den Stufen des christologischen Schemas: I handelt von der Erniedrigung des Präexistenten: Der Präexistente gibt die göttliche Daseinsweise (μορφὴ θεοῦ) auf und nimmt die Daseinsweise des Sklaven auf sich, indem er Mensch wird, d.h., indem er sich in die Unfreiheit der kosmischen Zwänge begibt.
II handelt vom Weg des Menschgewordenen: Jesus unterwirft sich nicht nur menschlichen Daseinsbedingungen; er nimmt ihre letzte Konsequenz – den Tod – auf sich. Was ihn dabei von allen anderen Menschen, die dieses Schicksal erleiden, unterscheidet, ist der *Gehorsam*: Er verfällt nicht in Resignation oder Rebellion, sondern bleibt in Gottes Gemeinschaft. Hier klingt eindeutig das Motiv der Erniedrigung und Erhöhung des Gerechten auf!
III erzählt von einem Handeln Gottes: Um seines Gehorsams willen setzt Gott Jesus in die neue kosmische Würde des Kyrios ein. Es vollzieht sich nach altorientalischem Ritual die *Präsentation* des Herrschers mit der *Proklamation* des Herrschernamens »Herr ist Jesus Christus« und der feierlichen *Huldigung* der unterworfenen Mächte. Diese Schlußszene ist im Anschluß an ein Zitat aus Jes 45,23 (LXX) beschrieben, das eine bezeichnende Sinnverschiebung erfährt: Nicht mehr Jahwe, sondern Jesus ist Empfänger der Huldigung, und die Huldigenden sind nicht mehr die in der Endzeit zum Zion strömenden Weltvölker, sondern die kosmischen Mächte. Das Gewicht liegt eindeutig auf III. Skopus des Hymnus ist die Erklärung der von der Gemeinde in ihrem Gottesdienst gebrauchten christologischen Akklamation: »Herr ist Jesus Christus.«

3.1.3

Zur Redaktion. Paulus hat den Hymnus in einen paränetischen Kontext gestellt. Er will unter Hinweis auf den in ihm dargestellten Weg Jesu die Mahnung Phil 2,1–4 bekräftigen, daß die Glieder der Gemeinde nicht eigennützigen Zielen folgen, sondern füreinander da sein sollen. Die Assoziation dafür wurde wahrscheinlich durch das Stichwort ταπεινοφροσόνη (= Demut) hergestellt (V. 3; vgl.V. 8: ἐταπείνωσεν ἑαυτὸν [= er demütigte sich]). Allerdings ist das Verhalten Jesu *nicht unmittelbares ethisches Vorbild, sondern* die Gemeinde bestimmendes und *normierendes Urbild*. Der grammatisch nicht ganz durchsichtige Überleitungssatz V. 5 will sagen: »Dies denkt in eurer Gemeinschaft, was ihr in dem von Christi Tat und Verhalten bestimmten Herrschaftsbereich denken müßt!«

3.2
Kol 1,15–20

3.2.1

Die *Analyse* geht von der Beobachtung aus, daß V. 15–18a und V. 18b–20 weitgehend parallel aufgebaute und gegliederte Sätze von annähernd gleicher Länge sind. Der Hymnus ist also *zweistrophig*. Umstritten ist allerdings, ob nicht auch schon V. 12ff zum Hymnus zu rechnen sind (so E.Käsemann, EVB I, 34–51), da ihr Stil ebenfalls hymnisch ist. Dagegen sprechen sprachliche und inhaltliche Unterschiede: V. 12ff ist ein Dankgebet für die empfangene Erlösung (wahrscheinlich aus der Taufliturgie). – Als

Zusätze sind auszuscheiden in V. 18: τῆς ἐκκλησίας (= der Kirche), denn der ekklesiologische Bezug greift über die protologische Thematik von Strophe I hinaus; in V. 20: διὰ τοῦ αἵματος τοῦ σταυροῦ αὐτοῦ (vgl. 2.4.2.1) sowie wahrscheinlich auch V. 16b von τὰ ἀόρατα bis ἔκτισται, denn dies ist eine den Hymnus sprengende Aufzählung, die vom Verfasser im Blick auf die kolossische Häresie eingefügt sein dürfte (vgl. R. Deichgräber, Gotteshymnus und Christushymnus in der frühen Christenheit, 1967, 146f). Das Ergebnis der Rekonstruktion sieht so aus:

(I) Er ist das Abbild des unsichtbaren Gottes,
Erstgeborener aller Schöpfung.
Denn in ihm wurde alles geschaffen
im Himmel wie auf Erden.
Und er ist es, der vor allem ist,
Und alles hat in ihm seinen Bestand.
Und er ist es, der das Haupt des Leibes ist.
(II) Er ist der Anfang,
Erstgeborener von den Toten,
damit er in allem der erste sei.
Denn in ihm beschloß die ganze Fülle, zu wohnen
und durch ihn alles zu versöhnen auf ihn hin,
friedenstiftend durch ihn
mit dem, was auf Erden und was in den Himmeln ist.

3.2.2

Zum Inhalt. Die zwei Strophen von je sieben Zeilen stellen die erste und die dritte Stufe des christologischen Grundschemas gegeneinander:
I handelt von der Schöpfungsmittlerschaft des Präexistenten. Christus ist – gleich der Weisheit – das Werkzeug des Schöpfungshandelns Gottes und das Prinzip der Welterhaltung. Der als Riesenleib vorgestellte Kosmos wird durch ihn zusammengehalten.
II spricht von der Erstlingschaft Christi innerhalb der neuen Schöpfung der Endzeit. Das Heilsgeschehen wird hier mit Hilfe der Kategorien *Versöhnung* und *Friede* als personales Geschehen beschrieben: Gott, der seine »Fülle« in Christus hat wohnen lassen, ist durch ihn zu dem Partner geworden, dem die Welt sich beim Versöhungsgeschehen gegenübersieht. Das bedeutet, daß sich nunmehr die verschiedenen Bereiche des Kosmos, Himmel und Erde, nicht mehr feindlich gegenüberstehen. Gott hat durch das Christusgeschehen den Kosmos mit allen seinen Teilen zu sich in ein neues Verhältnis gesetzt (V. 20)!
Auffällig ist, daß dieser Hymnus nicht vom Weg Jesu her denkt, sondern *Präexistenz und Erhöhung als zwei Stadien des Handelns Christi am Kosmos* unvermittelt gegenüberstellt und christologisch ausdeutet.

3.2.3

Zur Redaktion. Der *Verfasser des Kolosserbriefs* hat den Hymnus um des Stichwortes »Versöhnung« willen aufgenommen und ihn zugleich in einen doxologischen Bezugsrahmen (V. 12–14) gestellt: Es geht um den Lobpreis derer, die als Versöhnte von den kosmischen Mächten befreit und der Herrschaft Christi eingegliedert sind. Im übrigen läßt die Bearbeitung *drei Motive* erkennen:

3.2.3.1
Durch die Hinzufügung von τῆς ἐκκλησίας (= der Kirche) in V. 18a wird die ursprüngliche *kosmologische Deutung* des Christusleibes zurückgenommen und *durch eine ekklesiologische ersetzt*. Ebenso ist die Versöhnungsaussage von V. 20, die ursprünglich kosmologisch gemeint war, durch V. 21 auf das Gottesverhältnis der Gemeinde bezogen worden.

3.2.3.2
Die *Versöhnung wird* nunmehr *mit dem Kreuz verbunden*; dies ist der Sinn des Zusatzes von V. 20b. Damit wird die Linie von 2Kor 5,14–21 und Röm 5,1–11 aufgenommen.

3.2.3.3
Die *gegenwärtige Verborgenheit der Christusherrschaft* über den Kosmos wird betont, wenn V. 23 darauf verweist, daß ihr Ort jetzt ausschließlich die Verkündigung des Evangeliums ist. Die Weltherrschaft Jesu Christi ist von den Glaubenden jetzt gegen die empirische Realität des Weltbestandes im Gehorsam zu realisieren (V. 21ff).

4
Vertiefung

4.1
Lektürevorschläge

4.1.1
Zur Entstehung der Christologie: M.Hengel, Der Sohn Gottes, 1975.

4.1.2
Zur Forschungsgeschichte und zur Gattungsbestimmung des Hymnus: R.Deichgräber, Gotteshymnus und Christushymnus in der frühen Christenheit, 1967, 11–23.

4.1.3
Zur Veranschaulichung der Auslegungsmethodik: E.Schweizer, Kolosser 1,15–20, in: Evangelisch-Katholischer Kommentar, Vorarbeiten I, 1969, 7–31.

4.1.4
Zur Wirkungsgeschichte der Christologie des Kolosserhymnus: H.J.Gabathuler, Jesus Christus. Haupt der Kirche – Haupt der Welt, 1965.

4.2
Fragen zur Weiterarbeit

4.2.1
Welche Faktoren waren für die Entstehung der Vorstellung der Erhöhung Christi zum Kyrios maßgeblich?

4.2.2
An welchen formalen und stilistischen Merkmalen kann man einen Christushymnus erkennen?

4.2.3
Welche Methoden und Kriterien hat die Forschung für die Rekonstruktion von Hymnen entwickelt?

4.2.4
Analysieren Sie nach den oben (3.) gegebenen Modellen Joh 1,1–18! Hilfsmittel: Der Kommentar von R.Schnackenburg (Herder-K IV/1).

4.2.5
Vergleichen Sie das Perlenlied der gnostischen Thomasakten (Hennecke-Schneemelcher, II, 349–353) mit dem Christushymnus Phil 2,5–11! Welche Motive ähneln einander? Wo liegen Differenzen vor?

4.3 Weitere Literatur

G.Bornkamm, Zum Verständnis des Christus-Hymnus Phil 2,6–11, in: ders., Ges. Aufsätze II, 1969, 177–187; R.Bultmann, Bekenntnis- und Liedfragmente im 1. Petrusbrief, in: ders., Exegetica, 1967, 285–297; G.Delling, Der Gottesdienst im Neuen Testament, 1952; D.Georgi, Der vorpaulinische Hymnus Phil 2,6–11, in: Zeit und Geschichte, FS R.Bultmann, hg. v. E.Dinkler, 1964, 263–293; O.Hofius, Der Christushymnus Philipper 2,6–11, 1976; C.-H.Hunzinger, Zur Struktur der Christus-Hymnen in Phil 2 und 1. Petr 3, in: Der Ruf Jesu und die Antwort der Gemeinde, FS J.Jeremias, hg. v. E.Lohse u.a., 1970, 142–156; E.Käsemann, Kritische Analyse von Phil 2,5–11, in: ders., EVB I, 51–95; ders., Eine urchristliche Taufliturgie, ebd., 34–51; E.Lohmeyer, Kyrios Jesus, [2]1961; R.P.Martin, Carmen Christi, 1967; M.Rese, Formeln und Lieder im Neuen Testament, VF 15 (1970), 75–95 (Forschungsbericht!); R.Schnackenburg, Logos – Hymnus und johanneischer Prolog, BZ NF 1 (1957), 69–109; K.Wengst, Christologische Formeln und Lieder des Urchristentums, [2]1973.

VII

Zur Hermeneutik

§ 18
Biblische Theologie

1
Einführung

Wer sich mit biblischen Texten beschäftigt, muß zwangsläufig zu bestimmten fundamentalen hermeneutischen Problemen Stellung nehmen, d.h. zu Problemen, die Voraussetzung, Methode und Ziel seines Umgangs mit der Bibel betreffen. Es spielt dabei weder eine Rolle, ob der Ausleger sich dieser Probleme bewußt ist oder nicht, noch ob er bei seinem Umgang mit dem Text einen wissenschaftlichen Anspruch erhebt oder nicht. Die erfolgte Stellungnahme wird auf jeden Fall Auswirkungen auf das Auslegungsergebnis haben. Zur wissenschaftlichen Exegese, d.h. zu einer Exegese, die ihre Voraussetzungen und Methoden kritisch reflektiert, gehört darum auch die Bearbeitung der hermeneutischen Problematik.

Der Grad, in dem einzelne exegetische Arbeitsbereiche von dieser Problematik berührt werden, ist unterschiedlich. Er ist zweifellos gering bei der neutestamentlichen Zeitgeschichte, die sich um die Aufhellung des politischen und gesellschaftlichen Umfeldes des Urchristentums bemüht. Anders steht es jedoch schon bei der sog. Einleitungswissenschaft, die, wenn sie die urchristlichen Schriften hinsichtlich ihrer Entstehungsbedingungen und literarischen Eigentümlichkeiten analysiert, um eine Antwort auf die Frage nach dem biblischen Kanon und seiner Bedeutung nicht herumkommt: Sie muß sich entscheiden, ob sie diese Schriften als Bestandteile der von der frühen Kirche zusammengestellten und als normativ betrachteten Schriftensammlung, des Kanons, darstellen oder ob sie sie unter Mißachtung der Kanonsgrenze in eine Reihe mit außerneutestamentlichem frühchristlichem Schrifttum stellen und so nach rein literarischen und historischen Gesichtspunkten beurteilen soll. Im ersteren Fall (so z.B. in der Einleitung von W.G. Kümmel) ist der Gegenstand der Betrachtung eine theologische Größe, nämlich das Neue Testament, im letzteren dagegen (so z.B. bei Ph Vielhauer, Geschichte der urchristlichen Literatur, 1975) ist er eine historische Größe, nämlich die urchristliche Literatur. Am zugespitztesten tritt die hermeneutische Problematik jedoch da in Erscheinung, wo es um die einzelne Schriften übergreifende Zusammenfassung exegetischer Arbeitsergebnisse und um die Reflexion ihrer normativen Bedeutung geht, nämlich im Bereich der sog. *Biblischen Theologie*. Wir wollen deshalb bei unserer Skizze hermeneutischer Probleme vom Problemfeld der Biblischen Theologie ausgehen.

Bereits auf den ersten Blick wirft der Begriff ›Biblische Theologie‹ drei Fragen auf:

1.1
Die Frage nach dem Gegenstand der Auslegung. Was hat es zu bedeuten, daß mir ein Text bzw. eine Schrift als Teil der Bibel begegnet? Ist dieser biblische Kontext etwas, worüber ich mich hinwegsetzen muß, weil es mich daran hindern könnte, die spezifische Eigenart des jeweiligen Textes bzw. der jeweiligen Schrift zu erkennen und so meine Interpretationsaufgabe zu erfüllen? Oder habe ich meine Aufgabe erst dann erfüllt, wenn ich meinen Text als Teil der Bibel interpretiert habe, weil ich dann erst den Zusammenhang in den Blick bekommen habe, innerhalb dessen er seinen Sinn voll erschließt?

1.2
Die Frage nach der Methode der Auslegung. Inwieweit ist das seit der Aufklärung entwickelte wissenschaftliche Verfahren zur Erfassung vergangener geschichtlicher Phänomene, nämlich die historisch-kritische Methode, für einen *theologisch* orientierten Umgang mit biblischen Schriften geeignet? Sicherlich kann die historisch-kritische Methode dazu helfen, daß wir die Texte als konkrete Lebensäußerung innerhalb ihres geschichtlichen Kontextes besser verstehen; aber ist durch diese Art des Verstehens bereits dem Anspruch Rechnung getragen, der dadurch impliziert ist, daß diese Texte mir als Bestandteile der Bibel begegnen, daß sie also für Glauben und Leben der Kirche normativ sein wollen? Oder bedarf es nicht vielmehr, um diesem Anspruch gerecht zu werden, einer Erweiterung der Auslegungsmethodik über das rein historische Verfahren hinaus?

1.3
Die Frage nach dem Ziel der Auslegung. Geht es um die Erfassung der konkreten geschichtlichen *Lebensvorgänge hinter den jeweiligen Texten*, oder geht es um die *Aussage der Texte als Texte*, also um das Verständnis von Gott, Mensch und Welt, das in ihnen zur Sprache kommt? Je nachdem, wie man diese Frage beantwortet, wird man als das Ziel der Auslegung entweder die *Rekonstruktion* oder die *Interpretation* sehen.

2
Entfaltung

2.1
Stationen in der Geschichte der Schriftauslegung

Die Problematik der Biblischen Theologie, vor der wir heute stehen und die in den genannten drei Fragen zum Ausdruck kommt, ist das Erbe einer 1900jährigen Geschichte der Bibelinterpretation. Eine eigene Stellungnahme setzt darum die Kenntnis der wichtigsten Stationen der Interpretationsgeschichte und der mit ihnen jeweils verbundenen Problemstellungen voraus.

2.1.1
Die Entstehung des Kanons. Die Schaffung des *Doppelkanons aus Altem und Neuem Testament* war wohl die wichtigste theologische Leistung des frühen Christentums.

2.1.1.1
Die Anfänge theologischen Denkens in der Urgemeinde vollzogen sich in Form von Schriftauslegung: Man führte den Nachweis, daß ›Gesetz‹ und ›Profeten‹ durch Christus ›erfüllt‹ seien, d.h., daß sie erst von Christus her als Zeugnisse der Selbstkundgabe Gottes verstanden werden können (Hebr 1,1f). Die frühchristliche Schriftauslegung stützte sich auf die Gewißheit, von Christus her, ›im Geist‹, den bisher verschlossenen eigentlichen Sinn der Schrift deutlich erkennen zu können (2Kor 3,14; vgl. § 12, 2,1).

Den Begriff ›Altes Testament‹ hat Paulus geprägt (2Kor 3,14); es ist allerdings zu beachten, daß er damit gerade nicht eine inhaltliche Differenz zwischen den Schriften des Alten Testaments und Christus herausstellen möchte. Wenn er von der »Verlesung des Alten Bundes« spricht (2Kor 3,14), so meint er damit die geschichtliche Situation der jüdischen Hörer, die sie daran hindert, das Christuszeugnis der Schrift wahrzunehmen, das den Christen durch den »Geist«, der zum »Buchstaben« hinzutritt, erschlossen ist (2Kor 3,6).

Dieses neue Verständnis wirkte sich in einer *Neuverteilung der Gewichte* zwischen den einzelnen Schriften des Alten Testaments aus: Während für das Judentum die Tora, der Pentateuch, im Mittelpunkt stand, gewannen für die Christen profetische Schriften und Psalmen an Bedeutung. Die Septuaginta, die innerhalb des Judentums zur Zeit der Entstehung des Neuen Testaments noch keineswegs in allen ihren Teilen als kanonisch galt, wurde von der Kirche praktisch in ihrer ganzen Breite rezipiert. Daß es im Laufe des 2. und 3. Jahrhunderts zur Entstehung eines abgeschlossenen alttestamentlichen Kanons kam, war letztlich die Folge dieser Rezeption.

Um 100 n.Chr. folgte seitens des Judentums die genaue Abgrenzung des *masoretischen Kanons*. Er ist in mancher Hinsicht eine *polemische Reaktion* gegen den Schriftgebrauch des Urchristentums, denn er schließt jene in der LXX enthaltenen Schriften aus, die für die Anfänge der christlichen Theologie eine wichtige Rolle gespielt haben, nämlich die apokalyptischen und weisheitlichen Schriften. »Es hat von jüdischer Seite aus keine größere Anerkennung des neutestamentlichen Geschehens erfolgen können als der Abschluß der Traditionsbildung auf der Ebene des Alten Testaments« (H.Gese, Vom Sinai zum Zion, 1974, 16). Demgegenüber hat die Kirche, als sie die Grenze des Kanons festsetzte (endgültig geschah dies durch den 39. Osterfestbrief des Athanasius von 367 n.Chr.), bewußt eine Reihe der von den Masoreten nicht aufgenommenen Schriften (Weish, Sir, Bar, Tob, Jdt, 1–2Makk) als kanonisch anerkannt.
Die *Reformation* hat, dem humanistischen Programm der Rückkehr zu den Originalquellen folgend, die hebräische Bibel der Masoreten übernommen und damit zugleich die in ihr nicht enthaltenen Schriften, die sog. Apokryphen, ausgeschieden. Dies war eine theologisch fragwürdige Entscheidung, durch die die historische und sachliche Brücke zwischen AT und NT preisgegeben wurde.

2.1.1.2
Parallel zur Konsolidierung des alttestamentlichen Kanons lief im 2. Jahrhundert ein Prozeß der *Sammlung und Sichtung eines allgemein anerkannten Bestandes urchristlicher Schriften* an. Von einer bewußten Gestaltung eines neutestamentlichen Kanons anhand bestimmter theologischer Kriterien wird man schwerlich sprechen können. Die

unterschiedlichsten Gesichtspunkte waren hier im Spiel. Im wesentlichen waren es die in der Kirche bereits seit langem *im gottesdienstlichen Gebrauch stehenden Schriften*, die aufgrund ihrer *Bewährung* allgemein anerkannt und von hier und dort auftauchenden neuen Briefen und Evangelien unterschieden wurden. Einzelne Schriften wurden kanonisch, weil sie zur Widerlegung von Häresien geeignet waren; so setzte sich die Apostelgeschichte in der Hauptsache deshalb durch, weil sie ein Korrektiv gegen das einseitige Paulusbild des Markion bot. Auch das Kriterium der Apostolizität wurde herangezogen, allerdings in einem sehr weit gefaßten Sinn: Als apostolisch galten sowohl Schriften, die auf Apostel als Verfasser zurückgeführt wurden, als auch solche, die sachlich mit der durch die Apostel gesetzten Glaubensnorm übereinstimmten. Aufs Ganze gesehen haben sich die vier Evangelien und die Mehrzahl der Briefe relativ kampflos durchgesetzt; gewisse Unstimmigkeiten blieben bis zur endgültigen Festsetzung des Kanons lediglich hinsichtlich des Hebräerbriefs (den der Osten aufgrund angeblicher paulinischer Verfasserschaft als Paulusbrief anerkannte, während ihn der Westen wegen seiner Bußlehre ablehnte), der Apokalypse und einiger katholischer Briefe.

2.1.2

Die alte Kirche. Das Schriftverständnis der *alten und der mittelalterlichen Kirche* war gekennzeichnet durch eine *doppelte Integration*:

2.1.2.1

Integration von AT und NT. Es galt als fraglos, daß beide Teile der Bibel den gleichen Inhalt haben – nämlich Christus – und daß sie nach der gleichen Methode – der allegorischen – auszulegen seien. Die Voraussetzung dieser Sicht war die altkirchliche Inspirations- und Logos-Lehre: Die Autoren der alt- und neutestamentlichen Schriften galten gleichermaßen von dem von Christus, dem ewigen Logos, ausgehenden heiligen Geist inspiriert. Die Aufgabe der Auslegung ergab sich ebenfalls von da her: Es galt, den Wortlaut der Schrift für dieses in ihm verborgene Geistzeugnis transparent zu machen, ihm durch Aufdeckung verborgener geistlicher Zusammenhänge die vom Logos gewirkte überirdische Wahrheit abzugewinnen. Dieser Wahrheit glaubte man sich um so näher, je weiter man hinter den vordergründigen Wortsinn in die Tiefen der Allegorie vordrang. Zwar wurde der buchstäbliche Wortsinn (*sensus litteralis*) niemals ganz aus den Augen verloren, doch war es vom Ansatz solcher Exegese her unmöglich, ihn im Sinne historischer Fragestellungen auszuweiten. Für die Entdeckung der konkreten historischen Besonderheit von Texten und für den Aufweis spezifischer Differenzen zwischen ihnen fehlte den alten Auslegern der Blick, weil dafür kein erkenntnisleitendes theologisches Interesse vorhanden war.

Die geistliche Deutung wurde im frühen Mittelalter methodisiert in dem Schema des vierfachen Schriftsinns; neben den *sensus litteralis* (literarischer und historischer Sinn) trat der *sensus spiritualis* (geistlicher Sinn), innerhalb dessen man drei Bereiche differenzierte: den *sensus allegoricus* (= Frage nach dem dogmatischen Lehrgehalt), den *sensus moralis* (bzw. *tropologicus* = Frage nach den Weisungen für das moralische Verhalten) sowie den *sensus anagogicus* (Frage nach den metaphysischen und eschatologischen Geheimnissen).

2.1.2.2

Integration von Schrift und Kirche. Als Ziel und Rahmen aller Schriftauslegung gilt – wie schon aus dem erwähnten exegetischen Schema hervorgeht – der Glaubenskanon der Kirche. Die in der Schrift zu entdeckende Wahrheit ist ja nichts anderes als die ewige Wahrheit Gottes, die sich in der Kirche geschichtlich geoffenbart hat. Aufgabe des Auslegers kann darum nur sein, sich vom in der Kirche wirkenden Geist zur Erkenntnis dieser auf die Kirche ausgerichteten Wahrheit bringen zu lassen. Er hat gerade nicht nach Originalität zu streben, nach der Aufdeckung von Neuem und Besonderem, sondern nach der Übereinstimmung mit dem bereits Bekannten und im kirchlichen Leben Bewährten!

Klassisch hat diesen Grundsatz *Tertullian* formuliert:

»Letzten Endes ist es (freilich) besser für dich, nichts zu wissen, als zu wissen, was du nicht wissen sollst. Denn was du wissen darfst, das weißt du (schon). ›Dein Glaube hat dir geholfen‹ (Lk 18,42) heißt es –, nicht (deine) Schriftgelehrsamkeit! Der Glaube (aber) ist in der Glaubensregel niedergelegt. (Da) hat er sein Gesetz, und aus der Beobachtung des Gesetzes (kommt) das Heil. Die Schriftgelehrsamkeit dagegen stammt aus der Neugierde und hat ihren Ruhm vom Streben nach Erkenntnis. Platz dem Glauben vor der Neugier! . . . Nichts zu wissen gegen die Glaubensregel heißt alles wissen . . .« (De praescriptione haereticorum; nach der Übersetzung von K. Beyschlag, Vom Urchristentum zur Weltkirche I, Kirchengeschichtliche Quellenhefte 19, 1967, 91).

2.1.3

Das Schriftprinzip der Reformation. Die Reformation hat im Prinzip sowohl die Einheit der Schrift wie auch ihren Bezug auf die Kirche festgehalten. Sie hat jedoch *hermeneutische Grundsätze* entwickelt, die auf lange Sicht die Schriftauslegung auf eine neue Basis stellen mußten:

2.1.3.1

Der Grundsatz sola scriptura. Die Schrift ist alleinige Quelle der normativen Wahrheit für die Kirche. Nicht die Übereinstimmung mit der kirchlichen Tradition ist das Kriterium für sachgemäße Schriftauslegung, sondern daß es ihr gelingt, die Stimme des die Kirche richtenden und rettenden Evangeliums in der Schrift vernehmbar zu machen.

2.1.3.2

Der Grundsatz solus Christus hängt damit eng zusammen: Die Schrift ist kein System zeit- und ortloser ewiger Wahrheiten, sondern Zeugnis des Evangeliums von der Sendung, dem Tod und der Auferweckung Christi. Wenn dieses Evangelium zur Sprache kommt, dann und nur dann wird die Schrift sachgemäß gehört und gepredigt. Daraus folgt die Einsicht in die *Geschichtlichkeit des Evangeliums*: »Da sihestu, das das Euangelium eyn historia ist von Christo, Gottis und Dauids sson, gestorben und aufferstanden unnd tzum herrn gesetzt, wilchs da ist summa summarum des Euangeli« (M. Luther, WA 54, 185f). Die verschiedenen Teile der Schrift sind danach zu beurteilen und auszulegen, inwiefern in ihnen das Evangelium zur Sprache kommt. Es ist kritisch zu scheiden zwischen Evangelium und Gesetz, zwischen zentraler und peripherer Glaubensverkündigung. Die Schrift hat für Luther eine Mitte in Christus und dem Evangelium, die, gleich einem Kompaß, dem Ausleger Orientierung gibt.

Zu solcher Orientierung gehört auch die kritische Scheidung, die Luther zumindest ansatzweise und mit unzureichenden Kriterien durchgeführt hat, etwa indem er die Unvereinbarkeit des Jakobusbriefs mit der paulinischen Rechtfertigungstheologie feststellte.

2.1.3.3

Der Grundsatz scriptura sacra sui ipsius interpres (die heilige Schrift ist ihr eigener Ausleger). In diesem dritten Grundsatz fand die Überzeugung von der *Einheitlichkeit und Klarheit der Schrift* ihren Niederschlag. Sie steht in engem Zusammenhang mit dem *solus Christus*: Denn wenn die Schrift in ihrer Mitte Bezeugung des Handelns Gottes in Christus ist, dann müssen sich die in ihrer äußeren Gestalt unterschiedlichen Zeugnisse des Handelns und Redens Gottes, die die Schrift enthält, bei sachgemäßer Auslegung gegenseitig interpretieren. Es bedarf nicht erst der kirchlichen Lehrtradition, um der in sich dunklen Schrift Sinn abzugewinnen, sondern unter der Führung des Geistes schließen sich dem Christen die verschiedenen Aussagen der Schrift so zusammen, daß er eindeutige, klare und verständliche Weisung erhält.

Damit ist die Lehre vom vierfachen Schriftsinn abgetan; im Prinzip – die Praxis mochte im einzelnen anders aussehen – gab es für die Reformation nur noch einen einzigen Schriftsinn, den *sensus litteralis*; denn der eindeutige Sinn der Schrift kann nun nur noch der historische sein, insofern er Gottes Handeln durch das Evangelium in der Geschichte bezeugt.

2.1.3.4

Luther gebrauchte den Begriff ›Biblische Theologie‹ noch nicht. Hätte er ihn gebraucht, so gewiß nicht im Sinn einer eigenständigen Theologie der Bibel *neben* der Dogmatik, sondern im Sinn der Kennzeichnung der einzig sachgemäßen Theologie; Theologie konnte für ihn nur biblisch sein, d.h. an der des von der Exegese in der Schrift erschlossenen Evangeliums orientiert.

2.1.4

Nachreformatorische Ansätze. Dieses anspruchsvolle Programm einer von der Bibel her konzipierten Theologie blieb in der nachreformatorischen Zeit aufs Ganze gesehen unerfüllt. Verschiedene Tendenzen liefen nebeneinander her, ohne zu einem fruchtbaren Ausgleich zu kommen. So hat die orthodoxe Dogmatik noch einmal den Versuch gemacht, die Exegese ganz dem System der kirchlichen Lehre unterzuordnen. Die dogmatischen Aussagen wurden zwar biblisch begründet, aber die Bibel diente dabei nur als Stellenlieferantin; zur Aufnahme des Gefälles biblischer Gedanken kam es nicht. So wurde hier ›Biblische Theologie‹ zur Bezeichnung von biblischen Zitatensammlungen, die als dicta probantia das dogmatische System untermauern sollten.

Auf der anderen Seite brach sich hier und dort die wachsende Einsicht in die geschichtliche Struktur der Bibel Bahn. Versuche, den Gehalt der Bibel in Form heilsgeschichtlicher Aufrisse darzustellen, wurden unternommen. So zeichnete der Lutheraner *Matthias Flacius* in seinem Clavis Scripturae sacrae seu de sermone sacrarum literarum (1567) die Geschichte der Gottesbündnisse auf, und ähnlich stellte der Reformierte *Johannes Coccejus* (Summa doctrinae de foedere et testamento Dei, 1673) die Offenbarung Gottes als eine sich in der Geschichte gleichsam stufenweise in Bundschließungen durchsetzende Wirklichkeit dar (H.-J.Kraus, Die Biblische Theologie, 1970, 20f). Und in pietistischen Kreisen ging man daran, den scholastischen Systemen eine ›Biblische Theologie‹ entgegenzusetzen, die die zentralen biblischen Begriffe und Anschauungen nach ihrem ursprünglichen Inhalt und Zusammenhang darstellen sollte (ebd., 25). Doch alle diese Ansätze, denen klare methodische Kriterien fehlten, blieben ohne Durchschlagskraft.

2.1.5

Die zweifache Desintegration. Im 18. Jahrhundert zeigten sich vielmehr die ersten Spuren eines zweifachen Desintegrationsprozesses, der in der Folgezeit immer weiter um sich greifen sollte und dessen letzte Ausläufer bis in unsere Gegenwart hineinreichen. Die *Bindung der Exegese an die Dogmatik* begann sich zu lockern; gleichzeitig aber löste sich auch der *bisherige Zusammenhang von AT und NT innerhalb der einen Bibel*.

2.1.5.1

Die Biblische Theologie etablierte sich nunmehr selbstbewußt als eigenständige Disziplin, die der Dogmatik keine Rechenschaft mehr schuldig war, ja die eine kritische Stoßkraft gegen die Dogmatik entfaltete. Unbelastet von dogmatischer Bevormundung wollte man durch *rein historisches Fragen* den Inhalt der Bibel erheben, in der festen Überzeugung, damit zu einem reinen, vernunftmäßigen und überzeitlichen Christentum vorzustoßen.
So definierte *J.Ph.Gabler* in seiner berühmten Antrittsvorlesung an der Universität Altdorf von 1787 den Unterschied zwischen Biblischer Theologie und Dogmatik folgendermaßen:

»Die biblische Theologie besitzt historischen Charakter, überliefernd, was die heiligen Schriftsteller über die göttlichen Dinge gedacht haben; die Dogmatische Theologie dagegen besitzt didaktischen Charakter, lehrend, was jeder Theologe kraft seiner Fähigkeit oder gemäß dem Zeitumstand, dem Zeitalter, dem Orte, der Sekte, der Schule und anderen ähnlichen Dingen dieser Art über die göttlichen Dinge philosophierte. Jene, da sie historisch argumentiert, ist, für sich betrachtet, sich immer gleich . . . Diese jedoch ist zusammen mit den übrigen menschlichen Disziplinen vielfältiger Veränderung unterworfen: Was ständige und fortlaufende Beobachtung so vieler Jahrhunderte übergenug beweist« (Übers. v. O.Merk, Biblische Theologie des Neuen Testaments in ihrer Anfangszeit, 1972, 275f).

Herrschende Überzeugung war, daß eine so von der direkten kirchlichen Bindung gelöste Schriftauslegung voraussetzungslos sei und darum zu objektiven, eindeutigen Ergebnissen führen müsse. Doch das war eine Täuschung. In Wahrheit trat bei den Aufklärungstheologen an die Stelle des dogmatischen Vorverständnisses die - höchst zeitgebundene – *Vorstellung einer universalen Vernunftreligion*. Sie war der hermeneutische Horizont, in dem sie ihre Bibelauslegung betrieben. Die damals vorherrschenden Kriterien ›vernünftig‹, ›einfältig‹, ›echt‹ waren Exponate eines bestimmten traditionsgelenkten Vorverständnisses. Indem man sie unreflektiert auf die Bibel übertrug, vergaß man Luthers Forderung, daß die Schrift ihr eigener Interpret zu sein habe, d.h., daß sie gemäß ihrem eigenen Wesen auszulegen sei.
Diesem Ansatz entsprach das exegetische Verfahren, das sich nunmehr entwickelte: Man gliederte den biblischen Stoff in *Lehrbegriffe*, d.h., man stellte die Äußerungen der Bibel bzw. der einzelnen biblischen Schriftsteller zu bestimmten lehrhaften Themen zusammen, z.B. zur Lehre von Gott, vom Menschen, vom Verhältnis des Menschen zu Gott, von der Vorsehung Gottes. Das Schema dieser Lehrbegriffe war jedoch nicht geeignet, das Gefälle und die spezifische Eigenart der biblischen Aussagen aufzunehmen.

Es war zumeist an den Kategorien des zeitgenössischen Denkens orientiert, und seine Anwendung hatte zur Folge, daß die biblischen Aussagen in ein ihnen fremdes, und noch dazu in ein recht zeitbedingtes, Schema gepreßt wurden.

2.1.5.2
Den reinsten Ausdruck dieser Vernunftreligion fand man in der Verkündigung Jesu, die darum in das Zentrum gerückt wurde. Das AT hingegen war mit ihr kaum in Einklang zu bringen. Man empfand deshalb seine Fremdheit; es schien vor allem in seinen sittlichen Vorstellungen auf einer grundsätzlich anderen Stufe der Religiosität zu stehen als Jesus und das NT.

So urteilt *J.S.Semler* (1771): »Da wir durch alle 24 Bücher des Alten Testaments nicht moralisch gebessert werden, so können wir uns auch von ihrer Göttlichkeit nicht überzeugen.« Semler beurteilt das AT insgesamt als »eng, national jüdisch und zeitgebunden« (H.-J.Kraus, Geschichte der historisch-kritischen Erforschung des Alten Testaments, ^{2}1969, 197f); er setzt damit einen Akzent, der bis in die Gegenwart hinein für die Einstellung gegenüber dem AT vielfach bestimmend geworden ist.

Hinzu kommt natürlich, daß arbeitsökonomische Gründe die Teilung der biblischen Theologie in zwei Teilbereiche mit der Zeit unumgänglich machten. Die Dominanz des Historischen in der Exegese machte es nötig, daß das NT in seine spätjüdisch-rabbinische und spätantik-hellenistische Umwelt hineingestellt wurde und daß das AT auf dem Hintergrund der altorientalischen Welt erklärt wurde.

2.1.6
Die historisch-kritische Methode und der Historismus. Die Entwicklung im 19. Jahrhundert ist im wesentlichen gekennzeichnet durch den methodischen Ausbau der historisch-kritischen Betrachtungsweise. Nachdem die Zuordnung der Bibel zur Kirche und ihrer Lehre problematisch geworden war, war die Bibel in eine historische Distanz gerückt. Versuche, diese Distanz dadurch zu überwinden, daß man Teile der biblischen Schriften als Dokumente einer überzeitlichen Menschheitsreligion in Anspruch nahm, erwiesen sich ebenfalls als fragwürdig. So ergab sich die Forderung nach einem wissenschaftlichen Umgang mit den biblischen Schriften, der dem historischen Abstand in methodisch vertretbarer Weise Rechnung trug.

2.1.6.1
Einen Markstein setzte *F.Chr.Baur*, der Begründer der sog. Tübinger Schule. Baur blieb bei seinen Arbeiten zum NT (besonders wichtig: Vorlesungen über neutestamentliche Theologie, hg. v. F.F.Baur, 1864, Neudr. 1973) nicht bei der Darstellung und Interpretation der Lehrbegriffe der neutestamentlichen Autoren stehen, sondern er verstand die theologischen Aussagen des Neuen Testaments als *Manifestationen geschichtlicher Prozesse und Entwicklungen*. Diese zu rekonstruieren war sein eigentliches Anliegen. So erschloß er – z.T. reichlich spekulativ – hinter den paulinischen Briefen und der Apostelgeschichte die Kontroversen zwischen heiden- und judenchristlichen Gruppen. Durch diese Verankerung in der Geschichte gewannen die Aussagen der neutestamentlichen Schriftsteller eine ganz neue Tiefendimension.

Angeregt war diese Betrachtungsweise ein Stück weit von der Geschichtsphilosophie *G.F.W.Hegels*. Ihr folgend, sah Baur in der Geschichte die Selbstexplikation des »Geistes«, d.h. der Wahrheit und des göttlichen Selbstbewußtseins für den Menschen. Wenn er dem Neuen Testament im Rahmen dieser allgemeinen, übergreifenden Geschichte des Geistes eine besondere Stellung einräumte, so lag dies freilich an einer (im Rahmen dieser Position freilich nicht hinreichend begründeten) theologischen Vorentscheidung: Er sah in Jesus die Verkörperung der höchsten religiösen Idee, deren In-Erscheinung-Treten durch die Philosophie der Griechen und durch das hellenistische Judentum vorbereitet worden war und die in der Geschichte des Urchristentums ihre geschichtliche Entfaltung fand.

Für Baur ist das *Neue Testament der Anfang der Dogmengeschichte*. Denn in seiner Theologie spiegle sich die erste Phase der geschichtlichen Entwicklung des Christentums. Dabei ist es interessant, daß er die Lehre Jesu nicht der Neutestamentlichen Theologie zurechnet. Die Lehre Jesu stehe außerhalb dieses geschichtlichen Entwicklungsprozesses wie auch außerhalb des ihm zugeordneten literarischen Kontextes: Jesus selbst hat nichts geschrieben, seine Äußerungen sind nur indirekt aus den Evangelien zu erschließen, deren eigene Theologie streng von Jesu Lehre geschieden werden muß (Merk, aaO, 232f).

2.1.6.2

E.Troeltsch lieferte schließlich die systematische Basis für eine rein historische Betrachtungsweise der biblischen Schriften in seinem 1898 erschienenen Aufsatz »Über historische und dogmatische Methode in der Theologie« (zuletzt in G.Sauter, Hg., Theologie als Wissenschaft, 1971, 105–127). Er forderte von der Theologie, daß sie bei ihrem Umgang mit der Bibel grundsätzlich die gleiche Methode – nämlich die rein historische – anzuwenden habe, die auch für den Umgang mit allen übrigen Dokumenten der Vergangenheit gelte, und er erhoffte sich davon die Öffnung der Theologie für eine umfassende Synthese aller kulturellen und sittlichen Kräfte im Sinne des Liberalismus: »Die historische Methode, einmal auf die biblische Wissenschaft und auf die Kirchengeschichte angewandt, ist ein Sauerteig, der alles verwandelt und der schließlich die ganze bisherige Form theologischer Methoden zersprengt« (ebd., 106).

Drei Prinzipien sind nach Troeltsch der historischen Methode eigen:

- Das *Prinzip der Kritik* betrifft den prinzipiellen methodischen Zweifel gegenüber aller geschichtlichen Überlieferung.
- Das *Prinzip der Analogie* betrifft die »prinzipielle Gleichartigkeit alles historischen Geschehens«, die begründet ist in der »Gemeinsamkeit und Gleichartigkeit des menschlichen Geistes und seiner geschichtlichen Betätigungen überhaupt« (ebd., 108). Es kann von da her keine analogielosen Geschehnisse geben. Die biblische Überlieferung konstituiert keinen besonderen Bereich heiliger Geschichte, sondern ist Teil jener allgemeinen Geschichte, in der wir selbst stehen und die unserer eigenen Erfahrung zugänglich ist.
- Das *Prinzip der Korrelation* statuiert den Zusammenhang und die gegenseitige Wechselwirkung geschichtlicher Begebenheiten, »wo keine Veränderung an einem Punkte eintreten kann ohne vorausgegangene und folgende Änderung an einem anderen . . .« (108f). Das bedeutet, daß »die Bibelforschung in die allgemeine politische, soziale und geistige Geschichte des Altertums hineingezogen« (109) ist und daß sie ihre Einzelergebnisse von diesem Zusammenhang her zu verifizieren hat.

2.1.6.3

Die praktischen Konsequenzen, die sich aus solcher rein historischen Betrachtungsweise für die Bibelwissenschaft ergaben, entfaltete *W.Wrede* in seiner programmatischen Schrift »Über Aufgabe und Methode der sogenannten Neutestamentlichen Theologie« (1897; zuletzt in: G.Strecker, Hg., Das Problem der Theologie des Neuen Testaments, 1975, 81–154).

Wrede will an die Stelle der Biblischen Theologie die Religionsgeschichte treten lassen. Was den Exegeten, der sich von jedem dogmatischen Normanspruch emanzipiert hat, interessiert, ist nicht der Inhalt bestimmter Schriften, sondern die hinter ihnen stehenden geistig-religiösen Bewegungen als Teil der allgemeinen menschlichen Religions- und Geistesgeschichte: »Letztlich wollen wir doch jedenfalls wissen, *was* in der Urzeit des Christentums *geglaubt, gedacht, gelehrt, gehofft, gefordert und erstrebt worden ist*« (109).

- Das bedeutet erstens, *daß der Leitbegriff »biblisch« völlig dahinfällt*. Der Bezugsrahmen, innerhalb dessen die urchristliche Religion untersucht wird, ist weder die Bibel in ihrer Gesamtheit noch auch der neutestamentliche Kanon, sondern die allgemeine spätantike Religionsgeschichte; denn dieser Bezugsrahmen kann allein historisch-chronologisch sein. So sind nach Wrede grundsätzlich außerkanonische Schriften in gleicher Weise in die Untersuchung einzubeziehen wie kanonische.
- Es bedeutet zweitens, *daß der Leitbegriff des ›Theologischen‹ preisgegeben wird*. Wrede erkennt, daß dieser Begriff einen bestimmten Normanspruch zum Ausdruck bringt. Er bestreitet deshalb den Normanspruch *der Texte*, wenn er meint, es komme nicht auf die Erhebung ihrer Aussagen und Lehrgehalte an, sondern darauf, daß sie »*das Material*« bieten, »*mit dessen Hilfe das hinter ihnen liegende älteste Christentum in seiner Physiognomie erfaßt und in seiner geschichtlichen Entwicklung verdeutlicht wird*« (115). – Wrede bestreitet ebenso, daß der Exeget in seiner Arbeit mit einem *theologischen* Normanspruch zu tun haben könnte. *Er kann seinem Selbstverständnis nach nicht Theologe, sondern nur Historiker* sein: »In der Hauptsache *steht es also gar nicht in der Macht* des geschichtlich forschenden, d.h. dem historischen Objekt als Herrn gehorchenden Theologen, der Kirche mit seiner Arbeit . . . zu dienen . . . Gerade darin liegt ja die . . . Hauptschwierigkeit unserer ganzen theologischen Situation: die Kirche ist auf Historisches gestellt, das Historische aber kann der Forschung nicht entzogen werden, und die Erforschung des Historischen trägt ihre Gesetze in sich selbst« (90).

2.1.6.4

Die konkrete Entfaltung dieses Programms der rein historischen Forschung brachten die Arbeiten der sog. *Religionsgeschichtlichen Schule (H.Gunkel; H.Greßmann; J.Weiß; H.Weinel*; repräsentativstes Werk auf neutestamentlichem Gebiet: *W.Bousset*, Kyrios Christos, 1913; [2]1921; [6]1967). Hier wurde in der Tat eine immense historische Leistung vollbracht; da, wo man vorher nur Texte und Lehraussagen gesehen hatte, erschlossen sich nunmehr Lebensbezüge aller Art.

Allerdings erwies der historistische Ansatz schon bald seine Fragwürdigkeit. Einerseits zeigte sich, daß es ihm nicht gelungen war, die Verheißung einer rein objektiven, von weltanschaulichen Vorentscheidungen freien Sicht der Vergangenheit einzulösen. An die Stelle der Bindung an die kirchliche Lehre trat die Bindung der Interpreten an jeweilige kulturelle und philosophische Zeitströmungen (die z.B. im Fortschrittsoptimismus und Idealismus des Geschichtsbildes von Troeltsch deutlich zutage trat).

Zum anderen wurde es immer fraglicher, ob die Kriterien, mit denen der Historismus an die biblische Tradition heranging, wirklich geeignet waren, sie zu erschließen. Ließ sich z.B. die Entstehung der Christologie wirklich mit dem Schema der Analogie und Korrelation erklären? Sind die Vorstellungen der frühen Christenheit über Jesu Sendung und Werk wirklich als Weiterentwicklungen religiöser Vorstellungen des Judentums und des hellenistischen Synkretismus hinreichend erklärbar?

2.1.7

Gegenpositionen. Selbstverständlich war die in unserem Überblick aufgezeigte Entwicklung keineswegs geradlinig. Vor allem darf man nicht vergessen, daß es im 19. Jahrhundert eine Reihe von theologischen Kräften gab, die sich der doppelten Desintegration von Bibel und Kirche bzw. theologischer Lehre einerseits und von AT und NT andererseits entgegenstellten. Hier wäre etwa zu verweisen auf die ›heilsgeschichtlichen‹ Ansätze des Tübingers *J.T.Beck* und des Erlangers *J.Chr.K.v. Hofmann*. Beide bemühten sich um Interpretationskriterien, die es ermöglichen sollten, das den biblischen Aussagen Eigentümliche, ihre Grundstruktur, zu erfassen.

2.1.7.1

Nach *v.Hofmann* ist dieses »Eigentümliche der Schrift« dies, »daß alle Anfänge der Gemeinde Gottes, der jüdischen zuvor, der christlichen hernach, ins Wort gefaßt sind« (Weissagung und Erfüllung I, 1841, 49; zit. nach Kraus, aaO, 249f). Die Schrift ist also Geschichtszeugnis, ins Wort gefaßte Geschichte der Gemeinde Gottes! Ihre Auslegung muß darauf zielen, die *Heilsgeschichte*, d.h. die verschiedenen Stationen des Handelns Gottes, deren vorläufig abschließende Jesus Christus ist, reproduzierend nachzuzeichnen.

Daß Ansätze wie diese ohne nachhaltige Wirkung auf die theologiegeschichtliche Entwicklung blieben, mag vor allem daran gelegen haben, daß sie zu einseitig dogmatisch-spekulativ entworfen waren und daß sie nicht durch historisch-exegetische Einzelarbeit verifiziert und konsolidiert wurden.

2.1.7.2

Nachhaltiger wirkte die Kritik des Tübingers *A.Schlatter* an der historischen Exegese der Religionsgeschichtlichen Schule, und zwar wohl ebendeshalb, weil sie aus der Werkstatt eines streng historisch-exegetisch arbeitenden Theologen kam. Schlatter legt den Finger auf die Tatsache, daß die historisch-kritische Methode von ihren Voraussetzungen her, die letztlich ›atheistisch‹ sind, nicht zu einer vollen Erfassung des Gehalts der biblischen Schriften führen kann. Was vom Ausleger gefordert ist, ist nicht die hypothetische Konstruktion geschichtlicher Zusammenhänge hinter den Texten, sondern ein *Sehakt*, der die geschichtlichen Zusammenhänge innerhalb der Texte erschließt und zur Erkenntnis ihrer spezifischen Struktur führt. Primäres Ziel der Exegese ist also *nicht die Rekonstruktion, sondern die Interpretation*! Hier wird deutlich auf den reformatorischen Grundsatz der Erklärung von Schrift durch Schrift zurückgegriffen. – Dem Sehakt muß weiterhin ein *Denkakt* zur Seite treten, in dem sich der Theologe mit dem Normanspruch des Textes auseinandersetzt. Beides, Sehakt und Denkakt, muß jedoch der Tatsache Rechnung tragen, daß Bibel und Kirche im Ansatz zusammengehören. Alle individuellen Ausprägungen innerhalb des frühen Christentums sind letztlich auf die übergreifende gemeinschaftliche Größe der Kirche bezogen, denn: »Die Kirche und das Neue Testament entstehen in einem und demselben Werdeprozeß« (Die Theologie des Neuen Testaments und die Dogmatik, zuletzt in: A.Schlatter, Zur Theologie des Neuen Testaments und zur Dogmatik, 1969, 227).

»Die neutestamentliche-theologische Arbeit steht also gleichzeitig vor zwei Aufgaben: sie schuldet den individuellen Sonderbildungen die volle Aufmerksamkeit, und sie hat gleichzeitig der Tatsache eine ernste, hingebende Beobachtung zu widmen, daß alle diese Männer (scil. die Apostel) mit ihrer vollständigen Freiheit und ihrem personenhaften Glaubensstand in ein einheitliches Gesamtleben eingefügt und zu gemeinsamer Arbeit vereinigt sind, so daß durch sie die Gemeinde entstand« (ebd.).

2.2
Der gegenwärtige Diskussionsstand

Die Diskussion um die Biblische Theologie in unserem Jahrhundert ist weithin eine Auseinandersetzung um den Absolutheitsanspruch des Historismus. Dem Ansatz von Wrede und Troeltsch, der auf eine Auflösung der Biblischen Theologie in die allgemeine Religionsgeschichte hinauslief, traten bald wirksame Gegenkräfte entgegen. Nach dem Ersten Weltkrieg geriet der Historismus in eine tiefe Krise. Sein Objektivitätsanspruch erwies sich als Täuschung, sobald man erkannte, daß hinter ihm als Voraussetzung das Denken eines bürgerlichen Idealismus stand. Der reformatorische Aufbruch in der Theologie der zwanziger Jahre ließ auch die Exegese nicht unberührt. Man fragte nach Möglichkeiten, wie Kriterien und Einsichten der reformatorischen Schriftauslegung neu zum Zug gebracht werden könnten.
Darüber bestand freilich Einigkeit in allen theologischen Lagern, daß die historisch-kritische Betrachtungsweise nicht mehr preisgegeben werden konnte. Sie hatte sich längst durch ihre Ergebnisse legitimiert, denn es war ihr gelungen, neue und ungeahnte Dimensionen der biblischen Welt zu erschließen; eindrucksvolle Beispiele dafür bieten Literarkritik (vgl. § 1) und Formgeschichte (vgl. § 2). Hinzu kommt, daß die Theologie sich weder vom Denken der jeweiligen Epoche isolieren noch deren Wahrheitsbewußtsein ignorieren kann. Sie hat auch hierin Solidarität mit der Welt zu bewähren, selbst wenn das für sie Probleme und Gefahren mit sich bringt. Denken und Wahrheitsbewußtsein der Moderne sind nun aber in unwiderruflicher Weise von der historischen Kritik geprägt.
Die Aufgabe, die sich so stellte, war, *das Recht einer Biblischen Theologie im Horizont der historisch-kritischen Methode neu zu begründen* und nach Möglichkeiten ihrer Realisierung in Kooperation mit der historischen Kritik, und nicht in Konkurrenz zu ihr, zu suchen.
Das heißt hinsichtlich des Adjektivs ›biblisch‹: Es käme darauf an, in den zahllosen, jeweils in bestimmten geschichtlichen Situationen der Vergangenheit verwurzelten Einzeltraditionen, den Schriften und Schriftengruppen der biblischen Überlieferung übergreifende Strukturen und Faktoren aufzuweisen, die uns das Recht geben, von der ›Bibel‹ als theologischer Größe zu reden.
Und es heißt hinsichtlich des Substantivs ›Theologie‹: Es käme darauf an, zu begründen, in welcher Hinsicht die Dokumente des Lebens und Glaubens von Menschen einer fer-

nen Vergangenheit, die wir rekonstruieren, als für heutigen Glauben und heutiges Leben normativ interpretiert werden können.

2.2.1

Die Kerygma-Theologie (R.Bultmann). R.Bultmanns Lebenswerk, vorab seine »Theologie des Neuen Testaments« (1953, [6]1968), ist von epochaler Bedeutung, weil in ihm erstmals die Synthese von radikaler historischer Kritik und reformatorischen hermeneutischen Prinzipien unternommen wurde. Bultmann kam von der *Religionsgeschichtlichen Schule* her und blieb ihrem Ansatz stets verpflichtet. Reformatorisch ist jedoch sein Verständnis des biblischen Wortes als *Kerygma*, als gepredigtes, auf Glauben abzielendes Wort. Was ihm ermöglichte, beides zu einer auf den ersten Blick bruchlosen Synthese zusammenzubringen, war die von der Existenzphilosophie *M.Heideggers* angeregte *existentiale Interpretation*: Das menschliche Individuum wird zur Schlüsselfigur; in ihm erfolgt der Umschlag vom bloß historisch zu betrachtenden Zeugnis vergangener Lebensvollzüge zum Kerygma, und zwar dann, wenn der Mensch durch den betreffenden Text in Frage gestellt, zur Entscheidung gerufen und zur Gewinnung eines neuen Selbstverständnisses provoziert wird.

Die Brücke zwischen Vergangenheit und Gegenwart bildet die Anthropologie. Bultmann spürt in seiner Auslegung der Texte dem Selbstverständnis nach, das sich in ihnen ausspricht bzw. auf das sie abzielen, und es ist ihm sicher, daß sie ein analoges Selbstverständnis beim heutigen Menschen auslösen, wenn sie von ihm als Kerygma, als anredendes Wort, vernommen werden. In diesem Sinne definiert er Theologie des Neuen Testaments als die »Entfaltung der Gedanken, in denen der christliche Glaube sich seines Gegenstandes, seines Grundes und seiner Konsequenzen versichert« (aaO, 1f). Theologie ist hier nicht als Summe der im NT enthaltenen Lehraussagen verstanden, sondern als eine Analyse des christlichen Glaubensbewußtseins, die die neutestamentlichen Autoren vollzogen haben und die gleichermaßen der moderne Interpret zu vollziehen hat, wenn er die neutestamentlichen Texte ihrer eigenen Intention nach als Kerygma versteht.

Kritik: Bultmanns System der existentialen Interpretation wirkt sich als selektiv aus; es vermag nicht dem Ganzen der Bibel gerecht zu werden. So fällt in seiner Theologie des Neuen Testaments alles Gewicht auf Paulus und Johannes, weil sie der existentialen Interpretation weitgehend entgegenkommen. Bereits die Verkündigung Jesu bleibt jedoch, wie schon bei *F.Chr.Baur* (2.1.6.1), außerhalb, weil sie nicht zum neutestamentlichen Kerygma, sondern nur zu dessen Voraussetzungen gehört (aaO, 1). Wenig Berücksichtigung erfahren auch alle jene Schriften und Aussagen, die sich der existentialen Interpretation sperren, weil sie geschichtliche Fakten bzw. objektivierbare Glaubensinhalte zum Gegenstand haben. Dies gilt vor allem für das AT, das Bultmann nur in schroffer Diskontinuität zum NT zu sehen vermag, weil es eine weltlich-geschichtliche Verwirklichung des Heils verheißt und damit dem sich im NT aussprechenden existentialen Verständnis von Geschichte widerspricht. So ist für ihn die Geschichte des AT eine Geschichte des Scheiterns (Weissagung und Erfüllung, in: R.Bultmann, Glauben und Verstehen II, 1952, 162–186).

Kritisch einzuwenden ist ferner, daß hier die Kategorie des Einzelnen überzogen ist. Transpersonale und gesellschaftliche Bezüge kommen hier nicht zu ihrem Recht.

2.2.1.1

In der Generation der *Schüler Bultmanns* wurde überdies die Frage unausweichlich, ob die existentiale Interpretation wirklich geeignet sei, den Graben zwischen Vergangenheit und Gegenwart zu überbrücken. So hat *H.Braun* (Gesammelte Studien zum Neuen Testament und seiner Umwelt, 1962, 325–341) bei gleichzeitiger radikaler historischer Kritik aller theologischen Inhalte des Neuen Testaments (so der Aussagen über Gott, Eschatologie und Christologie) die Bedeutung des Existenzverständnisses als Konstante zwischen Vergangenheit und Gegenwart so einseitig herausgestellt, daß diese Klammer zerbrechen mußte. Denn wenn die theologischen Inhalte nur spätantike Mythologumena sind, ist nicht einsichtig zu machen, worin ihre normative Bedeutung bestehen sollte. Müßte man sie dann nicht durch solche Texte ersetzen, deren Existenzverständnis durch weniger aufwendige Interpretationsprozesse erschließbar ist?

2.2.1.2

J.M.Robinson und *H.Köster* (Entwicklungslinien durch die Welt des frühen Christentums, 1971) vollziehen eine deutliche Abkehr von der Kerygma-Theologie und versuchen, am Programm Wredes neu anzuknüpfen, indem sie, über die Grenzen des Kanons hinaus, Entwicklungslinien des urchristlichen Glaubens und Lebens rekonstruieren wollen, um diese dann zum Gegenstand theologischer Interpretation zu machen. Mit welchen hermeneutischen Kategorien diese Interpretation erfolgen soll, ist freilich bislang noch nicht recht deutlich. Offenbar ist das primäre Ziel die Herausarbeitung des frühchristlichen Welt- und Geschichtsverständnisses.

2.2.2

Die Reduktion des Kanons auf seine ›Mitte‹ (E.Käsemann, S.Schulz). Ein anderer Aspekt des reformatorischen Schriftverständnisses bildet bei E.Käsemann den Ausgangspunkt: Die Schrift ist vom Evangelium, von der Bezeugung Jesu Christi her auszulegen. Sollte dies nicht die Möglichkeit geben, inmitten der vielfältigen historischen Phänomene, in die die Schrift für den kritischen Betrachter zerfällt, einen festen Kern normativer Aussagen zu finden, d.h. von Aussagen, die sich nach den Maßstäben einer strengen theologischen Sachkritik als dem Evangelium gemäß erweisen? Biblische Theologie wird hier verstanden als *sachkritische theologische Interpretation des vorgängig historisch-kritisch analysierten Materials*, mit dem Ziel, einen *Kanon im Kanon* zu gewinnen. Der altkirchliche Kanon gilt dabei als theologisch irrelevante Zufallsgröße; er bezeugt nicht die Einheit des Evangeliums, sondern eine Vielheit von widerstreitenden Theologien: »Der nt.liche Kanon begründet als solcher nicht die Einheit der Kirche. Er begründet als solcher, d.h. in seiner dem Historiker zugänglichen Vorfindlichkeit dagegen die Vielzahl der Konfessionen« (E.Käsemann, Das Neue Testament als Kanon, 1970, 131). Kanon im Kanon ist für Käsemann die paulinische Rechtfertigungsverkündigung. Vor ihr müssen sich alle übrigen biblischen Aussagen legitimieren.
Erheblich über Käsemann hinaus geht neuerdings *S.Schulz* (Die Mitte der Schrift. Der Frühkatholizismus im Neuen Testament als Herausforderung an den Protestantismus, 1976) mit seiner Behauptung, die Mehrzahl der neutestamentlichen Schriften und – vor allem – der Kanon als Ganzer seien Produkte eines frühkatholischen Verfälschungsprozesses des Evangeliums, der bereits vor und neben Paulus eingesetzt habe. Das für den

Protestantismus normative Evangelium sei lediglich in den Aussagen des Paulus sowie in der hypothetisch zu rekonstruierenden Verkündigung »frühprotestantischer Gemeinden« (für deren faktische Existenz allerdings jeder historische Anhaltspunkt fehlt) zu suchen.

Dieses Prinzip der sachkritischen Interpretation überträgt letztlich auf das Neue Testament die Position, die *F. Baumgärtel* (Verheißung. Zur Frage des evangelischen Verständnisses des Alten Testaments, 1952) im Blick auf das Alte Testament vertritt. Baumgärtel wertet nämlich diesen Teil der Bibel insgesamt als Dokument einer Religion außerhalb des Evangeliums, hebt aber aus ihm durch sachkritische Scheidung einzelne Schriften und Schichten heraus, die im Sinne der »Verheißung« auf das Evangelium hinweisen, indem sie die Grundzusage Gottes »Ich bin der Herr dein Gott« als wirkende Mächtigkeit bezeugen.

Kritisch ist zu fragen, ob hier nicht das Evangelium zu kurzschlüssig mit einem bestimmten Komplex theologischer Aussagen in eins gesetzt wird. Das Evangelium ist gerade nach neutestamentlichem und reformatorischem Verständnis das heilvolle Zur-Herrschaft-Kommen Jesu Christi im Wort, das nun allerdings in verschiedenen Brechungen und Abstufungen von den neutestamentlichen Zeugnissen rezipiert wird, ohne in einem von ihnen ganz aufzugehen. Jedes dieser Zeugnisse ist grundsätzlich für Kritik offen; jedem von ihnen ist aber zunächst ebenso grundsätzlich in der Erwartung zu begegnen, daß es zumindest einen bestimmten Aspekt des Evangeliums – wenn auch noch so fragmentarisch und verkürzt – zur Geltung bringe.

2.2.3

Der historische Jesus als Mitte der Schrift (J. Jeremias). Für J. Jeremias ist der zentrale Gegenstand des Neuen Testaments die Fleischwerdung des Wortes, ein geschichtliches Geschehen in Raum und Zeit. Der Interpret wird diesem Gegenstand gerecht, wenn er durch historische Rekonstruktion zur Geschichte und zu den Worten des irdischen Jesus vorstößt: »Niemand als der Menschensohn selbst und Sein Wort kann unserer Verkündigung Vollmacht geben« (Die Gleichnisse Jesu, [8]1970, 5). Die Neutestamentliche Theologie von Jeremias (Bd. 1. Die Verkündigung Jesu, 1971) zeigt die Realisierung dieses Programms: Was für Bultmann nur unter die – auf wenigen Seiten abzuhandelnden – Voraussetzungen fiel, ist für Jeremias das eigentlich beherrschende Thema. Er sieht in Jesus und seiner Botschaft den Quellgrund des christlichen Glaubens; hier sind alle Inhalte späterer Verkündigung schon konzentriert vorhanden. Die Zeugnisse der verschiedenen neutestamentlichen Autoren sind nur Antworten, die Jesu Ruf erweckt, und deren Sachgemäßheit an ihrer Entsprechung zu diesem Ruf abgelesen werden kann. *Kritik*: Jeremias richtet ein wichtiges Korrektiv gegen eine Doketisierung der neutestamentlichen Wissenschaft auf, indem er zeigt, daß die neutestamentliche Botschaft ihrem Selbstverständnis nach weder bloße Explikation eines Selbstverständnisses noch Reproduktion theologischer Sätze, sondern *deutende Entfaltung eines Geschehens* ist. Man muß jedoch fragen, ob er mit der Überbetonung der historischen Rekonstruktion dem Gefälle des neutestamentlichen Zeugnisses voll gerecht wird; denn dieses hat ja offensichtlich nicht sein primäres Interesse an der Reproduktion der Botschaft und der Geschichte Jesu – andernfalls müßte das NT anders aussehen! –, sondern es legt seinen Hauptakzent auf verstehende und theologisch deutende Interpretation.

2.2.4

Das Ringen um die ›Heilsgeschichte‹ (O.Cullmann, G.von Rad, L.Goppelt). Fragt man unvoreingenommen nach durchlaufenden Strukturelementen des biblischen Zeugnisses, so wird man sehr schnell auf sein Bezogensein auf Geschichte stoßen: Taten Gottes in der Geschichte Israels und in der Anfangsgeschichte der Kirche werden dargestellt und gedeutet (vgl. § 12). Aber hier taucht alsbald die Frage auf: Läßt sich diese Bezogenheit auf Geschichte überhaupt noch sinnvoll interpretieren auf dem Hintergrund der modernen historischen Forschung, die eine erhebliche Diskrepanz zwischen biblischer Geschichtsdarstellung und faktischem Geschichtsablauf festgestellt hat? Und läßt sie sich dem modernen Menschen mit seinem ganz anderen Geschichtsbewußtsein überhaupt noch vermitteln? In der Schule Bultmanns wurde diese Frage verneint. Das biblische Geschichtsdenken galt hier als ein Relikt mythologischen Denkens, das allenfalls im Sinne von Geschichtlichkeit der Existenz interpretierbar sei. Eine Reihe von Forschern versuchten jedoch, über dieses Verdikt hinauszukommen, indem sie das biblische Reden von Geschichte zum Gegenstand theologischer Reflexion machten.

2.2.4.1

O.Cullmann (Christus und die Zeit, 1946, [³1962]; Heil als Geschichte. Heilsgeschichtliche Existenz im NT, 1965, [²1967]) rückte die neutestamentlichen Aussagen über die Zeit in den Mittelpunkt. Die Bibel denke in linearen Zeitabläufen; dabei sei Christus »die Mitte der Zeit«, der Brennpunkt, in dem sich die vom AT herkommenden Linien der Geschichte Gottes mit den Menschen sammeln, um von da aus wieder auszustrahlen in die Geschichte der Kirche. Innerhalb dieses Schemas lassen sich wiederum einzelne Perioden ausmachen, denen bestimmte Taten Gottes zugeordnet seien.
Kritik: Dieses System ist eine spekulative Abstraktion. Es könnte hier den Anschein haben, als sei Gottes Offenbarung die Mitteilung eines bestimmten Geschichtsbildes. Ungeklärt bleibt auch der Zusammenhang von Heilsgeschichte und allgemeiner Weltgeschichte (vgl. § 12, 3.3).

2.2.4.2

Vom AT her entwickelte *G.von Rad* eine Konzeption von Heilsgeschichte, die solche spekulativen Züge vermeidet. Er ging aus vom Ineinander von Wort und Geschichte in der Bibel: »Die Geschichte wird zum Wort und das Wort wird zur Geschichte« (Theologie des Alten Testaments II, ⁵1968, 381). Das heißt: Gottes Handeln an Israel wird in den rühmenden Aufzählungen seiner Geschichtstaten bezeugt, und dieses Zeugnis setzt wiederum eine bestimmte Haltung Israels gegenüber Gottes kommenden Taten aus sich heraus. Dieses Ineinander gibt der Geschichte Israels ihre nach vorwärts auf die Erfahrung immer neuer das Vergangene überbietender Heilserweise Jahwes hin ausgerichtete Struktur – es macht sie zur Verheißungsgeschichte. »Das Alte Testament läßt sich nicht anders lesen als das Buch einer ständig wachsenden Erwartung« (aaO, 339). Deren Erfüllung ist Jesus Christus; denn wenn im NT die alttestamentliche Tradition neu gedeutet wird im Licht eines neuen Handelns Gottes, so wird damit die Verheißungsstruktur, die bereits dem AT immanent ist, aufgenommen.

2.2.4.3

Von Rads Sicht von der Heilsgeschichte wurde durch *L.Goppelt* (Theologie des Neuen Testaments, I/II, 1975/76) ausdrücklich aufgenommen. Für Goppelt gilt: Das NT »wird erst dann seiner eigentlichen Intention gemäß ausgelegt, wenn es über die historische Analyse hinaus letztlich von der ›Erfüllung‹ des AT her verstanden wird« (I, 49). Das heißt konkret: Die Erscheinung Jesu läßt sich in ihrer theologischen Bedeutung nur begreifen, wenn man erkennt, daß Jesus den Anspruch erhoben hat, das geschichtliche Handeln Gottes mit seinem Volk zur Erfüllung zu bringen. Das aber geschieht nicht durch bloßes historisches Rekonstruieren, sondern durch eindringendes theologisches Verstehen, dessen Horizont die Schrift in ihrer Gesamtheit ist. Es heißt weiter: Das Kriterium für die theologische Beurteilung der vielfältigen neutestamentlichen Zeugnisse ist, ob es ihnen je in ihrer geschichtlichen Situation gelingt, Jesus Christus als abschließendes Erfüllungshandeln des Gottes des Alten Testaments zu interpretieren.
Kritik: Ein ungelöstes Problem der Konzeption von Rads und Goppelts ist das des Verhältnisses von Überlieferungsgeschichte und Heilsgeschichte. Muß sich Gottes Heilshandeln in realen geschichtlichen Vorgängen manifestieren, oder wird es lediglich in bestimmten kerygmatischen Geschichtsdarstellungen, d.h. in Darstellungen geglaubter Geschichte, faßbar?

2.2.5

Ansätze einer neuen Hermeneutik (P.Stuhlmacher, H.Gese). Unter dem Leitbegriff »Hermeneutik des Einverständnisses« hat neuerdings *P.Stuhlmacher* (Schriftauslegung auf dem Wege zur Biblischen Theologie, 1975) Vorschläge für eine Überwindung der historistischen Engführung der gegenwärtigen Hermeneutik gemacht. Auch hier geht es um eine Rückwendung zum hermeneutischen Modell reformatorischer Schriftauslegung; der Interpret soll davon ausgehen, daß er dem Schriftwort nicht als voraussetzungsloses Individuum gegenübersteht, sondern als Glied der Kirche, die vom Wort der Schrift her lebt und in ihrer Geschichte mit diesem Wort ihre Erfahrungen gemacht hat. Es gilt, sich zu »erinnern, daß eine im Dienste der Kirche stehende Exegese hermeneutisch befähigt sein muß, der Selbstmächtigkeit des Schriftwortes, dem Glaubens- und Erfahrungshorizont der christlichen Gemeinde und der aus der Transzendenz heraus begegnenden Wahrheit Gottes gerecht zu werden« (ebd., 124). Konkret schlägt Stuhlmacher vor, die drei klassischen Prinzipien von E.Troeltsch zu erweitern um ein viertes: das *Prinzip des Vernehmens*. Wir müssen »wieder fragen lernen, welchen Anspruch und welche Wahrheit über den Menschen, seine Welt und die Transzendenz wir aus diesen Texten heraus vernehmen« (ebd., 121). Erst aufgrund solcher positiver Erwartungshaltung gegenüber der Überlieferung kann es wirklich zu einem kritischen Dialog mit ihr kommen.
Dieser Ansatz könnte sich als gute Ausgangsbasis für die Realisierung des Programms einer *gesamtbiblischen Theologie* erweisen. Denn die Einheit der Schrift wird hier nicht zunächst dem methodischen Zweifel unterstellt, sondern als eine in der Tradition begründete Gegebenheit gesehen, die nun freilich dem kritischen Dialog mit dem heutigen Ausleger standhalten muß. Gese und Stuhlmacher haben bereits erste Vorstöße in diese Richtung unternommen, indem sie von den Schwerpunkten der neutestamentlichen Verkündigung (wie z.B. vom Auferstehungszeugnis oder der Botschaft von der Gottes-

gerechtigkeit) ausgehend fragten, ob durchgängige Traditions- und Interpretationszusammenhänge aufweisbar sind, die das Alte und Neue Testament in ihren verschiedenen Schichten zu einer übergreifenden sachlichen Einheit verklammern (vgl. § 15,2.5.3). Hier ist allerdings noch alles offen. Ein Gesamturteil über dieses Programm wird erst möglich sein, wenn es über seine ersten Schritte hinausgekommen ist.

3
Vertiefung

3.1
Lektürevorschläge

3.1.1
Zu den Anfängen der Biblischen Theologie: Johann Philipp Gablers Antrittsrede in Altdorf vom 30. 3. 1787 (in: O.Merk, Biblische Theologie des Neuen Testaments in ihrer Anfangszeit, 1972, 273–284).

3.1.2
Zum Selbstverständnis des Historismus: E.Troeltsch, Über historische und dogmatische Methode in der Theologie, in: G.Sauter, Hg., Theologie als Wissenschaft, 1971, 105–127.

3.1.3
Zum Programm der Religionsgeschichtlichen Schule: W.Wrede, Über Aufgabe und Methode der sogenannten Neutestamentlichen Theologie, in: G.Strecker, Hg., Das Problem der Theologie des Neuen Testaments, 1975, 81–154.

3.1.4
Zur Kritik des Historismus: A.Schlatter, Die Theologie des Neuen Testaments und die Dogmatik, in: ders., Zur Theologie des Neuen Testaments und zur Dogmatik, 1969, 203–255.

3.1.5
Zum Verhältnis zwischen Altem und Neuem Testament: G.von Rad, Theologie des Alten Testaments II, ^{5}1968, 380–412.

3.1.6
Zum hermeneutischen Problem: P.Stuhlmacher, Historische Kritik und theologische Schriftauslegung, in: ders., Schriftauslegung auf dem Wege zur biblischen Theologie, 1975, 59–127.

3.2
Fragen zur Weiterarbeit

3.2.1
Welche zentralen Grundsätze entwickelte die reformatorische Schriftauslegung, und in welchem Sinne wurden diese Grundsätze von zeitgenössischen Exegeten bei der Begründung Biblischer Theologie wieder aufgenommen?

3.2.2
Welche Verständnismöglichkeiten des Begriffs ›Biblische Theologie‹ haben sich seit der Reformation ergeben?

3.2.3
Auf welche konkreten Einzelheiten der Aufsätze Troeltschs (3.1.2) und Wredes (3.1.3) nimmt Schlatter in seiner Kritik (3.1.4) Bezug?

3.2.4
Welche Gesichtspunkte Schlatters (3.1.4) nimmt Stuhlmacher (3.1.6) positiv auf?

3.3
Weitere Literatur

F.Baumgärtel, Verheißung. Zur Frage des evangelischen Verständnisses des Alten Testaments, 1952; H.Braun, Die Problematik einer Theologie des Neuen Testaments, in: ders., Gesammelte Studien zum Neuen Testament und seiner Umwelt, 1962, 325–341; R.Bultmann, Die Bedeutung des Alten Testaments für den christlichen Glauben, in: ders., Glauben und Verstehen I, ²1954, 313–336; F.Chr.Baur, Vorlesungen über neutestamentliche Theologie, Neudr. 1973; O.Cullmann, Christus und die Zeit, ³1962; ders., Heil als Geschichte, ²1967; G.Ebeling, Was heißt »Biblische Theologie«?, in ders., Wort und Glaube, ³1967, 69–89; H.Gese, Vom Sinai zum Zion, 1974; L.Goppelt, Theologie des Neuen Testaments I/II, 1975/76; K.Haacker, H.-J.Kraus, H.H.Schmid, P.Stuhlmacher, Biblische Theologie heute. Einführung – Beispiele – Kontroversen, 1977; E.Käsemann, The Problem of a New Testament Theology, NTS 19 (1973), 235–245; ders., Hg., Das Neue Testament als Kanon, 1970 (Sammlung wichtiger Aufsätze zum Kanonsproblem); H.Köster – J.M.Robinson, Entwicklungslinien durch die Welt des frühen Christentums, 1971; H.-J.Kraus, Geschichte der historisch-kritischen Erforschung des Alten Testaments, ²1969; ders., Die Biblische Theologie. Ihre Geschichte und Problematik, 1970; W.G.Kümmel, Die Theologie des Neuen Testaments nach seinen Hauptzeugen Jesus, Paulus, Johannes, ³1976; F.Mildenberger, Theorie der Theologie, 1972; W.Pannenberg, Die Krise des Schriftprinzips, in: ders., Grundfragen systematischer Theologie, 1967, 11–21; ders., Wissenschaftstheorie und Theologie, 1973, 349ff; J.M.Robinson, Die Zukunft der neutestamentlichen Theologie, in: Neues Testament und christliche Existenz, FS H.Braun, hg. v. H.D.Betz/L.Schottroff, 1973, 387–400; S.Schulz, Die Mitte der Schrift, 1976; G.Strecker, Hg., Das Problem der Theologie des Neuen Testaments, 1975 (Sammlung wichtiger Aufsätze!).

Stichwortverzeichnis

Neutestamentliche Stellen (in Auswahl)

Corrigenda

	statt:	richtig:
S. 6: unter 2.1, Z. 9	2,14	2,15
S. 25: unter 2.4.3, Z. 6	vgl. § 8,3.3.1	vgl. § 8,3.1.3
S. 28: unter 3.2.1.3, Z. 3	Mt 11,5	Mt 11,6
S. 30: unter 3.2.3.4, Z. 1 dieser Seite	3.3.2	3.2.3.2
S. 32: unter 1.2.1, Z. 15	vgl. § 2,1.2.3.1	vgl. § 2,1.3.3.1
S. 35: unter 1.2.6, Z. 9	vgl. § 1,2.4.3.1	vgl. § 1,2.4.2
S. 55: unter 2.4.1, Z. 13	Gal 2,15	Gal 2,14
S. 67: unter 2.2.5, Z. 6	1Kor 12,3	1Kor 14,3
S. 82: unter 2.3, Z. 3	vgl. § 2,3.3.1	vgl. § 3,2.3.1
S. 97: unter 2.2.3, Z. 6	vgl. § 9,2.2.1	vgl. § 8,2.2.1
S. 98: unter 2.2.5, Z. 10	Jer 11,6	Jer 11,16
S. 98: unter 2.2.5, Z. 11	Jud 1,16	Jub 1,16
S. 104: unter 3.1, Z. 12	Grundbesitzes	Grundbesitzers
S. 110: unter 2.1.4.3, Z. 9	vgl. § 10	vgl. § 11
S. 111: unter 2.1.4.3, Z. 13	9,9; 12,13	9,13; 12,7
S. 123: unter 1.1.1.2, Z. 3	vgl. § 2,3.3.2	vgl. § 2,3.2.3.2
S. 127: unter 2.3.1.1, Z. 33	15,30	15,13
S. 127: unter 2.3.1.1, Z. 35	Mt 19,29	Mt 19,28
S. 130: unter 2.4.2, Z. 4	vgl. § 2.1.3.1	vgl. 2.3.1.1
S. 131: unter 2.4.3, Z. 20	für ihnen sekundären Charakter	für ihren sekundären Charakter
S. 132: unter 2.5.1.1, Z. 16	Mk 4,13–32	Mk 4,1–32
S. 140: unter 2.1.3.2, Z. 1	8,1–11	8,1–10
S. 141: unter 2.1.4, Z. 29	Mt 26,21	Mt 26,61
S. 142: unter 2.1.5.1, Z. 3	15,15	15,1.5
S. 145: unter 2.2.2, Z. 12	§ 15	§ 16
S. 146: unter 2.3.1.1, Z. 3	3,18f; 5,21f	5,28f
S. 163: unter 2.5.2.1, Z. 4	Gal 5,6	Gal 6,2
S. 168: unter 2.1.1, Z. 22	2Kor 10,11	1Kor 10,11
S. 187: unter 2.2.2.2, Z. 19	Mk 15,34	Mk 15,36
S. 189: unter 2.2.3.3, Z. 11	vgl. § 16,2.3.2	vgl. § 15,2.3.2
S. 198: unter 2.1.1.3, Z. 2	§ 13,2.2.2	§ 13,2.2.1
S. 201: unter 2.2.1.3, Z. 5	1Kor 15,3	1Kor 15,4
S. 206: unter 2.4.5, Z. 5	3,13	3,14
S. 210: unter 3.3, Z. 13 dieser Seite	Mk 16,8	Mk 16,7
S. 212: unter 2.1.1, Z. 3	3,11	3,1
S. 219: unter 2.3.2.2, Z. 8	ihre letzte Zuspitzung	seine letzte Zuspitzung
S. 225: unter 3.5.2, Z. 6	die Hingabeformel	eine Hingabeformel
S. 227: unter 4.2.4, Z. 2	Mk 14,22–26	Mk 14,22–25
S. 227: unter 4.2.5, Z. 1	1Kor 10,16–19	1Kor 10,16f
S. 250: unter 2.3.3.1, Z. 6	Mk 8,8	Mt 8,8
S. 254: unter 3.1.3, Z. 5	ταπεινοφϱοσόνη	ταπεινοφϱοσύνη

Literatur-Ergänzungen

S. 14 unter 3.3 (Literaturblock):
K. Berger, Exegese des Neuen Testaments, 1977; D. Dormeyer, Die Bibel antwortet. Einführung in die interaktionale Bibelauslegung, 1978; D. Lührmann, Auslegung des Neuen Testaments, 1984; H.-M. Schenke / K.M. Fischer, Einleitung in die Schriften des Neuen Testaments, I. Die Briefe des Paulus und Schriften des Paulinismus, 1978. II. Die Evangelien und die anderen neutestamentlichen Schriften, 1979; W. Schmithals, Die Briefe des Paulus in ihrer ursprünglichen Form, 1984; G. Strecker / U. Schnelle, Einführung in die neutestamentliche Exegese, 1983.

S. 30 zusätzlicher Lektürevorschlag 4.1.5:
Zur Kritik am klassischen formgeschichtlichen Ansatz von Bultmann und Dibelius (mit eigener Position): K. Berger, Formgeschichte des Neuen Testaments, 1984, 9–24.

S. 31 unter 4.3 (Literaturblock):
B. Gerhardsson, Die Anfänge der Evangelientradition, 1977; G. Schelbert, Wo steht die Formgeschichte?, in: Methoden der Evangelien-Exegese, Theologische Berichte XIII, 1985, 11–39; W. Schmithals, Kritik der Formkritik, ZThK 77 (1980), 149–185.

S. 40 unter 3.3.1 (Literaturblock):
G. Strecker, Redaktionsgeschichte als Aufgabe der Synoptikerexegese, in: ders., Eschaton u. Historie, 1979, 9–32.

S. 41 unter 3.3.2 (Literaturblock):
C. Breytenbach, Nachfolge und Zukunftserwartung nach Markus, 1984; R. Pesch (Hg.), Das Markus-Evangelium, 1979 (Sammlung forschungsgeschichtlich wichtiger Beiträge).

S. 41 unter 3.3.3 (Literaturblock):
H. Frankemölle, Jahwebund und Kirche Christi, 1974; J. Lange (Hg.), Das Matthäus-Evangelium, 1980 (Sammlung forschungsgeschichtlich wichtiger Beiträge).

S. 41 unter 3.3.4 (Literaturblock):
G. Braumann (Hg.), Das Lukas-Evangelium, 1974 (Sammlung forschungsgeschichtlich wichtiger Beiträge); J.-W. Taeger, Der Mensch und sein Heil, 1982.

S. 61 unter 4.1.1 (Lektürevorschläge):
Als interessanten Versuch einer Alternative zu der unter 2.1 vorgetragenen Position s.: R. Jewett, Paulus-Chronologie, 1982, 151–163.

S. 62 unter 4.3 (Literaturblock):
M. Hengel, Zur urchristlichen Geschichtsschreibung, 1979; G. Lüdemann, Paulus, der Heidenapostel, I. Studien zur Chronologie, 1980; A. Weiser, Das »Apostelkonzil«, BZ 28 (1984), 143–167.

S. 75 unter 3.1.6 (Lektürevorschläge):
Gemeinsame Römisch-Katholische / Evangelisch-Lutherische Kommission (Hg.), Das Geistliche Amt in der Kirche, ²1981.

S. 76 unter 3.3 (Literaturblock):

F. Hahn, Das Problem des Frühkatholizismus, EvTh 38 (1978), 340–357; J. Hainz (Hg.), Kirche im Werden. Studien zum Thema Amt und Gemeinde im Neuen Testament, 1976; K. Kertelge (Hg.), Das kirchliche Amt im Neuen Testament, 1977; H. v. Lips, Glaube – Gemeinde – Amt. Zum Verständnis der Ordination in den Pastoralbriefen, 1979; W.-H. Ollrog, Paulus und seine Mitarbeiter, 1979; J. Rogge / G. Schille, Frühkatholizismus im ökumenischen Gespräch, 1983; J. Roloff, Art. Amt – Ämter – Amtsverständnis IV, in: TRE II, 1978, 509–533.

S. 90 unter 3.3 (Literaturblock):

U. Busse, Die Wunder des Propheten Jesus, 1977.

S. 107 unter 4.3 (Literaturblock):

D. Flusser, Die rabbinischen Gleichnisse und der Gleichniserzähler Jesus, I. Das Wesen der Gleichnisse, 1981; W. Harnisch (Hg.), Gleichnisse Jesu. Positionen der Auslegung von Adolf Jülicher bis zur Formgeschichte, 1982; ders. (Hg.), Die neutestamentliche Gleichnisforschung im Horizont von Hermeneutik und Literaturwissenschaft, 1982; H.-J. Klauck, Allegorie und Allegorese in synoptischen Gleichnistexten, 1978; H. Weder, Die Gleichnisse Jesu als Metaphern. Traditions- und redaktionsgeschichtliche Analysen und Interpretationen, ^{2}1981; C. Westermann, Vergleiche und Gleichnisse im Alten und Neuen Testament, 1984.

S. 121 unter 4.1.2 (Lektürevorschläge):

P. Stuhlmacher, Jesu vollkommenes Gesetz der Freiheit, ZThK 79 (1982), 283–322.

S. 122 unter 4.3 (Literaturblock):

U. Berner, Die Bergpredigt. Rezeption und Auslegung im 20. Jahrhundert, 1979; U. Luz, Das Evangelium nach Matthäus, EKK I/1, 1985 (in den Passagen zur Bergpredigt und ihrer Wirkungsgeschichte); G. Strecker, Die Bergpredigt, 1984.

S. 135 unter 3.3 (Literaturblock):

H. Bietenhard, Der Menschensohn I, in: ANRW II.25.1, 1982, 265–350.

S. 151 unter 4.1.4 (Lektürevorschläge):

G. Richter, Präsentische und futurische Eschatologie im 4. Evangelium, in: ders., Studien zum Johannesevangelium (hg. v. J. Hainz), 1977, 346–382.

S. 151 zusätzlicher Lektürevorschlag 4.1.6:

Zur Geschichte der johanneischen Gemeinde und zur Problematik der Redaktionsgeschichte des Johannesevangeliums: R.E. Brown, The Community of the Beloved Disciple, 1979 (verknappte deutsche Übersetzung: Ringen um die Gemeinde. Der Weg der Kirche nach den johanneischen Schriften, 1982).

S. 152 unter 4.3 (Literaturblock):

K. Wengst, Bedrängte Gemeinde und verherrlichter Christus, 1981.

S. 167 unter 3.3 (Literaturblock):

Chr. Dietzfelbinger, Die Berufung des Paulus als Ursprung seiner Theologie, 1985; H. Hübner, Das Gesetz bei Paulus, ^{2}1980; G. Klein, Sündenverständnis und theologia crucis bei Paulus, in: Theologia Crucis – Signum Crucis. FS E. Dinkler, 1979, 249–282; H. Räisänen, Paul and the Law, 1983; K. Stendahl, Der Jude Paulus und wir Heiden, 1978; H. Weder, Das Kreuz Jesu bei Paulus, 1981; U. Wilckens, Christologie und Anthropologie im Zusammenhang der paulinischen Rechtfertigungslehre, ZNW 67 (1976), 64–82.

S. 195 unter 3.3 (Literaturblock):

G. Friedrich, Die Verkündigung des Todes Jesu im Neuen Testament, 1982; M.-L. Gubler, Die frühesten Deutungen des Todes Jesu, 1977.

S. 211 unter 4.3 (Literaturblock):
J. Becker, Auferstehung der Toten im Urchristentum, 1976; P. Hoffmann, Art. Auferstehung II/1. Neues Testament, TRE IV, 478–513; A. Lindemann, Die Osterbotschaft des Markus, NTS 26 (1979/80), 298–317; A. Vögtle / R. Pesch, Wie kam es zum Osterglauben?, 1975.

S. 226 unter 4.1.1 (Lektürevorschläge):
H. Feld, Das Verständnis des Abendmahls, 1976.

S. 227 unter 4.3 (Literaturblock):
K.-C. Felmy, »Was unterscheidet diese Nacht von allen anderen Nächten?« Die Funktion des Stiftungsberichtes in der urchristlichen Eucharistiefeier nach Didache 9f und dem Zeugnis Justins, JLH 27 (1983), 1–15.

S. 244 unter 4.3 (Literaturblock):
G. Barth, Die Taufe in frühchristlicher Zeit, 1981.

S. 257 unter 4.3 (Literaturblock):
C. Burger, Schöpfung und Versöhnung, 1975; M. Hengel, Hymnus und Christologie, in: Wort in der Zeit. FS K.-H. Rengstorf, 1980, 1–25; W. Metzger, Der Christushymnus 1Tim 3,16, 1979.

S. 276 unter 3.1.6 (Lektürevorschläge):
E. Gräßer, Offene Fragen im Umkreis einer biblischen Theologie, ZThK 77 (1980), 200–221; P. Stuhlmacher, »... in verrosteten Angeln«, ebd. 222–238.

S. 277 unter 3.3 (Literaturblock):
H. Graf Reventlow, Hauptprobleme der biblischen Theologie im 20. Jh., 1983; W. Zimmerli, Biblische Theologie, BThZ 1 (1984), 5–26.